商业地产理论与实务丛书

商业地产
——新基建·新载体·新零售

Commercial Real Estate
——New Infrastructure, New Carrier, New Format

姜新国　著

中国建筑工业出版社

图书在版编目（CIP）数据

商业地产：新基建·新载体·新零售 = Commercial Real Estate——New Infrastructure, New Carrier, New Format / 姜新国著.—北京：中国建筑工业出版社，2021.5
（商业地产理论与实务丛书）
ISBN 978-7-112-25780-5

Ⅰ.①商… Ⅱ.①姜… Ⅲ.①城市商业—房地产 Ⅳ.①F293.35

中国版本图书馆CIP数据核字（2020）第267411号

　　商业地产为商业服务是存量时代商业地产投资、开发、运营的最基本的法则。商业地产必须按照行业的发展、业态升级、科技进步、新的估值体系的要求完成进阶，成为"新商业载体"。本书立足于商业地产这一房地产的细分板块，从概述、价值法则及应用、发展策略和企业发展策略抉择、项目开发方案和业务流程控制、商业用地价值、项目定位、项目策划、商业建筑策划和设计重点等多个角度，全方位地阐述商业地产的发展规律和实践经验。力图成为商业地产从业人员的工具书、参考书、掌中宝。

责任编辑：周方圆　封　毅
责任校对：张　颖

商业地产理论与实务丛书
商业地产
——新基建·新载体·新零售
Commercial Real Estate
——New Infrastructure, New Carrier, New Format
姜新国　著

*

中国建筑工业出版社出版、发行（北京海淀三里河路9号）
各地新华书店、建筑书店经销
北京锋尚制版有限公司制版
北京圣夫亚美印刷有限公司印刷

*

开本：787毫米×1092毫米　1/16　印张：29¾　字数：648千字
2022年2月第一版　　2022年2月第一次印刷
定价：88.00元
ISBN 978-7-112-25780-5
　　　（37046）

版权所有　翻印必究
如有印装质量问题，可寄本社图书出版中心退换
（邮政编码100037）

开启新商业载体的密钥

姜新国介绍

著名商业地产专家，中国商业地产理论奠基人之一，"商业地产理论与实务丛书"策划人。

行业经历： 1992年至今

主持或参与项目：

"世博源"（原名世博轴）

百联青浦奥特莱斯购物广场

上海火车南站地下商业广场

以及中国茶市、唯一国际、中华巴洛克、PARK1287等100多个项目的策划和研究、招商、运营。

授课院校：

清华大学，北京大学，中国人民大学，复旦大学，浙江大学，同济大学，交通大学，武汉大学，厦门大学，中山大学。

著作：

《商业地产——新基建·新载体·新零售》

《招商我在行——商业地产招商实用教程》（招商定输赢）第二作者

《商业地产运营管理》第二作者

《存量时代的商业地产资产管理》第二作者

《新商业地产设计》（即将出版）

《商业地产开发经营和管理》

《商铺投资》

《商铺韬略》

还著有《美感商业》《动态租金成本》《一铺养三代》

《情景化的商业地产》《商业地产4.0》《新商业载体》

等论文。

前言

在"房住不炒"的产业导向指引下，商业地产应该回归到"商业地产为商业服务"的功能上来，这也是存量时代商业地产投资、开发、运营的最基本法则。

商业地产必须按照行业发展、业态升级、科技进步、新估值体系的要求完成进阶，成为"新商业载体"，以适合时代的发展。加速推动商业地产进阶成为"新基建"背景下的"新商业载体"主要有五大驱动力：

一是宏观层面政策导向，房住不炒的指导思路使商业地产应该回归服务商业的本来功能；供给侧改革，引导商业地产向"产业载体"转型；伴随经济转型、产业升级和新旧动能转换，商业地产应该配合业态升级，适合消费的变化。

二是房地产市场经营理念的改变，企业重视项目经营，收益方式由行情性收益向资产收益转变。

三是高科技改变商业地产生态，商业地产进化为新商业载体成为大势所趋。

四是业态升级，载体功能也必须调整，业态对商业地产提出了"新商业载体"的要求。

五是消费能力提升，包括购买力的提升和消费技能的提升。商业市场的竞争催生"新商业载体"，除了科技直接运用之外，场景理念已经普及，支付、交易、服务、空间、商品的体验变成商业地产的新作业，其中人文科技研究最核心，有"温度"者将取得终极胜利。

经济发展策略和产业导向推动商业地产向新商业载体进阶，这是大势所趋。2016年底中央经济工作会议文件是一份有重大影响力的文件，今天房地产和金融的市场的现状就是在那份文件中明确"金融去杠杆，房产去泡沫""房子是用来住的"的政策导向下的局面。2017年开始，各地为了执行中央经济工作会议精神，为了执行"房住不炒"的房地产政策，各地政府积极支持产业发展和商业地产进阶来发展区域经济。从事商业性开发产业地产、商业地产应当改变策略和调整经营方式，把主观争地、没有商业目标地开发商业地产变成积极配合区域产业经济发展，打造产业经济的载体，在为区域经济作贡献的同时，企业也会得到良好的发展机遇。

对商业地产而言，科技进步具体体现在"物联化"上。"物联化"打破传统的行业藩篱，生产动力已转变为从用户需求信息收集，到设计、制造、销售、服务、送达一体化趋势，跨行业的衔接和组合已经开始，商业地产无疑将成为"物联化"的一个端口，研究、制造、物流将渗透到商业地产，商业地产将成为"物联化"的一个重要环节，高科技"赋能"传统商业地产，使之成为与"新基建"所匹配的"新商业载体"。

"新商业载体"将拥有这些能力：

（1）效率。商业竞争内容之一就是效率，大数据、云计算、物联网、移动交易和支付，都是为商业地产提高效率提供了体系支撑。

（2）精准产销。消费市场研究的准确性提高，同样提高了经营精确性，增加了收益，降低了成本，提高了社会生产力。

（3）优化体验，如支付场景、交易场景、虚拟空间和展示场景、检索、VI技术、导购技术、定推技术。

（4）降低成本，如智慧资产管理，智能化替代人工，无人商店，无人机配送。

（5）高科技服务于新的消费生态圈层，重新组织商业服务体系。

做收益高的商业地产。相对而言，商业地产的资产价值比较真实。住宅市场的门槛越来越高，中小房地产企业很难争地，都被前十强企业以合作、联合竞拍的名义或自己拿地集中开发的房地产企业拿走了。在住宅市场40%市场销售额为前20名企业所占有，中小房地产企业逐渐退出住宅开发的红海。

由于"限控"——控价、限售、限时、限人、限贷等控制类型等原因，地价不低，住宅利润空间被大大压缩，住宅的收益也日益变薄。

由于这两个市场原因，导致部分房地产企业已经退出住宅市场。与此同时，商业地产销售市场的路径越来越窄，而租赁市场的机遇越来越多。存量去化、资产收益毕竟都是要依靠收益来支持的。从现实的物业资产收益分布来看，目前我国租赁市场的一般收益规律是零售型商业地产→办公→酒店→产业服务（科技、研发）→生产性产业→物流的递减降序。

科技激活存量资产价值。中国商业地产已经进入存量时代了，在存量时代再进行价格博弈，部分商业地产将变成不良资产。高科技赋能商业地产，商业地产进阶将改变资产的收益状况。

小米称提高坪效8倍，盒马鲜生发布新闻说"经营好得很"，新零售、新业态、新商业载体已经显示出强大的生命力和商业的适合能力。成功案例显示：商业地产必须随着科技发展、业态升级、消费升级而进阶，汽车时代不用马车，电讯时代不用马拉松。互联网时代，商业地产必须打通科技之环节，成为智慧商业。

自从有了线上交易，阿里、京东、美团、滴滴等线上业态大大分流了商业销售的份额，商业地产的直接销售功能弱化，展示体验功能大大加强，场景的要求发生了，消费者的体验要求更加强烈。消费者的体验从线上到线下，从商品到商场，从服务到支付，从点赞到好评，从物质和生理满足到心智满足，在科技时代需要新商业载体来满足消费者这些时代进步带来的新的需求，这份时代的答卷谁做得好，谁将领跑商业地产，成为存量时代商业生态进阶、去化的胜者，成为新商业载体的领军者。

做有温度的商业地产——从满足生活的功能性需求到满足心智和情感场景需求，这是新商业载体的新使命，所谓的"温度"，即人性的关怀，"人文科技"成为"场景"的最核心的竞争力。在我国的商业地产行业中，仿造能力强，但对消费心理、消费行为的研究还是不够的。在商业地产市场开发经历了"追求高大上""注重场景"—触电—上网（和TAJM合作）的三个时期后，进入了最重要的一个阶段是"人文科技"层面的发掘，谁能让消费心理层面得到温暖，谁就能取得未来真正意义的成功，这也是"新零售""新业态""新商业载体"研究的重要内容。

目录

第一章　商业地产概述 | 15

第一节　商业地产概念及其分类 | 17
一、商业地产概念 | 17
二、新旧商业载体的分类 | 19
三、业态进化和新零售业态谱系 | 23

第二节　商业载体的基本形态 | 29
一、购物中心 | 29
二、商业步行街、街区 | 33
三、百货商场、超市、专业卖场、主题商场 | 37
四、市场（综合市场、专业市场）| 40
五、汽车销售业态的载体——城市店、汽车大道、汽车MALL | 41
六、奥特莱斯 | 42
七、社区商业中心和邻里中心 | 43
八、新商业载体发展趋势的预测 | 45

第二章　商业地产价值法则及应用 | 49

第一节　商业地产价值构成 | 51
一、影响房地产价值表现的因素 | 51
二、商业价值的构成 | 54

第二节　商业地产升值原理和影响升值的科技因素 | 56

第三节　商业地产价值估值的必要性 | 57
一、评估准则 | 57
二、交易案例的选择 | 60

第四节　价值规律及运用——影响商业地产价值的"十个差比" | 62

第五节 商业地产运作的基本法则 | 69
 一、聚集效应 | 69
 二、大店效应 | 70
 三、名店效应 | 71
 四、水盆效应 | 71
 五、业态互动效应 | 71
 六、通道效应 | 72
 七、商场运营中"二八"效应 | 73
 八、坪效联动效应 | 73
 九、双叉效应 | 73
 十、生死交叉点 | 74
 十一、浮球效应、会合效应、喇叭口效应 | 75

第三章 商业地产发展策略和企业发展策略抉择 | 77

第一节 市场环境 | 79
 一、总体特征 | 80
 二、供求关系 | 81
 三、"新商业载体"的理念刚刚开始在市场传播 | 81

第二节 商业地产发展策略和外部条件 | 82
 一、法律法规 | 82
 二、金融条件 | 83
 三、土地供应 | 84
 四、商业地产的生态改变 | 85
 五、物联意识——已经到来的万物相连时代 | 87
 六、"新商业"和"新零售"的思想 | 89
 七、共享理念 | 90
 八、新时期消费心理的研究成为重要使命 | 90
 九、税赋 | 91

第三节 商业地产发展策略 | 92
 一、资源禀赋 | 92
 二、技术能力 | 93
 三、实施能力 | 94
 四、品牌影响力 | 94
 五、发展理念和目标选择 | 95

第四节 各企业发展商业地产的策略 | 95
 一、中国商业地产市场发展中的重要事件 | 95
 二、市场周期和发展战略 | 96

三、战略布局和市场策略｜98

第五节　商业地产发展战略归纳｜101
一、长期策略｜101
二、经营决策依据｜102
三、商业地产发展策略和企业资产配置｜103
四、发展策略制定的依据｜104

第四章　商业地产项目开发方案和业务流程控制｜109

第一节　开发类型和开发方案｜111
一、项目发展策略｜111
二、开发行动方案设计｜118
三、商业地产开发的组织架构｜120
四、商业地产开发顺序｜124
五、商业地产开发流程控制｜130

第五章　商业用地价值判断、调研、取得｜143

第一节　商业用地价值、价格和分析方法｜145
一、商业用地价值和价格｜145
二、商业用地价格判析｜145
三、商业用地投资价值研究方法｜147

第二节　商业用地的相关信息收集｜150
关于商业用地的背景性分析｜151

第三节　商业地块价值分析｜164
一、商圈判断｜165
二、消费研究｜171
三、交通条件｜172

第四节　商业地产市场研查和研究｜178
一、未来的市场空间｜178
二、现时市场空间研究｜185

第五节　开发方案模拟｜197
一、重视商业用地的个性｜197
二、模拟开发方案市场化及设计基础｜198
三、模拟方案必须响应土地出让要求｜199

第六节　商业用地投资和参与拍卖 | 200
一、运用企业品牌和成功项目模式去参与"竞地" | 200
二、土地获得 | 202
三、土地取得后的工作计划 | 202

第六章　商业地产项目定位 | 211

第一节　定位策略 | 213
一、定位原则 | 213
二、定位思考和方法 | 215

第二节　商业地产项目系统定位 | 217
开发策略和盈利模式定位 | 218

第三节　总体定位评判和效益分析 | 237
一、项目总体定位的评判 | 237
二、总体定位的效益估测 | 239
三、定位对标 | 241

第七章　商业地产项目策划 | 251

第一节　商业地产策划思考方法 | 253
一、商业地产策划的使命 | 253
二、商业地产策划应遵循的原则 | 255
三、商业地产的策划艺术 | 258

第二节　商业方案策划要点 | 265
一、融资策划要点 | 266
二、招商策划要点 | 270
三、规划策划要点 | 272

第三节　商业地产品牌策划和推广策划案例 | 274
一、商业地产品牌特征 | 274
二、商业地产的品牌特质塑造 | 274
三、商业地产的品牌发展策略 | 275

第八章　商业建筑策划和设计重点 | 283

第一节　设计理念 | 285
一、设计者的使命 | 285

二、规划策划的理念 | 286
三、商业建筑设计的成功路径 | 288
四、发挥组合设计优势 | 290

第二节 建筑空间，创造商业地产价值 | 293
一、了解开发意图和市场 | 293
二、用地价值判断 | 295
三、商业用地的个性分析和价值判断的方法（商业用地的"六性"分析法）| 296
四、情景化的商业地产 | 306
五、商业地产情景化的效益 | 316

第三节 介绍商业地产规划理念和案例 | 321
一、商业地产新规划理念的案例 | 321
二、商业建筑相关的规划设计理念 | 356
三、商业建筑屋顶创意 | 377

第九章　商业建筑空间设计重点 | 379

第一节 重要的规划技术和参数 | 381
一、总平面布置的逻辑 | 381
二、动线设计逻辑 | 382
三、提高空间价值的方法和案例 | 383
四、商业经营环境规划控制 | 384
五、停车场规划原理 | 388
六、商业配套要求 | 394
七、商业地产产品设计 | 395

第二节 新商业载体的智慧运营管理体系的规划 | 401
一、基本思路 | 401
二、系统设计 | 401
三、疯购商业地产智慧管理系统生成情景 | 405

第三节 设计介入和程序 | 412
一、设计理念 | 412
二、总体平面布置 | 412

第四节 新商业载体的方向 | 414
一、商业地产的进化 | 414
二、物联化要求 | 415
三、"工业4.0"和新商业载体 | 416

第十章　　商业地产经营——交易、营销、租赁 | 421

    第一节　商业地产交易 | 423

    第二节　商业地产营销 | 431
    一、对商业地产营销的认识 | 431
    二、商业地产产品 | 432
    三、客户 | 435
    四、推广 | 440
    五、商业地产营销难点、痛点和对策 | 441
    六、营销思路创新 | 444
    七、商业地产营销方案编制 | 446
    八、营销业务流程设计 | 450

    第三节　商业地产租赁经营 | 457
    一、租赁和租金 | 457
    二、商业地产租赁经营策略 | 460
    三、商业地产的租赁收益 | 467
    四、商业物业租赁合约要点 | 469

后记 | 471

第一章

商业地产概述

第一节　商业地产概念及其分类

一、商业地产概念

1. 概念

商业地产是什么？商业地产有"三个载体合一"的特征，商业地产既是商业服务业的载体，也是房地产投资的载体，还是以商业用途为特征的资产物化载体。即在不同类型的投资者、经营者的视线中有不同的功能和价值判断。**商业经营者主要以商业的角度，即从零售的利润来判断商业地产价值**，开发商或物业经营者则以租金收益或物业升值的角度来判断商业地产价值，而来自金融市场上的投资者则以金融市场预期、投资倾向以及商业地产这种类型的资产自身的价值和未来的升值空间、投资风险进行判断。

究其本源，狭义上的商业地产是为了商业经营而开发建造以承载商业经营的实物载体，具有展示、销售、服务、仓储以及接待等功能，在新商业、新零售时代，商业地产除了上述功能外，还有城市客厅、城市旅游和观光、商品展示和服务中心的发展趋势，有聚会，体验、休闲、游逛等新商业载体的特点。

从房地产类别中看，按照用途划分，商业地产属于用于商业用途的房地产类型，这类房地产品的开发目的不是用于居住或其他，而是供商业活动使用。狭义上的商业房地产，包括商场（购物中心等）、专业市场、娱乐场所、休闲性场所和各类消费场所的商业物业的开发与经营；还包括用于各种零售、批发、餐饮、娱乐、健身、休闲等经营用途的房地产形式。广义上商业地产通常指办公、酒店、物流、工业厂房为主要用途的地产，它们共同的特点都是以取租为开发经营目的的地产类型，但是，直接用于产业或商业的经营可得到税收方面的鼓励不计入房地产经营范围。国外有"零售地产"的表述，专指用于零售业的地产形式，也就是狭义上的商业地产。商业地产的物化形态是有多样性，主要包括购物中心、百货、超市、商业街、主题商场、专业市场等。

狭义上的商业地产则在作者的《商铺投资》[①]一书中被赋予通俗名称——"商铺"。把总概念定为商业地产，在子概念，又可进行细分，**在建的称为"商业地产项目"，建成的称为"商业物业"**。

依照上述，商业地产的"三个载体合一"其实是不同的，不同用途和不同投资主体的投资行为造成，具体可分为商业投资、房地产或物业投资和资产投资：商业投资比较偏重商业利润，物业投资偏重于房地产物业收益（租金），而来自于资本市场的投

---

① 姜新国. 商铺投资 [M]. 上海：上海财经大学出版社，2002.

资者，则关注更全面，从商业经营的适合性、营利性到物业的收益持续稳定性、安全性，资本市场的市场预期、投资倾向等全面考核商业地产的价值变化。这三者之间，既有差异性，又有紧密的相关性，即商业营利性好，同时也意味着向物业投资者分配的租金收益多，物业收到租金多，表现为收益性好，而收益性好、成长性好的物业资产则是资本市场关注的投资对象，所以商业地产价值的基本逻辑是：商业营利性好，物业收益增长，物业投资者有投资倾向；优质的商业物业资产则受到资本市场的青睐。

2．不同物业的差异比较

1）和居住物业比较

商业地产是房地产种类当中一种很具体的品种，又是一种十分个性化的房地产类型，它和其他形式房地产有着很大的差异，了解这种差异性，有助于我们掌握商业地产的个性、发展以及经营规律（表1-1）。

商业物业与居住物业比较　　　　表1-1

比较项目	商业物业	居住物业
最终用途	商业经营	居住
评判标准	商业利润或租金	舒适、安全、便捷、私密、经济、景观
升值条件	经营或商业环境改善	土地或居住环境改善
消耗方式	价值转移（中间商品）	终端消耗
获得方式	投资	购置
类型	经营型物业	消耗型物业
属性	生产资料	生活资料

说明：投资型的居住功能物业也属于商业地产范畴。

中国绝大部分的房地产企业，都是开发住宅的。我们以住宅为比较对象，找出商业地产和住宅的差异性。

通过和住宅比较可以发现：商业地产是一种用于商业经营的物业，评判商业地产优劣的直接标准是商业经营者在这个商业物业中经营获得商业利润高低的状况，间接标准是租金高低状况。从根本的属性来看，商业地产是一种特殊的生产资料，**它的特殊性在于使用过程中产生价值和升值。**一般规律是使用率越高，价值越高，而不同于一般的生产资料在使用过程中发生消耗，增值的动因主要来自于消费增加、商业有聚集效应、输送客流的交通条件改善、客流增加、电商助力等，这些和住宅物业都有巨大差异：住宅的升值主要来自于土地升值而非居住频次的提高或市场波动价格，自用性的住宅属于生活资料，属于一种消费，即在使用过程中发生消耗并不产生新价值。评判自用住宅的优劣势根据各人置业能力和择居倾向。

通过两种类型的物业比较我们发现价值变化存在根本性差异，即商业地产的"**使用产生价值，使用率影响升值**"。这个特性是商业地产经营的一个特性。

2）和广义上的商业物业——办公和酒店进行比较

这三种商业物业除了具有"收益决定价值"的共同点之外，在使用和运营中，还存在许多差异性（表1-2）。

商业物业与办公、酒店物业比较　　　　　　　　　　表 1-2

共同性
1. 都是收益性物业，都需要招商。
2. 商业地产共性，收益决定价值，使用率决定增长。
3. 都属于公共建筑，都面临着业态升级的要求。
4. 都要对房屋建筑及附属设备设施进行管理；都需要对环境及卫生进行严格的管理；对消防有着严格的要求；车辆管理在对二者的管理过程中很重要

差异性
1. 载体的承载对象不一样，商业物业承载商业、企业及被吸引的消费者；办公是企业办公和商务活动；酒店承载商业性的居住服务。
2. 办公物业可自用，不用于物业经营，仍属于经营物业。
3. 办公物业经营不能作为商业经营用途，出售或出租必须缴纳房地产税，而商业物业可用于自行经营，可以纳入商业的税收范围。
4. 承载的服务差异，办公物业的服务对象是商务人士，其普遍具有较高素质和文化水平，管理难度较低；而商业物业则供是全年龄层顾客使用，物业管理难度较高。
5. 商场式的商业物业经营需要一定开业率，而办公物业经营自由度大，没有这方面的需求。
6. 商业物业经营风险大于办公物业，收益率要求高于办公物业

通过与办公物业比较，发现除了价值规律相同之外，商业物业和办公物业价值表现、规划、运营管理、经营模式都有差异。如果用商业地产与工业地产、物流地产、酒店物业等其他广义上的商业地产类型比较，还会发现差异性。

所有开发、运营商业地产（物业）必须既按照广义的商业地产一般规律，又要按照狭义上的商业地产特殊规律进行。

二、新旧商业载体的分类

商业地产进阶状况　　　　　　　　　　表 1-3

比较升级	工具进化特征	产业升级	商业地产进化
1	石器、青铜、铁器	手工业	街市（西汉长安九市公元前189年）
2	蒸汽机（1688年）、电机	工业	百货（法国第一个百货——乐蓬马歇百货公司1838年）、超市、早期购物中心（世界第一个购物中心1907年在美国开业）
3	半导体(1947年)、电子科技、电视、电话	电气	现代购物中心（"二战"之后）
4	网络（万维网1991年）	信息	新商业载体，城市客厅，展示中心，艺术中心，娱乐中心……

由于科技进步，使得商业地产发生进阶状况，每一次重大的科技发展都给商业地产带来进阶的重大变化（表1-3）。在分析商业地产类型时，我们有必要对新旧商业载体做一个分类，这样有利于我们在互联网时代背景下思考商业地产的定性和未来价值的判别。

1. 按项目包含的功能分类

商业地产的相关功能因素越多，项目投资、开发和运营的难度就越大，效率越低，资金周期越长。

单一型的单纯商业地产项目；复合型包括了商住复合、商旅复合、商办复合、工商复合；城市综合体包括了商旅办组合、商住办组合、工商办住组合等。

1）单一型：单纯商业地产项目。不考虑项目外部因素，项目定位选择时，可以相对简单，只考虑商业的价值选向，内部业态和谐和共同繁荣，并处理业态和建筑之间关系。如果未来需要销售或转让的还要考虑相关交易或投资需求。

2）复合型：除上述商业自身因素之外，复合型的商业地产项目还要充分考虑复合物业的使用需求：如商住复合型项目中，商业对居住环境的影响性评估；包括声音控制、通道分置、小区安全等。在商办复合项目中，商业和办公品质的把控、车位共享、出入口设置、商业和办公物业的资源共享等。

3）综合体：综合体是以建筑群或多功能建筑为基础，融合商业零售、商务办公、酒店餐饮、公寓住宅、综合娱乐五大核心功能于一体的"城中之城"（功能聚合、土地集约的城市经济聚集体）。但是随着时代的进步，越来越多源于城市综合体运作模式的综合体建筑不断演化出来，它们的功能比狭义上的综合体少，根据不同功能的侧重有不同的名称，但是可以都属于综合体。

综合体有如下"五个特征"：

一是土地高效利用性：综合体项目一般位于城市核心区，土地稀缺价格高，国家为了平衡土地成本和土地发展收益，采用提高土地使用率的办法，所以综合体的容积率都比较高，影响资金和建设周期。

二是功能复合性：复合的多种功能相互之间产生影响，如果规划不当，会对综合体整体产生不良影响；规划得当，则可产生"共同效应"。

三是投资的规模性：由于项目的位置好、规模大，综合体项目有资本的规模要求。

四是开发的周期性：由于高效利用土地，功能复合多，工程复杂，所以开发周期长，同样对资本提出了时间要求。

五是社会性：综合体项目有关城市形象、地方商业、商务发展，受到地方政府和公众高度关注。

所以，综合体项目开发的难度很大。

以项目的功能组成来进行分类，可以研究项目开发难度、各功能之间的互相作用和影响以及发展周期和资金使用情况。

2．按物业形态进行分类

物业是商业载体的物化，是商业空间使用和组合的意志，商业物业形态种类不多，**仅商场式物业和街铺两种形态。**

1）物业形态

（1）商场式物业：商场式物业在业界又称之为"大盒子"

封闭式大盒子商业建筑模式起源于美国，商场物业的特点是，所有功能都集中在一个大型建筑物内，内部采用封闭式步行街形式，由于建筑规模大，相关性强，后期运营难度远大于街铺物业。但是为了商业便于布置，商场式物业建筑都是以功能性为先的方形或矩形。这类物业是德国包豪斯学院的现代建筑技术随着柯布西耶等人士迁居美国后，在美国的建筑中率先使用，为后期商业规模化发展提供了条件。这种建筑形体方正巨大，看起来像个巨大的盒子，由此而得名。

商场式物业一般用于规模大、需要集中经营管理的业态，如百货商场、购物中心、大型超级市场、专业卖场等。由于共享商场物业中的公共空间，使得商业经营者感觉实际使用的面积偏小，"得铺率偏低"，但是这种物业形态具有良好的共同效应和集聚效应。

（2）街铺物业

小规格、多单元的商业建筑空间沿着街道进行线状或网状布排，这类道路可以称之为"商业街"，而在这街道上，小规格、有规律进行组合的商业物业，我们称之为"街铺物业"。街铺物业一般来自有消费客流通过的街道。街铺物业是人类进入铁器时代的产物，确切历史记载的有2000多年，包括罗马时期图拉真市场以及中国的长安九市，由于分散经营，街铺物业单元空间具有"小进深""小面阔""小单元"的特点，笔者在《商铺投资》《商业地产开发经营与管理》[①]两书中提出商业建筑模数时，提到街铺的面宽和进深的比例关系。现代建筑的街铺物业面宽原则上控制4～5m，仿古商业街则为3.3～3.6m，进深原则上不超过单间街铺面宽的3倍。

---

① 姜新国. 商业地产开发经营与管理 [M]. 北京：中国建筑工业出版社，2011.

然后这仅仅是一般规律，在实际规划中，需要根据市场和项目实际进行调整和运用，如在商业繁荣地区，街铺物业进深较大，笔者知道进深比较大的街铺物业在西安东大街上，面宽4m，进深24m，而比较小的则是在黄山地区一个比较偏僻乡镇，面宽为3.3m，而进深为6m。这种长宽比例的变化，主要受市场需求及供求关系、用房需求、土地资源稀缺程度决定。

街铺物业的优点是每个单元空间经营自由度大，受管理控制影响小，但是共同效应、集聚效应比商场物业小。

在商业经营、消费习惯没有产生颠覆性的变化之前，商业地产的物业形态只有上述两种，**如果规划意图既不是商场物业，又不是街铺物业，那么项目规划一定是有特殊用途或犯错误了**。按照不同项目发展战略意图确定不同的物业形态和产品十分重要。

2）按照收益方式进行分类

商业地产（物业）的经营收益主要有：商业经营收益、开发收益、租金收益和转让收益。

研究不同收益来源和不同的项目或物业的经营分类关系，对指导商业地产项目（物业）开发具有战略意义。因为不同经营方式，有不同税赋，而不同税赋直接关系到项目开发和物业经营利润的水平。

（1）商业收益：收益来自商业。开发建设直接用于商业经营的项目或物业的类型，其特点是既是业主又是商业经营者，没有名义上的租赁交易，被视作为商业经营收益，而不纳入物业经营考核，从而避免了物业方面的征税。在实际商业经营收益中，应当具有来自商业物业资产的收益，而现在我国的财税制度中，商业物业还作为设施投资进行折旧，并摊入经营成本。有年限的商业用地使用权的期限到了以后续租，将影响限时的租赁和续约的准备。

（2）商业地产开发收益：收益来自于商业地产项目开发，即项目开发目的为销售或转让。开发销售型的物业是我国目前大部分房地产企业参与商业地产的类型，这是资金配置和资金成本的现实决定的。由于各地政府为了扶持第三产业，给予商业地产开发土地方面的优惠，造成商业地产部分项目超额利润，使得一个时期商业地产总开发量大幅度提升。一般城市都超过了1.5m^2/人的公认人均拥有商业面积的合理配化水平，2015年以后，大部分在售商业地产楼盘去化、回款缓慢，导致开发财务成本大大增加。

即使有销售业绩上佳的项目，但是售后结算还要面临重要的纳税环节，才能测算出属于企业分配的利润，所以销售型商业地产项目有比较多的在资金平衡方面的战略思考，而追求暴利的时期已经过去了。

（3）租金收益：有两种经营模式，一种是为长期取得租金收益而进行持有的商业物业，持有者并不直接参与商业经营；另一种是承租其他方的物业进行转租而取得的差额收益。

从资产证券化的角度来看，产权清晰、收益稳定增长的商业物业，是可以进入资产包（权益收益也可以上市），形成REITs的物业资产，这是国际资本市场通行惯例。但是中国的资产证券化涉及各方面的政策制度的限制，进展一直比较缓慢，而且物业税开征议论及其土地增值税、契税的压力大，商业地产（物业）租金收益和实际利润及其持有物业和权益收益的证券化未来出路仍不明朗。

（4）转让收益：即通过商业地产（包括项目和物业）存量房产的转让，参阅我国现行的税务法规。主要承担较重的房地产税收。所以在现行的税收法规条件下，可以考虑用企业产权进行操作，以改善商业地产（项目和物业）的转让经营效益。

三、业态进化和新零售业态谱系

1．变化因素分析

当今世界由于高科技发展，生产力提高——商品过剩，以及消费能力提高，商业业态已经从工业时代的大型超市、百货业态为主流的实体空间为主要销售场地的时代进入线下和线上两个空间相融合的时代，业态也发生了根本性的变化，从传统的零售升阶为"物联业态"——"新零售"，业态的种类也大大丰富了。

1）移动互联网改变商业世界

在人类历史发展进程中，以蒸汽机为代表的工业革命是人类历史上真正意义上的一次根本性的技术革命，而信息化和移动互联网革命则带来了第二次实质性的飞跃。信息传输的高速公路将人类所有的信息产生了联系的可能，集合成资源。生活、医疗、教育、娱乐、运动、旅游、商业和金融等供需实现了动态的多维连接，提高了社会经济发展信息传递的时效，显著提升劳动生产率和降低了服务的成本。

2007年后互联网已从桌面互联网升级为移动互联网，信息如空气一样弥漫在虚拟和实体两个空间中，信息传播被去中心化，传播路径成网状结构，传播时效再次提高，也催生了互联网销售空间。

2009年"双11"互联网商业营销活动是一次可以载入国际零售、营销界史册的大事件，在这一天，互联网业态发动了前所未有的全民线上购物狂欢，销售记录一再被刷新，自此开始，中国大陆的零售业进入新纪元。

与此同时，传统零售业受到了巨大的冲击而进入冬季，销售额持续下滑，商业物业空置率不断攀升，部分购物中心的商品流失达到20%~30%，精品服饰、电子产品、体育运动商品等业种受到直接冲击，影响已经扩散到以销售日用商品为特色的传统超市，造成大型超市生存困难，发生了以"大润发"为代表的退出事件，同时又产生了以销售生鲜为主并可以送货上门的"盒马鲜生""京东""超级物种"等进化了的新型超市业种。

是什么力量在背后推动着新旧业态进化的呢？

进入互联网时代，尤其是移动互联网时代的到来，能够使用鼠标和智能移动电子设备进行网购的大多是学历高、消费能力强的消费客层，他们是零售业的主要服务对象，他们的消费倾向变化，改写了自工业革命以来形成的零售业的商业逻辑和业态内部生态关系，造成了组合型业态（如购物中心、大型超市）内部生物链阻断，如80后、90后消费层的流失和减少，导致实体商业中的电子、运动、快销品、日用品等业种生存困难，并把影响扩散到其他依附性业种，如包袋、饰品、饮品的营收下降，生存困难。

造成这种巨大变化的推手就是"移动互联网"的即时效应，它给人们提供的便捷和效率是传统业态所无法替代的。

2）消费变化是商业地产基础性的变化

消费变化是导致零售及其商业地产变化的最根本原因，没有消费能力上升，没有人使用鼠标、智能化的移动电子设备购物，互联网上的商业业态价值就无法实现。

经历了30多年的高速经济发展，我国完成了从小康到中产消费转变的过程，消费从唯价格向品质优先转变，恩格尔系数下降到30%以下后，消费支出从讲究吃穿转变为个人享受生活类型，旅游、休闲、健康、教育、体验、美妆、服饰成为家庭、个人消费支出的前序类别，人们的消费价值观发生了巨大的变化。

进入21世纪以来，中国大陆的主要消费群体已经完成了交替，商业的重要目标客群已经变化为80~90后为主，这个年龄层的消费群体受惠于经济增长、独生子女政策并受到良好的教育，收入水平较高，消费能力强于其他年龄层消费者，他们花钱顾虑少，爱玩乐，追求生活品质，追求情调、体验、趣味是这个客群的消费特点的关键词。

由于时间过剩，产生了时间消费需求。中国大陆从1995年改为"双休"起，到2016年，中国大城市绝大部分人（少数"996"除外）实际工作时间只有155天（同时减去工作时间内的休息和购物），过剩的时间使得人们有更多的时间消费机会。

经济转型"双循环"、拉动内需已经成为中国大陆未来经济增长主要因素之一，医疗保障逐步改善、住宅消费需求开始弱化，支出分配中消费支出增加，人们的消费意愿逐渐增强。

消费变化是零售业及其商品扩容的最基础性的因素，由于需求增加，零售业的商品目录上的商品才会增加。

3）商业竞争是零售业进步的动力

在消费基础形成之后，业态升级和科技发展才有了施展空间。

商业内部竞争主要来自于两个方面：一是国内市场商品严重过剩；我国大约有78%的商品供过于求。产能过剩传递到零售业后，造成商业销售通道铺展过多，间接造成商业销能过剩，商品销售渠道叠加、重复，商业物业重复建设。商业促销手段单一，价格战已经使商业竞争筋疲力尽，自相残杀，不可持续。这就产生了业态升级、科技运用的要求；二是进口商品增加，国际先进商业技术、营销策略进一步渗透中国大陆商业领域，促进中国大陆业态升级。随着2016年12月中国加入世界贸易组织的保护期到期，进入中国大陆的进口商品大量增加，这个变化使得中国大陆的商业竞争方法，从单一的价格竞争开始向商品品质竞争、商业环境和情景竞争、商业服务竞争、创新竞争过渡，进口商品和先进的商业销售技术促进中国商业进步和业态升级。

4）商业科技进步是业态升级的关键因素

高科技手段的运用使得零售业的进步更加迅猛，移动互联、物联网及物联前期衍生功能——智慧商品管理系统、社交媒体、大数据以及快速支付、场景革命、积分银行、VR技术、O2O技术、虚拟会员方案等。网络商业在现代物流的配合下，对传统商业冲击更大。2020年世界最大的零售结构体——阿里巴巴的交易额达到约6.5万亿元，约占中国零售商品总额10%以上。科技革命对商业的影响比历史上任何一次更大、更加深刻，远远超出我们的想象。以移动互联为代表的当代信息技术正深刻地改变着人们的行为和生活方式，同样从消费端出发，改变中国零售业生存法则。

5）新业态谱系的源设计

互联网打开另一个商业空间并导致商品扩容。在商业生态性变化影响，实物商品流失的背景下，购物中心出现了以餐饮为代表的服务业态、体验业态比重上升。由于互联网打开了新的零售空间，非传统零售业态的金融（网银）、保险（在线销售和服务）、数字音乐和图书、医疗保健和健康、健身、养生、美容、萌宠、旅游以及各种非传统零售业态等进入零售领域。各类业态都上线，线上和线下商业空间发生了交汇和融合，传统商业自觉或不自觉地进入"新零售"时代。

以消费需求为源头，描述新业态谱系，可以达到供给侧改革推动的零售业态的进化，拉动内需，进一步满足人们对生活改善的需求，改变中国零售业和商品制造行业的产业结构，实现零售业的新旧动能转换。

2. 业态门类（三个业态门类）

1）线上业态：在线通过检索商品、浏览商品、确认订单、在线支付、商品交付并包含后期延伸服务的商品购买交易过程，如，在线办理电子车险、购买某类金融理财产品等非实物交付的商业形式。

2）融合业态：主要是指在线上完成购买过程，线下获取商品或服务的业态，如，在某网站完成衣服的购买行为后，通过物流物品到达手上；通过某外卖平台订餐后，获得餐品后再线上确认付款完成购买行为；网上预定后家政如期上门服务等。

3）线下业态：通过线上平台的商品展示，**主要的体验**、**试用**、**交易过程在线下完成的业态**。如，高级定制服装、数码产品、美容护理等的购买行为（图1-1）。

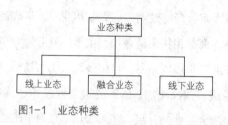

图1-1 业态种类

3. 重要的业态种类（12个种类）

金融、数字出版物、在线交流、在线充值/支付、电商、生活、文化艺术、餐饮、个人装扮、儿童、娱乐（图1-2）。

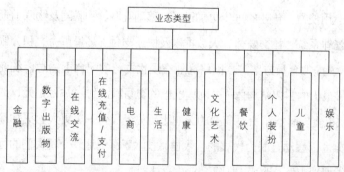

图1-2 重要的业态类型

4. 业种类型（101个业态类型）

业种类型如银行、聊天、网络销售、宠物店、维修、高科技生活、体育健身、旅游商品、中式餐饮、儿童体验、网咖等（图1-3）。

第一章
商业地产概述

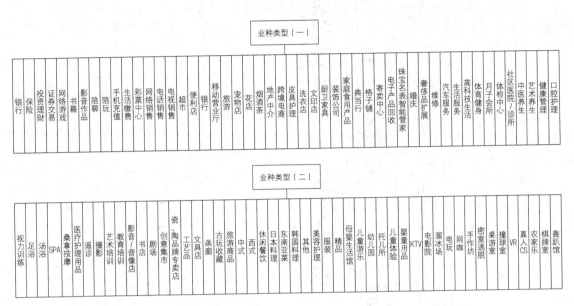

图1-3　101个业态类型

谱系图总表如图1-4所示。

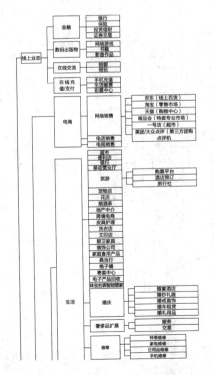

图1-4　谱系图总表

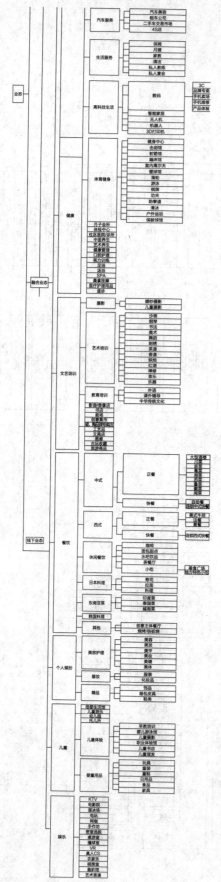

图1-4 谱系图总表（续）

5. 业态构成变化状况

1）业态比重变化情况：实物消费下降20%～30%，体验消费出现，餐饮服务消费上升到占购物中心的业态比重为20%～60%。

2）商品种类情况：商品种类大大丰富，达到2万多种。

3）品牌发展情况：在日本的购物中心中，累计商品的品牌有将近有3万个，据赢商网统计，2017年，中国大陆进入购物中心的商业品牌达6500个左右，但是新型商业品牌增加的趋势在延续中，如快闪店、体验店、业态混合店、设计师专门店等。

第二节 商业载体的基本形态

曾经有不少业者认为商业地产就是"商业"+"地产"，这个观点是错误的。**商业地产是房地产行业中的一个专业，是房地产门类中一个单独的类别，有它独立的价值规律、运营方法和操作体系。**由于我国这方面的专业学科还没有形成，商业地产的研究不够体系化，同时专业人才也十分缺乏，所以导致对商业地产的研究出现不同相关方面（商业、地产、金融），每个不同的专业，凭借其不同的经验去表述商业地产。

商业地产的物业形态服从于商业业态，着眼于未来资产增值。

任何一种商业业态的形式，都和它源发地的国家人口居住生活以及经济发展水平密切关联，也和商业的基本因素（如交通）有关。目前，世界上主要的商业业态载体融合成商业地产形态有三大潮流——购物中心、百货公司、各类专业批发市场。随着"新商业载体"的商业地产进化方向，已经或将产生许多新型的商业载体，如智慧商场及有场景的商业街（区）、互融式商业联合体、全景体验的商业智慧综合体。

研究商业地产的基础是研究商业、研究业态和商业科技进步；研究商业地产的价值，必须从业态的盈利性出发，兼顾房地产价值去研究商业地产的盈利性。

一、购物中心

购物中心是商业地产开发、经营的主要形态。

世界购物中心协会对购物中心的定义是：作为一个独立的地产进行设计、开发、拥有和管理的零售和其他商业设施的组合体。

购物中心又被称为Shopping Mall，Mall，起源于美国，是指规模巨大、连成一体、包罗众多专卖店和商铺，集购物、休闲、娱乐、饮食为一体的集合型的大型商场或加盖的林荫道式的商业街。

在商品匮乏时期，购物中心以商品琳琅满目、货源充足取胜，进入"新零售"时代，购物中心的场景和体验、商品展示、服务、环境优化成为主要特征，还会在智能化方面进阶，成为新商业载体的标杆。

1．新型购物中心的特征

目前我国的商业地产及购物中心已经"新零售""新业态""新商业载体"的时代，新型的购物中心形成应当具备如下四个特征：

1）服务业态的占比可达到50%以上。大量实物商品转移到网上交易以后，须提高电子商务无法替代的服务业态的占比或服务和实物混合的业态的比重。

2）商业地产情景化理念的运用。是新商业载体中"场景"的一个主要内容，为商业销售、策划营造了线上业态无法替代的场景，从而产生良好的体验感，并贡献流量。新商业载体的情景化是指能让消费者产生喜悦并且愿意参与购物体验的购物环境。它既突出了商业空间、内部环境、美陈的独特性、时尚性和愉悦性，同时兼顾到了区域人文和审美等因素。

3）是虚拟空间与实体空间的交互模式。线上平台和实体商场的交互作用，即所谓的"O2O"。地球信息圈——虚拟空间的发现意义绝对不亚于太空发现或哥伦布发现美洲大陆。人类世界除了生存的生态圈，又发现了"信息圈"。"信息圈"的开发和利用对人类社会产生着巨大影响。它改变了人类的社会交往、贸易、价值观念、基本思维方式，同时也改变着整个世界的商业生态；"信息圈"理念的运用载体——互联网已经或正在改变全球商业生态关系，其中有移动互联网、大数据、云计算、物联网、3D打印和社交媒体的各项新科技的作用合力。

作为科技时代产生的互联网商业——线上业态也有其先天不足，因为它自身不生产任何商品，不可能进行实物交割，同时展示性和互动性不直观以及信用等级略低等原因，必须通过线下的场景和体验来补强它的弱项，它对线下最合适的对象——商业地产及购物中心提出了场景的要求。但是线上业态又有实体商业无法替代的五大优势：交易成本低、商品信息传播范围广、速度快、数据运用方便、空间几乎可无限拓展和市场影响力大，这也是购物中心所要借助的力量。虚拟业态的弱点又恰恰是实体商业的优势，于是商业形态出现了线上线下交互、互补的形式——O2O的早期融合性业态的雏形。O2O全称为On-line to Off-line，实际是一种联系线上线下商业的连接方式，其本质和传统商业一样，要有直击人心的人性化经营思路，才能把线上线下的互动融合业态成功进行深化和转型。

4）是产业的物联化趋势重塑商业载体价值。互联网改变产业关系，渗透到商业生态，同样也渗透到传统运输行业，逐渐使之改为"五流合一"的物流体系中的一环，即商品流、信息流、资金流、客流和运输流的统一。物联化的意义是把网络上流动的信息转化为实实在在的三维化商品研究、生产、流通的整个系统。这种物联化的商业生态正是新商业载体所要为之提供的配合条件，协助高科技时代的购物中心从传统零售业态升级为新零售业态。所以在商业生态发生变化之际，新商业载体必须主动为物联化设计接口，如信息数字通道连接、物流车位、小型仓储、物流专用通道、快递专位等，以实现购物中心的进阶。

就购物中心经营而言，购物中心并不是一种业态，它自身不销售商品，购物中心经营的是商业面积，它是一种商业综合体，是多种业态的承载体。购物中心为了稳定经营，采用物业整体持有、分散出租的经营模式，在交易时往往也采用整体交易的方式。由于购物中心分散经营、集中管理的特点以及物业经营中的"大店效应""品牌效应""面积差比"等经营策略的运用，可以有效提高商业地产的收益，解决了购物中心租金坪效低的不足，使收益大于资金成本，所以这种商业载体的形式受到了国际资本的青睐，成为"另类"投资的一项工具——REITs，资产证券化。

2. 新商业载体实践——购物中心升级案例：大悦城的升级①

2007年，百货商场发展态势良好，当时生活在北上广的年轻人，对潮牌和"快时尚"的兴趣尚未形成。12月28日开业的西单大悦城开业，初步体现体验型购物理念。新开业的西单大悦城给国内零售业带来一股新风，把购物中心一味注重的"买、买、买"带入了体验阶段，这标志着中国大陆购物中心的转型开始，也标志着大悦城1.0商业模型的诞生。

大悦城用创新的商业思维，依靠强大的招商能力，成功地引入Zara、MUJI等国际快时尚品牌，并将影院、餐饮、娱乐与综合业态引入购物中心，打造一站式Lifestyle的全新商业模式。这种业态创新，让西单大悦城从开业之始，就改变了消费者的购物理念，更新着他们对"商业体验"概念的认知。

大悦城的1.0时代，是体验式购物中心的萌芽时代。伴随着商业从传统零售业态向新零售的升级，大悦城的出现给消费者全新购物认知。

进入2014年，各大房地产企业加强了对商业地产和经营性物业的投资力度，中国大

---

① 部分信息来源中购联内刊。

陆商业地产进入快速扩张期，与此同时购物中心同质化的现象出现。此时的购物中心需要通过进阶来实现新的升级。

大悦城发现在互联网商业兴起之后，购物中心已经不再是单纯的购物场所，随着消费升级和中产阶级生活品质的提升，购物中心更是消费者的社交中心和体验中心。要想从同质化的市场背景下脱颖而出，避开和同质化和线上业态的竞争和冲击，"体验"就成了大悦城的特质和优势。

大悦城在确定商业模式定位后，因城而异，研究项目所在的城市的区域人文而定主题，去体现不同的体验定位，使每一个大悦城都各具特色，同城之间也没有替代性：上海静安大悦城是城市爱情地标，烟台大悦城是海景主题购物中心，成都大悦城是一个休闲娱乐的游憩式潮玩购物公园。每一个项目都在"场景"下足功夫，力求让消费者产生不同的体验感。

大悦城做场景策划的前提是对消费人群充分的审美心理、购物心理动力的研究与分析。大悦城通过长期的消费心理分析，通过数据研究，不断把握细分消费对象的喜好和变化。他们从市场动态和对消费者影响和消费真实需求出发，进行场景创意，打造购物中心内部主题化街区：针对猎奇潮人，天津南开大悦城首创"骑鹅公社"；锁定匠心慢食需求，朝阳大悦城创设"拾间"；关注95后客群，上海静安大悦城打造出"八吉岛i-LAND"二次元主题空间。2013年开始，大悦城陆续推出近20个内部主题街区，这些街区不断孵化着大悦城的新物种，为细分客群带来全然不同的环境感受和产品体验。

除了主题街区常态空间的塑造，体验更来自丰富的活动、互动与感知。大悦城每年近千场的主题活动，带给消费者多元丰富的文化感知，大悦城围绕"时尚永新"的品牌精神，通过优质IP展体现体验化营销，将哆啦A梦展、Line friends展、梵高艺术展、魔兽展等全国首展、全城首展带到每个大悦城所在的城市。用IP聚集粉丝，在"场景化"和"体验感"两个维度上突围传统营销，体现着自身的文化属性。

从体验式业态的丰富，到空间场景的主题化、营销活动的多元化，大悦城不断挖掘多维体验，不断强化年轻群体的印象——这里不是一个单调无趣的购物场所，而是一个每天都有新事物，每周都在诞生新惊奇的魔幻城堡。这使得大悦城在同质化的购物中心大放异彩。大悦城把体验做到极致，是驾驭消费潮流活力常在的关键。

受大悦城的影响，国内越来越多的商业地产企业深刻认识到购物体验、场景打造的价值，各种场景的创意、独家IP、形态各异的主题街区如雨后春笋迅速出现。大悦城意识到只有具备智慧商业运管的能力，才能形成自有的核心竞争力，由此大悦城从内容整合者到内容创造者，进化为适合互联网时代的新商业载体的运营者,大悦城转变了自己的角色。

杭州大悦城,引入77个杭州首入品牌;落地国内首个购物中心顶层风洞、国内首个加拿大水适能潜水中心、杭州首家室内滑雪体验中心。这些特色业态进入,无疑继承了大悦城1.0版本和2.0版本的特色。并将原址热电厂1万多平方米的闲置旧厂房收购,规划为工业风主题艺术体验馆,邀请艺术家和文创机构入内创作、布展,同大悦城4层的主题街区"马力印巷"形成呼应。无论是IP内容的深度介入,还是自造IP,背后彰显出大悦城打造自身原创内容平台,并利用这个平台去融通更多资源的宏愿。这也是大悦城3.0时代的一个全新思路:品牌本身是一个内容平台,通过平台最大化整合线上线下资源,联动各品牌方跨界合作、连接并共享优质内容,逐步完成自主IP的价值变现,从而实现同各方的合作共赢。

2017年大悦城形成智慧系统。

在大悦城创新商业体验场景之外,更让人关注的是大悦城智慧系统的建设。随着消费升级和商业地产进阶,大悦城项目不断升级迭代,从1.0时代发展到3.0时代,智慧系统的建设是国内重要商业地产企业最敏感的课题。

在大悦城业态升级同时,智慧化运营商业地产成为3.0的核心。2017年,大悦城自主开发了国内首个以客户为核心的商业智慧平台——悦·云。杭州大悦城已经全线基于悦·云系统进行运营。未来,全国所有大悦城都将接入这一系统,实现系统数据的标准化和统一化。

悦·云系统内含多个平台,能够适应多种商业场景,通过系统级的模块集成与平台整合,做到千人千面的营销能力,助力大悦城的精细化运营。

大悦城借助外部技术,沉淀商业管理经验,总结出大量分析模型和方法,内化成为完整的经营体系。现在,大悦城得以将它们移入自建系统,更好地进行实践应用。

从行业角度来看,悦·云系统正在打破行业内以店铺信息管理为基础的现状,实现商业流程线上化和商业数据标准化,为购物中心提供大数据解决方案。未来将有望消除商场、商户、顾客、外部生态四方连接的痛点,助力新商业载体成熟。

二、商业步行街、街区

商业街的英文名称为Business Street或Commercial Street,是古老的商业地产形式,**这种类型的商业地产特点是空间单元化,在物业经营活动中,既可以持有也可以出售**。我对商业街的定义是:商店建筑按照线状排布的是商业街,网状排布的就是商业街区。商业街或者街区由众多商店及银行、餐饮等服务业态共同组成，按一定结构比例规律排列的街道，是一种多功能、多业态、多业种组成的商业载体集合形式。

商业街上的商业建筑通常为单层或多层的商业建筑，其中各个商店经营的商品通过市场需求有意或自然调整。由于建筑的尺度宜人，环境自然，游逛性强于室内空间的"大盒子"，商业街或者街区在满足城市人口消费的同时向社会提供了观赏、游逛、休闲和体验等功能，商业街达到了人和商业自然最完美的结合。

商业步行街历史十分悠久，从古罗马到长安、洛阳，从伊斯坦布尔到北宋开封、南宋杭州都有遗址可寻。从广州北京路的地下商业街遗址到"清明上河图"以及现存的黄山的屯溪老街（南宋）到颐和园里的苏州街，都可以看到我国古代商业街的原始痕迹。国外也有很多著名的商业街，如英国的牛津街、法国旺多姆街区、新加坡的牛车水等优秀的商业街都是所在城市精彩生动场景的集萃，是城市生活最直观的画面，也是当地经济水平、人文特点的最直观表现区，是城市魅力的展现部分。国际上有十大商业街的排名。

1. 商业街的分类

在商业街的总体分类中，我们把专卖某一类商品及其配套商品的商业街定义为专业特色街；卖多种类型商品的商业街定义为综合商业街。

如果按照商业影响力分类：主要看消费者分布的范围；消费者来自世界各地，应当定义为国际都市商业街，如纽约的第五大道、英国牛津街、日本的银座、新加坡的乌节路、巴黎香榭丽舍大街，我国的王府井、上海南京东路、香港的铜锣湾和旺角等。消费者来之全国各地可定义为国家级的商业街。消费者来自于跨多省市商业街可称为区域型商业街；消费主体主要来自城市的称之为城市商业街，跨多个区的称为地区商业街，为社区服务商业街则为社区商业街。

但是互联网改变了这种分类方式，某些有特色商品的商业街借助网络进行更大范围内的销售，把销售空间扩大到其他区域、全国甚至于国际。

按交通特点分类：可分为商业步行街、有地铁相连通的地铁商业街等。

按商品特色分类：可分为专业特色街和综合商业街。在专业特色街中又可分为IT科技街、五金街、服装街、国际时尚街、餐饮街等。

文化特色分类：可分为风貌建筑街、文化创意街、设计师和艺术商业街、生态商业街以及旅游观光商业街等。

按经营主体分类：可分为零售商业街、服务商业街、批发商业街等。

按消费目的分类：可分为日常消费、个性消费商业街、旅游商业街等。

按区位分类：可分为城市中心商业街、区域中心商业街、社区商业街以及城郊结合部商业街、特色产业包括（旅游）商业街等。

不同类型、不同交通特点、不同业态、不同区位都有着不同的商业街价值的表现形式。

商业街的开发原理是在繁华或重要的城市商业中心区域、重要社区道路、旅游重要路径上辟出专门的道路，设立交通道路系统，沿街布置商业。

2．商业街六个重要影响因素

1）商业特色：商业特色是商业街的生命力所在，这种商业特色包括：商品特色、服务特色、商业文化特色等。广州北京路由于地下发现古代商业街旧址，成为该街独有的一种商业街特色；上海豫园的特色旅游小商品享誉全球，而在豫园外的丽水路上由于集中了上海及全国知名的金银饰品商场，聚集成为全球规模最大的金银饰品特色商业街，聚焦于金银饰品而使特色彰显，从而达到立足于市场而不败。而各地都有的酒吧街、文化街、餐饮街都是特色商业、特色商品所形成的特色商业街。

2）交通体系：一是步行系统；步行系统是人性化的表现，步行系统的影响因素有街区的游逛距离和时间、行走和休息时间的安排，街道宽度和穿越的安全设置，店内行走路线和到达的入口等因素。二是商品的物流系统，包括货运车辆停放、装卸仓库、临时堆放等。三是顾客下车的车位到达商业街的路径，包括距离、引导和照明等。四是商业街自身的高差和商店和街道之间高差的控制，这种高差原则上控制在30毫米之内。

商业街交通是个系统工程，影响商业街交通的其他因素有所在区域停车位的提供和利用率和停车的难易程度，所在的地区、地段的交通拥堵情况，电动车和自行车及共享单车的停放位置、快递人员的交接等待位置以及自身和周边其他大客流的项目，包括学校、医院、办公楼、工厂、体育设施、电影院等，这些人流因素都会对商业街的交通产生重大影响。

3）商业街空间要素：道路、区域、节点和标志。

（1）道路作为城市商业环境中的通路，作用体现为渠道（人、货、车的流动和传递、疏散渠道）、纽带（联结商店、组成街道）、舞台（可以观赏和了解人们在道路空间中展示、休闲、行走以及各种商业展示和促进活动）。商业街上的店铺空间的人性化、尺度（人和建筑的比例关系）适宜很重要。道路与两边商业建筑的比较人性化的比例为高：宽（H/D）=1为主，部分H/D=2，如6～8米宽的步行商业街，单层净高在4米左右视望比较合理,原则上控制3层以下。通行小型客车的商业街(以12~14米为例)的首层要高于4.5米。这样的空间尺度关系既不失亲切感,又不显得过于狭窄,从视觉分析上是欣赏建筑立面的最佳视角,容易形成人与商业建筑之间和谐的优美空间和关系。

(2)区域:城市人群集中区,由于城市商业活动本身的"集聚效应"——商业性服务功能集中,且由于人们生理与心理因素的影响,商业步行街的节点控制长度为600~800米,相当于现代城市的一个街区的宽度,由于购物的选择性与连续性,商品集聚和业态互动性,合理的节点控制最终形成集中成片的网状商业街体系——"街区"。

(3)节点:间隔即一定的距设置一个客流交汇或者集聚、休憩的有艺术特点的空间,结合商业街的节段特点,小型节点是客流的交叉点,大型节点是商业广场,是商业街步客流储备、输送的场所、休憩之处,可以增加商业街的客流和活力。

(4)客流引导标志:客流分配的意志商业动线的"眼睛",对于商业街,各种引导客流的标志起到了为各个商店输送客流的作用。商业街的主要入口的重要性是"总控制阀门",而各种分类标志是分配后客流支流"控制阀"。商业物业主入口在连接城市主要通道、地铁出口的地方须有大型或者特色的引导物,如醒目的指示牌、特殊照明、设置牌坊、展示艺术品(如城市雕塑、艺术化的商业街LOGO或者形象物等)等作为商业街的入口,提示或诱导客流进入商业街,并以合理、公正的连续指引标志、店招、合理的外摆引导客流进入商业街的各个位置。

3. 商店建筑

商业街或者商业街区里的商店建筑分布特点是线状分布,一般有四种分布类型:一是商店建筑沿街道两侧呈线状布置,优点是比较均匀,不利的是没有主次店铺之分。二是条块结合布置——有商场物业和街铺物业组合起来,"大盒子"可以带动周边小型街铺繁荣和增值,小型商铺也有客流贡献作用,有时位置略差的商店会边缘化。三是街区化布局——商业街区在城市道路边布置,形成商业建筑布置。古时长安九市就是这样布局,现代商业街区如成都远洋太古里、上海城隍庙、南京夫子庙等。四是在一些旅游景区也有院落+街的商业街,如平遥古城中的商业街很多都是这样的组合方式,优点是可以延长消费者的逗留时间,缺点是商业氛围略微逊色。

4. 艺术景观

随着商业地产进入"新商业载体"时代,艺术的作用越来越大,文化、艺术对吸引有消费能力较高品味消费者作用越来越大。在"新零售"

的背景下，利用艺术景观作为商业地产增加客流、有效增值的重要手段是有效果的，作者早在2008年提出了"商业地产情景化"的观点，明确提出艺术景观是商业地产情景化的重要手段之一。进入2010年后，商业文化艺术的趣味性、知识性、体验性成为商业街一大亮点。商业街由两旁建筑立面和地面组合而成，艺术要素有标志性景观（如雕塑、喷泉）、艺术照明、艺术小品、建筑立面、展示柜台、招牌广告、游乐设施（空间足够时设置）；人性化照顾，艺术化的休息座椅、艺术化绿化植物配置和特殊的如街头演艺等内容。特别要注意的消费者也是商业街上的一道风景线，设置一些让人拍摄特色艺术品，一是有利于客流增加；二是有利于商业街的信息无偿传播；三是优化商业环境，提高商业街的品位，提升商品的附加值。目前国内一些有艺术特点的商业景观已经成了"网红"打卡地，如环球港的中庭、上海新天地的趣味小品等。

三、百货商场、超市、专业卖场、主题商场

1．百货商场

世界上最早的百货商店是1838年在法国创办的，名为"乐蓬马歇"。国际上著名的百货商场有：美国的梅西百货，英国的玛莎百货和哈罗德百货，法国巴黎的拉法耶特百货，日本的崇光、伊势丹百货等。国内较有规格和名气的大型百货商店，有北京的王府井、燕莎，上海百联的第一百货、东方商厦、华联商厦、永安公司，重庆重百、南京金鹰、浙江银泰、成都仁和春天等的百货商场。

从商业物业经营的特点来看，百货商场需要大空间，以便百货业态集中展示和经营，从这个特点来看，百货商场不适合分散产权，以免影响百货业态的集中经营。所以百货商场一般是持有物业，不适合进行分割销售；这是百货这种经营模式决定的。百货商场是一种需要整体经营的商业形式。由于整体经营的规模性，其物业经营必须面对融资能力强、面积需求规模大、竞争对手数量少的商业经营者，为此业主须作出价格上的让步，所以百货商场整体租赁经营的物业租金收益一般低于小面积经营的物业。

百货商场是一种以集中展示、体验销售为主要特征的业态，随着社会经济的不断发展，百货商场的经营方向和经营内容也在不断地发生变化，百货型的购物中心是主要变化方向。从选址上看，百货公司往往坐落于城市级商业中心的繁华路段上，建筑形态为单栋独幢商业大厦或者单独封闭的商场式物业内，面积规模从数千平方米到数十多万平方米都有。精品化、买手制是其在新零售时代的角色选择。

2. 大型超市

大型超市也属于大型商场经营的模式，具有满足基本消费、同时价格低廉的特征。大型超市诞生在美国，大型超市是把工业管理流程设计原理运用到了零售业中，可以极大降低劳动人力成本和运营成本，以取得商业竞争优势。

大型超市有单独的商业物业和内置的商场物业两种。从物业经营来看，由于大型超市的使用面积大以及商品的边际利润略低，在商业地产开发经营活动中，一是为大型超市所需开发，二是为了引进主力店而开发，三是为了满足大型社会生活配套而建设。专门开发大型超市所用物业，投资回收周期一般要15年以上。

国际上大型综合超级市场的营业面积可以分为两类：大型综合超级市场营业面积为2500～6000平方米；超大型综合超级市场营业面积为6000～10000平方米或以上，在我国就有达20000平方米以上的超市。由于我国人口众多而消费能力不强，超大型超市比较适合我国的国情，所以，在我国超大型的超级市场一般在12000～15000平方米。超大型综合超级市场需要配备与营业面积相适应的停车场，一般的比例为1∶1。大型综合超级市场经营活动中有两个特点：一是商品经营的大众化和综合化，适应了消费者目的性消费的购买方式——一次性购足；二是经营方式的灵活性和经营内容的组合性，它可以根据营业区域的大小、消费者需求的特点而自由选择门店规模的大小，组合不同的经营内容，实行不同的营业形式。低成本、低毛利、大流量，是大型综合超级市场的经营特色。大型超市一般不经营品牌商品和贵重商品，而主要经营大众日常的消费品，按照中国人家庭购物的角色定位，由主妇进行采购，所以定价计算精细。商场强调价格优势以及消费心理学中的联想原理，在卖场布置中，按消费习惯连续设置商品区域，诱导顾客消费。因为所经营的商品边际利润不高，大型综合超级市场要想取得盈利，就必须降低运营成本。例如，控制员工数量，减少服务项目，不设导购员等。比如，沃尔玛将办公场地设在临时建筑物中，办公用纸双面重复利用，通过点点滴滴的节俭来降低费用成本，提升资金效率，从而提高利润水平。

目前，在我国由于"新零售"的出现，大型超市发生了进化：一是瘦身，面积缩小；二是O2O化可以送货上门；三是精品化。比较典型的有"盒马生鲜"、永辉的"超级物种"以及华润万佳的"ole"。盒马鲜生是阿里巴巴对线下超市完全重构的新零售业态，是超市，是餐饮店，也是菜市场，是新的组合业态，消费者可到店购买，也可以在盒马App下单。而盒马最大的特点之一就是快速配送：门店附近3公里范围内，30分钟送货上门。超级物种是永辉超市推出的"高端超市+生鲜餐饮"新业态，作为一款"生鲜餐饮+高端超市+线上线下"一体化消费的全新体验式新零售物种。"Ole"精品超市是华润万家零售集团旗下的高端超市品牌，"Ole"倡导一种自然、健康的品质生活，引领一种时尚、高端的生活潮流，凭借与众不同的商品与专业贴心的服务，传递国际化的灿烂文化和风土人情，在探索和发现之间找出生活的灵感，在时尚、舒适的购物环境中感受每一个细节带来的喜悦，在新颖的模块概念和多元化的生活元素组合中体验充满惊喜的购物之旅。

除上述三种新物种之外，仍有一些超大型超市形态存在，如：

1）日本式：以北京的华堂为代表，是生鲜超级市场和百货商店的结合，主体是百货商店，并采取自助服务和自选商品部相结合的销售方式。

2）美国式：以沃尔玛购物广场和卜蜂莲花中心为代表，是生鲜超级市场和综合百货商店的结合，但其主体是超级市场，采取自助服务方式。

3）欧洲式：以法国的家乐福为代表，是生鲜超级市场和折扣店（非食品的廉价商品）的结合。

4）本土式：以华润万家、永辉为代表。

3．专业卖场

专业卖场是某类或相关特色商品经营聚集度很高的商场，一般面积小于大型超市，租金水平与百货商场相似，也是一种低租金的业态，也有例外的是宜家，它把家居做成了一个商业的生态圈，所以经营规模就比较大，如无锡宜家IKEA的经营面积近5万平方米。

在国内以苏宁、国美为代表，只做家电商品，并且把这类商品的品种齐全，价格能做到最低，界内称之为"品类杀手"，也有称为"家电杀手"。专业卖场的定义是指营业面积较大，而商品品类较少的连锁专卖商场或者商店的业态，因其在较少的商品品类范围内有较多的单品，能与那些经营同类商品的大商场，在专业性和相对规模品类齐全取得竞争优势。在中国有宜家、苏宁、国美电器等。

这种零售方式既有连锁经营的组织方式，又有在相关类型商品组合的广度和深度上的优势。它作为大型超市适应市场细分而诞生的一种现代商业业态，是连锁业态中以商品特色见长的业态形式。近期由于这种品种特色和价格低的业态特征，与线上业态的可经营商品有很高的重合度，所以受到了较大的市场冲击，如家电、数码、家居、运动类商场、一般服饰等所以传统"专业卖场"须在体验、展示、现场制定方面争取得到竞争优势。

4. 主题商场

面向某一类特定目标消费群体的，以目标群体的需求为导向，不限经营商品类的、极富创新型的零售业态。其形式是在充分研究消费者消费层次、年龄、性别、收入和消费心理和行为的基础上，整合相似类型消费习惯和消费对象的消费商品在一个平台上，形成一种特色商业形态。主题商场往往开设在竞争特别激烈或没有商业氛围的区域，以独特的个性化主题吸引其目标消费对象，如上海闸北区域的大悦城以及各地市场的特色餐饮业态。

主题商场设计能够吸引目标消费者关注的营销活动、配套品类、新潮体验、互动节目等内容，通俗讲就是该类商品能引起消费者共同的兴趣话题，形成一定规模的粉丝圈，于是这个"话题"的主题商业也就有了良好的商业基础，这也是主题商场区别于其他零售业态的关键所在。

主题商场整合目标消费者的所有共性需求和个性需求，从商业形态、硬件设施、动线布局、主辅经营品类、装修风格、灯光音响、温度湿度、营业时间、营销方式等全各方面入手，完全按照目标人群喜好设计的商业空间，每一个细节都有可能引起目标消费者的兴趣从而使其产生行动意愿，纯粹按消费者需求导向进行设计。

主题商业在其他类型物业共生中也有运用。北京侨福芳草地以领先绿色思维，打造汇聚顶级办公，优雅购物，精品酒店与艺文荟萃的北京新地标。侨福芳草地位于北京市朝阳区东大桥路9号（东大桥路西侧，朝外南街和日坛北路间），紧邻北京CBD核心地带，总面积达20万平方米，是一座集顶级写字楼（建筑面积8.2万平方米）、时尚购物中心、艺术中心和精品酒店于一身的创新建筑。立足芳草地浓郁的国际氛围与优势地段，侨福芳草地致力打造多元的商业及文化休闲综合体，成为北京风格时尚与高品质的新复合生活板块。其领先的环保设计、永续发展的理念和丰富多元的艺术氛围构成了侨福芳草地的独有特色，为每一位到访者带来充满新意的独特体验（图1-5）。

图1-5　侨福芳草地

四、市场（综合市场、专业市场）

市场是一种最古老的商业业态，它从人类劳动之后生活用品和食品略有剩余时期就诞生了。**市场和商场的区别在于市场是分散经营的，物业可**

以分割出售。而商场则是必须整体经营的。一般而言，市场的运营管理难度相对较低，主要依靠小商业经营者的集群和自主经营能力来开展经营活动的。**市场式的商业物业既可以控制产权，进行物业出租经营或者自己开展商业活动，也可以通过少量物业的销售来平衡资金**，是各地开发企业都乐意参与或投资的一种开发商业地产模式，随着物联化的时代到来，大型市场有"商贸物联综合体"的发展趋势。

市场发展到今天经历了露水市——家前或路边设摊——集市——迁市入室（商场化管理）的过程，在2004年，我国加强了对市场业态的管理，对市场业态进行提档升级，商住分离，完善管理，消防和物流配置，市场走上了规范之路。从商业物业经营来看，市场一直采用小型空间的商业物业租赁经营的方式进行的；市场集中了大量中小商户，采用自由经营方式经营，优势是有活力，交易自由可议价，如果市场经营得成功，就会导致求租者极多，导致租金迅速上涨，达到区域最高价格，如上海已经撤销的"襄阳服饰礼品市场"就有这种情形。到2008年以后，我国出现了网上市场交易，根据"物联化"的趋势，笔者提出"物联商贸"综合体的理念，因为互联网传播信息加快、物流运输加快，传统市场也必须升级，与之匹配，为产品大流通提供新型的市场载体。笔者认为"物联商贸"综合体，有以下五个方面的主要特征：

1）具有电子商务交易平台，如交易"义乌购"，形成线上线下交互；

2）与物流相结合，成为商品流通中的集散地；

3）强大的线下展示体验的空间；

4）形成商品权威性价格参考指数；

5）具有完善的质量保证体系；

6）展示与交易并重。

其他方面，如配套开发、仓储、加工和包装以及商品流通环节中的金融-小微企业的扶持基金。

由于物流介入商贸，部分项目可以使用物流用地建设市场，除了销售条件略有差异外，使用方面并没有差异。

五、汽车销售业态的载体——城市店、汽车大道、汽车MALL

汽车销售业态的产业链接比较紧密，制造商直接参与销售的介入程度相对高于其他行业，生产企业可以主导决策专卖店的规模、功能及服务内容设置等。汽车销售业态在中国的进化，大体是经历了城市店、汽车大道、汽车MALL以及汽车公园的不断发展过程，并且由于汽车消费的增长以及政策的扶持，2008年以后汽车销售业态得到了不断的发展和进化，由于各地大量建设汽车业态项目以及上游对销售利润和销售成本控制，同时**汽车销售的利润率相对偏低，所以汽车业态的租金相对较低**。

1）城市店——主要是租用城市中心沿街的店面，一般要求人流量大、位置要好。和商业地产的开发基本没有关系。比如上海南京西路的名车展示和法国香榭丽舍大街上雪佛兰汽车的展示店都是属于城市店。购物中心内设置汽车展示店，如上海兴业太古汇中设置特斯拉展示店也属于城市店范畴。

2）汽车大道——由于汽车产业的飞速发展，原有的业态已经不能满足市场的需求。一种新的以汽车文化为主题的商业街区孕育而生。由政府牵头主导，结合城市规划，房地产开发商投资，并开发建设。主要吸引各种品牌的汽车4S店购买或租赁经营，利用规模和品牌效应来实现商业价值的最大化。2000年，上海"吴中路汽车一条街"的规划和开发，就属于这种模式，现在汽车大道的形态在一二线城市已经消失，在中小城市仍然可见。

3）汽车MALL——提供汽车"一站式服务"，包括汽车展示、整车的销售、零部件销售、汽车美容以及购买汽车保险和汽车贷款等衍生的金融服务。汽车展示厅部分一般不出售，其他如4S店和零部件卖场可以考虑出售。这种模式比较典型的案例有成都红牌楼、北京奥运汽车市场以及杭州的汽车服务业态。

4）汽车主题公园——这类项目是利用公共绿地开发城市汽车主题公园，利用公园绿地部分开展汽车文化活动聚集人气，如汽车主题雕塑、名车博物馆、汽车电影等。保留汽车展示——整车的销售、零部件销售、两手车交易、汽车美容以及汽车保险和汽车贷款等衍生的金融服务。

通过功能延展，提高汽车公园的效益。以汽车生活为亮点，开发美食广场、奥特莱斯，围绕绿地开发汽车商务、汽车酒店以及景观居住区，这是一种可以平衡资金和收益的汽车业态载体的规划方案，河南漯河、湖北武汉目前有这方面实践。

六、奥特莱斯

"奥特莱斯"是英文OUTLETS的中文直译。其英文原意是"出路、排出口"的意思，在零售业态中专指由销售名牌过季、下架、断码商品的商店组成的商业业态，因此也被称为"品牌直销购物中心"。

奥特莱斯是一种持有物业经营的商业地产类型，其租金水平较高，**投资周期短，是持有物业经营的一种良好的模式**。究其原因，一是选址近郊，土地成本低；二是商品的利润较高，所以业态租金较高，使得投资回收周期缩短。但是真正要成功开发一个奥特莱斯项目，其实并不容易。主要是商品的持续供应、商品折扣价格以及商品的真伪问题——商品决定奥特莱斯的命运。

自从2002年首次进驻北京至今，奥特莱斯（OUTLETS）这种业态经历了10多年快速发展，200多家奥特莱斯在全国各地相继开业，以"奥特莱斯"命名的折扣卖场达400多家。最具代表性的是"北京燕莎奥特莱斯""上海青浦奥特莱斯""佛罗伦萨小镇"以及"砂之船"等。尤其是上海青浦奥特莱斯的发展很快，它紧紧抓住国人的消费心态，把下架的尾货做成了品牌，提升了商品的价值，这是很令人称道的。奥特莱斯的物业经营，有出租、联营（扣点）、自营三种方法。

目前奥特莱斯在中国主要有两种商业模式：招商型和"买手店型"。

"买手店型"的奥特莱斯是指物业业主向国际品牌制造商或与经营商采购主要品牌商品，国内商品则使用招商的办法。目前国内重庆、西安、合肥以及上海等地都有这种类型的奥特莱斯项目。而招商型的奥特莱斯则是制造商或代理商自主经营商品。国内成功的项目包括百联、燕莎、友谊阿波罗、砂之船、佛罗伦萨小镇等。

七、社区商业中心和邻里中心

1. 社区商业中心

社区商业中心一般指人口规模在20万以下的一个社区或多个社区集中区域里的满足人们日常生活需求为对象的商业业态。在按城市商业等级划分的4个等级当中，处于最低等级。但随着电子商务的蓬勃发展，作为实现商品（服务）销售的最后一站生活场景的真实感优势，社区商业中心越来越受到大家的重视，部分上市的物业公司均以社区服务（商业）获得资产溢价、增值。

对于商业地产而言，社区商业中心有两种价值体现方式：一是社区商业处于路段最低等级的城市商业载体。一般而言，它的极端价值比较低，然而社区商业地产价值却有强大的稳定性，这种稳定来自于社区人口的相对固定，消费性质又属于家庭日常消费，所以社区商业物业的收益稳定，社区商业物业的投资属于相对稳健的投资，这种社区商业物业稳定性是稳健投资者比较看重的，如香港第一个公开上市的REITS的资产包就是由香港社区商业物业组成的。

另外，社区商业中心又是社区生活配套的主要内容，涉及生活实际条件，即住宅是否具有可住性——实际使用的价值。住宅区的居住可住性有三个指标：

1）公共配套——包括生活所需的幼儿园、小学、养老院以及其他社会服务性质的配套内容等。

2）交通配套——包括地铁、公交车、居住者到达居住区的公共交通线路等。私人汽车到达的路径，充电桩，未来共享或智能汽车的停车场地路线。

3）生活配套——主要是社区商业以及社区会所、健身会所、艺术、学习等。

万科模式在住宅开发中强化生活配套这方面，向房地产行业提供了很多的经验。万科20多年前，在上海七宝的城市花园项目，地块位于市郊，周边没有良好的交通条件和商业配套，同时又在飞机航线之下，所以该项目非常不被人看好。万科通过大力完善配套设施，包括建了一所小学、医院、社区商业中心等，甚至还特地开辟了一条公交线路，商业配套则是其中最重要的内容，使得住宅有了"可住性"。由于"可住性"加强了，住宅被城市白领所青睐，取得了良好的销售业绩，在以后的10多年里，万科以此模式进行开发，企业得以迅速发展，成了中国房地产行业的第一品牌，杭州良渚万科项目的生活配套被业内公认为社区配套的样板。

2．邻里中心

社区商业另外一种模式为邻里中心，为新加坡提倡的社会商业类型。邻里中心和国内一般的社区商业配套的差异在于，国内的社区商业相对独立于其他功能，包括社区服务、学校、幼儿园以及物业服务等，优点是商业氛围好，缺点是偏离社区商业的便利性要求。邻里中心这种类型的社区商业则相反，它把社区商业和社区其他的公共设施融合在一起，在为社区人口提供便利的同时，为商业吸引了消费。增加了社区商业消费对象的黏性，促进了商业繁荣。

新加坡邻里中心分布在政府组屋区内，为居民提供生活配套服务的设施，主要功能为商用物业。

1996年，苏州工业园区开发建设了第一个邻里中心。这是邻里中心建设在我国的首次尝试。该邻里中心规划建筑面积18000平方米，服务覆盖约4000套住宅的社区。它围绕12项居住配套功能，从"油盐酱醋茶"到"衣食住行闲"，为百姓提供一站式的服务。

然而，社区商业并不可能以统一的模式进行开发。不同的居住人口，不同的商品房价和档次，甚至不同的社区文化，都有不同的社区商业的特别需求，包括业态、商品、价格，甚至于商业物业的风格，都有差异性。不同的房地产开发企业也会有不同的判断和配套特色设想，形成各有特色的社区商业特征。

八、新商业载体发展趋势的预测

在新时代、新时期的经济发展背景下，商业地产在"新零售""新业态""新商业载体"的理念带动下，消费升级、科技进步、业态进化带动商业地产进阶，促使传统商业地产发展为适合物联化的"新零售"的载体。

在"房住不炒"产业导向指引下，商业地产也应该回归到"商业地产为商业服务"的功能上来，这也是存量时代商业地产投资、开发、运营的最基本的法则。

商业地产必须按照行业的发展、业态升级、科技进步、新的估值体系的要求完成进阶，成为"新商业载体"，适合时代的发展。加速推动商业地产进阶成为"新商业载体"主要有五大驱动力：

一是宏观层面政策变动，住房不炒，商业地产应该回归服务商业的本来功能；供给侧改革，引导商业地产向"产业载体"转型，为繁荣区域经济、促进"内循环"作贡献；经济转型，产业升级，新旧动能转换，商业地产应该配合业态升级，适合消费的变化。

二是房地产市场经营理念的改变，企业重视项目经营，收益方式由行情性收益向资产管理收益转变。

三是高科技改变商业地产生态，商业地产进化为新商业载体成为大势所趋。

四是业态升级，载体功能也必须调整，业态对商业地产提出了"新商业载体"的要求。

五是消费能力提升，包括购买力的提升和消费技能的提升。商业市场的竞争催生"新商业载体"，除了科技直接运用之外，场景理念已经普及，支付、交易、服务、空间、商品的体验变成商业地产的新作业，其中人性研究最核心，有"温度"者将取得终极胜利。

经济发展策略和产业导向推动商业地产向新商业载体进阶，这是大势所趋。2016年底中央经济工作会议文件是一份有重大影响力的文件，今天房地产和金融的市场的现状就是在那份文件中明确"金融去杠杆，房产去泡沫""房子是用来住的"政策导向下的局面。2017年开始，各地为了执行中央经济工作会议精神，为了执行"房住不炒"的房地产政策，各地政府积极供给侧改革，支持产业结构调整和商业地产进阶来发展区域经济。从事商业性开发产业地产、商业地产应当改变策略和调整经营方式，把主观争地、没有商业目标地开发商业地产变成积极配合区域产业经济发展，打造产业经济的载体，在为区域经济作贡献的同时，企业也会得到良好的发展机遇。

对商业地产而言，科技进步具体体现在"物联化"上。互联网打破传统的行业藩篱，生产动力已转变为从用户需求信息收集，到设计、制造、销售、服务、送达，呈一体化趋势，跨行业的衔接和组合已经开始，商业地产无疑将成为"物联化"的一个端口，研究、制造、物流将渗透到商业地产，商业地产将成为"物联化"的一个重要环节，高科技使商业地产获得科技的"赋能"，成为"新商业载体"。

"新商业载体"将拥有这些能力：

1）效率。商业竞争之一内容就是效率，大数据、云计算、物联网、移动交易和支付，都是为商业地产提高效率提供了体系支撑；

2）精准产销。消费市场研究的准确性提高，同样提高了经营精确性，增加了收益，降低了成本；

3）优化体验，如支付场景，交易场景，虚拟空间和展示场景，检索，VI技术，导购技术，定推技术；

4）降低成本，如智能化资产管理，智能化替代人工，无人商店，无人机配送；

高科技服务于新的消费生态圈层，重新组织商业服务体系。

做收益高的商业地产。相对而言，商业地产的资产价值比较真实。住宅市场的门槛越来越高，中小房企很难争地，都被前十强企业以合作、联合竞拍的名义或自己拿地集中开发的方向拿走了。在住宅市场40%市场销售额为前二十名企业所占有，中小房地产企业逐渐退出住宅开发的红海；

由于"五控"——控价、限售、限时、限人、限贷五种控制类型等原因，地价不低，住宅利润空间被大大压缩，住宅的收益也日益变薄。

由于这两个市场原因，导致部分房地产企业已经退出住宅市场。与此同时，销售市场的路径越来越窄，而租赁市场的机遇越来越多。存量去化、资产收益毕竟都是要依靠收益来支持的。从现实的物业资产收益分布来看，目前我国租赁市场的一般收益规律是零售型商业地产→办公→酒店→产业服务（科技、研发）→生产性产业→物流的递减降序。

科技激活存量资产价值。中国商业地产已经进入存量时代了，在存量时代再进行价格博弈，部分商业地产将变成不良资产。高科技赋能商业地产，商业地产进阶将改变资产的收益状况。

小米设提效8倍，盒马鲜生侯毅发布新闻说"经营好得很"，新零售、新业态、新商业载体已经显示出强大的生命力和商业的适合能力。成功案例显示：商业地产必须随着科技发展、业态升级、消费升级而进阶，汽车时代不用马车，电话时代不用跑腿。互联网时代，商业地产必须打通科技之门，成为智慧商业联合体。

自从有了线上交易,阿里、京东、美团、滴滴等线上业态大大分流了商业销售的份额,商业地产的直接销售功能弱化,展示体验功能大大加强,场景的要求发生了,体验是消费者的。消费者的体验,从线上到线下,从商品到商场,从服务到支付,从点赞到好评,从生理满足到心智满足,在科技时代需要新商业载体来满足消费者这些时代进步带来的新的需求,这份时代的答卷谁做得好,谁将领跑商业地产,成为存量时代,进阶、去化的胜者,成为新商业载体的领军者。

做有温度的商业地产——从满足生活的功能性需求到满足心智和情感场景需求,这是"新商业载体"的新使命,所谓的"温度",即人性的关怀,成为"场景"的最核心的竞争力。在我国的商业地产行业中,仿造能力强,但对消费心理、消费行为的研究还是不够的。在商业地产市场开发经历了"追求高大上""注重场景",触电,上网(和TAJM合作)的三个时期后,进入了最重要的一个阶段是人性层面的发掘,谁能让消费心理层面得到温暖,谁就能取得未来真正意义的成功,这也是"新零售""新业态""新商业载体"研究的重要内容(图1-6~图1-8)。

移动互联,智能化,大数据,全通道以及全球化物联技术,新消费和新零售场景理念等现代科技,改变了商业地产的生态,新商业载体不可逆转地介入商业地产建设和升级。

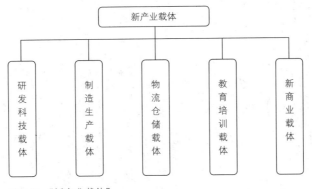

图1-6 "新商业载体"

图1-7 "新商业载体"的五个特征

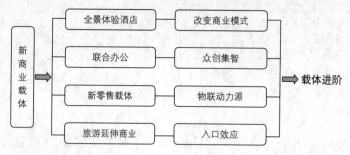

图1-8 新商业载体

概念性新商业载体，未来至少有以下四种类型：

1）全渠道商业载体；

2）商业机器人；

3）全景体验的智慧商业综合体；

4）共融式的智慧商业中间体。

第二章

商业地产价值法则及应用

科技进步、消费革命、商业技术进步等促使商业地产变化的因素出现，改变了传统的商业营运、营销或服务、估值体系。但是，这些变化并没有改变商业地产是商业载体的属性；没有改变消费需求产生商业机会，商业服务频率、质量、规模、收益影响商业载体价值表现的逻辑。

第一节　商业地产价值构成

商业地产的价值构成由两部分构成：第一是房地产价值，是指以实物形态、房地产形式存在的价值，包括不可变动的土地和相对可以变动的建筑、配套、装饰等；第二是商业价值，指一切可以给人们带来营利机会的商业价值。商业价值的主要表现参数有：

1）影响力，商业项目的市场影响力和覆盖面积；

2）吸附力，即吸引消费者的能力和公众认可和喜欢的程度；

3）转化力，表现为将观察者转化为消费者实现商品销售的能力。

这个三条是"场景"理论的价值基础。

一、影响房地产价值表现的因素

商业地产是以房地产形式存在的商业载体，是一种对商业有效性为特征的价值，是一种生产资料。作为商业价值的附着物，实物存在的商业地产与其他形式的房地产具有相同的属性，如唯一性、稀缺性、不可复制性、不可移动性、永存性、投资巨大性等，考察商业地产的房地产价值，还是应该以土地、建筑对商业经营的适合性、有用性，即商业性角度来考察，才能准确地评判商业地产的房地产价值。以价值角度判断商业地产的地理位置、地块形状和规模、交通条件和入客便捷程度、建筑结构形式、建筑的内部空间、店招的位置等一系列房地产因素，这些因素直接影响到商业地产的价值和价格。

1．地理位置

1）路段

商业是选址的行业，即商业地产的路段价值高低影响商业效益，路段对商业地产尤为重要，进入新时期，这个特点也没改变。一条商业街，总是由若干个不同价值的路段组成。以上海市南京东、西路为例，在南京西路—陕西北路附近和南京东路—西藏路以东，河南中路以西这段价值（租金收益法）最高，其他路段次之。选择路段的本质是选择商圈，选择交通条件，选择有利空间位置，选择这个路段愿意到来的消费者——商品销售的对象，选择这个区域购买力。

2）位置

一是说在绝对空间上的"点"；二是每个商业路线上的位置——"点"到繁荣核心区（资源聚集点）的距离所产生的坐标，三是"点"在交通路线上的位置以及朝向，这个距离的判断是以到达资源聚集点的距离为依据的，是离重要商业区中消费人群聚集或流动频率交汇点的距离，表现为土地在商业价值界面上的地理位置形态。

在房地产开发、评估活动中，土地位置有"角地""旗地""袋地"之划分。"角地"是指两面或多个界面临街的地块，"旗地"是指单面临街，而"袋地"是被周围土地所环绕，而与外部公路无道路相通或者极小部分相通的土地。角地拥有两条或者两条以上道路上来往的客流，旗地虽然平面临街，但展示面长，可以在单个街面上展示商品，吸引客流；而袋地则因展示面小，吸附客流的印象面也就小了，入口小，导入客流的路径小而少，可以创造商业销售的机会就少。

3）临街长度

临街长度越长，展示面越多，商业用地的价值越高。从商业物业销售的角度看，临街长度越长可以分出适合商业经营的空间单元也越多，收益和去化率都高。

4）朝向

我国大部分地区在地球的北回归线以北，由于冬天和夏天阳光照射的角度原因，导致我国大部分区域的商业街上太阳照射的时间、季度、时间长短、温度作用等导致商业街上不同的身体感受。人们习惯把朝东、朝南的商业街市或商业物业的朝向称为阳面，把朝西、朝北的商业街市或商业物业的朝向称为阴面。朝南、朝东的街面冬天温暖，夏天凉快，在街上行走的人们在冬天趋阳避寒，在夏天喜凉厌暑，于是朝南、朝东的街面上的客流总是多于朝西、朝北的街面，其完成的营业额、商业利润也略高，所以"阳面"上商业物业的价值要高于"阴面"上的商业物业。

5）地块形态

从建筑对土地的要求和土地使用效率来看，矩形的土地优于偏圆形或不规则的土地，三角形土地对商业地产而言，有效面积最少，经济性最差，无用面积最多，所以在城市规划中，尽量或者不规划三角形或者其他非方形、矩形的商业用地。

6）土地高差

肯定是商业地产的不利因素，无论从规划、建设、使用的角度来看，都是不利的。但是利用这种高差造出"多首层"的商业物业形态，也能把不利条件转化为有利条件的思路，如重庆的"红崖洞"，遵义的某项目都是利用土地高差产生"多首层"规划效果的成功案例。

2．建筑结构

1）结构形式

建筑结构的形式多种多样，最适合商业的建筑结构是框架式或无柱结构式，优点是视野清晰，展示性强，便于分隔和商品布置。其他结构形式或多或少影响着商业物业的使用价值，其中框架——剪力墙结构最不适合商业建筑，因为结构性墙体无法移动和拆除，妨碍了商业物业的布置和展示功能。

2）柱距

柱距宽的商业建筑门面宽畅，透光性好，可视性强，商业物业的展示功能强；柱距窄的商业建筑门面显得十分局促，透光性、展示功能也差。但是柱距也以一定的商业要求、空间分隔的尺度为限，如大型商业建筑的柱距以8.2~10m为好，主要是上部好分隔，地下部分合理布置停车位置的原因。

中国传统的建筑模数柱距为3.3m，这种建筑尺度是设有地下室的项目可以采用这种柱距。为了达到商业地产营销追求的面积、价格效应，在业态适合的前提下，缩小柱距，便于分割小而坪效高的空间。至于柱距模数，不能一味套用，也要考虑上部建筑、商业物业销售的实际要求而定。

3）层高

层高是一个变量系数，随着外部道路宽设、变化引起的视望角度，商业经营对空间高度的要求以及商业建筑内部空间、主要空间的投影面积的规模性而变化。如沿街小型面积（每个单元50平方米以下）商业物业，其净层高不低于3.2米，如低于这个数据，会给人压抑感，而较大面积的商业物业（500平方米以上）的净层高低于3.2米也会显得十分沉闷。大型商场物业（单层面积大于2000平方米）层高需达到4.8~6米，为了满足场景的需求，2020年开始部分改建、新建项目内部空间高于5米，加强展示性，以解决商场物业的空间视觉问题。单层面积大，相对视觉高度也要相应调整，包括内部净高高度和樑底高度。

4）楼层

多楼层商业物业的缺点是消费者纵向流动不便并增加体力成本，在各楼层同类商品布置的情况下，上层商业物业的客流少于下一层商业物业（不含地下室）的客流。在中国中部区域，街铺物业的楼层客流的一般规律是，在3层商业物业中，楼上商业物业的营业额约为楼下商业物业（不计地下室）营业额的50%左右，并根据当地商业物业市场的供求关系、气候环境、消费习惯等作变化，但这种规律不适合山地城市如重庆、香港等。

如商场式的物业则视上部（3层以上）物业有无吸引客流的对策，如上置电影院、美食街，如上海大悦城则采用顶部设置摩天轮的方法吸引客流去上层商业物业去，所以，大型商场式物业是想方设法把客流吸引到上部去，有无吸引客流上接是影响商场物业上部物业价值的重要因素，这种楼层价值差异无法形成固定参数，其值域一般为1楼：2楼：3楼为1：0.7：0.5。由于建设和规划都意识到上部空间的利用和价值提升，采用车位上移、上置有吸引力的业态、竖向交通改善和创意，导致商场物业的上部物业价值提升。

3．有商业价值的建筑部位

有商业价值的建筑部位包括广告位、橱窗和进入商业物业的通道。一个没有广告（店招）位置、没有橱窗、没有入客途径的建筑我们不能把它称为商业物业，这三个部位是商业物业中最有商业性的建筑部位，如果这三处商业性建筑部位的面积过小、位置不当或存在缺陷都会影响商业物业的商业利润产出，导致商业物业的产租能力下降，最终影响商业物业的价值。

4．配套设施

包括停车位、电梯、温度调节等。在高科技时代的今天，部分智能化运营和管理的硬件设备也应当作为配套的内容加以维护和管理。其他供应配套的条件有水、电、排污、烟感报警、播音、网络等。

5．内部装饰、美陈

根据商业载体需要提供、制造的场景的要求，相对土地而言，建筑要素和装饰的部分是相对可变的，是一种消耗性的投入，但是这种内装一旦形成公认的特色景观，如拉斯维加斯的威尼斯人中"运河城"，则需要考虑景观效应附加。

二、商业价值的构成

商业地产的商业价值最突出的意义在于吸引消费者，为商业经营提供消费资源，为商业盈利、物业和资产价值提升，提供增长动力。

商业价值是商业组织经营活动中产生的无形资产附和在商业地产上的，是商业企业或商业地产企业的优质资源，包括消费资源、管理技巧、品牌和消费凝聚力、商业资本运作能力和法定权利（商业组织名称、商业品牌与信誉、商品名称、商号、专卖权、专利权、商标、合同、租约和运营协议），这些资源使商业项目在竞争性的商业市场上形成有活力、有竞争力、有价值意义的无形资产。

附生在商业载体的商业价值并不是商业地产或物业与生俱来的，它并不以实物形式存在，但它又是商业物业价值中的价值主要成分，与商业地产的房地产价值一起构成商业地产的价值。商业价值是商业载体实物之外的赋能部分，不是所有房地产实物必须具备的条件，但是商业实物载体附加了商业价值，可以使实物形式存在的房地产价值产生质的变化。所以说，房地产价值是商业地产的基础性价值，而动态变化的商业价值才是商业地产的关键因素，要提高商业地产价值，必须从商业上入手。

商业地产的商业价值的主要来源于消费对商业地产的影响，在某个商业空间里的产生消费频次越高、消费数量越大，利润越高，这个商业物业的价值就越大。在同质同量的消费背景下，商业价值表现为：消费的影响力、吸附力和转化力。

1）影响力，影响商业的规模性，是商业盈利的一个重要基础参数，商业要实现良好的效益，规模是一个关键指标，计算的方式是人数（线上流量）×客单价，所以商业地产及其经营的品牌商户要有巨大的影响力，吸引更多的消费；否则，纵然商业的服务及美誉度很高，但是市场影响力小，形成不了这个项目生存的营业规模，那么这个项目是不可持续发展的。这种商业的影响力和吸附消费的范围，我们可以把它称为"商圈"，商圈越大，商业的影响力越大，可以吸附的消费者越多；互联网可以使"商圈"边界扩大。

2）吸附力（黏性），指商业物业的消费、资源吸附能力，主要来自于两个方面：一是商品和服务对消费者有没有吸引力；另外一个方面是商业的形象塑造，包括商业空间的场景、商业建筑（硬件）和商业经营（软件）对消费者的感动，以及商业企业品牌效应大小。

3）转化力，所谓转化力，就是把可能有消费意愿的观察者、了解者变成商业的实际销售对象，并实现商业销售，这种能力越强，商业的经营效益越好，这也是线上业态的关键指标。商业的销售环节中，转化力的强弱由商业运营能力和销售人员的个人能力和素质决定，并受到"场景"的影响，也和市场环境、外部竞争、经济和社会背景有关。

上述三个因素，表示为**扩大影响，深耕消费，转化成商业销售规模，使相对成本下降，利润率提高**；在利润增加时，向商业地产分配的利润额也相应提高。

线上的线下化，线下的线上化，我们可以看到，随着电商进入发展瓶颈周期，线上线下交汇融合、跨界、混搭等业态创新成为产生满足消费多元需求的新兴业态，形成多方共享的商业生态关系。

"新商业载体"推动商业价值向升降两端变化。

"新商业载体"包括商务、旅游、物流、教育、医疗、经营性的公寓、住宅等，在新的商业理念和策略下产生不同的价值表现。狭义上的新商业载体和传统商业相比，增加了包括线上和线下的空间，还以共生、搭载、共享的方式和其他空间形态共存，衍生出新的价值，使得收益多元化。这在实践中会形成利益分配、增值共享、成本分摊的新商业地产收益源，改变着商业地产估值体系。

"新商业载体"在运营过程还将重塑商业地产价值，一些影响商业地产价值表现的因素可能消失或改变，如客流、提袋率，甚至营业额，有些项目，如某些家居市场，由于良好的展示和体验、交流功能，虽然消费者被商户吸引，物业拥有者未获得营业额或流量，但是可以得到不菲的租金。

第二节 商业地产升值原理和影响升值的科技因素

1. 商业利润、租金、资产价值

商业利润支持租金，租金支持资产价值。**商业地产升值规律是商业盈利性强，分配给物业权利人的收益亦相应增加，而收益增加导致资产升值。**简单归纳为：**商业利润决定租金，租金决定房价。**比如某个商圈的生意好，求租对象增加，物业供不应求，租金自然会上涨，商业地产（物业）的估值也就随之上升。反之，租金下跌，房价及资产价值也随之下跌。

2. 价格形成

上述三者之间的价值变动关系在对商业地产估价时形成了一种价值判断的方法，这种方法是房地产估价方法里的一种比较常用方法，称之为"收益法"，用"收益法"推导的物业价格比较接近物业价格的真实。另一种比较常用的商业地产的估价方法是"市场比较法"，即采用相似性的物业，对估价对象进行比较性的估价活动，用选择的已知价格的比较对象的价格范围来估算估价对象的价格。

3. 影响资产价格的因素

商业地产是一种以房地产形态存在的另类资产，房地产的估价方法只能估算现在或者过去的价格范围，很难对估价对象未来的升值空间进行判断而确定它的投资价值。我们把资产价值判断方法运用到商业地产的价值判断上来，就需要突破传统的房地产估值方法，从而形成一种新的估值方法——资产价值趋势法。如同投资股票；我们投资X台酒股票，这支超级牛股最高时能涨到2000多元/股以上，在预期行情发生变动和企业盈利能力下降时，人们对这只股票形成了负面的预期，于是估值就下降了。同理，在经济危机发生时期，也是经济转型时期，科技概念的股票受到广泛的关注，预期被看好，如阿里巴巴在美国上市，创造了美国证券史上最大的IPO。在商业地产的估值活动中也可以运用到资产价值趋势法，对影响该商业物业价值变动的因素，进行搜集、整理、修正、评价，在确认有关这个物业价值升降的趋势变动和时间后，可以发现这个商业地产（物业）的趋势性的要素，包括收益增长的时间、收益率、波幅、一定周期内价格变动范围等，对物业资产价值及投资价值进行评判，并指导投资和交易。

第三节　商业地产价值估值的必要性

商业地产是一种收益性资产，其价值趋势必须通过影响价值因素收集，市场敏感度研究，估测方法选用来评判其价值的变化。商业地产投资、开发、经营是一种十分具体的投资行为，投资对象很难用传统的房地产估价来计算、测量、验证、比较、修正等办法测算它的真实价值作为投资、开发或交易的依据，所以必须使用多种估价工具来进行评判。

一、评估准则

按照专业评估准则中的统一标准，评估的定义为：①估算价值的行动或过程；②评估的附属物和相关功能（如评估实践、评估服务）。评估提供了对一个确定房地产价值以及无形资产等商业价值公正的价值评估。**评估过程包括采取选择性的研究和相关市场数据的分析，应用合适的分析方法，从经验和学科技巧中得出结论，以及应用判断得出评估值。**最后，在评估结论时提出该商业地产价值研究的结果，作为最后选择评估值的依据。

商业地产作为一种收益性不动产，与其他物业或投资方式在诸多方面不同。它的价值由其自然的、法律的、社会的和经济上的特性以及交易中的市场力量所决定。与其他物业相比，其复杂性以及其市场信息的缺乏性必然影响评估过程的估价。而评估过程的合法性对诸如投资者、开发商、销售者、出租者以及交易中心、信息中心等依靠评估结论的市场、项目或物业投资参与者是很重要的。

1. 收益现值法

收益现值法，又称收益还原法、收益资本化法等，适用于收益性房地产评估。**收益现值法是通过把不动产产生的预期收益用一种收益折现步骤变为现值而得出的。**

这种方法是从一般投资者的角度来看待商业地产项目或物业,而一般投资者的主要目的是通过投资、开发、经营和持有、转售商业地产来获得预期的投资收益。这种方法的理论基础来自于预期原则和替代原则。应用预期原则是因为:从理论上讲,商业地产价值就是未来预期现金流量的现值;应用替代原则则是因为商业地产租金率与其竞争性(替代性)的位置有很大的关系。此外,用收益现值法得出的评估值,假设投资者将要获得的利润率与可比较风险的其他投资是一致的。通常,对商业地产价值来说,用收益法确定价值是最重要的方法,也是项目、物业评估得出最终评估值主要依靠的方法。但是,收益还原的可靠性直接取决于使用资料的质量,选择历史数据的社会经济市场的特殊因素的一致性或趋同性,而没有重大的导致数据差异重大的特殊因素。然后用市场公允的收益率(如中国商业地产一般投资者认为每年6%~8%的收益率是可以接受的),最后准确运用收益折现技术来保证。

收益现值法的估价依据是以未来净收益的累计来求取商业地产的现在价值。以收益现值法取得的房地产评估价格被称之收益价格。其理论估价公式为:

评估对象价格=纯收益/还原利率

投资、开发、经营商业地产是投资行为,其目的并不是为消费或公益之用,而是以现在投资去谋求期望中可能实现的未来的放大的价值,以客观的态度判断某一评估对象未来的价值。无数个可变的因素会导致人们无法正确地作出价值的判断,诚如在证券交易中,"看多""看空"是证券市场永恒的主题一样,永远存在分歧。银行利率则是收益现值法中计算收益的主要参考依据。如果将投资商业地产的收益与某一定额的货币存入银行所获得利息是等同的,那么该商业地产(物业)的价格就等于该定额货币。由此,我们可得到下列公式:

若:商业地产(物业)净收益=某一定额货币量×银行利率

则:商业地产(物业)价格=定额货币

上述公式是收益现值法在利率不变的状态下,一种简单的、基本的计算方法,它是建立在净收益、资本化率不变的前提下,而求得的收益价格。但是,在实践中,收益和利率是在不断变化着的,这就使得建立在"收益现值法"上的投资决策具备了包容投资的不确定性和偶然性的可接受范围。

另外,收益现值法也是基于货币的时间价值原理的,即同等数额现在的钱比未来的钱更有价值,依此理论推理:现在的钱可以通过投资、经营,得到附加产生的新价值或投资利润或银行存款利息,而未来的价值折算成现时价值则需计算折现因素。由此，我们可以认为商业地产现时价值是未来收益的折现价值。影响折现价值的因素有预期可得到收益的大小、预期可得到收益的期限、预期可得到收益的可靠程度与风险。

收益现值法一般工作程序是：①搜集有关商业地产收入和费用支出的数据；②估算未来边际利润；③估算可以实现的边际利润；④估算修护、税收等费用支出；⑤估算净收益；⑥选用合适的资本化率或折现率；⑦利用适当的计算公式求得收益价格。

在上述程序中的资本化率其实质就是投资收益率，其设定原理来源于社会平均利润。求取资本化率的方法有"市场提取法""累加法""投资收益率排序插入法"等，设定资本化率需要有十分严谨、科学的态度，否则会影响到评估结果的准确。为此，收益现值法的基本公式也可用下式表示：

$$房地产价格 = 房地产净收益 / 资本化率$$

2. 市场比较法

市场比较法，简称"比较法"，又称"市价比较法""交易实例法""市场法"等，该方法是**通过与近期市场上已经交易（包括租金和卖交易价格）的类似商业地产案例比较得出有待评估的商业地产（物业）的评估值。**

在该方法中，对象不动产直接与近期市场上出售的类似商业地产相比较，时间越接近，正确性越高，通常，这种比较使用"比较单位"来进行，例如每平方米价格，然后在市场比较时调整对象与参照物之间不同的比较因素。这是一项十分专业和细致的工作，本书后面章节将描述商业地产收益影响特性的"十个差比"原理。这种评估方法的理论基础是替代性原则。在此原则下，投资者和经营者可以边比较边调整，并且根据十个差比而定价。使用该方法表现出的可靠性取决于市场中可比资料的质量和评估人员做出有理有据判断的能力。当最近市场上销售的可比的商业地产不合适时，市场比较法确定的评估值就会变得准确性不高。有时，当实际交易不太适合时，报价也可以参考使用。但是必须谨慎运用报价数据，因为它并不完全反映买卖双方的意思，也有报价和还价的交易技术使得报价参数的可靠性下降。过多的报价可能表示不动产的过度供给。在这种情况下，报价与可能的交易价之间可能会有很大的差距。另一方面，当交易双方缺乏对市场良好的预期，也会导致商业物业销售价或资产转让价低于报价。

需要说明的是，在进行商业地产项目或商业物业价格评估时，个性因素尤其重要，这是因为反映项目或物业价值的主要指标——商业价值（包括项目或物业租金产出能力、商誉、展示、广告功能等），是商业地产项目或物业不同于其他形式房地产估价的重要标志。

在进入"新零售""新业态""新商业载体"时代，线上线下互融的产生商业地产的价格分化效应，场景技术以及高科技的智慧运营管理体系的运用，都会使商业实物载体——商业地产（物业）产生价值异常变动（相对传统商业地产评估方法），这是未来在商业地产进化为"新商业载体"时期要充分注意的。

二、交易案例的选择

交易案例的选择一般应遵循如下要求：

1. 近期性

从国外估价实践来看：一般情况下超过5年的案例，不能作为比较对象。在我国商业地产市场变化较多、交易案例较多的情况下，要远近结合，以远期的价值变化趋势，找出变动因素作为思考线索，并以近期成交的案例为依据，寻出价格趋势进行估价。

2. 可替代性

在采用市场比较法对评估对象进行评估时，应注意所选用的交易案例必须具备符合逻辑的近似性，这是因为有了近似性才能使评估对象与参考对象产生可替代性。

资产价值趋势法

在资本市场，房地产被称为"另类资产"，这是为了有别金融资产的命名，而商业地产则是另类资产中的另类，以区别于房地产中的大类——住宅。判断商业地产这种另类的房地产资产预期，更是有其在国家、区域、市场的另类逻辑轨迹。

资产价值趋势法也可称为"预期法"，一切投资行为均是投资者在形成对标的物未来升值的预期后而进行的，商业地产投资、开发、经营也必须按照投资规律进行商业地产的价值投资，前期研究、估值活动也应该如此展开。

投资是投资主体为了获得预期收益而把资本投入经济运动并转化为资产的活动。资产是指任何具有商业或者交换价值的"物"，资产的价值在于现时的价格和未来可能变动价格之间的增大系数。在千变万化的市场中，资产价值有时会被低估而产生投资价值。

商业地产的投资价值同样来自于两个方面；一是商业地产（项目、物业）自身因素导致商业地产（项目或物业）升值和投资价值提升。其主要原因来自于：①商业环境优化的预期：消费人群增加、交通改善、到达客流增加、周边自然、人文、社会环境改善、知名商业企业、品牌进入区域带来增量的客流;经营环境主要是指国家、政策、法律、规划方面引起的社会宏观环境的变化。如虹桥地区、港珠澳大湾区的规划推动了相关区域,如横琴商业物业价格的上涨预期。②经营能力提升:导入成功的新兴业态(品牌)、招商和商业促进活动增加、商业、经营管理能力提升。相对传统商业地产,高科技、新消费、新业态紧密拥抱的"新商业载体",其估值的值域肯定大于传统商业地产;③商业物业和配套条件优化:内部环境优化,如停车场条件改善、空气清新和舒适度提升、智能化运营管理体系建设、购物环境人性化及情景化导致的商业环境、美陈产生商业价值等。**二是市场价值:是指市场对商业地产的期望值,这种期望值并不完全是物业价值升值预期造成的,而是市场关注度、资本资产配置倾向导致的相对估值变动。但是项目和物业自身升值预期是市场预期的基础**,在我国及部分发达国家,起先由于投资集中于商业地产,造成过度开发,导致商业地产市场供应过剩,也影响了这个专门市场前景的预期。

市场价值和项目或物业升值预期,形成了市场的期望和投资行为的发生或即将发生。我们运用这种趋势的期望来吸引投资、资产交易、招商,会产生良好的经济效益。

市场期望具有不稳定性,受经济周期和资本市场投资倾向和选择的影响,如2012~2014年期间上海理财产品盛行,导致部分商业物业销售困难。物业升值的期望则需要关注相关影响因素与可实施性。

趋势法的数据和资料也可以通过调查得到(如消费问卷、规划调查、投资调查等方面)。

物业价值趋势的计算方法是:

$$S = S' \times H \times Z / M$$

式中 S —— 市场趋势价格;

S' —— 市场调查得到的投资者接受价格;

H —— 物业单位数量和投资人数之比;

Z —— 趋势方向,即价格向上或向下的变化趋势;

M —— 周期时间。

1)由于市场趋势具有不稳定特点,市场价格不是一个固定值;

2)物业的份数(项目或物业)和潜在投资对象的比例越高,项目或物业在某一时期中的趋势特点是向上,反之是向下的;

3)经过一定时间,市场趋势的数据排列分析、指示项目或物业价格的演变进程和方向。

第四节 价值规律及运用——影响商业地产价值的"十个差比"

在商业地产实践中，有许多商业地产特有的价值表现规律，理解并运用这些特有的规律，对商业地产开发、投资、规划设计、商业物业经营和运营以及估价会有很大的帮助，可使商业地产价值优化和价格更加科学和合理地体现。

一个商业物业的优劣评价主要取决他的产租能力。产租能力指商业物业在租赁时可以生产出租金的能力，包括租金价格和有效产租时间。**商业企业在使用自有商业物业时，同样发生了租金成本，其价格的量化数据可以通过"市场比较法"获得**。商业物业产租能力的强弱与构成商业物业价值的诸因素有着千丝万缕的联系，并对商业物业的价值、价格形成起到决定作用。

在商业地产没有进阶为"新商业载体"之前，笔者提出了影响商业地产价值的6个具体影响因素，并导致商业物业因为这些因素的影响而出现价值的差异，包括路段价值差异、物业形态价值差异、位置价值差异、楼层价值差异、面积大小的价值差异以及不同业态盈利能力造成的业态租金承受能力的差异，这些差异简称为"六个差比"，这"六个差比"的阐述已经被市场广泛地认可，并运用到操作过程中的"租赁定价""空间优化"和房地产估价活动当中。

在商业地产进阶之后，又有一些新的因素会对商业地产价值产生影响，所以增加了四个因素，包括"颜值""场景""管理体系"和"智能化运营"，归纳起来有"十个差比"。

1）**路段差**：由于**各路段商业繁荣程度差异导致租金水平的差异**，我们将其称之为"路段差"。以上海南京路为例，全长5.5公里的上海南京路商业街分成两段，从东起外滩到南北高架为一段，属于黄埔区，为南京东路。另外一段东起南北高架，西到镇宁路，为南京西路，属于静安区。尽管这是一条同名的商业街，但是其各路段的商业价值却不尽相同，以底层小面积（50~80平方米）计算。外滩到河南路平均是每天60元/平方米，河南路到新世界就变成60多元了，人民广场到成都路高架跌到30元每天每平方米，最后到了南京西路商圈每天的租金已经是80元/平方米以上了。这种差异性，表明了同一道路上的商业物业价值的路段不同而产生的差异。（上述价格为历史价格）

2）**物业差**：商业物业中的商场物业和街铺物业的定义在之前有明确的表述，**这两种物业形态，面对不同的市场而表现为市场价值的差异**。一般而言，对于中小或个人投资者而言，街铺物业的选择倾向比较明确，这是因为商场物业经营需要的共同效应，受其他商业因素影响大而个别经营的意志受到抑制，个性经营的思路不能实现；物业的实际可以使用、占有的比例、自主经营的程度等因素造成的，笔者在云南昆明曾经见到过这样广告：同一项目，商场物业价格低于街铺物业约40%。在近期的商业地产大宗交易活动中，商场物业类型的商业地产项目折扣率较大，而街铺物业的商业地产有分散销售的交易变现手段，价格贬损少，甚至不贬损，这种商业物业形态不同而造成价格的差异，我们把它称为"物业差"或"物业形态差"。

需要特别说明的是，虽然街铺物业有市场需求，但是未必每个地区都可以开发建设露天商业街。按照人体耐寒程度，当温度降低至4℃以下时，人体会感到不适，这时候人们不适合也不会长时间进行户外活动，所以在冬季较长的（北纬39°以上）区域，街铺物业未必是投资者第一选择。

我国有一条商业地产的地理分界线，分界线以北适宜规划购物中心或室内商业街，以南可以较多规划露天街区化商业物业。这条线主要是根据人们的耐寒程度和购物习惯来划分的。

"胡焕庸线"是我国著名地理学家胡焕庸（1901—1998）在1935年提出的划分我国人口密度的对比线。在瑷珲—腾冲一线，是中国人口地理上一条重要分界线，一直为国内外人口学者和地理学者所承认和引用，这条分界线对我国的人口地理学、人文地理学、人口学等学科以及经济发展和资源配置具有重大意义。笔者提出的中国商业地产地理分界线，目的在于提示商业物业与气候环境特点、商业物业类型价值的关系，依据是气候环境和人体耐寒能力的分析结果。

按照人体对气候环境的耐寒性和舒适性分析：人们在冬天户外活动的温度值域在0℃以上。低于0℃，人们在室外商业街上停留的时间很短，而且人们逛街愉悦感消失，由于超过这条线上的城市冬季过长，冬季温度偏低，商业街上流动的客流量小，而万达抚顺项目是露天商业街，这种状况随着纬度提高，露天商业街——街铺物业的定位选择几率越低。按这个特点，研究得出：商业地产的地理分界线，在北纬39°这条线附近的我国城市有：天津、承德、大同、唐山、银川以及沈阳、长春、哈尔滨、呼和浩特、乌鲁木齐等，这些城市应当充分注意商业建筑的温度和物业形态的选择。

根据这条分界线的观点，那么在**这条线以南的区域商业物业形态的选择自由度大；而在这条线以北的区域要充分考虑到温度因素而多采用商场物业形态或者室商业街物业的形态**。

3）位置差：在商业地产街区化形态中，笔者有个比较形象的比喻"金角银边草肚皮"。商业物业位于人流量最大的交叉路口，位置最好，租金也最高；沿街的商业物业次之；既不在路口也不沿街的内部商业物业，人流量最少，租金也最低。

商场物业形态中，判断店铺价值主要考察其与主要客流途径——"主动线"距离。距离近的，人流量大，租金高；反之则低，还要考察它的可视性——被看到的程度、观瞻方向（橱窗和招牌面积）越大，则价值越高。

物业所处的位置不同，其价值表现也不同。影响商业地产位置价值表现的有：所在商圈位置道路的位置——临街状况、交通条件和客流达到的便利程度、商业物业的可视面积（也称昭示性）以及日照因素。物业所在位置和商场物业内部位置的价值判断也有差异。这种商业物业位置价值的差异性，称之为"商业物业位置价值差异"，也简称为"位置差"。

4）楼层差：**商业物业的楼层价值差异是消费的体力成本大小和到达的便捷性决定的。商业物业的楼层价值一般规律（高纬度和山地城市除外）是地面一层向上递减，楼层由低到高，租金由高到低。**但也有例外，齐齐哈尔某商场，租金楼层均衡分布，1~5层租金一样。这主要是业态定位策略，形成这个商场物业中，每个楼层都是单一商品种类，如服装、包袋、鞋类等，所以人流量也就平均分配到各个楼层。这个案例成功运用了业态均衡法，把每一层都变成了第一层。商业物业楼层价值分布的一般规律可称为"7A"规律（图2-1），同时这一规律又被理解为物业楼层价值差异，简称"楼层差"。"7A"规律来自于各地区客流上行的积极性和习惯，其一般情况下，从租赁的角度考察楼层的价值变化，可以发现楼层价值变化的一般规律是：街铺物业的2层租金约为底层商铺的一半，3层物业的租金约为2楼物业的一半。

假设有一个商业物业，其面积共计1200平方米，三个楼层均摊，每个楼层面积为400平方米，如果业主要求其租金为120万元，按照商铺楼层价值变化规律，我们可将其价值量化为某个单位价值"A"，得到如图2-1所示的图形。

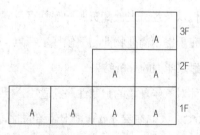

图2-1 "7A"规律

根据图2-1，我们把总价值分成七个等量的单位A，代入租金要求的数量，即每年120万元，可以得出，A＝171428元，并推导出该商业物业每年租金的楼层分摊情况如下：

第一层商铺为4A，即4×171428＝685712元；

第二层商铺为2A，即2×171428＝342856元；

第三层商铺为1A，即1×171428＝171428元。

由此可以得出公式：$G \times X = L$

式中　G——单位数量；

　　　X——单位价值量；

　　　L——楼层租金收益。

上述公式分析了楼层商铺的价格和底层商铺之间的价格规律，它提示我们在分析商业用地规划性控制指标（建筑密度）和商业地产销售租赁经营活动中，应当注意的商业物业的楼层价值。

但是，商场物业的楼层价值变化规律就比较难掌握了，这是因为商场物业的整体性强、动线流畅、设备齐备、可达性强于独立的微小空间叠加的商业街或街区，如果上部还有吸引客流很强的电影院、剧场、儿童体验等业态，那么商场物业在正常情况下楼层物业的价值高于街铺楼层物业。以一层为1，一、二、三层的价值范围约为1：0.7：0.5。需要说明的是这仅仅是一种楼层价值变化逻辑的思考提示，不能成为定价或估值的依据。

商场物业的上部物业价值是由上部业态、上楼的便捷性以及当地消费者上楼意愿决定的，上海大悦城在商业空间上部设置了很有趣味的"街区"，顶部设置了摩天轮，大大优化了上层商场物业价值。也有商场采用跨层电梯，直接把客流引到上部，然后让他们采用体力成本支出较少的下行方式，给楼层物业带来客流，如香港旺角的"朗豪坊"，采用了直送顶层的电梯设备，让消费者由高往下行走，改变了上部价值状态。

5）面积差：**商业物业的面积价值差异是投资能力和使用效益决定的。决定面积价值差异的主要因素有三个：一是物业的批零差价**。在商业领域，商品的批发和零售的价格存在着差异，商品的批发价格低于零售价格，是商业企业向大客户分享收益以取得商业竞争的优势；**二由商业投资能力决定的**。面积大的商业物业所吸附的投资也大；从销售的角度看，大面积的商业物业投资对象少，竞价的对象少，所以大面积的商业物业价格相对价格便宜。而小面积商业物业由于投资规模小，投资对象多，竞价对象也多，所以价格有上升的驱动力，价格就高（图2-2）。第三个是坪效。所谓的"坪效"是指单位面积中产生的商业效益。**小面积的商业物业比较容易产生较高的坪效。而坪效高的商业物业，求租对象多，**

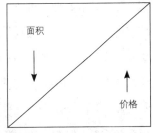

图2-2　商业物业面积价值规律的"双三角原理"

租金就有上涨的动力,价格自然就会升高。

商业物业面积大小和价格之间存在着变化的规律,我们把这一规律又称"双三角"规律。利用"面积差"获得比较高的商业地产经营收益是商业地产物业经营中最常见的手段之一。

(1)商业地产的批零差价:

在商业地产市场上有"大面积、小价格,小面积、大价格"之说,这也是供应关系在面积、规格上的具体表现:面积大的物业求租求购对象少,而有能力投资、求租小型商业物业的人多。

自2000年以后,我国出现了商品商铺以来,将商铺面积分割成小面积单元进行出售是商铺市场最常见的提高产品市场价格的手段。销售型的商业物业价格差异直接影响销售型项目收益的20%~50%,甚至更多。

(2)投资对象多少,决定投资者的市场位置和市场竞价对象的多少,决定大型物业向需求较少的投资者妥协程度。这种妥协程度,表现在物业规格和价格变化方式上(图2-3)。

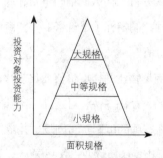

图2-3 规格越大,投资对象越少

(3)坪效因素:商业物业的使用效率越高,价值越高。假设开设一家小型服装店,面积选择30~50平方米均可以,但是在同样的营业额时,30平方米的坪效优于50平方米的。

6)业态差

不同的业态决定不同的租金,导致商业物业价格的不同,这主要是所承载的业态边际利润不同所导致的差异性。这种差异性称之为"商业地产业态租金差异性",简称为"业态差"。

在商业地产"十个差比"中前"五个差比"和房地产因素中的物业空间位置、外部空间环境、交通条件、物业建筑条件及其产品规格有关,属于房地产因素。而"业态差"这一因素,它和商业利润有关,也和运营水平有关。按照现时的业态租金承受力、求租供求以及各种业态的选址面积、楼层特点,业态价值差异的一般规律是:小型餐饮租金承受力高于小型服饰;小型服饰、化妆品高于包袋饰品;包袋饰品高于中型餐饮、美容护肤;中型餐饮、美容护肤高于大型服饰餐饮……值得注意的是个性化小店,如个性化的饰品、花艺、美甲、手机装饰、小型的饮品等非标业态异军突起,其租金承受力几乎高于商场任何租户,虽然能给商场带来较高的租金和活力,但有稳定性略差的缺点。

业态租金理论在商业地产经营实践中有着实际效益的价值表现。

业态租金理论的要点是：商业企业或者商场在选择业态的同时也在选择商业业态带来的租金收益，即选择不同业态形成的不同商业物业租金价位。按照商业地产的评估收益法的方法：用收益来推算物业价格，不同的业态有不同的租金承受能力，这种能力决定了商业物业的租金收益水平，而租金的年化收益率则可以估算出物业的价格。更加直接的表达是：业态定位就是选择未来的物业价值和租金收益。

有个案例来自西安某项目的论证定位。该项目用地位于西安某服装类批发商圈。在这个商圈范围内的各个市场主要批发经营服装、包袋、鞋类、化妆品以及儿童用品等。在定位过程中，咨询公司提出在这个商圈中可以选择餐饮业态，也有定位意向是开发上限租金高的服饰市场，于是展开市场调查。市场调查成果显示区域的业态租金值域如图2-4所示。

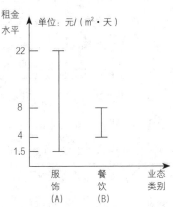

图2-4 业态租金

在图2-4中，服饰类的租金值域差距很大，租金最低达到1.5元/（平方米·天），最高达到22元/（平方米·天）。而餐饮业的值域小，租金范围为4~8元/（平方米·天），图2-4中的数据柱是这个商圈中的同类业态租金（数据研究的方法：还要结合分析商圈商业物业价值变化的历史统计积累，按照长期轨迹进行研究）。

经过深入调查发现，服饰类的最低平均租金是一个刚建成、还在招商的小商品城项目，而最高租金22元/（平方米·天）则是一个经营了20年颇有知名度的市场，这轮调查对项目定位给出了以下三条依据：

一是服饰类业态的租金值域很宽，提示这类业态的商业物业经营收益差距大，意味着业态定位选择服饰的风险大，但升值空间也同样巨大。

二是商业物业升值需要强大的运营能力，才能获得良好的收益，最高租金项目的运营能力很强，而运营能力弱的项目是无法取得高额租金的。

三是优异的收益需要支付很大的时间成本；租金最高的项目已经运营20年了。

反过来看，餐饮的业态选向是成长性不如服饰类业态选向，但是基础租金较高（即租金数轴的底部较高），在即时变现或销售活动时，可以获得较高基础租金价格。

这三条对商业地产业态定位时"上部和下部理论"的形成，提供了依据。在"上部和下部理论"中："上部"是指经过努力运营，商业物业可以达到租金上限；而"下部"是指商业物业在目前市场较低租金（商业营业收入）的收益水平状况。

"上部和下部理论"对商业地产的意义在于，持有型物业的价值判断要结合业态成长性和租金承受力，主要关注未来的成长空间，看"上部"的收益状况决定项目是否值得长期经营；而转让或销售型的商业地产项目，则关注即时变现时的底部价格位置（租金价格数轴下部）。笔者对此的归纳是：**持有物业看上部；转让（或销售）物业看下部。持有物业看趋势，销售物业看转让（销售）时的价格**。持有的物业看上部，通过经营，最终所能达到的价格。出售的物业看下部，通过销售，即期所能变现的价格。

商业物业的租金创造能力主要取决于在商业载体上经营产生的商业利润。商业利润产出高的业态，向业主分配的收益也高，业主出租收益也高，这个物业创造租金的能力也强。业态及经营水平决定商业物业的盈利水平和价值表现。以上海某个多社区的商业物业的业态选向来看：服饰的租金可到每天每平方米8元，小型餐饮可到达12元，而家具类商品的经营者则给出的租金为2元。作为商业物业的经营者肯定会追求高额的租金，但是单一的业态如果不是专业市场，是无法满足当地消费的多种需求的，这就要求经营者在招商时要进行业态租金的平衡，达到总体的收益平衡。

7）新增加的四个"差比"

除了上述"六个差比"之外，还有新增加的四个影响商业物业价值的因素，包括"颜值差""场景差""管理体系差"和"运营能力差"。"颜值差"是指在互联网时代信息传播特点所带来的商业地产形象展示形成价值变动差异；和"颜值差"对应的是"照相机效应"，即商品、商业物业被拍摄和传播的频率越高，商业物业的价值越高。"场景差"是指商业地产场景带来的客流增量对价值的影响。在2008年，笔者意识到互联网商业对线下实体商业的冲击和面对商业地产增量产生的竞争压力，提出了"商业地产情景化"的理论，并对中外商业地产情景化带来的增值状况进行调查研究，发现商业地产情景化成功的项目（商场），都产生了增收增值情形，增值幅度约为15%~30%，中国的增收增值幅度大于国外的项目；因为当时国内情景化的商业地产项目少，有的城市没有类似项目。在商业地产情景化的理念被广泛接受以后，这种增收增值效应开始弱化。在"新零售""新业态""新商业载体"的商业地产进阶时期，场景被赋予了更多的内涵，场景对线上业态的贡献也变成了为线下实体商业增值之外的新生成的资产价值。"好的商业地产项目是运营出来的"说的是运营对商业地产价值形成的贡献。运营能力高低也影响商业地产的价值表现。在高科技时代，先进技术和科技成果的运用可以使商业地产项目商圈扩大，成本降低。比较简单的是智能化停车系统的运用可以使收缴率提高，管理成本下降到25%左右。这种科学技术的采用水平和效果也将影响商业地产的价值表现的差异。

"十个差比"是商业地产的普遍规律。但是各区域气候环境、经济发展水平、商业传统、消费行为都有差异性，造成"六个差比"的差异化程度不一致；即"六个差比"在各地都存在，差异的比例系数具体反映在租金水平和商业经营收入上，这种比例数值一定是通过对商业地产（项目或物业）所在的城市、区域、商圈进行认真、细致地调查和分析后才能获得。

除了上述"十个差比"之外，在新商业载体上还将出现"赋能差""共享差"这方面的差异由于在实践中还没涉及，没有产生案例，未形成新的商业地产价值估值变动因素。笔者认为："赋能差"是指新商业载体运用互联网大数据给商业经营，"共享差"是新商业载体被其他业态搭载来的增收增值的情形。这些情况我们将继续关注。

第五节 商业地产运作的基本法则

商业地产在运作（包括投资开发，资产收购、交易、运营管理和招商），除了常规的操作流程之外有一些必须了解的基本法则，学习这些内容之后，可以增强商业地产运作的技术能力。

一、聚集效应

商业地产开发、运营的关键是"动员"，是调动各种手段聚集商业资源（招商）、消费资源（吸引客流）到开发或运营的商业地产项目（商场）中来。这种**聚集具有良好的商店、业态、空间相互促进作用**；由于已经进入的知名品牌**商业企业的示范效应，带动商业企业在商业地产项目或物业中有序聚集**；商业聚集以后会产生"核裂变"效应，再次吸引更多的消费者和商业企业，形成商业繁荣，营收增加，促进商业物业升值的局面。

进入商业地产进阶为"新商业载体"时代，线上线下的消费资源有效互换没有边界，互联网上的信息资源可转化为给区域性的实体商业载体带来消费资源，而线下的场景体验、商品体验、被服务的感受和体验将增强线上的消费者稳定性和会员增量，增加线上业态的数据资产。

二、大店效应

大型商店（大店）为了盈利，必须吸引更多的客流实现销售才能取得商业利润。而被吸引来的大量客流对大店相邻或者周边的店铺带来了超出自身吸引力的客流增加的效应，我们把这种情形称之为"大店效应"。大店吸引客流提升周边物业价值的作用是毫无疑义的，大店（如大型超市、百货商场、电影院等）对大型商业项目（如购物中心）的吸引消费、引导招商有着巨大的作用。通常情况下，**大店带来的客流使得周边小店的营业状况获得改善和提升的效果十分明显**。假设大型超市每日需要吸引客流10000人×客单价才能盈利，那么这个大店一定会千方百计去实现吸引10000个消费者的任务。在大店的经营者努力下，10000多个消费者被吸引进商场后，如果有10%的客流进入旁边的小店（小型商店），那小店就可以获得1000个目标对象，营业员只要认真销售，实现商品销售的概率很高，小店就会取得超出自身吸引力的扩大效益。如果没有大店效应，小店的客流可能只有200~300人/天。大店效应带来客流，也带动大店附近的物业增租增值。从业主方面来看：为落实大店，业主会给大店优惠的租金条件，但是大店面积比重大，优惠折让租金，甚至给予装修补贴过多，将会导致业主租金收益下降。我们在确定主力店（大店）占整个项目的面积收益比重时，应当充分考虑到大店的带动系数——大店能带动周边小型商店的面积和租金比例数值，如果大店面积过大，而带动系数低，则业主会严重亏损。大店带动系数为：$S=Z/Q$，其中S为带动系数，Z为大店租金收益，Q为受益于大店的面积，在一般情况下，大店租金收益水平≤整个商业项目的租金平均水平，而受益（大店）租金≤整个商业项目的平均水平≤大店租金水平，S（带动系数）越大，如带动其他商业物业的面积越大，租金越高，则这个主力店引进得越成功。

大店效应分析：

假设，一个面积为10万平方米的商场，其平均日租金为2元/（平方米·天）。

10万平方米×2元/（平方米·天）=20万元/天

当引进大超市时：出租面积的租金为1.2元/（平方米·天），这部分租金收入为2.4万元，而其他部分因而收益，余下部分物业租金可能上升为4元/（平方米·天），大超市部分租金收入为2.4万元，而余下部分为24万元，两者相加为26.4万元大于原来的平均租金，理论上增加收入6.4万元/天，因此我们得到"大店效应"运用的成果数据。

需要说明的是，在消费迭代后，传统的"大店"已经为新型业态所代替，如：体验休闲式的书店——茑屋书店、钟书阁、言几又，儿童体验业态、艺术综合体、电影院、星巴克体验店等。

三、名店效应

上海的八佰伴商场由于用花费3000万元"补装"的优惠条件，吸引了一批世界名牌店进驻，一跃成为当时上海百联集团旗下销售额最高的商场；一、二线知名品牌同样有提升周边商业品牌的功效，其原理与"大店效应"相仿，但是名店效应更多地作用于周边高附加值的商品销售和价格提升，如百货、品牌专卖店、高档餐饮，使商业坪效—租金坪效提高，对提高商业面积租金的效果小于大店效益。

四、水盆效应

从宏观上来看，城市商业地产的保有量越大，这个城市的楼层商业物业的价值越低，人们购物游逛的习惯总是喜欢逛体力成本支出小的、不太累的一层商场而不太愿意上楼；在商业地产供应量小的时候，楼层商业物业的价值略小于首层物业；**当城市商业地产总保有量上升导致这个城市的首层商业物业供应量增大时，楼层商业物业价值下降**。如同1立方米的水放在底部面积为1平方米的水盆里时，水位的高度为1米，当水盆的底部面积扩大到2平方米时，水的总量不变的条件下，水位高度下降到0.5米，宏观上的城市商业物业的楼层价值变动情况也是这样。这种现象作者称之为"水盆效应"。在中国，水盆效应比较敏感的地区是江西（南昌）、安徽、上海等城市，而敏感度略低的市是比较寒冷的内蒙古、黑龙江、辽宁省份。

从微观的单个项目来看"水盆效应"的反向运用，就是要通过运用策划、规划、交通条件的改善、业态布置等手段来改善位于上部空间客流不易到达的楼层物业，在国际国内有许多提升楼层物业价值的方法，如"规划法""业态法""车位法""动线法""情景法""设备法"等，以消除"水盆效应"的不利影响，争取"把每一层都做成第一层"。

五、业态互动效应

中国商业（除电商），在国际上属于中等的水平，其中有一条是落后于国际水平的经营理念——商业经营究竟以谁为主，即商品导向型还是消费导向型。所谓商品导向型，就是商业经营只考虑消费者的能力、习惯以及购物倾向等，具体表现在，商场布置从便于品类管理出发，把相同的商品集中在一起，其负面影响是，会使得商店之间竞争过于激烈。过去中国商品、商业竞争的主要手段就是价格竞争，而价格竞争所导致的结局往往是商品档次降低、价格降低、商品附加值下降等，最终导致商业地产的物业租金水平下降。而消费导向型则是按照消费心理学中人们消费的联想思维，进行业态和品类组合，如上海浦东嘉里中心，在一个空间区域中，商品的布置根据消费者的消费习惯和购物思维来选择业态和品类组合。

再如香港某购物中心中有一家名表店，店里都是国际一线、二线名表，如百达翡丽、江诗丹顿、万国、爱彼、伯爵、宝矶等，笔者以此为题，询问过很多商家和消费者：这个店旁边开什么店很适合，结果绝大部分回答是：珠宝、奢侈品——包袋、服饰、美食……但事实上那家名表店旁边是经营高级滋补品商店，经营商品是冬虫夏草、鹿茸、鱼翅、哈士蟆等高端滋补品，经了解这家商店的营收上佳。表面上看上去这两家商店的商品没有必然互动的商业逻辑，但从消费的角度来分析，他们存在着消费主体的一致性，即都是消费能力强的消费者，有消费这两类商品的能力，这可能就是**业态布置时需要从消费者的角度去思考业态互动关系的设计**。在商业项目业态布局策划中确实有一些很有趣的现象：一是业态互动，利用消费的互动性进行布置，引成连贯消费的效果；二是业态共振，把许多同类商品分置在一起，形成竞争——聚集效应，从而达到共振效果；三是按照消费习惯进行介入式布置，如在服饰中布置饰品、眼镜，在百货商场中布置咖啡馆、餐厅等，利用上述业态布置的策划方法，会使商店共生共荣，达到"1+1≥2"的经营效果，在"新零售""新商业载体""商业场景"理论出现后，"混搭""错配""组合"的业态组合方式越来越被广泛认可，如书店中的"茑屋"，原先服装类的"无印良品"以及餐馆类生态农产品，"小米之家"扩展手机之外的产品等现象都是新时期的业态组合发展和探索。

六、通道效应

商场内部的通道设计有艺术性，通道太宽人气不足，浪费经营面积，太窄又显得局促，影响商业的展示效果。一般情况下，宜达到：**通道宽度=退后距离×成人直立平视150度以上，这样可以使得商品充分展示**，而采用商品密集布置法的大型超市是无法达到这种几乎是全视界面的效果。

商业物业外部通道和内部通道是否合理，对商业经营十分重要，古人已经知道通道和商业的关系——"宽街无闹市"，说的就是通道效应。利用通道宽窄，以表现商业经营的意图，如百货商场强调品质，所以通道设计得略宽一些（如4~5米），而大型超市、市场，为了显示热闹的场景，往往会把主要通道设计得窄一些（如2.4~3.2米）。根据通道和商业之间的关系，我们为了显示商场品质特征，就要把通道设计得宽一些；为了显示商场繁荣，就把通道设计得窄一些。

七、商场运营中"二八"效应

在招商率达80%或者运营中的商场经营面积（出租率或入驻率）下降到80%时，这时项目处在一个关键的点位，当招商率达到80%时（不计主力店）意味着这个商场可以开业，加上后期的持续招商和经营扩大，这个商场可能达到100%面积运营。反之，一个在运营的商场，客商流失率达到20%，而商场实际入驻率只有80%，这是一个十分危险的点位，如果不迅速加以补救，这个商场有可能会失败。为什么恰恰是80%？一是"二八"定律；二是马太效应（马太效应出自"马太福音"：有的，给他更多，没有的，连他手里的也剥夺掉）；三是从众心理，也是商业环境和消费心理学的原理：商业不景气→客流减少→商业更不景气→客流更少→直至商场关门。所以在商业资源和商户储备控制中，一定要有商户储备预案，并且作为商业地产运营考核的一个刚性指标。

八、坪效联动效应

在中国，商业物业经营和商业经营往往是二元主体，即商业物业业主不经营商业，经营商业的企业不经营物业，资产拥有者只关注考核物业升值，而不关心物业的使用和在这个载体上经营者的盈利状况。虽然商业地产有多元投资的特点，也可以把商业和物业的收益进行分开进行考核，但是**物业和商业的坪效客观存在着有联动关系，其基本规律：商业坪效决定租金坪效，商业盈利状况好，物业租金就上涨；如果物业租金上涨，而商业效益差，那么就出现"客商流失、低价求客（商）"情况，实际上形成商业坪效下降并引起租金坪效下降的现象，最终导致资产价值流失。**

按照商业地产的收益关联性，参与商业地产投资的各个主体（包括收购）必须关注商业地产的收益链动的内在关系，如果仅仅关注市场比较的价格，而不注意"坪效联动"，会为投资失误留下隐患。

九、双叉效应

在大型商业地产项目引进主力店或者特色店时，主力店和品牌店太多，未必有良好的经济性，而主力店、名牌店的比重不足，对消费者的吸引力不够。如何把握这个合适的比例？这就需要运用双叉效应进行计算。双叉效应产生于物业经营和招商活动的大店比例的合理性思考，是用于商业物业采用"大店策略"的收益敏感度分析的工具。**主力店、品牌店或特色店在整个商业项目或（物业）中应当占有一个合理的比重，比重过小或过大都会造成租金收益没有达到最优化，这种现象我把它称之为"双叉效应"。**当租金和面积交叉点出现在A位时，说明主力店或品牌、特色店的折让太多，不能对整个项目或（商场）起到促进繁荣提升物业价值的作用，而引进大店面积过大、给予主力店或品牌店、特色店的优惠条件太多，也会导致收益率下降，从而回归到平均租金水平，甚至低于平均水平。

假设一个商场引进大型超市2万平方米时，总体租金收入上升到5元/（平方米·天），这是出现了第一个交叉点C点，说明物业收益发生了变化，租金变化线开始向上移动。但是，随着大面积出租比重过大，给予商业企业招商优惠条件太多，租金出现了下降，于是出现了E点。E点的出现，反映可能产生的两个问题：一是有必要的商业竞争，导致租金下降，但是这个方案还必须执行。另外一种情况是物业经营策略失误，引进的租用或者占用面积规模大（大店）或者品牌店（名店）给予的租金折让太多以至于租金收入减少，如果发生这种情形时，在不影响商业项目（商场）正常开业和营业的情况下，要设法加以调整，以平衡"大店""名店"过多的收益非合理减少（图2-5）。

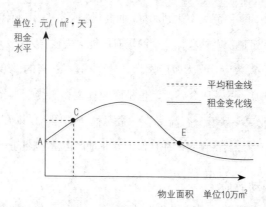

图2-5 双叉效应

如图2-5所示的规模面积和收益曲线的变化并不是书本上的模拟演算，而是要对商业地产项目的每一份招商合同进行认真地审核、计算、调整之后得到的详细收益分析。

十、生死交叉点

是指项目运营中的收益目标设计和把控，坐标中的每一个交叉点都是商业地产运作的重要控制点（图2-6）。其中Ω点是项目生死交叉点。

图2-6中A-A目标收益线，B-B为财务成本线，C-C为一般商业地产收益变化线。其特点如下：

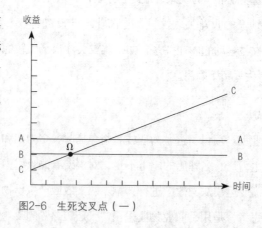

图2-6 生死交叉点（一）

1）商业地产收益具有"先低后高"的特性，这是所谓的"马太效应"

所造成的。

2）在C-Ω阶段，项目通常表现为即负收益。

3）在B-Ω阶段，项目出现平衡。

4）当发生A-C线交叉状态时，项目达到收益时的要求。

5）在通常情况下，A-C>BC。

6）C线长期在B线下方运行，项目失败。

B线抬高时：由于B-B线抬高，意味C-Ω阶段周期变长，假设C-Ω为5年，现行年利率为8.2%，在现值条件下，以静态方法计算，41%收益为财务成本，周期越长，财务成本越大，抵消或者消化了物业价值增长（按收益法估值）（图2-7）。

B-B线降低时：由于B-B下降，主要是财务成本下降，意味着C-Ω的周期变短，假设C-Ω为1年，现行市场化年利率为8.2%，在现值条件下，以静态方法计算，仅8.2%收益转化为财务成本，周期短而后期物业收益增幅大（图2-8）。

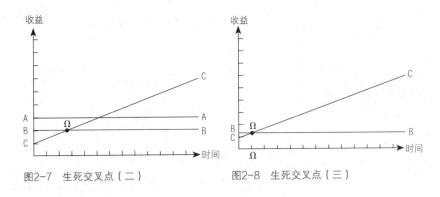

图2-7　生死交叉点（二）　　　图2-8　生死交叉点（三）

十一、浮球效应、会合效应、喇叭口效应

在商业地产的资产交易活动中，投资者十分关注商业物业的租赁收益，并且希望这种收益能覆盖有关这个资产所有的成本。这种思维是资产价格不变的前提下对租赁收益的要求。**当收益增长，资产价格随之增长；当收益下降时，资产价格随之下降**，这种情形如同水箱里的水位和浮球的关系，我们称之为浮球效应。当资产交易价格发生变动时，有时会出现会合现象、喇叭口现象。

1．浮球效应

1）商业地产租金收益增长，物业整体估值上升（图2-9）。

2）商业地产租金收益下降，物业整体估值下降（图2-10）。

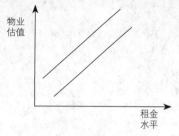

图2-9 浮球效应（一）

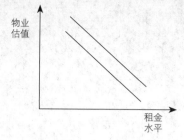

图2-10 浮球效应（二）

2. 会合效应和喇叭口效应

当资产出售价格降低时，租赁收益相对地变高，投资者的收益上升，可能高于市场平均收益，曲线趋向于接近，交易趋向成交，这是会合现象；反之，资产出售价格高，导致收益率下降，资产的交易价格显示为上扬，而收益线下垂，资产价格和收益线渐行渐远，出现如"喇叭口"的态势，如果不是战略性投资或前瞻性投资，成交概率下降。

了解浮球效应、会合效应、喇叭口效应，有利于我们在资产投资活动中的经济测算和交易战术制订和收益目标判断（图2-11）。喇叭口效应的趋势线向外。

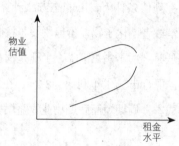

图2-11 会合效应、喇叭口效应

第三章

商业地产发展策略和企业发展策略抉择

中国商业地产已经到了一个必须变化、升级的时刻。因为产业导向发生了变化，住房不炒将成为中国房地产行业的长期政策，商业地产也会回归服务于商业、拉动内需的本位。由于供给侧改革，商业地产供求关系失衡的现状必须调整；科技发展，业态和消费升级，商业及商业地产也必须随着时代的进步实现进阶，以满足日益增长的市场需求。

第一节　市场环境

商业地产进入了存量时代。由于总量过剩和商业变化等原因，市场价值严重下降，作者提出"新商业载体"（New Business Base）的发展策略，推动商业地产进阶、价值重塑，使之适合"双循环"时期的商业需求，获得资本、商业的重新认可。在商业地产的生态环境和商业功能需求发生巨大变化的时期，人们试图采用各种不同的方法和手段去激活传统的商业地产，包括采用移动技术、商业机器人（无人商场）、全通道营销、场景、大数据、VR技术等，个人认为这些都没有抓住商业地产进阶的本质，**商业地产应该随着业态、消费升级，成为"新商业载体"**，这应该是商业地产进阶的方向。

"新商业载体"的产生主要源于消费、科技、业态和商业地产市场的激烈变化，其他相关的原因是中国商品生产过剩、人口红利及其劳动力成本低支持物流快递业快速发展的现实，于是有了具有中国特色的"新零售"为代表的新商业，而为之提供配套的商业地产也开始进入了向"新商业载体"进阶的过程。

在科技革命时代，商业地产的生态环境和基因发生了巨大的变化，这种变化的显性表现是在这个载体上实物商品销售的功能弱化，增加了体验、展示、服务、吸引流量的需求。传统认识认为，商业建筑是商业载体的物化，是房地产的开发投资、建设、运营的方式。但从科技发展的背景来看，仅仅造房子的方法已经不适合人类进入科技时代后产生的"新零售""新业态""新消费"对载体的要求，为此必须更新商业地产的开发、运营以及价值评估的理念，调整商业地产的规划和运营方法，增加与另一个空间——虚拟空间的对接、融合，以满足"新零售""新业态"对现实载体的新要求。

消费变化是商业地产进化的基础。购买力低下或者网上消费技能不具备，都是无法产生"新零售"及其"新商业载体"的环境，高科技运用于商业地产并改变了商业地产价值表现，场景、流量、关注度、点击率等都成了商业地产新的价值构成。

在商业地产项目运作过程中，线下场景的创意和策划是项目规划中一项重要工作，场景是吸引流量的重要源头之一，线下的场景策划变为商业地产的一门重要技术（艺术）。

中国商业地产经过将近20年的高速发展后，市场基本饱和，商业物业供应充沛，物业变现成交率和销售速度降低，收益管理、资产管理成了现在和未来商业地产运作和管理的最主要的使命，通过"新商业载体"的新理念和新技术的导入，可以获得重塑的商业地产价值。

新零售的线上市场空间已初步分配完毕，阿里巴巴、京东等高科技企业进入线下布局以维持企业良好的业绩增长；作为线下物理载体的商业地产面临着新一轮的价值表现机会；但也必须为"新零售""新业态"的经营需要做出融合、变异、升级、进化的改变，适合科技革命时代的商业需求，以实现"新商业载体"的价值，创造出更佳的收益，阿里、小米、顺丰、京东、大悦城都已经在实践了，百联、大润发等商业企业也开始对商业载体进行了更新改造，以谋求商业地产"进阶"。

建设重塑商业地产价值"商业新载体"有五个方面的工作：一是在全球物联化的背景下的新商业理念；二是在"新基建"的基础上建设新商业载体，使之与"新商业""新业态"匹配；三是互联网介入商业，使业态扩容，"新商业载体"须融合新商业业态；四是"新商业载体"须成为新业态的场景、流量的贡献者；五是运用"新科技""新消费""新业态"带来的新需求，形成新的估值逻辑，用"新商业载体"重塑商业地产价值（图3-1）。

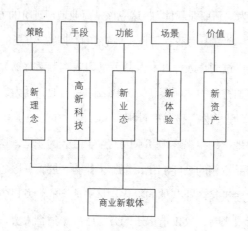

图3-1 "商业新载体"工作

一、总体特征

中国商业地产市场总体特征，是进入了"存量"时代。一是人均面积过剩，绝大部分城市的商业地产配置面积超过每人2平方米以上，超过实际需求20%以上，加上部分商品后移到物流体系（仓库储存、待生产过程等），这种增量效应被放大了；二是项目过多，由于开发投资长周期的惯性，近年来每年进入市场的购物中心以及商业地产项目达到800~1000个。市场已经从投资开发热情最高点开始下滑，传统商业地产已经从蓝海进入红海；市场从各行各业涌入商业地产行业过渡到配置过剩，资本退潮、市场亟需资产管理的阶段性后市场阶段。

二、供求关系

对投资能力而言，商业地产供应已经过剩了。从全国的水平看，笔者经过对全国将近100多个城市的考察和调查发现：这些城市人均商业物业面积已经超过2平方米，超出实际需求的20%以上，导致部分商业物业闲置空关，无效开发。造成这种情况主要有如下原因：全球性的资本流通性充裕，商业地产因其当时收益高且相对收益稳定，受到资本市场的青睐，投资集中，导致开发、建设过剩。在美国，地产商（业主）目前所面临的最大问题是零售空间供应过剩，这个问题在全球很多国家和地区也同样存在。在过去40年里，美国新建了近2000多个封闭式购物中心，而今其中的800多家已经被迫关门或是大规模地整修——这种整修幅度几乎相当于翻新重建。根据官方数据，剩下的1000多家购物中心，一半以上也会在未来10年内关门大吉。

从我国的现状来看，上海属于商业地产开发理性的城市，上海最新商业网点规划显示，上海市人均（包括常住人口）商业面积已达到2.5平方米/人，超出实际需求约20%以上，而超出实际需求面积的城市很多，笔者见到属于重灾区域的新疆某市中心区镇，该镇现有人口约10万，已经开发的生活日常所需的零售型商业物业已达120万平方米，情况严重超出想象。

1）由于开发周期长的惯性，总量供应仍会不断上升，供求关系失衡状况更加严重。

2）各区域都会出现一定数量无法投入运营的商业地产物业，有些城市闲置率已经达到20%以上。

3）由于商业物业增量巨大，导致部分受影响的物业，租金坪效下降，商业物业收益性变差。

4）商业地产市场进入定向开发，资产收购交易，改变物业性质——建筑改造或重新定位的时期。

三、"新商业载体"的理念刚刚开始在市场传播

"新商业载体"的理念是作者于2018年8月提出的商业地产发展的新理念，受到政策、市场、消费、科技、业态变化的五大驱动力推进，必将成为未来中国乃至全球商业地产的发展方向。这也是现有开发项目和资产管理者必须重视的市场发展动向；以开发建设"新商业载体"，服务于产业经济发展，才能得到发展的机遇。

如在2019年，阿里推出"天猫智慧商圈"，可以通过（淘宝）资源实现所在商圈（全域）推广从而达到全面赋能泛商圈，带来商品曝光机会和"淘宝"客流到店体验和下单。

如赢商大数据推出一款利用大数据开发运用的智能选址调研工具。

国内最早从事商业地产数据化的穆健玮在购物中心转型时提到：购物中心数据化应运用"服务销售""流量服务""广告服务""金融服务""物流配合"以及"会员数据"等手段，帮助企业实现传统商业地产完成"新载体"的升级。

而"大悦城"在实践商业地产场景——体验成功后再一次升级，进入平台建设阶段，商业新载体改变传统商业地产的实践一切刚刚开始，随着"物联化""大数据""智能化""区块链""人文科技"等最新科学技术的成就，"新商业载体"的高科技内容会越来越丰富。

第二节 商业地产发展策略和外部条件

发展策略是企业或组织按照发展目标，设计到达目标路径的思考和方案，是依据发展目标、发展趋势，整合拥有资源的方案。商业地产发展策略抉择，外部受到法律法规、市场、金融、土地供应状况等影响；内部受到企业资源配置能力、技术能力、品牌影响力的限制；外部条件各企业相似，内部条件却不相同（图3-2）。发展策略可以学习，但不能抄袭照搬。每个企业发展商业地产都必须有自己的发展策略。

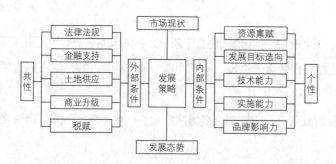

图3-2 商业地产发展策略

一、法律法规

从理论上讲，影响商业地产的法律法规，最重要的是城市规划和商业网店规划。而我国的现状是城市规划对商业网店的规划仅是定性，而不是定量，并且没有强制性约束。而专业的法规——《城市商业网点管理条例》仅仅作为行业法规，法律阶位低，作用小，但是部分省市已经开始重视商业规划对经济发展的作用，如上海、四川等地。国际上部分国家针对商业地产项目投资发展都有法律上的规定，如法国的"马克隆法"，日本的"大店法"，美国则通过由市民和社区居民参加的规划委员会进行表决，决定项目是否被许可建设。

在一段时期内，部分市、区以为多建商业地产就是发展经济，拉动内需，出现了"政绩项目""投资项目"以及个人喜好项目，导致商业地产市场无序发展，这种情况目前已得到纠正。另外一个原因是商业用地供应量过大，这在全国是比较普遍的现象，规划进度过于超前，不切合实际，如应20年规划建成的新区，竟然在2年里完成了商业地产建设，造成阶段性的闲置，如在东北某省会城市南北主要道路上，竟然布置10余个大型购物中心，造成了招商困难，多个项目处于空关中。

在法律法规尚未健全的条件下，部分企业利用一些城市急于发展经济、打造商业中心的需求，快速扩张，出现了发展奇迹。但是，随着我国的改革深化、权力制约，这种情形会越来越少，模仿某些企业发展策略的路径走不通了。而这些企业由于快速复制，在一些中小城市，也建设了规模很大的项目，在投入运营时，出现了面积过大、支出成本过高、无法盈利的情况。

二、金融条件

2017年以后中央强调了"住房是用来住的"的房地产市场管控的主导思想，在其引导下，各地出现了"去地产化"的市场背景，商业地产作为房地产一种具体的种类，在资金供应层面上则属于严控状态。

房地产属于贷款限制性行业，社会募集资金或民间借贷抬高了利息。图3-3是我国2007—2014年一年期存贷款利率走势图。

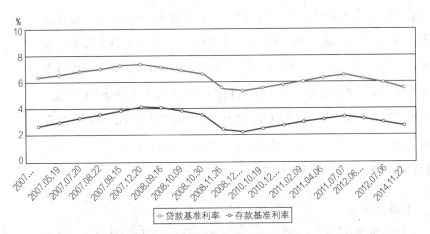

图3-3　2007年以来一年期存贷款基准利率走势图

由于商业地产的收益具有前期低、后期表现佳以及市场开始萎缩、供求关系失衡等因素，导致大部分项目销售融资能力减弱。那么，如何在"高息"时代做到外部融资畅通、项目自身融资能力强，这是制定商业地产发展策略时必须重点研究的问题（表3-1）。

2018年以来部分房企业融资受阻情况　　表3-1

房企	时间	融资类别	规模	状态
碧桂园	2018/5/28	公司债	200亿元	中止
建发房产	2018/8/24	公司债	45亿元	终止
金融街	2018/8/27	公司债	50亿元	终止
富力地产	2018/8/29	住房租赁专项公司债券	60亿元	终止
花样年	2018/8/30	住房租赁专项公司债券	50亿元	中止
合生创展	2018/8/30	公司债	31亿元	终止
	2018/10/7	住房租赁专项公司债券	100亿元	终止
北京鸿坤	2018/10/7	住房租赁专项公司债券	20亿元	终止
蓟州新城	2018/10/10	公司债	30亿元	终止
时代中国	2018/10/11	ABS	14.3亿元	中止
雅居乐	2018/10/13	公司债	80亿元	终止
鲁商置业	2018/10/25	增发配股	20亿元	中止
中国恒大	2018/10/25	ABS	16.74亿元	中止

注：本表摘自"丁祖昱评楼市"。

在"三条红线"划定房地产企业负债及去杠杆化，中国房地产市场的资金配置更加紧缺。

根据上述分析，对于商业地产投资或开发商而言，项目发展与否由项目的融资能力决定，融资能力影响项目的开发决策，决定项目发展周期和开发规模。由于整体市场资金流入减少，对商业地产市场而言，资金回流能力趋弱，偿还贷款的压力接踵而至，于是在产权交易市场上出现了许多以商业地产为标的的产权交易。另一方面，由于资金供应不足，导致资金成本上升，而相对的商业地产收益并不会快速上升，所以造成建设的财务成本和运营压力、支付资金费用加大，而**传统的商业地产收益的总体趋势处于下降通道**，这就需要对商业地产进行进阶，以提高商业地产的收益：一是覆盖财务成本，满足投资回报的需要；二是提高收益率，可以重新获得投资方的支持；三是为资产证券化提供收益稳定增长的资产，为稳健性的投资者提供优质的投资渠道和选择。

三、土地供应

我国商业地产过剩，除了规划失控之外，另外一个原因是商业用地供应量过大,以新疆某城市10万人口的小镇为例,却建设了120万平方米的服务本地消费的零售型商业地产。土地供应失控也是一个重要因素。

控制商业用地供应的基本计算方法是:

土地供应面积=(商业用地面积×容积率×合理人均配置面积)

+人口迁移变动用地储备

在商业用地供应量过大、在建项目多的背景下,策略制定时就要将地块位置、交通、消费和规划条件等因素进行明确地范围界定。

为了进行供给侧改革,有关部门已经意识到由于商业用地供应量过大导致的市场存量资产巨大的现实,已经开始着手解决商业地产无法进入运营环节的困难,部分城市同意把存量商业面积改变用途,改为当地市场需求的商务办公、租赁性住宅,为商业地产市场减轻供应量过大的压力。但是,由于建筑、配套、环境的原因,**真正可以调整用途的商业地产项目并不多,市场供应过剩的压力仍然存在。**

四、商业地产的生态改变

消费市场巨变——消费者的价值观变化。

中国改革开放40年后的今天,是中国消费能力、消费类型、消费时间、消费技能发生根本性变化的时期,其中本质性的变化是人们消费价值观的变化,传统消费的主要价值判断是以价格为考量依据,但是进入21世纪后,**消费开始转变为"品质""体验""服务"以及价格等多元追求**,这种根本性的消费变化对商业、业态、商业载体提出了更新变化的要求。

1. 消费主体变化

消费重要客群已经变化为以80后、90后为主,这个群体的教育普及率高、学历高,衣食无忧,玩心更重,花钱顾虑少,追求生活品质,追求情调、体验、趣味。80后、90后群体成了"消费主力军",全面登上商业舞台,并成为社会消费结构和消费文化的主导力量,80后人口在2010年为43.7%,2015年为48.80%,2020年为52.60%,2025年为56.60%。这个消费群体从人口数量、消费文化、消费特性及品质追求等各个层面,形成与群体需求、行为的互动。

80后一代"强调自我主张",同时又有关注性价比的痕迹,注重品牌的消费观与崇尚个性表达,追求自我的人生观和价值观。随着经济快速发展与互联网的群体文化重塑,逐步分化、进化形成90后和80后的消费群体混同的人群。因此,**经济基础、网络商**

业、文化观念与消费价值的共同倾向，决定了80年代以后出生的消费人群的消费模式和消费行为与传统消费人群的不同，也就形成了当今及未来一段时期商业的消费重要特点。

2．经济增长对消费能力的促进

人们的消费能力增强源于收入变化。中国经济连续多年高速增长，为消费增长提供了能量，2018年上半年全国经济增长率为6.8%，人均可支配收入14063元，比2017年同期名义增长8.7%，消费支出增长为9.4%，高于经济收入增长，显示了消费"拉动内需"、经济新旧动能转换的积极效应。

从消费支出来看，恩格尔系数下降到30%以下后，消费从讲究吃穿转变为个人享受生活消费，旅游、休闲、健康、教育、体验、化妆变成重要的消费支出。

3．经济转型，拉动内需，"双循环"背景下零售的比重不断加大

"双循环"拉动内需已经成为我国目前经济增长主要动力，其中消费占GDP的比重53%，最终消费对经济增长的贡献为58.8%。同时，中国进入第三次消费升级时期。中国第一次消费升级为20世纪90年代之前，特征从商品紧缺转变为能够吃饱穿暖，中国消费实现了温饱开始向小康的转型。第二次消费升级，20世纪90年代～21世纪10年代中期，特征为注重吃穿向生活质量转变，中国大部分城市消费实现了小康开始向中等收入消费的转型，而农村由于脱贫和经济发展，许多农村的消费能力也有巨大的变化。第三次消费升级，时间为21世纪10年代中期之后，**升级特征为从选择商品转向为消费导向的转型**，生活、品质、个性、定制、情调、情景和体验等成了消费诉求的主题词。"双循环"的发展理念提出，内部的市场资源将得到更精细化发掘和利用，商业中"人文科技"将得到重视。

阿里研究院发布的数据表明，未来5年投资和进出口对GDP增长的贡献占比会继续降低，内需中的个人消费升级将不断增长，超过50%。国际数据研究机构认为中国消费升级所带来的是"万亿美元级"的新增市场。

1）中产阶级的形成：中国中产阶级的人数在未来20年将从目前的3.2亿人增加到6.3亿人。这部分人群将成为主要的消费群体，他们更注重高品质并强调体验性产品，未来80%以上的消费内容都将产生于年轻人群、中产阶层人群。

2）时间消费要求：在未来的世界，随着高科技的发展，大量的工作被智慧工具、机器人所替代，一个全球性的课题是科技发展，**如何解决时间过剩的问题**？同时这也揭示了未来人们会在商业空间逗留的时间更多，购物体验的过程更长。从1995年我国改为双休制后，到2019年，中国大城市实际工作时间大约只有155天，这就意味着人们有更多的时间进行休闲、美容、体

验、学习以及旅游的消费,这也就可以为我们今天所遭遇的"商业旅游化"的现象——"到购物中心吃饭、喝茶、看电影、玩体验,回家上网购物"的现象提供了解释,休闲、体验、学习成为"新商业载体"的新功能,也是必须承载的内容。

3)消费技能:受高等教育的人群增加,学历高群体规模变大,中国高中教育普及率近90%,1999年大学扩招以来,2018年全国高等教育主入学率在48%左右。由于这些因素,使人们运用高科技能力大大加强,加上智能手机简单化(功能傻瓜),2017年全国有14.2亿户手机用户;互联网普及率54.3%,2017年网络购物用户达5.3亿,电子商务交易额达29.16万亿元。这么庞大的人群运用网络进行通信、社交、购物,为"新零售""新业态""新商业载体"的诞生提供了消费基础。

这种态势仍在扩大中,人口、学历等消费相关因素更新变化,消费提升进一步促进商业形态和商业物理载体的改变。相比90后尤其是90年代后半期出生的一代,他们是真正意义上的互联网原生代,拥有比80后一代更优越的经济条件,受教育程度更高,生活条件更加优越,互联网上的消费习惯更加自然。社交、娱乐、学习、消费更多内容在互联网或者借助互联网完成,心态更加开放,个性更加独立,消费更加自由,对价格的敏感度进一步下降。

五、物联意识——已经到来的万物相连时代

早在互联网发明之前,人类社会就有"万物相连"的幻想,在蒂姆·伯纳·李爵士(Tim Berners-Lee)1989年发明网络之后,直到今天,**网络已从单维信息传播、经过二维图像传播、进入三维(实物)传送的时代,这就是被视为未来网络进化方向的"物联时代"**。过去我们把传统的电商称之为"电子商务",这是不正确的,应当把它称为初期物联化的营销端,它的三维化的实物传递功能是由现代物流公司承担着,而不是许多专家认为的3D打印。如阿里巴巴的淘宝等业态就是早期的物联化产物。2009年,美国明确提出把"智慧的地球"作为美国国家战略,认为IT产业下一阶段的任务是把新一代IT技术充分运用到各行各业之中。这就是全球"物联化"战略,我们应该用这种意识来看行业的变化和我们商业及商业地产的进化,从这个角度去理解国际上对物联化的信息通道和连接的竞争的激烈性,就会有比较深刻的理解。

用物联化意识的目光来看今天的行业变化和商业地产进阶,可以发现:传统行业藩篱即将或者已经被打破,当今频频发生的"跨行打劫",如美团进军单车租赁、科技企业涉及菜市场等,都是物联化背景下的产业进化现象,制造业和商业之间的边界将变得

无法辨别，如九牧卫浴、小米自设门店，按需求信息进行生产的新型商业模式都是"物联化"模式。

信息封闭将失效，知识产权将会贬值，互联网的高渗透率和知识人群对跨行业的知识、高科技广泛运用，使得商品研发、制造、销售、流通和服务各个环节将更加紧密。

物联意识的动力作用下，跨产业一体化的联动效率和衔接关系更加紧密，成本更低，对消费的响应程度更高。

然而人非机器，人有心理活动变化、有审美需求，在人类信用体系没有完美之前还有"怀疑"的心理需求，于是有了"人文科技"的需求，有了对商品的体验、检验、验证的需求，那么商业地产就必须配合商品销售所需的商品体验、信用证实、服务展现甚至质量保证的作用，当这些飘忽不定的需求形成数据，流量经过"算法"给出产品设计和实现销售的对策。

信息的跨界渗透为物联化提供了实现的可能。物联组织是在计算机互联网的基础上构建的，主要利用射频识别（RFID）、无线数据通信等技术，意在达到万物互联的结果。在现代物联网构建的网络里，所有的物品都可以自发进行"交流沟通"，无需人的干预。这种"交流沟通"的实质是利用射频自动识别技术实现物品自动识别和信息的互联与共享。具体地说，就是把感应器嵌入和装备到电网、铁路、桥梁、隧道、公路、建筑、供水系统、大坝、油气管道等各种物体中，并且被普遍连接，形成物联网，然后将物联网与现有的互联网整合起来，实现人类社会与物理系统的整合，在这个整合的网络当中，存在能力超级强大的中心计算机群，能够对整合网络内的人员、机器、设备和基础设施实施实时的管理和控制，在"科技人性化"的新趋势下，人类可以以更加精细和动态的方式管理生产和生活，达到"智慧"状态，提高资源利用率和生产力水平，改善人与自然间的关系。其中产业互相渗透、互相关联的内部运营情形如图3-4所示。

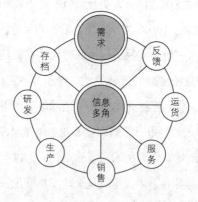

图3-4 产业关联运营情形

图3-4反映了物联意识下的商品从设计到实现销售的闭环状态。需求、研发、生产、体验、展示、交付、反馈一体化，供应链、生产链、智慧物流是三个物联化的重要环节。在物联意识的实践中，各个方向都有运用的成功案例。如制造业中，"特斯拉"的无人工厂，在生活中的运用；有家庭"智能化"，在商业领域中的运用有"无人商店"等。在新基建条件

下，明确"商业新载体"地位之后，配合"新零售"还须完成"消费金融""营销场景""服务链建设"三项主要功能。在"新商业载体"的物联化实践中，京东有五个环节的定位：以交易为基础，延伸至仓储、配送、售后、营销等其他环节。所以上游供应商（也许是生产商）跟京东合作，只需要专注于产品的生产阶段服务，流通环节交给京东来做。京东模拟传统零售企业，批发产品在网上卖，赚取的是产品差价。在京东下单，付款到京东，打包和发货也是京东，售后也找京东。

  以"工业4.0"为代表的技术革新（包括大数据、物联网、云计算、3D打印等），恰恰顺应了物联趋势。它正在实现"制造业"和"信息化"的高度融合，诞生出C2F（顾客对工厂）模式，可以快速、小批量、定制化地生产满足每一个消费者特定需要的物品。"工业4.0"的触角一定会伸展到商业领域，以减少中间环节，提高供货效率，降低成本。

  2020年，全球物联网市场规模将扩大到1.7万亿美元，全球存在于物联网内的终端设备也将增至2950万以上。还有机构预计，到2020年，中国物联网市场规模将达到10万亿元人民币，随着"5G"的全面运用，各行各业的互融真正进行"万物相连"将提高这个市场份额，"新商业载体"也会成为其中一块细分市场。

六、"新商业"和"新零售"的思想

  2016年10月13日，马云提出了关于"新零售"的商业新思想，概括起来是所谓的"新零售"就是商业以互联网为依据，通过大数据、人工智能等先进手段对商品的生产、流通、销售过程进行升级改造，进而重塑商品结构和商业的生态圈，并展开线上销售、线下体验和服务、与现代物流进行深度融合的零售新模式。马云又说：我觉得电商就像空军，它必须要有地面配合，如果电商发展很好，实体商场发展不是很好，对大家都不好。我觉得虚和实之间的结合，线上和线下的结合可能是未来。另外一个，我自己觉得怎么把消费者、货物、配送、供应链、供给侧改革结合起来，这个笔者称之为"新零售"。"新零售"是一种新的零售方法，大数据、移动互联网、云计算、人工智能与商业生态工程等构成的消费环境驱动，孕育出商业消费的渠道变革、社群分化、模式革命、业态重构的基因突变；"新零售"结合新商业载体，创造了场景、内容与跨界的融合，从商品设计、生产到推广、销售，从消费品到服务品提供，业态、功能、品牌、经营的混搭、跨界，重塑了连接关系和价值链条，替代、刺激已有消费领域，催生新生态快速发展衍变，以产生全新商业消费需求及满足需求的价值链条与创新模式。针对马云"新零售"理念表述和有待实践证明的特点，笔者对商业地产进阶发展方向的表达为"新商业载体"。

七、共享理念

互联网带来信息的高渗透性、广泛传播性、快提性等特点，注定封闭越来越难，共享、合作才是"新商业载体"的方向。

1．资源共享

所谓商业化的数字经济应当是消费和市场价值深度、多角开发利用的结果，基于信息的穿透性和接受信息的广泛性，过去不产生商业价值的部分无效数据经过汇总、洗炼、提取后，变得很有价值了，形成了"数据资产"。共享经济形成的"消费生态全面性挖掘"是将消费者个体、社群、商品、服务及其上下游产业链条等所有消费关系融合为新的商业生态体系与价值再造体系，成为新商业体系的良好生态圈。

2．共生思想

和"物竞天择"与"优胜劣汰"一样是自然法则，钱宏先生的"共生思想"表达了事物的共生关系，所有的运动最终的结果是自然生态或者商业的同荣共赢；而商业消费生态，则是消费者与商家之间的共赢，消费者自主选择的生活方式形成消费市场的需求，品牌代理商、服务商、零售商乃至空间拥有者、渠道拥有者等商业行为者则对这种需求进行价值反馈与提供商品而形成共赢，而载体和内容也在这过程中得到利益的平衡，达到"双赢"。

3．业态创新

线上线下交汇融合、跨界、混搭等业态创新产生满足消费多元需求的新兴业态，形成多方共享的生态关系。

八、新时期消费心理的研究成为重要使命

1）消费者的个性心理研究是未来一段时间行业的重大课题。人们在兴趣、能力、气质、性格等方面反映出来的个人特点和相互差异，是形成消费者不同购买动机、购买方式、购买习惯的重要心理基础。通过研究消费者的个性心理特征，可以进一步了解产生不同消费行为的内部原因，掌握消费人群的购买行为和心理活动规律，了解社会消费现象，预测消费趋向，为制定生产、经营战略和策略服务。近年来，当我们选择产品时，从产品和服务中得到的感官体验已成为越来越重要的影响因素。随着制造成本的下降和人工成分的增加，消费者越来越喜欢购买那些能够带来愉悦体验的商品，而不只是看重产品的基本功能。科技在新商业载体中的运用要关注情感体验的趋势，须符合消费心理学的研究发现，即随着收入的增加，人们想得到更多的体验，而不是占有更多占据巨大空间的商品。

2）"人文科技"主张对消费学习、消费文化、消费决策的进行研究，

并在商业智慧化开发中加以运用。其实消费者并不成熟，消费的过程也是消费学习的过程，所谓的"体验"，其中有一部分就是知识获得形成的兴奋，"新商业载体"须强化这种功能。新商业载体有另外一个功能是消费文化，即看和观察的地方，形成消费文化的表现，和同类人一起消费，身份"确认"后，最后推动消费决策。这个阶段，"新商业载体"中的场景将发挥巨大作用。

3）新零售营销体系中的心理学研究。未来在商业生态在互联网这一重大因素加入后，将产生一些具有这个时代特征的新商业学科——"人文科技"，如互联网心理学、互联网行为学、互联网消费研究、互联网营销、互联网广告学等，以及更高层次的互联网美学、互联网哲学等。在人们偏重科技在"新商业载体"中的重大作用外，人文学科在信息时代的商业地产进阶中发挥更大作用，如心理学、美学、行为学以及环境行为学、人文地理、民俗学、消费心理学、行为经济学、行为美学等，这些零售的心理、行为的深入研究，可为大数据的运用提供条件，如星巴克开设的大型店——概念店，就一反过去流程工业化的规则而更专注于做咖啡和品咖啡的体验。

九、税赋

税收是政府的财政来源，也是国家调节分配的手段之一。纳税是企业法人的法定义务。企业经营能做到"利民"、"利国"和"企业发展"三者具备是理想状态。企业既是纳税义务人，更是追求利润而存在的经济实体。合理纳税，实现最优化利润，也是商业地产发展策略最重要的影响因素之一。"不懂得如何纳税也就是不懂得如何盈利"。中国房地产行业属于高税收行业，除了一般企业和个人需要交纳的调节税收（营业税等），另外还需要支付累进制的土地增值税以及契税、租赁税费等。

不同的税负影响商业地产的收益甚至价值。整持型物业三种经营方式的税率汇总见表3-2。

商业地产三种经营方式的主要税负表（仅供参考） 表3-2

交易方式	应缴纳税收种类			
	交易或服务	土地增值税或租赁费	契税	所得税
房地产买卖（一手）	11%	30%	3%	25%
房产租赁	11%	30%	—	25%
商业联营	17%	—	—	25%
股权交易	6%	—	—	25%

以上九个方面是存量时代对商业地产变化正确的全面的认识，有了这些认识才有可能为打造"新商业载体"或资产价值重塑（改造）制定出正确的策略抉择和发展思路。

第三节　商业地产发展策略

在商业地产的外部条件发生剧烈变化的时期，企业的生存条件也发生了巨大的变化的同时，企业发展商业地产的策略也会随之相应地变动。如万达在2017年以后，调整了企业的业务架构，降低了房地产开发的构成，缩小酒店和旅游业务，把业务中心调整到商业地产的运营上来；这是万达持有的物业还有很大潜力。另外实行轻资产输出，盘活存量商业资产，形成了新的企业发展策略。

对于一个企业而言，它发展商业地产的策略是在特定的市场环境下，依据企业的资源禀赋、技术能力、人才聚集能力、实施能力、品牌影响力以及主要决策者的发展目标和意图所定的。

一、资源禀赋

企业资源禀赋主要由"人"和"财力"——即融资能力和自有资金组成。

1. 企业主要决策者

毫无疑问，企业是人格化的组织，有什么样的主要决策人，就有什么样的企业，所以企业是人格化的经济生命体，其企业类型、成长经历、盈利模式和财务状况都和企业主要领导有关，不同气质的主要领导有不同的企业，如华为的任正非。在商业地产领域里同样如此。在行业里有三位不得不说的人物：一位是王健林，他所带领的万达集团运用模式化的策略，在一段时间里迅速扩张，形成了规模化，这种发展的策略不仅在商业地产领域被学习和效仿，在房地产外其他行业也被学习和运用；第二位是宁高宁，他先后出任了华润北京置地、中粮集团的主要领导，十分注意品牌的创造和创意的运用，创造了"大悦城"和"万象城"等十分成功的商业地产品牌；第三位是马云，创造"新零售"的理念，比较清晰地点明了商业进步的时代背景，对商业地产进阶——"新商业载体"理念出现产生了巨大影响。由于这些主要决策者的性格、视野、志向不同，塑造了不同气质的企业。

2. 企业的融资能力

房地产行业非政策扶持行业，须有一定的自有资金作为企业自有资源。企业自有资金的规模，决定了企业投资和融资，开发、参与商业地产的模式和选择参与深入的程度。企业的融资能力包括自有资金以及外部融资的水平，企业发展目标和策略若没有资金保障，就没有可行性。外部融资受到金融政策融资要求、财务成本的制约，这就决定在参与商业地产的投资以及经营、服务等一切商业地产活动中，必须遵循"资金"的导向，即资本市场对介入商业地产的要求。

二、技术能力

1．创新能力

企业的技术能力，主要包括创新能力和综合能力。创新能力是指企业开发出自己的新模式、新技术、新产品。在商业地产行业，国内一些真正的房地产行业的领军企业都是具有这方面的技术创新能力优势，如住宅方面的万科，商业地产方面的万象城、万达、红星美凯龙、大悦城等，度假居住的途家，特色小镇的蓝城（绿城），这些企业都有一个共同点，就是拥有自己的创新的商业模式，这种商业模式一定是有其独特的技术作为保障的。

2．技术综合能力

互联网时代知识泛滥，信息传播更快，人们的联系更加密切，人们的讨论、思想碰撞更加方便，更容易产生新的思想、新的科学、新的知识。互联网加快了知识的传播，通过和资源、技术、资本的对接，投资项目马上可以实施。正由于这种信息的弥漫，把各种信息和知识综合起来，可以形成一种综合利用各种新科技的能力。淘宝的初衷就是把互联网和虚拟商业地产嫁接，形成了网上的"义乌小商品市场"，但是随着新的科学技术产生，互联网的开发利用深化，阿里巴巴变成了互联网时代独特的商业载体，由于有巨大的"流量"，又被综合开发出产业服务、金融、线上商业业态等，如果没有强大的技术综合能力，人们在这个新型的商业载体上无法开发出如此的市场。所以企业的技术能力的另一个表现是企业的技术综合能力。

3．人才的聚集能力

企业的技术能力还包括了人才的聚集能力。技术能力还包括了技术人才。我国教育部门对商业地产这个聚集巨大财富的行业并不重视，没有专门的院校开展商业地产教育和人才培训；没有专门的科研人员对商业地产进行深入的、体系的研究；没有专门的师资和教材可用于商业地产的教育和培训，这些导致我国现时真正理解和有运作能力的人才奇缺。

所以，企业发展商业地产的策略中，技术人才的储备十分重要。在商业地产刚刚兴起之时，有发展迅速目标的商业地产企业深知行业人才紧缺，所以十分重视人才的积累和人才培养，企业自己办商学院，培养快速发展所需的人才。在商业地产轰轰烈烈走过十多年后，行业中已经拥有了一些高级的技术人才，但是市场的人才缺口仍然巨大，那么在企业商业地产的发展策略中人才计划是很重要的一个环节。没有商业地产人才，请不要进入商业地产行业。

三、实施能力

万达能在十多年里成为中国最大的商业地产公司，和其强大的实施能力有关，18个月开业1个万达广场，这种超常规的发展速度，只有在万达这种准军事化管理的企业才能实现。这种快速发展提高了企业扩张速度，降低了财务成本、用人成本，提高了品牌影响力，也满足了地方政府快速开业、实现政绩的诉求。

实施能力强弱是由三部分组成的：一是用人机制，企业要有一批业务能力强，为企业而忘我工作的员工，并且实行优胜劣汰，让有理想、有信念、有拼劲——所谓"有战斗力"的人员进入企业；二是激励机制，让员工的付出有了适应的回报，在这方面，华为更加值得学习和研究；三是企业文化，在企业内部形成一种为企业发展而努力的氛围。

"好队伍""好机制""好氛围"是策略制订及实施的保障。

四、品牌影响力

商业地产品牌属于商业地产的无形资产部分，可以为商业地产项目（资产）创造增值效应。中国商业地产市场发展历史不长，如果从1999年市场重启开始算起，属于刚刚形成阶段，整个市场仍处于品牌创造期，只有少数几个企业品牌已被社会广泛认可。多数企业还在品牌塑造期。商业地产品牌的公众观感，市场定性仍会发生很大变化。商业地产的品牌塑造一般会有很长时间，"嫁接"是一种品牌迅速成长的方法，万科把住宅的品牌嫁接到商业地产上，取得了极大成功，不成功的案例有"娃哈哈"把品牌移植到"娃欧广场"上的案例。**在存量时代，商业地产的品牌资产价值可能大于企业拥有的实物资产价值。**

从商业地产角度看"品牌"，"品牌"属于商业地产中最有活力、最有可塑性的商业价值。从企业经营角度来看，"品牌"属于企业的软实力，属于企业的无形资产。商业地产须重视品牌的重要性，没有良好的品牌，等于没有创造商业价值，没有商业价值的商业地产是无法经营的。在商业地产的发展策略排序中"品牌优先"，做商业地产（项目），先把自己（企业和个人）做成品牌，王健林就是这么做的。

目前，部分有品牌影响力的企业纷纷进行商业地产轻资产，实际就是品牌资源的转化和开发利用，如红星美凯龙、万达、大悦城、锦和、德必等。

商业地产品牌是依附在运营和商业品牌之上的，没有商业品牌、运营品牌，商业地产品牌将不存在。

五、发展理念和目标选择

在对自身所拥有的资源进行梳理之后，企业可以提出自己的发展理念和目标，以及达到目标的路径设计，这就是发展策略。

理念是思想，也是对未来目标原始的意象和成功路径的设想，具有未来时空特征，但是这种未来时空的想象往往具有强大的推动力，在企业发展过程中都会有原始理念的痕迹。企业禀赋决定企业目标选择，发展目标和企业禀赋密切相关。不同的企业禀赋决定不同的发展目标。**发展目标若脱离企业禀赋的实际情况，其发展策略是无法制定的。**在商业地产领域里也是这样，许多企业见到万达成功，进行模仿，但是理念和目标选择不一样，市场条件不同，介入时机不同，中国无法再出现第二个万达了。如前期的宝龙、近期的新城控股的发展策略制定中都有万达的痕迹，但是他们在实际发展过程中，只能成为自己，而无法替代或者变成万达。

在目前，商业地产的市场阶段特征是存量时期，推动商业地产的去库存，进阶为"新商业载体"是主要的使命和机遇，有智慧的企业会在这方面参与投资，如万科收购"印力"，属于适合市场变化的预先布局。

第四节 各企业发展商业地产的策略

企业的商业地产发展策略总是因应市场的变化来制定对策。落实到具体推进过程中，表现为盈利模式、规划模型、特质项目，近期有些机构把这些内容归纳为"产品"，笔者认为还是"项目"比较恰当。

一、中国商业地产市场发展中的重要事件

1）1999—2002年在此期间，国务院六部委明文通知，商业地产"谁投资，谁得益"，中国商业地产由此开禁。中国商业地产进入试水阶段，在中国大陆北方少数地区出现了商品房性质的商业地产项目开发和销售。

2）2002年本书作者姜新国的文章《一铺养三代》和《商铺投资》出版，揭示了房地产市场的蓝海，大量中小房地产企业介入商业地产市场。

3）2005年中国商业地产经过3年如火如荼的发展，市场出现了相对过剩，部分新城区的商业地产滞销，商业地产"一铺难求"的局面逐渐消失，开始向需要推销过渡。万达在宁波、西安着手以"商业综合体"的理念开发项目，以平衡资金需求并取得了成功，开始以更大的规模、更快的节奏在全国布局、复制"商业综合体"，引起整个房地产行业的瞩目。

4）2008年在房地产市场调控的背景下，国家出台4万亿元投资推动内需，商业地产再一次成为投资热点，中国房地产销售前20强全部介入商业地产，是年本书作者姜新国在博鳌某次内部会议上作了"商业地产情景化"的发言，提出商业地产要有"展示性、体验性、交互性、情境性"，以应对未来的互联网时代以及商业地产市场过剩的市场冲击。

5）2009年11月11日互联网业态阿里和京东（科技时代新兴商业载体之一）展开大型促销活动，对传统业态造成了巨大冲击，开始引起实体商业的关店潮。

6）2016年"新零售"概念出现，揭示在科技、消费、业态变化中，线上线下融合的趋势，传统商业地产开始向"新商业载体"转型的征程。

二、市场周期和发展战略

通过影响中国商业地产重大事件的整理，可以归纳出中国商业地产各个阶段的市场特征和战略机遇特点（图3-5）。

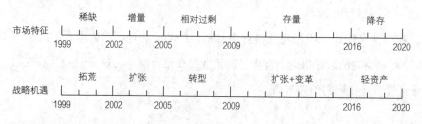

图3-5 商业地产各阶段市场特征和战略机遇

1．稀缺——拓荒期（1999—2002年）

部分港资企业已经进入中国大陆商业地产领域，在这时期，由招商到引资形成的港资企业，如恒隆、瑞安（后来成立的公司）、新世界以商业项目开发之名介入大陆商业地产。部分大陆的中小房地产企业试水商业地产，包括上海豫园、铜锣湾，上海在这一时期有个"巴比伦生活"受到市场关注。

2．增量期（2002—2005年）

在这一时期，商业地产市场高速发展，开发项目急剧增加，但是纯销售的项目开始滞销，以万达、红星美凯龙、鹏欣为代表的部分民营企业高调进入商业地产领域，商业地产市场迅速扩容，如上海在这一时期的人均商业面积从0.5平方米迅速上升到1.2平方米以上。

3．相对过剩时期（2005—2009年）

这一时期市场呈双重特征：一是市场相对过剩，主要是新城区超前开发和部分市场类的商业地产项目出现过剩现象，二是城镇化进度加强，大型房地产企业参与新城市的建设，在这些区域产生了增量的需求。这种需求有两个鲜明的特征：第一，万达推出"商业综合体"，打造新城市中心，受到各地政府欢迎，得到迅速扩张机会；第二，各大房地产企业应变进入商业地产领域，当年房地产销售20强，包括当时前四名"招宝万金"，全部参与商业地产开发和投资，把商业地产作为企业的重要业务进行拓展。

4．绝对过剩期（2009—2016年）

由于大型企业介入，中国大陆商业地产完全开始进入存量时代，这时线上业态还处于纯"电商"时期，对传统商业地产形成了巨大冲击。不少政府出现了商业地产定制化的要求，即要求开发商落实主力商户和运营商才准许开发，有些城市如苏州对商业地产进行限售，要求开发商自持50%以上。

在市场总量过剩以及"新商业载体"（线上平台）的双重冲击下，商业地产市场进入困难时期，部分城市商业地产项目销售率下降到20%以下，无法平衡资金，使得销售型的商业地产项目开始大量减少，在这一时期还是有企业高调进入商业地产领域，如"新城控股"，而适应城市化发展的企业也得到了迅速发展，如"万达"从2005年的16个公司物中心，发展到约150个以上。在这一时期以银泰、大悦城为代表的商业地产企业开始尝试利用互联网移动通信、场景理论推动商业地产进阶。

5．存量期（2016年至今）

在2016年以后，万达等企业高调宣布以商业地产轻资产化为阶段特征，中国大陆的商业地产市场特征完全表现为过剩的存量时期。从中央到地方都出台了政策，解决商业地产的存量问题。

在存量时期，以运营推动商业地产产生收益和升值的轻资产企业开始出现，这些企业来自于有品牌效应的商业地产企业，如万达、红星美凯龙、大悦城等，在全国范围内，成立了大量的商业地产运营公司，如锦和、德必等。

与此同时，互联网商业进入融合期。现代科技使得信息传递速度飞快，形成互联网商业载体的极快速度发展，市场分配完成以及虚拟空间的体验感不足的缺陷，马云提出了"新零售"的新时期的商业理念，并推出可实施性的线上线下融合，一大批"新物种"落实到新商业载体上——"盒马鲜生""超级物种"以及无人商店，中国商业地产进入两个空间的融合时期，其发展方向就是形成科技时代的"新商业载体"。

三、战略布局和市场策略

在进入存量期，各企业各自制定了战略布局和市场策略，其中布局全国的企业有万达、红星美凯龙、万科华润、凯德、苏宁、大悦城、银泰、龙湖、绿地、宝龙、永旺、太古、恒隆、世贸、宜家、百创和协信、碧桂园、阳光城等。深耕区域市场的有陆家嘴、上海城开、益田、星河、奥园、恒基、北辰等。

在这个瞬息万变的市场中，创新比管控更适合生存。在模式化复制中失败案例比比皆是，那些对复制条件要求极为苛刻的企业和在复制中注重创新和差异化的商业地产企业却一路稳扎稳打。在模式化的基础上，少一些标准化，多一些个性化，少一些KPI，多一些创新机制培育，对管理者赋能升维，才是对商业价值的最大化发掘。

部分企业的市场策略表现为稳健型发展的，如万达、红星、绿地、宝龙、万科、华润、宜家、银泰、苏宁、恒隆、瑞安、大悦城（中粮）、龙湖、永旺、印力、太古。

1．恒隆地产

凭借多年在香港发展及管理物业的经验和成就，自1992年开始，恒隆地产在上海打造了两项标杆式物业——恒隆广场和港汇恒隆广场，大获成功。其后在沈阳、济南发展了一些商业地产项目，处于积极的价值提升过程中。

2．万达集团

万达集团之前的投资重点是商业地产、文化旅游和互联网金融三大产业，2016年以后，万达以提升自有资产价值为主要任务，并且大力推进品牌输出，万达制定的阶段性目标是每年开业轻资产型万达广场超过50个。

3．万科/印力集团

目前印力作为万科旗下商业地产管理平台，在全国持有或管理的商业项目数量为126家，管理面积约1000万平方米；年已服务4.2亿客户。印力计划未来3年目标管理面积达到2000万平方米。万科将利用印力进行轻资产拓展市场。

4．华润商业

预计截至2020年，华润置地计划投入运营的商业项目达54个，2021年及以后开业的项目还将有17个，加上华润集团委托管理的项目，预计5年后，华润置地投入运营的购物中心将达到90个。

5．凯德地产

在中国继续实施自行开发和收购业务，以增加上市的资产价值。

6．龙湖集团

稳健型的发展策略，以多元化的项目适应区域市场的需求。

7．太古集团

2000年后太古集团将太古汇、太古里及颐堤港三类项目落地内地，目前在内地正运营的商业地产项目仅有5座，除北京三里屯太古里项目外，其余4座均为与其他开发商共同持有。成都的远洋太古里是业界公认的教科书式的项目。

8．大悦城地产

在自身发展的过程中，一是通过收购扩大企业的规模并得到资金的支持；二是通过轻资产扩张；三是建立有智能化的商业运管系统，为更大的发展做好"后场"准备。

9．新鸿基

新鸿基规划和在建的项目主要集中在华东地区，尤其是上海和南京两大城市，诸如上海徐家汇国贸中心ITC、南京国金中心IFC、上海莘庄天荟。新鸿基在2017年的年度财报中表示，未来5～6年内，集团在内地投资物业面积约120万平方米。

10．九龙仓集团

运用其优越位置、卓越规划及设计、零售商及消费者的群聚效应以及管理能力，各国际金融中心项目均定位为当地市场的潮流指标式地标。

11．瑞安

始发于上海新天地的"天地"整体规划的发展理念，形成了强大的地标效应和品牌效应。在武汉、重庆、佛山等地也被广泛地认可。

12．新世界中国

新世界发展有限公司，创立于1970年，最初以房地产开发为核心业务，旗下有新世界百货、K11等品牌。

13．金融街

金融街项目策略是"以商务地产为主导，适当增持优质物业，以住宅地产为补充"的双轮驱动业务发展模式，并推出了四大项目体系——商务项目、住宅项目、特色小镇项目、金融街项目。

14. 碧桂园商管

2018年3月，上海新碧园商业发布了碧桂园首条产品线——凤凰荟，苏州盛泽凤凰荟项目作为公司首个商业项目，2019年开业。新碧园商业目前已布局苏州盛泽、南通启东、无锡江阴、昆山等多个城市，其中上海、苏州、南通、无锡等地共7个商业项目进入全面筹备阶段。

15. 合生创展

目前，合生创展在开发的商业项目和储备商业项目已达70多个，而且约80%的项目集中在北京、上海、广州这三大一线城市，覆盖城市综合体、购物中心、写字楼、酒店等多个领域。

16. 嘉里建设

嘉里建设在内地的发展战略就是着重于开发领先的、优质的物业，其中大型综合发展项目为集团在内地的主要发展模式。

17. 上实城开

上海实业城市开发集团有限公司由上海实业集团旗舰企业——上海实业控股有限公司控股，于香港联交所主板上市。

目前拥有三类项目，即U center城开中心系、U plaza优享+系、城市更新系。目前上实城开已经建成的商业、办公运营面积约95万平方米，覆盖全国9大城市10余个项目。未来3~5年，还有约100万平方米的商业面积即将竣工。

18. 融创（上海）商置

融创臻晶彩商业管理有限公司已在上海、苏州、无锡、常州、宜兴等华东区域经济发达城市运营管理商业面积将近60万平方米，产品涵盖商业综合体、办公楼、社区商业中心、高端会馆等多种物业类型，也已形成精彩时代、精彩天地、精彩汇、精彩Pie等4个商业产品线。

19. 爱琴海商业集团

自2018年1月1日开始正式启用"爱琴海商业集团"作为新的商业管理品牌。

20. 阳光城商业

阳光城商业项目分别有阳光小镇、阳光天地、阳光荟，主要产品包括商务办公、商业综合体等。其中，阳光天地作为主打产品，是集购物、餐饮、娱乐、休闲、度假、居住、商务等综合功能于一身的商业综合体品牌，占比七成以上。

21. 远洋商业

远洋以"综合体、写字楼"作为战略性发展品类，寻求新的跨越式发展,涉足城市综合体、区域集中商业、高端写字楼等业务。

22. 首创钜大

2017年12月,随着南昌奥莱的开业,首创已在全国范围内落地运营6家奥特莱斯。

23. 绿地商业

绿地集团商业地产总规模已突破7000万平方米,持有运营型商业为500万平方米。目前商业集团的项目遍布上海、北京、南京、济南、南昌、武汉、郑州、西安等全国25个省份70余座城市。

24. 金茂商业

2017年年底,金茂商业对旗下产品线进行迭代升级,推出了全新的两条项目线:一条是城市级/区域级商业,以"览秀城"为主打品牌;另一条是精致社区商业,以金茂汇和 J·LIFE(金茂时尚生活中心)为主打品牌。

25. 新城控股

新城控股是商业地产界的新锐,商业模式有万达的影子,发展速度快,在部分城市的区域得到了认可。

第五节 商业地产发展战略归纳

从各个企业推出的商业项目来看:一是规模化;二是品牌推进;三是近半企业有轻资产发展意图。

从商业地产的发展规律和市场特点来看,企业制定商业地产的策略要有长期性、区域性和资本市场对接的理念。

一、长期策略

1)**经营真实化**:**一定要通过商业运营来实现商业地产的价值**,运营是实现商业地产价值的最终途径,不通过运营来实现商业地产价值的开发,可能导致发展策略失败。

2)**资产优质化**:项目要达到**资产优质化必须具备三个特征**,即收益的**长期地、持续地、稳定地增长**,达到租金收益的良好成长性,成为优质资产,才会的到资本市场的认可,获得支持。

3)**操作系统化**:遵从商业地产投融管退的项目运作规律,从商业地产的投资时机、用地选择到运营管理、退出交易是一个庞大的操作系统,子项目不完整、不和谐、不匹配都可能导致项目无法进入运营状态，或者运营不佳，商业项目无法跨过"生死线"，无法产生预期的收益。所以在制定商业地产的长期策略中，要"以终为始"，以真实运营为开发目的，才能清晰梳理各项工作内容，形成项目的操作体系。

4）项目品牌化："无品牌不商业"，存量时代，商业地产必须以品牌取得市场的认可，存量市场是一个没有品牌知名度就很难在激烈竞争中立足、生存的市场，品牌意味着成功经历的显现，给予投资者和市场信心，没有投资者和市场信心，项目进展很艰难，取得项目也不容易，所以做商业地产就是做品牌，这个定义不过分。

二、经营决策依据

本章第四节列出了部分企业的商业地产的发展策略下商业项目，体现了企业在新的市场环境条件下的发展思考和规划模型，我们在认真分析这些项目的经营策略时形成自己的思考，依照这些发展策略进行经营决策，经营决策时须考虑下列因素：

1．不同发展模式的选择

1）适合自身的能力和拥有的资源，包括资金、人才、项目资源等。

2）适合商业地产发展的市场环境趋势，包括市场现状和趋势、消费趋势、投资趋势、科技对商业地产改变的趋势，即"新商业载体"的前景和发展趋势。

3）适合项目所在的商圈条件。这是对各个企业提出发展策略和项目的最大的挑战，确定商业地产的发展策略和建立项目的规划模型是比较可以实施的，标准化、模式化有利于企业快速发展和与资本市场对接，困难的是很难取得同样的、合适的商业用地和商圈。这个不确定因素会使得发展策略和项目规划模型变得落地十分艰难。

4）适合地块要素，包括土地供需和市场价值，可开发和利用的情况，经济技术指标参数，当地管理部门对业态、品牌、税收、就业方面的期待。

5）适合资本投资倾向：这是从资本退出和经营收益方面思考经营决策。

2．各种发展模式特征

各种发展模式的形成并不具随意性，是资金配置、市场需求、企业发展和实施能力多重影响的方案汇成和权衡结果。

项目发展周期 → 投资效率，除了安全性这个投资首要条件满足外，资本效率是投资次要思考的重大问题，假设项目的投资收益为80%，年化收益率则有不同的表示：1年100%，2年50%，5年20%……如果财务成本复利计标，则收益更低。

1）资金回流周期：回流的方式和确定性以及资金回流的数额。

2）操作难度：操作方案的可行性决定资金收益的可实现程度。

3）模式适合：正确的方式应当是根据发展策略，进行用地、商圈价值的评估，然后进行设计项目个性化的实施方案。

4）可持续发展：长期持续发展的商业地产模式可给企业发展带来增长动力，可以迅速地扩大商业地产企业的规模。

三、商业地产发展策略和企业资产配置

由于"房住不炒"的房地产市场发展趋势，房地产企业的资产配置命题已经提上各个企业的议事日程了，资产配置可以给企业积累优质的资产，因为持有部分的优质资产可以加强企业的稳定性，也可以扩大企业的融资能力。这应当在商业地产发展策略中予以足够重视。

运营不产生增值。资产价值是在投资决策（资产配置）时判断的，因为运营的目标就是收益性资产收益的定位目标。

资金成本才是关键，资金成本决定后期运营的净收率。

在亚洲，主要是中国、东南亚房地产市场尚未到成熟期，在房地产市场比较成熟的市场，如新加坡、中国香港特区在两种制度的安排下，中国第一支REITS——领汇2005年11月于香港上市，中国大陆第一支真正意义REITS——中信启航于2014年4月25日才推出，目前仍在试点中，以资产进行融资的路径仍在摸索中。

1. 房地产，四类资产的基本类型（表3-3）

不同资产类型表现　　　　表3-3

资产类型	环境要素	表现
居住类物业资产	环境、出租率	销售价格/租金
办公类物业资产	环境、商业机会、配套服务	租金/销售价格
酒店类物业资产	环境、内装及文化服务	客房率/房价
商业类物业资产	商品、服务、环境	商业收益率、租金（坪效）

1）住宅（租赁性）——二线城市的租赁性住宅的投资价值判断主要是观察其交易收益，租赁收益具有不确定性，因为直接关系到民生问题和区域的商务成本过高，影

响投资环境,所以住宅的租金上涨过快,或者涨幅过大都会受到严格的管理。如2018年租赁市场的波动就受到了迅速和严格的控制。

2)办公——一线、部分二线城市收益稳定,三四线城市机遇小。

3)酒店——大部分区域(北京除外)客房率下降。

4)商业地产——一线城市稳定上升,二线以下城市受到总保有量和运营能力、新零售不适应的困扰,部分城市的商业物业收益增长缓慢或者负增长,但是拥有"新商业载体"的商业地产进阶机遇。

2. 商业地产收益的真实性

由于"收益支持交易价格"的规律,商业地产的泡沫成分少,价值的真实性可靠。

3. 资产管理中收益考核的方法

各种物业类型有别,资产的具体考核指标有差异,由于决定考核的目标为净收益。国际上有成熟的法律规则,资产考核的关键指标"净资产收益率"——"ROE"。

$$资产收益率(ROA)=净利润/总资产$$

$$净资产收益率(ROE)=净利润/所有者收益$$

部分城市销售型的住宅受到政策干预的概率比较高,由于流通性好的项目,所以不太适合成为企业的持有物业;商务和酒店产品的收益率低于商业地产,而且同样受到总量供应过大、商业地产改性的挤出效应的困扰,增长空间会比较缓慢。

由于商业地产的收益真实性和"新商业载体"带来的发展机遇,在制定企业商业地产发展策略时,应当充分考虑到运营良好的商业地产可以成为企业的优质资产。

四、发展策略制定的依据

1. 选择合适的路径

按照商业地产"三个载体"的特性,有三条可以介入的发展路径:一是商业投资,把商业地产作为商业固定资产投资,所涉及商业地产的收益可以从商业经营中体现;二是从房地产途径进入,主要的经营方式是开发、销售或者整体转让、租赁经营,其收益部分需要承担税负较重的房地产税收;三是商业地产的资产经营和服务,包括走金融的通道进行商业地产的资产管理,经营内容有商业地产项目的收购、包租经营等。商业地产的服务如果仅仅是提供服务而未取得来自商业地产的利润(包括资产溢价分配、销售利润、租金收益分配等)与其他服务业并没有不同,而参与资产收益分配的服务行为(包括资产溢价分配、销售利润、租金收益分配等）属于资产经营范围（图3-6、图3-7）。

三条发展路径各有特点：第一条路径进入的优点是税负较低，资产价值随着运营进入正常阶段，可以资产价值最大化。不足的是投资回收周期长，在资金成本上涨过多的时期，会出现租金收益不能支付财务成本的情况。第二条路径是房地产进入的方法，税收高，但是可以通过销售、部分转让平衡资金。第三条是资产管理的途径，主要是运营，收益的平稳和增长的目标压力巨大，由于"喇叭口效应"，有良好收益的项目极少，笔者参与的一些项目中有年化收益率3%，且未来有良好增值性的商业地产项目极少。如万科和瑞安交易的新天地版块项目的收益率就是在3%以下的。如果找不到合适的项目，同样也会发生资金成本。

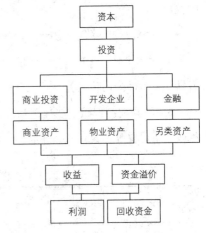

图3-6 资金介入路径图（一）

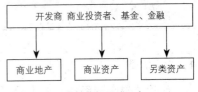

图3-7 资金介入路径图（二）

在目前的市场背景下，第一和第三条路径复合的路径；即商业投资+资产管理的发展策略是存量市场的优先选择。

2. 商业地产的属性

商业地产不仅是一种商业载体，而其本质则是一种资产，在不同的经营方式下产生不同的收益形式。经营的多样性，决定了投资利润的选择。

商业经营的固定资产——商业经营收益，体现为商业利润，作为商业经营的载体是固定资产，可以折旧，摊入经营成本。

房地产经营性质物业——房产开发和经营，包括出租和销售、大宗交易，体现为房地产利润。

资产性物业——物业收益推升资产价值按照收益相关性理论——商业利润影响租金表现，租金影响房价，即资产价格的表现。商业资产的升值潜力影响经营机构（如基金）的市值，也是（资本）投资收益，商业地产的资产价值并不一定要通过物业本身的表现来体现价值状况。

3. 差异投资的特性

1）土地→物业：收益预期形成，吸引资本而产生的溢价。

2）物业→商业经营：商业经营或产生物业租金。

3）开发→房地产开发和经营销售产生的利润。分散销售：销售收益；转让：物业转让、资产转让，是开发、经营收益；出租：物业资产经营收益。

4）经营延伸→转让物业：差额收益；转租物业：差额收益。

5）衍生产品→REITs（房地产投资信托基金）、ABS、收益权证、股权转让（包括公司转让）。

6）商业地产税赋。法律法规的影响性：如土地增值税、契税、营业税收、所得税等（表3-4）。

各种经营方式的收益表现和主要税负　　　表3-4

分类＼类型	收益性质	适合税收
商业载体	商业经营	商业企业的营业税、所得税
房地产物业	房地产经营	房地产企业的房地产交易诸项税收
资产性物业	投资	金融行业税收、营业税、所得税、（REITs暂时不行）

4. 策略抉择

无论从税收和经营角度来看，中国商业地产基本经营策略是平衡资金、合理分配利润（分配给商业运营者、服务商等）、优化经营效益（图3-8）。

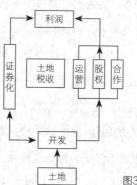

图3-8 策略抉择

1）项目模式的运用

开发后用于自身经营：上海宜家、百联奥特莱斯。

联合经营：如成都远洋太古里。

重大收购：大融城。

部分分散销售：万达、宝龙、龙湖、新城等。

2）发展策略抉择

不同企业资源禀赋不同，介入商业地产的时机也不同，须结合企业的时机制定发展策略，选取不同的盈利模式，形成项目的规划模式。

大型商业地产开发企业可以参与旧城改造、整片开发，致使土地升值或物业升值，部分销售变现。

小型商业地产开发企业：成熟地块，溢价变现；或者利用包租形式取得商业地产的收益分配。

　　非专业地产开发企业：提高共同效益，带动周边环境，改善配套，提高其他物业收益，对商业地块的采用、转让、合作或部分持有，部分销售的方式进行。

　　租赁投资者：转租差价，可以争取管理权益或者收益权转让或上市。

　　商业企业：商业资源导入，取得土地溢价，产生物业升值，或合作建设取得利益分配。

　　基金或金融企业：收购现成物业，组建REITs，收益权上市。

5．商业地产发展战略抉择依据——效率决策

　　建筑高度决定资金周期，体量决定资金规模。发展策略抉择必须重视资金规模、资金成本、开发速度、项目收益变化的关系，按照资本的需求开发项目。某企业18个月开发1个大型商业地产项目就是为了获得规模发展下的资金效率。以建筑的高度、商业招商开业的时间节点来测算资金的周期，以规模、体量来测算资金规模和融资计划；只有这样制定出来的商业地产发展策略才有可实施性。

第四章

商业地产项目开发方案和业务流程控制

第一节　开发类型和开发方案

一、项目发展策略

项目发展策略是企业机构总体发展策略具体在项目中的体现。既要考虑单个项目的策略性和经济性，更要体现总体发展策略的理念和要求。如"共同效应"在实际过程中的运用，为了提高住宅品质，开发企业在社区都设计了会所。会所本身盈利能力不强，但是对提高住宅的品质有作用，会有利于住宅销售价格的提升，是企业追求去化和溢价的一种非规划性策略。

策略是企业的谋局布篇，项目的发展策略要配合企业的发展布局，并在项目中落实和体现。项目策略包括：策略制订，策略执行，策略评估和调整等内容。落实在项目具体实施中有下列内容：

1. 开发类型选择

开发类型选择并不是企业、投资主体的臆测结果，而是对企业内外两部分条件正确地评估之后进行的理性选择，其中最重要的是资本配置和融资能力。

开发规模与周期　　　　　　　　　　　　　表4-1

规模＼周期	长期	中期	短期
大	A	B	C
中	D	E	F
小	G	H	I

按照表4-1对投资规模和周期做一个简单的分类，可以了解到在项目投资过程中，至少有9种类型的资金在项目中运转状态。按照房地产的投资一般周期，我们把5年以上称之为"长期投资"，3～5年称之为"中期投资"，3年及其3年以下称之为"短期投资"。

大规模长期投入为A；

大规模中期投入为B；

大规模短期投入为C；

中规模长期投入为D；

中规模中期投入为E；

中规模短期投入为F；

小规模长期投入为G；

小规模中期投入为H；

小规模短期投入为I。

这九种不同英文字母代表各种不同规模、周期的资金在商业地产开发、投资过程中的选向。

不同类型投资取向　　　　　　表4-2

投资 类型	A	B	C	D	E	F	G	H	I
短期投资	√	√	√	√	√	√	√	√	√
小型商业	√	√	中期介入	√	√	√	√	合作	合作
小型综合体	√	中期介入	中期介入	√	√	后期介入	合作	合作	？
中型商业	√	后期介入	后期介入	合作	合作中期介入	？	合作	？	？
大型商业	√	？	？	合作	合作后期介入	？	合作	？	？
大型综合体	√	？	？	合作	？	？	合作	？	？

表4-2显示：**资金自由度（时间和规模）越大，选向越多**。如A，而资金规模决定独立开发项目的选择（通常情况下，我们把半年以下的短期融资不计算在内）。

用时间维度和规模维度来思考投资和开发类型的选择。

1）开发投资与其资金规模相匹配；一般中小资金规模的企业不参与整体性强、需要一次持续投资的大型商场或购物中心物业及同类综合体项目。

2）开发投资与资金可使用周期相匹配：在相当资金规模条件下，资金使用没有限制，可以通过分期开发和销售，获得利润；中等资金规模，但是没有时间制约，且各类项目具有一定规模的资金，可以实行分期滚动开发的项目进行投资。

3）落实开发类型（在自有资金前提下）而论：中小资金规模，可以选择进行产品性开发或以产品性开发为主（持有物业一般不大于总体投资的30%）的复合式开发。规模大的资金可以是产品性、复合性、全部持有物业开发的类型。

根据上述分析，我们可以得出这样的结论，制定项目的发展策略一定要和融资能力，包括资金规模、周期以及资金成本相匹配，融资合约、保守的销售计划——资金回流的时间等，是项目发展策略的关键。

2. 功能（产品）市场效益依据

不同的资金来源。不同的资金规模和周期，并不是唯一影响开发类型选择的因素，我国实行商品房预售制度以及准许项目分期建设开发，那么"以售代融"是资金多次开发利用、加快提高资金使用效率，以相对扩大投资规模和提高项目规模投资的能力扩大开发建设项目的一种可行的方法。

为何要采用"以售代融"的方法来提高投资效率和扩大资本规模？因为"以售代融"有两大优势：一是完成全部或部分可以销售产品任务；二是更重要的财务成本的控制，由于房地产行业属于国家调控的行业，融资的可能性小且融资的成本相对较高，通过销售得到的资金是不用承担利息——财务成本，这也是中国大部分房地产开发全部或部分销售型的商业物业的原因所在，只有这样，才能提高投资的效率。

采用"以售代融"的资金配置方案，就需要对项目的项目市场效益进行分析和评估。如果是单一功能的商业物业，要对两种物业形态（商场物业还是街铺物业）的效益进行评估，包括销售回款的数量和周期。如果项目是多功能组成的，还要对其他功能的产品，如住宅、办公、公寓等进行比较以及测算流入资金动态，得到合理的资金平衡，即：

效率——资金使用周期、回笼的周期，包括取地、建造和销售的时间轴。

利润——成本（包括资金成本）、边际利润、税收，随着时间轴延长，利润降低。

资金效率——资金使用周期决定资金收益（图4-1）。

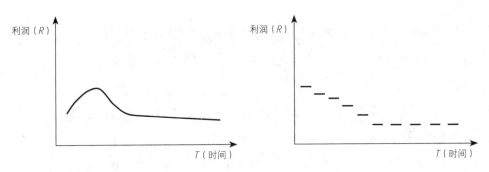

图4-1 资金效率图

采用分功能、分区块开发，利润总体水平不变，但可以缩小资金规模、提高资金的效率，实现了小规模资金开发大中型项目的目标。

为了实现这个目标，在特定的市场条件下，对功能（产品）的研究、分析、设计和创意变得尤为重要,甚至决定项目的成败。

在单一功能为商业时,研究分析比较、简单,主要涉及商业物业产品的"十个产比"在这个市场中的差异、定价、定量以及实现的方案。而多项功能(产品)的项目就要进行"功能—产品"比较分析,假设一个项目为三种功能:

商业街(二层街铺);

住宅(普通中高层);

商务(高层办公)。

假设开发规模为15万平方米,三种功能各占⅓,通过市场调查、摸底得到的数据。价格范围为:

街铺均价为15000元/平方米;

住宅(普通中高层)均价为6000元/平方米;

商务均价为7200元/平方米。

销售速度:

商业最快(主要是底层商铺)8个月可以预售;

住宅次之,结构到顶可以预售,时间约为18个月;

商务最慢,主要是当地缺少办公物业的投资对象。

得到市场的效益数据后,项目可以比较理性地进行开发时序设计和投入资金安排。

3. 开发时序

开发时序是项目开发中功能(产品)建造的先后顺序以及计划时间的安排,前提是规划管理部门许可、土地出让条件约定、用地条件可以实施,按照市场效益调研和分析的数据,进行项目开发建设的时间性的策略排序。

1)商业物业(街铺),市场效益最佳,首先开发。假设开发销售(可以预售)周期为18个月,那么商业物业在18个月中可以实现75000万元的资金回笼。

2)由于住宅的楼层较高,去化速度略缓,约30个月,可以实现全部销售。那么住宅可以在30个月内实现30000万元资金回流。

3)而办公的楼层最高,去化速度最慢,约42个月,可以销售60%,即21600万元,余下14400万元为沉淀资金。

通过效益分析,得到项目开发时序如图4-2所示。

图4-2 项目开发时序

只有这样排序才能达到资金效率最高以及利润均衡的项目开发建设的发展策略。

4. 资金计划

通过开发时序研究，得到项目资金平衡方案，即优先保证商业功能的配套资金，筹划住宅功能的开发资金，暂缓配置商务功能开发资金。在商业功能资金回流、住宅建造所需资金溢余后，再行计划商务功能建造所需资金。

5. 特殊效应的运用

上述的案例仅仅是逻辑和数字上的推演，在实际操作中，还有许多手段、方法可以提高资金效率和利润。如开发商的品牌效应，万达金街、龙湖、宝龙在商业地产销售活动中的表现就十分出色，顺利完成"以售代融"的资金计划。

大店和品牌店的诱导效应，有推动去化和溢价作用、营销能力强弱、策划包装能力等，都会可能影响资金效率和利润水平。

6. 策略选择和评估

在一个项目实施之前，有一个策略选择的深度思考，我们把它称之为"策略抉择推演矩阵图"，又可称之为"姜费策略抉择分析体系"——是笔者与同事费燕在研究某项目时形成的研究思考的方式，以替代准确性比较宽泛的SWOT分析。策略抉择推演矩阵图的初步形态如图4-3所示。

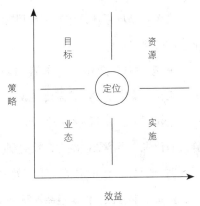

图4-3 策略抉择推演矩阵

1）基本模型由竖向轴的策略导向和横向轴的效益导向组成

策略导向：主要是项目在企业发展布局上的作用和意义，项目的效益次之；

效益导向：是以项目建设开发产生效益为主要发展目标，其他的边际效应次之的项目发展导向。

在策略抉择时，要平衡四个以上的相关性象限内的内容。

一是目标的评估；

二是拥有或者可以整合的资源评估；

三是业态或者功能的选择的评估；

四是实施的可行性评估。

如果还有其他的相关性因素，可以根据因素的属性，分解到所相关的象限。

2）策略抉择的选向：有挑战和现实的抉择，挑战意味着风险，现实意味着保守，这一切取决于项目对公司发展全局的意义和作用。如万达在宁波的商业综合体项目的试点是必须接受挑战的，因为它关系到未来万达的发展前景。而在汉街的发展策略和功能定位上，应该选择选择现实，因为武汉毕竟不是巴黎、不是北京和上海，旅游的流量和消费水平毕竟是有很大差距的，所以在汉街的功能选择中，有些特别耀眼的内容（如演艺中心）是可以商榷的。

3）效益抉择的选向：在效益抉择选向中，同样也存在抉择——究竟是效率为先和收益为先。中国产业经济界崇尚效率，主张"唯快不破"，但是商业地产并不能一味追求速度，要实行近、中、远效益均衡，即近期平衡资金，中长期提升价值。有时一年开发几十个，效益可能没有一个北京"国贸"好。因为在快速复制过程中产生了许多无效面积，造成了资金的无效投入，并且在后期运营过程中会产生了许多增加的无效成本，对冲了项目正常的收益，所以这类项目在有经验的香港市场不受投资者青睐，导致某些企业在港股市场上不被看好而私有化退出。

4）目标分项因素

在策略型项目还是效益型项目的决策意向明确以后，可以梳理四个象限中的分项内容。

一是战略目标的选择：国际、国家、跨区域的商业中心（主要项目），总体来说，策略型的项目需要挑战，效益型的项目需要现实。

经济目标：在制定经济目标时要注意项目类型，策略型的项目应当实施策略优先，经济效益次之；效益型的项目坚持效益优先。

时间目标：在正常情况下，效率优先，因为涉及资金成本，效率越高，资金成本越低。但是也要注意到市场的客观周期性。

二是资源的梳理和整合利用，可以说企业的目标实现是企业的资源禀赋所决定的。对于商业地产而言，有政策资源和产业导向；环境资源——包括城市、人口、交通、生态等；企业自身的资源包括资金能力、技术能力等。

政策资源：国家经济发展的战略，如"双循环"的导向，新旧动能转换、产业扶持、区域政策、城市规划等；

环境资源：消费资源、招商的商业资源，以及生态优势、区域文化等；

土地资源：区位、交通、市场关系；

市场资源：金融支持、投资者、销售资源储备、工程建设和材料设备供应者、项目咨询的服务者等；

投资或者开发企业的自身资源：企业理念和使命，专业特性和品牌，专业技术和人才储备，资金的运作能力和融资规模，另外有公众形象和口碑以及传媒对项目的感观和支持力度。

三是功能和业态的梳理，在区域经济发展趋势和企业拥有和可挖掘的资源条件下，或者对项目提出可以实施的商业及衍生功能：

生态经济、绿色商业——利用周边的公园、绿地建设城市新景观商业，为区域的消费升级提供生态、优雅的环境；

休闲化生活方式——把商业当生活方式的平台；

旅游化——把商业街区打造成时尚、活力街区，为优质的生活、现代商务提供配套；

根据区域商业旅游迅速发展，提供展示服务：

智慧化——物联技术，为区域经济升级做准备；

学习化：在知识经济背景下，商业项目的消费学习值得重视；

会展化：在发挥线下优势，展现商品特征，体验服务，形成对商业实体的优势，为这个城市以及辐射范围的商品展示、营销服务；

场景化：商业地产的场景化已然已经成为项目的必需内容，使商业项目生动、有趣，增加粉丝和流量；

商业文创化——结合商业地产的楼宇经济，大力创意产业，引进文创、信息、传媒等创意企业。

四是**项目核心定位的实施能力评估**：包括执行整体规划意图的决心和意志；既取决于功能定位的实施易难程度，也有实施团队的意志、实施能力和实施项目的经验。

资源整合力度的评估；是不是超出正常范围，即商业行为范围和区域政府、城市可以支持和整体规划的意图。

合作多赢的利益均衡格局的评估；这个核心定位是否有利于区域经济发展、是否有利于产业的发展、是否有利区域的生活条件改善，以及实施主体的利益能够得到满足及其比较合理利益分布。

明确项目的类型——策略项目或效益项目后，通过"策略抉择推演矩阵图"资源梳理、定位研判模型的推演，各象限中所列出的各项具体因素之间影响性分析，寻找出支持定位因素或者否定定位因素，即四个象限中没有不可以实施的理由，那么策略抉择取向于实施。这个项目的关键因素（商业发展和环境诉求）适应区域环境、经济社会现状和发展要求。"策略抉择推演矩阵图"分析结论：支持定位。策略评价：适合。效益评价：收益优、可持续发展。策略的可实施性从法律、规划控制、投资规模、资源配置运作能力四个方面科学理性地评估项目策略是否具有可行性；其中，在法律范畴上思考项目策略；规划控制——管理机构对商业地产项目往往期望值比较高，所以有一定的变动空间，这种变动空间范围，只有通过前期概念沟通才能获知；投资规模的可行性方面主要是对项目或企业的融资能力的测定：包括时间融资规模和总融资规模的预测；商业地产项目的另一个资源配置，是商业资源，拟定中的合作商业企业是否可以落位；设想中的市场资源——"以售代融"的融资基础是否存在，可实现率的比例预测和发展策略的目标进"对标"这些要素都进行对应的市场调研，并得到了积极的回复。另外一个指标是项目运作能力；运作能力强弱，可否运作项目，一看组织架构，二看人员素质，三看激励机制和代价。实施主体如是一个成立很多年的企业，有类似的成功案例和经验，也有足够的技术和人才的储备，实施能力没有悬疑。

通过"策略抉择推演矩阵图"的分析逻辑推演，得出研判结果如图4-4所示。

定位推演矩阵图（姜费定位体系）

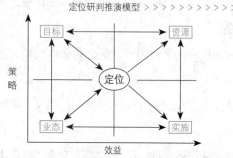

图4-4　通过逻辑推演得出主题研判

二、开发行动方案设计

1. 项目开发方案设计的内在逻辑关系

项目开发周期和进度控制。受到施工客观周期和气候、资金、招商三大因素的相互影响和相互制约。如施工周期设计不科学、不合理，项目也无法进行，如东北的冬季是无法开展建筑工程的，如果在东北开发项目不把冬季停工期考虑进去，这个开发方案将可能失败。资金配置没完成，招商工作不顺利，工作进度无法达到计划要求，那么项目开发计划也不具可行性。

但是在工程进度合理许可的条件下，施工进度服从资金（包括"以融代融"的项目营销策略)、招商进度；这是因为资金供应出现短缺，项目各项具体工作就无法进展。在"以售代融"的项目中，招商是推动销售的主要动力，招商不佳，影响销售。而销售不畅，则资金无法回笼，并影响开发投资进度，所以无法再编制项目开发方案时。要理顺内在逻辑关系，把握项目发展各个环节的相互影响性，才能制订出切合实际的开发方案。

2．项目开发行动方案（表4-3）

项目开发行动方案　　　　　　　　表 4-3

	取地	规划、策划	招商	建造	装饰	开业	运营
项目进度	━━━━━━━━━━━━━━━━━━━━━━━━━━━━						
资金	━━━━━━━━━━━━━━━━━━━━						
营销		━━━━━━━━━━━━━━━━					
招商、运营					━━━━━━━━━━━━		
工程、装饰				━━━━━━━━			
组织	━━						
合作伙伴	━━						
智慧平台	━━						

说明：

1）项目进度和开发周期，除了市场条件之外，内部决定因素是资金，在商业开业市场条件之外，资金计划（包括"以售代融"的营销）决定整个项目建设进度和开发周期，资金不到位或资金配置不合理，都会导致项目发展周期变长或者项目停工。

2）通过"以售代融"发展策略的项目，部分资金来源于销售款的回收，那么销售就要有确定性。确定整个项目顺利进展的前提，销售部分的计划要有保险系数，对销售回笼资金的标的绝对不可过高估计，应有具体的措施，保证资金到位计划的实现。如部分房企在开发大型项目前期销售往往采取"低开高起"的开发策略，以保证资金回流。

3）商业物业的销售需要招商，尤其是主力店招商落实的推进，那么招商工作应当前置于营销和资金规划之前。招商工作是一项具体而又艰苦的工作，尤其是大型项目，商洽的周期很长，细节繁多，那么商业资源提前储备，招商人员须前期到位。

4）商业地产很少有"全能"公司，有三项主要工作必须与外部机构合作：一是资金；二是商业资源，即商业载体上的承载主体——商品经营者和服务提供者；三是科技公司提供智慧商业的方案。其他可以合作内容有市场调查、商业策划、规划设计、招商、营销代理、建造、智能化平台建设和运营管理等。

5）工程建造。是在投资者资金计划、商业物业营销进展、招商进展各方条件成熟的建造过程，商业地产的开发建设绝对不可以工程进度推动商业地产项目的发展，所以开发企业（投资者）在与建造企业、设备材料供应商签订合约时，应当在商定建设（供应）进度时留有余地，制定补充条款：如"甲方招商、营销进度调整时，乙方（施工或供应机构）可相应调整工程（供应）进度……，当甲方要求乙方调整工程（供应）进度时，应当给予乙方合理的补偿……"

3. 项目开发行动方案的工作排序

项目开发的总进度和周期，是各个部门具体工作进程的汇总和平衡的成果。

人事部门：人才和高层管理人员招聘和岗位落实、计划；

招商和运营部门：主要商业合作伙伴的合作意向和招商计划、收益计划、装修补贴的成本控制；并同期进行运营筹备；

营销部门：预销售方案、回笼资金计划、营销代理机构意向或自行组建队伍的主要人员的遴选；

财务（融资）部门：融资方案和资金计划；

工程管理部门：规划报建进度、工程进度计划；

智慧管理和平台建设：包括互联网营销平台和智能化管理体系，运营方案和管理方案及成本管理。

上述主要六项工作计划明确以后，项目开发行动方案的总进度也明朗化了。

三、商业地产开发的组织架构

商业地产开发的组织架构分成两种类型：一种是中小型的一般房地产企业，商业地产是这类企业的业务内容之一，并不是企业全部业务；另一种是专业公司，即专门从事商业地产开发和运营的机构，也包括轻资产类型的商业地产运管公司。这两种公司在内部的组织架构和人员配置上，是有所区别的。前者可以利用行业分工，对部分业务进行外包；后者是专业公司，在专业领域里须有自有的体系和系统。我们把前者称为"一般公司"，后者称为"专业公司"。

1. 一般企业的商业地产组织架构和人员配置

1）一般企业的商业地产组织架构（图4-5）

在企业技术和运营能力暂时不能满足商业地产开发的全部要求的时

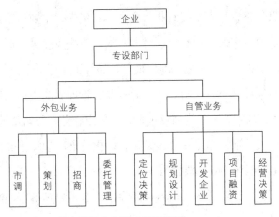

图4-5 一般企业的商业地产组织架构

候,并不可能有绕过,一般公司须借助外部力量,完成商业地产项目的开发建设任务。按照商业地产开发或者建设的工作内容,我们将所有业务分成三个板块,包括"外包业务""自控业务""委托业务"。

第一板块:外包业务

这部分是十分重要而又专业性很强的工作,包括前期市场调查、策划定位、建筑规划、招商和销售、项目推广、后期运营管理等。上述业务可以通过外包形式从公司的业务中剥离出去,专业工作由专业企业来解决,结果优于本企业,成本低于企业自行组建团队、自己操作。

第二板块:自控业务

这个板块的工作是具有决策意义的工作,是项目投资决策的工作,包括定位决策、投资决策、经营决策、规划方案决策等内容。在这个板块中,还有一些业务功能是房地产企业本身所具有的,如规划、产品、工程和物业等。

第三板块:委托业务

这个板块的工作性质和外包板块的工作性质根本不同点是服务商提供的配合的、辅助性的工作,可以采用成果采购、委托服务等方式进行,包括项目预决算,法律文书制作,设计、工程、材料招标投标等。

通过上述"借力"的办法可以使企业顺利地介入商业地产领域,完成项目开发的实施。

2)人员配备

中国没有专门的商业地产培训教育机构,有关人员选择只能从相关行业挑选。按照运作一个商业地产项目开发的要求,企业的人员基本配备情况如下:

（1）项目经理：一人。具有从事大型商业地产项目开发的经历，有投融资、规划设计、企业管理、项目工程管理经验者优先。

（2）技术总监：正副各一人。一人是工程部门，另外一人由大型综合商业企业的资深人士担任，如大型超市、百货大楼等基建经理或物业经理担任，可以为项目提供具体的技术参数和后期技术保障方面的宝贵经验。

（3）项目发展总管：一人。有商业研究经历者优先，主要对项目的市场基础数据进行研究，掌握消费趋势，对项目的定位决策提供依据，在项目实施阶段，指导市场、产品策划、项目推广、品牌工程等工作。

（4）商业运营经理：一人。由大型商业企业的管理职能人员担任，主要分管招商管理、商场管理，并为商业规划方案提出管理方面的意见。

（5）IT经理：负责项目智慧平台建设，智能化管理，须配备IT助理，电商营销，智能化管理和智能考核的助理。

（6）法律顾问：由谙熟《物权法》的律师担任，还要具备房地产、商业方面的专业知识，负责起草各种法律文件，参与重大决策。

（7）融资顾问：可以聘请房地产基金、投资银行等金融机构投资部的人士担任。

（8）工程部经理：有工程项目管理资格的人士担任，如果在大型商业企业担任过基建经理更为合适。在前期负责项目报建、落实配套、设备和材料采购，项目开工以后对项目建筑施工进行管理，并负责项目建设的建档工作。

（9）其他人员配备：策划、平面设计及项目开发、销售、经营所需各类人员。

2. 专业商业地产企业的组织架构和人员配置

整个组织架构由项目发展、资金筹划和财务管理、业务保障、资产管理四个主要业务板块组成。

1）发展板块

"发展板块"包括项目发展、智慧平台建设和维护、项目开发建设和后期运营等职能。其中项目发展和线上平台建设属于总部职能，项目运营可以由项目公司或子公司的方式进行运作。

2）业务保障板块

由人才储备、人事管理及培训、商业资源共享的招商职能和法律事务组成，该板块由总部控制。还行使行政服务职能，包括办公空间的管理和服务、员工生活、业务用车、员工福利等。

3）资金板块

由金融、财务部分职能组成。

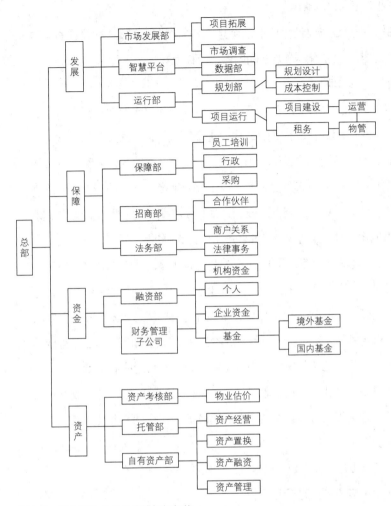

图4-6 专业商业地产机构的组织架构

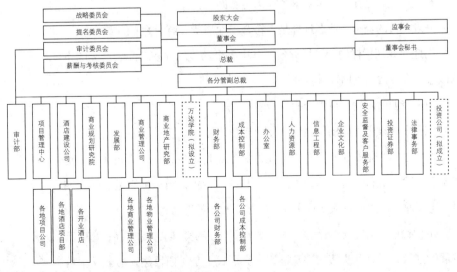

图4-7 某专业商业地产企业的内部组织架构

4）资产板块

由资产考核、资产经营、资产融资、资产托管等职能组成。

四、商业地产开发顺序

在商业地产投资建设活动中，须遵循一些商业地产投资或建设的运作顺序，归纳起来主要有八个方面的内容，简称为"八先八后"。

1. 先定位，后拿地

按照"新商业载体"的基本观点，商业地产从属于商业经营，商业经营的主体属性不明确，那么商业载体的定位和规划是无法进行的，这种投资开发行为是盲目投资的投资行为，在商业地产存量时代，这种投资方法失败概率极高。从房地产角度来看，由于商业地产属于不动产，有无法移动的特性，一旦拿地之后就很难改变，如果没有明确的开发建设方向，事后违约退地将会对企业造成经济和名声上的巨大损失。

"定位"是项目投资、开发和经营的关键过程，是前研的核心内容，也是商业地产策划最重要的工作，是商业地块开发、经营的关键决策，包括："做什么"——什么业态和什么样的项目类型；"怎么做"——主要项目投资、资金筹划、组织队伍进行项目的实施；"效益如何"这三个重要问题的回答。如果这三个问题没有准确地回答，那么拿地的后果就会充满风险，尤其是中国商业地产进入总量过剩、去化缓慢的时期，各地政府对商业用地的出让会提出很多具体的产业和运营要求，这就要求投资者须认真而审慎地进行定位——明确"做什么""怎么做""效益如何"，再进行拿地决策，所以提出"先定位，后拿地"的策略顺序。

拿地论证应当考虑到下列因素：

是否符合企业总体发展策略？

开发规模和企业（项目）融资能力是否匹配？

开发项目的类型、业态选择是否符合当地消费、商业物业的需求？

用地的规划指标的经济性评价？其中各个功能的面积分配、产品的市场效益、资金占用周期等进行分析。

商业资源的配置和可整合的可行性？

在开发建设中可能出现困难（如动迁、环境、交通）？

对上述六种情况进行评价，对地块特性（地理位置、交通条件、消费基础、规模）进行定位，形成概念方案和效益分析，当指标满足盈利预期时，形成拿地决策并进入土地出让的"招、拍、挂"过程。

定位论证是一个十分严谨的过程，在计划经济时期，我国有一套项目发展的建议、论证和决策的完整过程，在形式上是《项目建议书》、《项目可行性研究报告》和《立项报告》。我们在定位时可以去其繁琐、用其严谨，形成以项目经济效益为核心的投资决策文件。

2．先策划，后规划

不犯错误的策划方案就不是好方案。第一轮方案要大胆想象，调动商业、建筑、策划各个专业方面的想象力，突破一般思维的桎梏，形成项目的特色和亮点，如果首轮方案就特别务实，可能会没有挖掘出项目的价值。

1）**策划是引导性规划，也是规划创意价值的核心所在，能够创意性地创造项目价值，规划是适合性的策划，能体现物业价值**。对于商业地产而言，策划似乎比规划更重要。

2）**定位是商业地产策划的核心，商业地产的类型、地位和层级、业态；高科技的运用和智慧平台的类型；商场经营方式、物业的经营方式、建筑特色、产品类型、盈利模式，都是定位时要慎重考虑的，其中很重要的是"新商业载体"一定要服务于商业体现价值；业态和规划必须融合、接轨**。

3）价值提升的思路：房地产和商业、高科技三维发力。

商业地产策划的实质是调动各种资源，形成商业地产的特质和独特的价值形式。如果这一步不走，径直进入规划阶段，那么，那些规划控制指标就会变得没有任何意义。合理的规划应当兼顾空间布置、商业效用以及开发投资的效率和对区域经济的推进作用等，这样的规划才是优秀的商业地产项目规划。

商业地产策划的核心是定位，这种定位建立在企业对项目的经营思路和策略以及用地、商圈、消费基础和商业企业对物业的需求以及市场资源的预判之上。定位的主要内容有这个商业地块具体用途方面的设想：包括项目的类型、商业生态中的角色和地位、服务对象、商业形式、经营方式、商品以及商业文化特色、商业的盈利模式等。通过这样一个策划过程，形成一个未来商业载体的轮廓，然后再用规划—设计的方式把浪漫的设想变成理性的规划，并变得可以实施。从这个意义来讲：策划是浪漫主义的规划，规划是现实主义的策划。策划和规划并不矛盾，策划当中有规划，规划中有策划；策划产生价值，规划体现价值，商业地产必须打好"策划""规划"两手牌，同时也要在规划过程中，进行效益分析、投资计划安排模拟。

3．先文化，后设计

由于商业地产进"新商业载体"时代，"人文科技"中的场景、体验成为未来商业地产的最主要功能之一，场景背后则是人文——对人性的洞察，没有人文特点、没有人性关怀、没有人间烟火味、没有"温度"的商业地产项目没有魅力。

所有建筑都其文化特性，商业地产也不例外。它既是商业销售的载体，是商品和商业行为的"舞台"，在这舞台上，展示的是商品，表演的是商业企业及其销售人员，而参与完成商品销售过程的主角是消费者。在其中凝聚了人际关系。在制造业快速发展的今天，以商品价格或者简单的功能需求取胜的时代已经过去了，商业空间更多的是体验和交流的空间。在不同的环境下，交流的内容和质量也不同，所以商业空间要注重人文科技。

1）商业建筑是一种功能性建筑，那么商业建筑和装饰布置必须适合商品展示和消费的审美。

2）文化的区域性决定了建筑特色的地域文化，在国际主义建筑泛滥时代，商业建筑也可能"放在什么地方都合适"，但是随着商业的旅游化、体验化，这种带上区域特质的文化特征变得更加重要，如上海"豫园"、"新天地"、"田子坊"和新加坡的"牛车水"为什么能经久不衰？就和这种区域特质有关。

3）有个性的商业建筑才能产生"照相机"效应，吸引"打卡"，引起广泛的关注。

每一个商业地产项目都包含特定的商业文化，如包豪斯式的大超市，反映的早期工业文明的简约、实用的特质，"新商业载体"则具有了体验功能的情景特性。按照市场调查，消费对商业的要求已经发生根本性变化，对商品和服务态度的要求已经下降到次要地位，而对商业环境的要求，已经上升到主要位置，占到消费对商业要求的50%以上，这种环境的要求并不是传统意义上的卫生、交通、光线等一些老问题，而是消费对商业环境提出了升级的要求，具体的内容有四个字可以概括——"情、景、意、趣"，对商业地产而言，要做到"商景合一"。这种变化的内在深层原因是整个社会商品供应很丰富，商业的竞争已经从商品竞争发展到经营竞争、文化竞争了。

由于上述原因，商业建筑的设计必须从商业层面上入手，根据互联网时代商业经营对商业载体的要求，去体现这种特定业态所要表现的商业文化。在理解这种特质的商业营销需求之后，建设形成的商业建筑才能提升商业物业价值。国内商业建筑具有文化特色的成功案例有新天地、远洋太古里、南山万象城、大悦城，长沙的文和友；旅游型的商业项目有北京的前海和后海、上海豫园、南京夫子庙、成都的宽窄巷子、福建的三坊七巷、济南的芙蓉巷、杭州的西湖景观商业带、苏州平江路、西安的大唐西市、佛山的岭南天地、黄山的屯溪老街、湖州的衣裳街、武汉的万达汉街、长沙的太平街、桂林的西街、重庆的磁器口，还有全国各种各样、形形色色的古镇等。

4．先招商，后空间

1）商业空间的设计并不是仅为了满足设计规范，商业的适用性、经济性、效用性更加重要。在进入"新零售""新业态""新商业载体"时代，非传统商业的空间需求也有要求，如展示、私密、共享的要求等。

2）在科技飞速发展的时代，业态变化远远快于商业建筑空间变化的周期，一般情况下，我们不为某些商业企业"订制"商业空间，而要侧重于商业物业用途可变换性，即商业空间的通用性。

3）商业建筑最终的用途毕竟为商业所用，通过商业论证，商业物业的营销论证来决定商业建筑的诸要素，如建筑空间和配套要求，形成具有空间利用性的商业布置，使用物业营销、物业运营和管理方案。建筑师重视设计规范、规划指标，因为这是设计师的职责，但是他们对商业建筑空间的适用要求和经济性思考角度有差异性；"以终为始，商业需求在先"就是为了突出商业物业的有效使用，有效使用才会产生价值，设计才有意义。

招商论证是在商业建筑设计过程中起到关键作用，通过商业企业的需求反映到商业建筑里的合理性，从金融、地产、商业三重属性以及"十个差比"的商业地产价值规律等方面进行设计，以克服商业建筑设计中的"唯美"和"指标在前"的一些不正确的设计理念。

2017年以后国内部分省市在商业用地拍卖时提出了主要招商对象和运营公司，落实的要求，以确保有效开发建设商业地产项目，产生有效的商业空间。

5．先融资，后投资

1）"先融""后投"是投资界的常识，是一般的投资规律，但是，又是必须遵循的投资规则，商业地产的投融资也必须遵循这个规则。在商业地产刚刚兴起之时，见到过拿到项目即可募集资金的情形，在存量时代，项目的风险增大，很少的战略投资者愿意为这样的投资方式背书。

2）商业地产是投资工具，做资本乐意参与投资的项目是每个商业地产（项目或物业）投资者的前期意识。吸引不到投资者的项目，往往可能失败。一是投资者认为项目存在缺陷，二是投资者认为收益过低，三是资本进入和退出通道没有很好设计或存在一定的投资限制。那么开发企业投资商业地产也要为"自己"的项目找到退出的通路，回答后期投资者是谁？资金在什么地方？是REITs上市？机构收购？收益权交易？还是物业销售？或自持在投资之前，需要明确未来的融资方向和退出的通路。

3）商业地产投资开发，甚至于轻资产方式介入，都需要有强大的资本运作能力，商业地产不是一般意义上的房地产项目，开业周期比一般项目预售周期长，所以不可以用一般房地产项目的开发周期来计算商业地产的开发周期。如果要想取得收益的分配，轻资产介入方式也会有资本的投入，包括运营能力和成本的投入，涉及人力投入的都是变相的现金投入；因为运营类的轻资产公司最大的支出是用工成本的支出，其中优秀人才的薪酬支出占比较大。

4）商业地产有三种开发类型，即产品型开发、持有物业型开发和复合型开发。每一种开发类型和市场需求都有资金运作周期，投融资要和这种资金运作周期相适应。

6. 先经营，后销售（变现）

1）商业地产由于中国特定的发展条件背景，出现一些其他市场没有的情况，如市场供应总量过大，在售物业多；预售制度和融资成本过高等，**通过销售部分商业物业来平衡项目开发资金已经成为万达、宝龙、龙湖等大部分商业地产参与企业的选项**。但是，由于市场风险的增加，住宅的赚钱效应影响，物业供应量大且选择面广，不少商业地产项目出现"滞销"的状况。在2005年之前市场供不应求时，风险在投资者这边；在供大于求时，风险在开发企业那一边。针对商业地产滞销的局面，应当采取"先经营，后销售"的策略。这主要是因为：①民间资金需要购买资产进行保值，房地产及商业物业是重要的选项之一；②对比另一主要投资领域的股市而言，更有实物拥有的优势；③商业地产（主要是街铺）可以做到收益有保障，这种保障来源于优质商业物业的保值增值属性和商业地产价值，是主导价值和运营提升价值的特性。既然运营能产生和提升物业价值，那么通过运营商业地产，使投资收益变得真实，这种收益数据及收益状况判断高于一般银行利率，就会对商业物业投资者产生吸引力。

2）商业物业的销售是一种资产转让行为，它的实质是转让一个收益性物业给其他投资人，让其他投资人也从参与商业项目中获利，其核心内容是"（商业）经营实心化，收益真实化，资产优质化"。国际上也有麦当劳的物业加盟的变相商业地产经营。如果我们仅销售物业没有运营保障而形成没有收益预期，这种商业物业不会受到市场的青睐，这个项目的营销方案也是因为不完整而致使失败的。

3）商业地产的真实盈利模式是这样的：商业营利性向好，促进收益增加，物业租金增收，推升物业价格，物业升值预期可以透支开发、投资价值。"先经营，后销售"就是要求转让者（开发商）分销一个真正有盈利情景的商业物业给投资者，让投资者乐意参与投资。

4）先经营后销售，将倒逼开发企业以运营为重心，有运营能力的企业开发的商业物业产品才会有投资者购置。

7．先运营，后开业

1）因为收益考核、投资收益要求和运营成本等原因，商业地产开发完成，商场（商业项目）开业，那么商业地产完成了从商业房产变成商业资产的过程。**商业物业这类物业资产，必须通过运营和管理才能使它价值不变或增长，所以建立运营体系应当先于开张。**商业物业运营管理要比住房管理复杂得多。而运营管理恰恰又是资产内部增长的最主要的方向之一。内部增长是指商业物业通过运营管理、业态调整、物业经营策略调整和价值挖掘等方式来使物业增收和增值。外部增长是利用市场波动、投资倾向、市场行情、相对区位改变等外部因素，使商业物业在外部作用下产生增值的情形。内部增长依靠运营实施，所以在开业前建立一支强大的运管队伍对吸引投资商业繁荣至关重要。

2）一个成功的商业地产项目，运营管理是不可或缺的，它不可能自行繁荣，必须有组织、有体系地去建立商业地产项目的运营管理公司，配置运营管理的专业人员。如招商和运营，物业管理，营销策划，设备工程和物业管理人才组织架构搭建。以营运为重点，推动商业繁荣和物业升值。

3）商业地产的运营管理主要涉及商业、物业、资产管理三个部分，抓住商业繁荣的核心，瞄住资产的升值目标，完成商业地产运营的团队建设，向投资者、业主提供增值服务，做到"投资有所值，自持（物业）价值持续增长"，对企业增强商业地产投资信心，商业地产企业品牌的形成有着巨大的作用。

4）进入"新零售""新业态""新商业载体"时代，线上业态先行，可以使即将开业的实体商场（商业项目）先行积累消费者资源，为即将开业的实体商业提供开业的良好基础。

8．先品牌，后盈利

商业地产发展到总量饱和的时期后，应该说是进入品牌竞争的阶段。**按照市场的一般规律，当某种商品供应充裕以后，市场竞争趋于激烈；在竞争中，品牌起到决定性的作用，对商业地产而言是同样适用的。**开发商业地产就是开发一个品牌，成功的商业地产项目都是众口铄金的品牌。商业地产开发过程本身是品牌开发过程，这个过程贯穿了拿地、定位、规划、策划、包装、招商、运营各个环节，只有通过每一个环节丝丝入扣的运作，才能创造商业地产的品牌。一个成功的商业地产项目是不可能不创造附加价值，如果商业地产仅仅是出卖土地加上建筑物，那么这个项目肯定是没有商业价值的。没有商业地产的品牌效应，投资者、经营者不认知、不认可，这个项目怎么可能繁荣或成为投资和招商的热点呢？商业地产市场是逼你成为品牌的市场，没有品牌策略的企业在商业地产领域将没有发展机遇。投资、开发商业地产就必须有品牌意识和策略，品牌先于开发可以使项目开发达到预期。

五、商业地产开发流程控制

由于对房地产市场的控制力度以及抑制房地产过热，造成流入资本过于密集、房价上涨过快，在2017年，"住房不炒"的产业导向出台之后对房地产行业有许多融资的限制，造成行业的十分强调开发效率的情形出现，如万达的18个月开业、某些企业住宅的（土地取得）当月开工等。**由于融资受到控制，资金的运用方案成为制定商业地产各种不同的开发建设流程的导向和依据**，企业在制定项目的发展策略、资金配置方案后，会选择不同的开发建设流程。在目前市场的背景下，中国商业地产有"产品型开发"——以销售为主的开发建设类型、"持有物业型开发"以及综合上述两种开发类型的复合型开发类型，这三种类型在开发投资实践中，并没有清晰分类界定。以销售为目的的产品型开发也有可能持有小部分的物业，而少数企业也会以自持物业为主，销售一部分对整体经营以及持有部分物业影响性不大的物业（如街+茂的模式），来实现资金的平衡。如何来区分这三种开发模式呢？笔者认为以持有物业的面积和价值比重以及商业经营主体为特征进行区分比较合理，销售面积不超过30%，总价值量在50%以下的，持有部分物业有独立的经营主体的，我们可以称之为"复合型商业地产开发类型"，如果超出这个比例应该定性为"销售型为主的商业地产开发类型"，持有型的商业地产开发类型则比较容易判断。

1．开发流程设计中的五个重要关注点

关注点1：财务——现金流安排、收益稳定性评估、合理纳税。

关注点2：资产——价值和价格趋势；包括地段、商圈、位置、用地条件、功能要求和业态等。

关注点3：融资——市场投资倾向、收益要求以及对商业地产的收益、权利、投资周期方面的要求

关注点4：企业发展战略——企业在新时代、新时期背景下的发展方

向和转型、产业发展方向、战略调整；对商业地产的"新零售""新业态""新商业载体"的行业趋势判断和企业项目的调整。

关注点5：市场风险——我国商业地产自2015年由相对过剩转变为绝对过剩的存量市场以后，各个项目的竞争因素增加，租金收益上涨空间变小，介入的资本减少，资金计划趋向于稳健。部分区域的银行控制向商业地产提供销售按揭；通常情况下，没有商业地产按揭的城市或者区域，不能开发销售型物业，由于失去杠杆率，商业地产投资的资金要求变大，会产生"喇叭口效应"；如果降价求现，开发收益就会大大下降，可能导致项目亏损。业务流程控制要素中五个重要关注点的内容：

1）财务：现金流量及资金使用的合理性，确保整个项目的均衡合理使用；对收益的预估，可以估算项目未来的利润水平以及成本控制；税务筹划方面，要做到合理科学，合理纳税，特别要注意的是三种不同性质的资产——商业固定资产、房地产和物业、金融资产之间的税务法条和不同税赋。

2）融资：在开发过程中，项目融资时需要的担保条件，包括工程形象进度、房地产权利及权证的在融资过程中信用和担保等方面考虑。

3）资产价值变动的估值：对持有物业的正确资产估值，利于企业合理配置资产，避免资产过多沉淀，影响企业项目的资金周转。在"新商业载体"出现之际，掌握新旧载体转换的机遇，促进旧载体转变为新载体，根据时代、科技、行业的发展趋势，推进商业地产进阶，达到保值、增值效果。

4）企业的综合开发建设能力包括：人员配置、项目运作能力及技术能力、融资能力、招商能力，需要企业理性估计自身的开发建设能力和项目运作能力、资源整合能力等。

5）市场风险：包括市场，投资趋势，区域市场的供应关系特征，当地市民投资能力以及项目自身的物业、招商条件对融资和销售、资金计划，以及当地项目获准程序和实施周期都要在业务流程控制和实际中操作进行预置控制点。

2. 各种不同流程控制的差异

按照产品型开发和持有物业开发两种开发类型，设置了两种示范性业务流程控制图，即产品型开发业务流程控制图和持有物业型开发业务流程图，这两种业务流程控制点设计是有差异的。

1）产品型开发的业务流程控制点主要在5个模块上，在这5个模块业务完成后，可改变内容较少。而持有物业型的开发流程中,控制点分布在全过程中。

2)资金周转要求不同。产品型开发流程的控制任务强调资金回流——销售,所以回流资金的效率越高越佳;持有物业型的开发业务流程周期长于产品型开发。

3)由于这两种开发类型的策略和动机不一样,控制的重心也不一样。所以得出下面结论:

商业地产产品型开发流程注重产品销售。

商业地产持有物业型开发流程注重业态收益预期和商业运营保障,向市场提示稳定收益保障的预期。

3. 商业地产持有物业型的项目开发业务流程控制(commercial real estate holding property development business process control,PCHD)

1)项目条件判析阶段:是商业地产项目投资综合性评判,从消费基础,包括固定居住人口和交通带来客流的分析以及物联化后,快递成本决定的商圈边界;用地和规划条件分析,以制定未来开发的功能和建筑形态(如街铺物业类型还是商场物业类型);商业资源研究,主要通过项目类型,商圈条件分析,外部知名大型商业企业招商可行性和本地商业企业招商的可行性;另外要对投资方(包括企业自有资金、融资方向)对这个项目收益要求和期待进行分析,为项目定位提供依据。

2)业态定位阶段:由于是持有物业,重视商圈竞争性、业态的盈利性,可以实现招商对象等商业资源、经营持续性的核心定位。对持有物业而言,业态定位是项目成败和盈利水平的关键,须运用本书提出的商业地产十种效应和业态租金理论进行反复论证,并且通过与招商对象直接接洽,甚至达成意向来论证定位的可行性和经济性。持有物业型的开发项目关键在于业态定位,业态的营利性、广泛性决定这个项目的收益状态。在"新商业载体"的产业新旧动能转换,商业地产进阶的特殊时期,需结合产业发展的趋势,充分利用科技进步、消费和业态升级的机遇,打造符合"新零售""新业态"需要的价值更高的"新商业载体"。

3)规划阶段:定位属于策划工作,是项目发展的导向性的工作,只有落实到规划、建筑方案上,才能使定位变得具体和实在,产生可以提供投资者进行理性分析、估测的经济数据,在这一阶段主要是满足规划要求、空间利用、业态模拟、场景策划导入——提升商业物业价值。

4)智慧运管平台的方案:首先确定是封闭空间还是开放空间?如果是开放空间,需明确合作的高科技企业的合作模式,才能确定平台模式。通过利用先进的高科技手段,包括物联化意识、移动通信、IA及O2O技术、

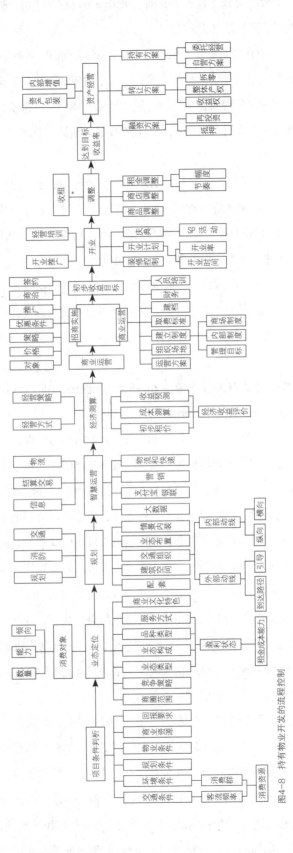

图4-8 持有物业开发的流程控制

现代物流、大数据和云计算技术，扩大商圈，扩大服务面积和人群，提高坪效，降低运营成本，以提升物业价值。

5）经济效益预测：由建筑初步方案模拟在物业经营策略（"十个差比"和"十大效应"的原理运用）下的经营方案；明确土地成本、建筑装饰成本、招商等运营费用预估出现后，项目进行效益预测：如测算结果不佳，须经过业态和经营方案调整（提高坪效）以及建筑安装、装饰等成本控制，以提高效益。

6）招商和运营方案阶段：通过招商活动和商业企业形成合作意向或协议且可以得到预期的收益数据，通过项目的运营方案设计，初步计算出项目的运营成本，结合各项税收、财务成本测算之后，估算出项目的比较真实的盈利状况，并进行预测项目的净收益（ROE）。

7）在预计开业，运营阶段之后，商业物业变成资产后，投资人的资产经营思路实施，包括利用这个项目——商业资产进行融资、转让或持有经营。在项目开发改造、招商、运营阶段，都要为最终的资产经营和资本介入提供条件。

4. **商业地产产品性开发项目的流程控制**（process control of commercial real estate product development，PCPD）

1）用地研究阶段：通过市场调查，并以市场调查结果为依据，进行产品性研究。关键要对产品各种特性进行研究，商业地产的产品属于投资型的产品，它的规格、价格、收益方式和收益率要进行项目所在区域的市场分析。产品和业态有关，不同业态有不同的收益，所以在进行用地研究时，侧重产品可以销售研究和业态研究，产品要适合投资者需求，业态尽量适合商业需求。在做到上述平衡时，进行收益和成本、开发周期、风险评估，得到一个项目投资开发的初步结论，并形成开发方面的初步抉择。在这一阶段，对用地利用、开发收益和周期的方案结果不认可，可以多次调整，直到达到收益和周期的目标为止。通常情况下，**项目推进进程越深，变更成本越大。尤其是前阶段规划或设计成果获得有关部门认定后，变更的非财务成本巨大，甚至不可逆转。**

2）策划阶段：在用地落实、开发方案通过内部论证后，项目进入策划阶段。在用地研究阶段进行的**产品定价、销售周期测算都要采用稳健策略，取市场价格、周期的下限**。而在进入策划阶段时，利用策划手段，包括商业主题提炼、产品包装、形象（品牌）策划、招商等手段，达到提高产品和市场价值的目的，包括产品溢价和去化周期、市场认知和评价等。

3）初步方案：由建设方案、商业方案，即商业业态布置方案和运营方案等比较成熟的销售方案组成。建筑方案是体现产品型开发的空间布置

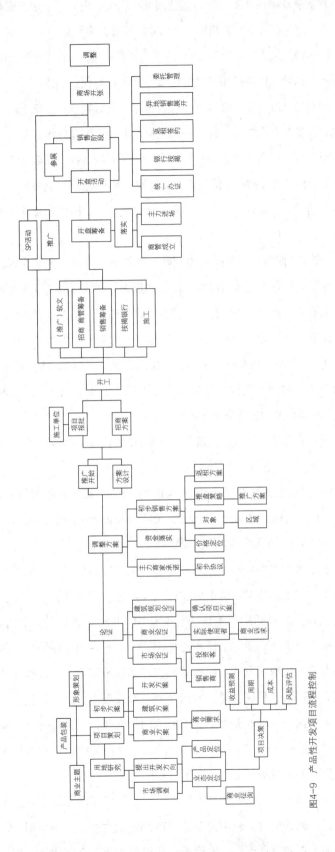

图4-9 产品性开发项目流程控制

和利用的方案以及项目开发设想，包括周期、资金、用人、合作方案和工程施工要素。这三个方案的设想构成项目初步开发方案。

4）初步开发方案阶段论证：由于是产品型开发项目，产品的市场论证是最重要的，这项工作可以由营销部门负责。通过与代理销售公司、投资者反向征询来论证产品定位合理性，建设方案在此时期往往是概念阶段。论证的主要任务是空间布置，经济技术指标的利用，配套要求满足等方面的征询；而商业论证则是产品和规划两个方面平衡的条件。需要平衡的第三个要素，即**概念方案同时要满足商业物业销售和商业经营的要求**。

在这一阶段，应充分征询各方面意见，以提高下一阶段调整开发方案的准确性。

5）方案调整阶段：这个阶段的调整次数并不一定是一次完成的。而是在反复论证的过程中逐步明确可以回流的资金和回流周期，以平衡项目发展的资金需求。通过主力店招商（若有的话）提高产品去化和溢价，明确价格、销售对象、销售策略和手段以及后期物业经营的预案。

通过上述5个模块基本确定了项目开发的商业、建筑、营销和资金计划。项目进入具体操作阶段，包括建筑方案确定、接洽融资、施工和供应、招商和运营以及销售筹备工作阶段。

以营销角度看项目，应从营销的前期准备阶段，进入市场亮相、市场预热—前期推广—概念推广的阶段，为销售做好铺垫。

5. 商业地产项目报建过程中的流程控制（process control in the application process of commercial real estate projects，PCAD）

1）目标用地（商业用地）的前期研究

在商业地产项目的实际操作过程，存在主动方案和被动方案的两种方式；所谓的"主动方案"是指商业用地投资者在用地挂牌之前把投资要求、建设和开发意图融入土地出让文件中，即"勾地"特点；"被动方案"是指投资者或企业完全按照土地出让要求进行商业用地的投资及其建设的商业用地取得方式。前者可以直接体现投资者、开发企业的投资和开发意图；后者是在实现土地出让要求的前提下，实现开发投资和盈利目标。在这一阶段的要求形成主要的两份文件：一份是投资决策报告，包括：可研报告——市场、项目、产品以及用地的研究和实现企业发展目标的关系；投资计划——资金计划的融资方向和合作伙伴、项目运作周期预判等。另一份是建设方案，主要从可研报告和概念方案中提取满足建设要求的内容，包括商业地产项目建设类型、土地利用、建筑表现和功能表现和交通组织，主要业态和重要的商业合作伙伴、项目运营合作方介绍，开竣工日期，效益评估等。

第四章
商业地产项目开发方案和业务流程控制

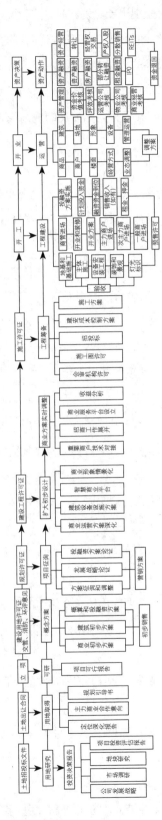

图4-10 项目报建过程的流程控制

2）土地取得

在订立土地出让合同、缴付土地出让金的同时，项目实际运作过程启动，对前期研究的内容进行操作性的深化：一是定位内容的深化和明确；二是和主要的合作伙伴形成阶段性的法律文件，包括资金和商业（主力店和有标杆作用的品牌店）；三是形成明确的"规划引导书"（非设计任务书），征求设计公司，推进概念方案设计。如前期的规划成果继续有效，就推进方案深化。

3）按照立项要求，编制可研报告。

4）在取得建设用地许可证之前，要形成比较完整的商业布置和未来运营的商业经营方案、建设方案、投资方案（如果有以售代融的资金设想，就要附有稳健的营销方案）。

5）规划许可证阶段，是一个重要控制节点，因为是方案决定阶段，大部分城市还要求方案公示，一旦确认，就很难变更了，所以在这个阶段，项目各种专项方案应当基本完成，包括商业方案、规划方案、资金方案以及团队组建方案。还要对标企业发展策略，来梳理各个专业方案相互关系，最后形成可以公开报批发布的项目规划方案。

6）建设工程许可证

进入这一阶段，实际上是项目基本发展策略已经定局，进入各个专业深化设计，一般情况下，布局和基本风格不再变动。建筑结构、材料、设备进入研究程序；场景主体和特色研讨，智慧运营管理平台合作和建设进入合约阶段，项目的运营管理和招商方案形成。

7）商业运营和招商的筹备工作

在建设工程许可证获得后和施工许可证申请的期间，进行商业运营和招商筹备工作。包括重要商户（包括大型超市、电影院、大型百货和大型餐饮、溜冰场）的重要建筑参数、重要的物流（仓储）的配置、管线走向的要求以及各种特殊的配套要求（电力、给水排水、招牌位置和特殊悬挂要求等）。

在已经完成重要商业企业（品牌、大店）招商合约的基础上，进入次要商户的招商工作程序。

工程、物业、运营管理等部门组建招商服务平台。

如果智慧运营管理平台建成，可开始进入会员（粉丝）募集的工作，为项目未来开业提供良好的消费基础。

根据前期的主要商户和次主要、主要商户的合约商洽，进行项目的测算。

8）施工许可证取得

项目进入施工筹备阶段，包括各个专业部分的会审通过；施工场地准备、施工人员的生活安排、安全措施、施工的用电、用水、材料堆场的落实;材料、设备采购(型号、数量、价格等)和供应商确定;控制成本的方案——"逆向降本法";编制建设资金的计划;按揭银行落实。

9)施工期间

工程进度控制、招商工作展开,部分已经完成的招商签约的商户,提供装修和开业方案,对重要商户要进行回访,考察未来的店总经理或者店长的经营管理能力;进入资本运作阶段,如果有"以售代融"的项目开始进行营销活动,可以采用"预约金"的方法,固化营销成果,为项目发展、提供补充资金。做开业活动策划。

10)竣工验收后

在项目通过竣工、消防验收之后,项目进入开荒、开业推广活动、开业、运营阶段。商业、建筑和设备、智慧运营管理平台、管理人员进入运营测试调整阶段。

11)正常运营后

项目进入资产管理阶段,按照企业既定的投资计划,进行资产管理考核、资产融资和资产经营时期。

6. 商业地产存量资产价值提升的流程控制(BID方案)[process control for increasing the value of existing commercial real estate assets (BID scheme), PCVD]

商业地产存量资产价值提升内容原来属于商业地产运营部分的内容,由于国内商业地产经过将近20年的发展,已经进入存量时代,所以很有必要把这部分的内容作为本书的重要内容来加以介绍。在这个流程的设计中,借鉴了发达国家(主要是美国)一些旧商业建筑的改造升级的理念和方法。这些方法同样也适应其他建筑改造为商业建筑的项目。

1)任务提出——对市场和改造升级项目的研究

研究过程涉及城市商业经营状况,内容由商业环境、商圈、相邻关系以及项目自身的建筑、业态、销售和运营管理、会员服务等内容的研究组成;在中国商业地产的生存条件发生生态性变化的时期,还要对"新零售""新业态""新商业载体"、消费升级等重要因素对区域商业的研究;也要对项目的经营模式、业态、运营管理方案完善和调整,以及对商业地产进阶的举措和成效进行检讨。

2)定位——形成改造升级的策划方案的主要方向

策划方案内容应该包括对这个项目(资产)经营策略的定位,形成业态调整升级方

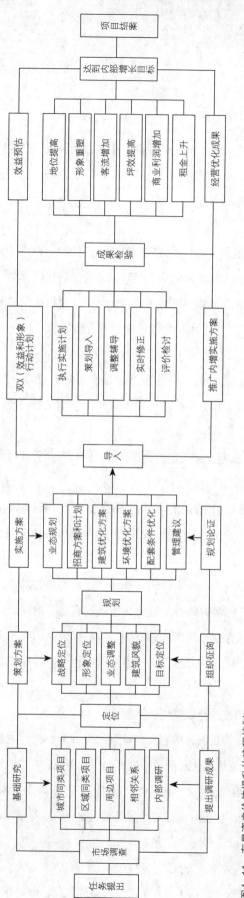

图4-11 存量资产价值提升的流程控制

案、建筑优化方案，引导标识改善，配套条件（如网络建设、水电容量的扩大、车位经营和管理、厕所的人性化改造等）完善和升级，场景、美陈的主题方案，环境优化——和道路、轨道交通的关系优化、休憩、绿化美学设计等；尝试建立新的商业销售（O2O和全维营销）体系、运营体系等。

3）论证和编制实施方案

方法是"以实证虚"，主要从改造成本和资金配置、商业资源、建筑、交通、环境、配套、社区意见、改造设计方案等方面来论证积极的"策划方案"，把策划方案变成可以实施的理性实施方案。

4）改造升级方案的实施

基本原则：**谁主持前期的策划、论证、实施方案的编制，谁负责这个项目的改造升级工程，使得改造思路、资源完整地导入改造项目**。在约定的内容上允许按照实时变化进行变动，如招商对象的变化，引起的业态、目标品牌的变动；由于管理部门对项目的要求等必需的变更。

5）效益评估——继续调整

经过一段时间（不少于半年，期间有实时调整），根据统计数据对项目提升、调整的成果进行验收和检讨，主要指标有：商业地位、市场口碑、会员变动、流量和交易、营业额、求租商户增减、坪效（商业、租金）、营业外收入的提升和变动情况，以及KPI、成本控制的考核数据。

说明：这个流程在项目改造和运营过程中可以循环往复使用，并且可以按照项目的实际情况增加、完善子项目。

附

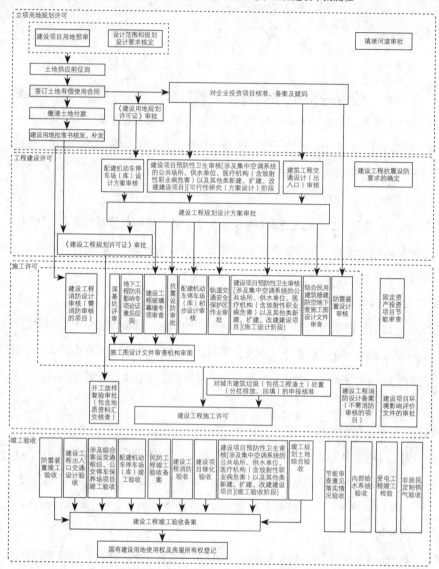

图4-12 某市一般企业投资项目（出让土地）工程建设审批流程
（注：法律法规如有变动，以法律法规为准）

第五章

商业用地价值判断、调研、取得

商业用地投资须从消费研究出发，研究市场供应、市场需求、资产升值潜力，并对标企业的发展策略进行投资决策。

商业用地的价值说到底，是所在商圈消费价值决定的，消费人口的多少、消费者的消费能力、理财习惯、决定了这块土地最基本的价值。商圈、交通条件、土地的适合性同样对这块土地的价值产生影响。

政策导向、市场因素导致商业用地的市场价值发生变化，商业用地供应，商业、房地产、资本市场的投资需求给商业用地标定了市场价格。

第一节 商业用地价值、价格和分析方法

一、商业用地价值和价格

1）亚当·斯密曾说过："地租作为使用土地而支付的价格是一种垄断价格。"(《国富论》第十一章）。马克思关于"超额利润转化地租"以及"级差地租并不产生于土壤，而是产生于社会"(《资本论》第三卷第六篇）的论述，同样适合商业地产。由于商业地产的不动产属性，即不可移动、不可复制性，具有位置垄断的特点。当这个位置上的商业物业中经营的商业企业盈利性变好时，其他商业经营者会产生承租这个物业的愿望，并在原有的价格基础上承受更高的代价，这种代价就是承担更多的租金。这种转化利润的结果，导致商业利润趋于平均化，而商业地产则发生租金收益高低差异。

2）商业地产价格围绕商业地产价值，按照市场供求关系、业态发展需求变化、商业企业开店投资能力变化而作变动，商业用地的供应动机也随着需求而产生。**在需求产生时供应商业用地是可以获得理想的土地出让收益。**

3）在中国，土地由国家垄断，政府供应的商业用地价格、数量影响到商业物业（资产）的收益。在商业地产进入存量时代以后，商业用地需求明显下降，商业用地的流拍事件时有发生。作为土地供应商的地方政府需要适当地控制卖地冲动，控制总量供应，把商业（产业）用地供应作为发展经济、产业载体建设的任务来做，实行"精准供地"，减缓对市场的冲击，推动商业地产向"新商业载体"转型，实现经济增长的新旧动能转换，满足"双循环"的经济导向要求。

二、商业用地价格判析

1）商业用地的判析：商业用地除了其必要的投资（如动迁、道路修建、土地修复和交通设施投资、环境改善等），主要体现在对商业的有效性上。这种有效性主要如下

三个方面的因素构成：

一是商品的销售对象——在商业影响力可以到达的范围（商圈）内消费者规模以及可转化的商业利润高低；

二是消费客流到达的便捷性和经济性，即商业物业的外部交通条件；以及反向的商品送达消费者的距离。

三是商业的聚集效应。大部分商业物业并不是以自己单个商场或物业最大化地吸引消费者，而是多个商场或商业物业聚集在一起，产生强大的聚集效应，丰富的商品让消费者有更多的选择，才能产生更大的销售规模。**商业共聚而产生的竞争使得商业企业的商品更加丰富、服务更好、价格更廉、差异化更强**。这条原理至少在中国是合适的。

在这三个影响因素中，消费是基础因素，交通和环境是外部因素条件，聚集效应是商业物业的关联因素，消费基础强弱，交通条件的可达性和经济性聚焦效应的正负作用都会影响商业地产的基础价值。但是这并不意味着，商业用地可以依据这三者的综合因素进行定价，商业用地的定价还取决于商业用地的供应方的目标价格；最终成交价格取决于投资者的数量、需求愿望、投资能力。

2）在现有的政策规定中，对待出让的商业地块必须要进行评估定价，并通过公开拍卖的形式进行出让商业用地，为了确保出让土地方收益，政府还会对出让商业用地设置出让最低的价格条件，即设置底价，这种"底价"的设置有时候并不是完全参照商业用地价值而设置，主要是由三个方面的原因造成：

一是土地储备的成本，包括这幅商业用地原来的土地价格、征用（动迁）成本、土地修复和完善配套的成本、垫付资金的周期以及动迁难易度产生的财务成本；

二是区域商业用地的供求关系和商业用地的储备情况；

三是政府对回报的要求，包括收益要求、资金回笼和时间要求、发展商业的建设要求以及招商引资、城市形象方面的要求。

在这三个因素中，第三个因素有时会造成商业用地的供应价格发展偏离市场化的价格轨迹；即土地投资者可能以略低的价格获得土地。

3）商业用地投资者，包括房地产企业、直接经营的商业企业、间接投资的金融机构，按照企业的发展策略、开发难度、交易成本和未来收益进行商业用地投资的评估，在资金供求满足的情况下进行出价以取得商业用地并标定商业用地价格。

归纳起来，商业用地价格的形成，取决于商业用地自身的价值、土地供应方——政府发展经济的意愿、土地开发的回报意愿、市场化的投资意愿以及市场竞争所决定的（图5-1）。

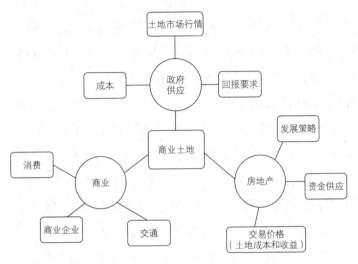

图5-1 商业用地价格

三、商业用地投资价值研究方法

商业用地的投资价值取向有"现值法"和"趋势法"，前者关注现时价值兼顾未来价值，后者关注未来价值兼顾现时价值。前者的优点是投资成本略大，但是近期回报表现佳。后者的优点是近期投资小，发展潜力大，但是投资周期比较长，资金成本高和资金效率偏低。无论上述那一种投资取向，商业地产的未来价值都是这两种投资者必须关注的。商业用地投资价值研究方法有：

1．数据法（又称十字比较法）

是指把商业用地的上位城市、下位城市、平行城市相似位置的土地、物业进行价值分析，去谋求得到的商业用地价格区间的比较数据（图5-2）。

这种分析方式看似十分科学，其实并不合理。一是商业用地独特的唯一性，具有无法替代的特点；二是相关的数据众多，可比的案例十分缺少，大量的人为修正因素，使数据失实而变得可信程度较低。所以有些数据在商业用地的选择

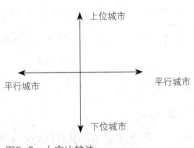

图5-2 十字比较法

中得到广泛使用，如：上下位阶城市相似地段的价格比较；平行城市的消费、商业、投资能力的比较后的投资选向。

2．经验法

采用特定某类商品在区域的价格和销售量的表现，以判断这个区域商业地产的价格表现。这种方法的优点是直观，不足之处在于无法形成商业用地的投资依据。如笔者曾经跟踪某皮鞋厂同一品牌商品在某区域各个商店的销售价格和数量，以识别该商业用地和商业物业租赁的价格，同业界的"麦当劳指数"一样都是经验法。

另外也尝试用待出让的商业用地区域的商品房交易价格和周边建筑密度数量（确定人口数量）。这种方法可以运用区域商业中心以下的商业用地，不具有广泛适用性。对城市商业中心、市场类商业地块均不适合。

3．方案比较法（又称模拟开发法）

这是一种最有效的商业用地研究方法，要建立在待出让商业用地的经济性分析的基础上，以最终具体项目收益作为比较，而进行决策，排除了各城市商业用地各具体要素的差异性——不一致而无法比较的难题。同样排除了"经验法"无法推导和无比较依据以及适用范围小的不足，回归投资的本质，收益比较的结果能对商业用地投资决策提供依据。

由于需要比较，需要理性选择投资项目，广泛收集商业用地的信息，那么把"十字比较法""经验法""方案比较法"结合使用是可以相互印证数据的正确与否的比较科学的综合平衡方案。

4．市场调查中的现代科技手段运用——大数据、街景、航拍

1）大数据，在商业用地取得中的运用。大数据（big data，mega data）或称巨量资料，指的是需要新处理模式才能具有更强的决策力、洞察力和流程优化能力的海量、高增长率和多样化的信息资产。在维克托·迈尔·舍恩伯格及肯尼斯·库克耶编写的《大数据时代》中，大数据是指不用随机分析法（抽样调查）这样的捷径，而采用所有数据进行分析处理。大数据的4V特点有Volume（大量）、Velocity（高速）、Variety（多样）、Value（价值）。

随着网络和信息技术的不断普及，人类产生的数据量正在呈指数级增长，而云计算的诞生，更是直接把我们送进了大数据时代。"大数据"技术，开始向各行业渗透辐射，颠覆着很多特别是传统行业的管理和运营思维。在这一大背景下，大数据介入商业地产的用地研究，可以改变商业地产投资经营的思维，提高商业用地投资的准确性，减少投资失误或者思考的盲区。

企业进入或开拓某一区域商业地产行业市场，首先要进行项目评估和可行性分析，只有通过项目评估和可行性分析才能最终决定是否适合进入

或者开拓这块市场。如果适合，那么这个区域人口是多少？净流入还是净流出？消费水平怎么样？客户的消费习惯是什么？市场对商业环境、人文的认知度怎么样？当前的市场商业物业供需情况怎么样？这些问题背后包含的海量信息构成了商业地产市场调研的大数据，对这些大数据的分析结果就是我们的投资决策和项目的市场定位过程。据了解国内三大电信运营商和部分高科技企业可以提供这方面的数据支持。

企业开拓新市场、投资新项目需要动用巨大的人力、物力和精力，如果市场定位不精准或者出现偏差，其给投资者和企业自身带来后期损失是巨大甚至有时是毁灭性的，只有深入研究以及提出的研究成果准确，企业才能构建出满足市场需求的商业载体，使自己在存量时代的竞争中立于不败之地。要想做到精确分析、科学决策和定位，就必须有足够量的信息数据来供研究人员分析和判断。传统分析数据的收集主要来自于政府报告、统计年鉴、行业管理部门数据、相关行业报告、行业专家意见及属地市场调查等，这些数据大多存在样本量不足、时间滞后和准确度低等缺陷，研究人员能够获得的信息量非常有限，使准确的市场研究和定位存在数据瓶颈。随着大数据技术的运用，借助数据挖掘和信息采集技术不仅能给研究人员提供足够的样本量和数据信息，还能够基于大数据数学模型对未来市场进行预测。

人，被称为"数据发生器"，搜索引擎、社交网络，数据形成和获得的智能移动手机，互联网上的信息总量正以极快的速度不断暴涨。人们每天在微信、QQ、微博、论坛、新闻评论、电商平台上分享各种文本、照片、视频、音频、数据等信息高达的几百亿甚至几千亿条，这些信息涵盖着商家信息、个人信息、行业资讯、产品使用体验、商品浏览记录、商品成交记录、产品价格动态等海量信息。这些数据通过聚类形成商业地产大数据。

通过获取数据并加以统计分析（算法）来充分了解市场信息、消费趋势、商户情况，判断项目在所处的市场地位，来达到"知彼知己，百战不殆"的目的；企业通过挖掘、利用、积累商业地产消费者档案数据，有助于分析顾客的消费行为和价值取向，便于更好地为消费者服务和发展忠诚会员，形成商业地产项目的商业基础。

以商业地产行业在对项目所在区域的现有数据进行分析利用，可以了解到顾客的消费行为和取向，经过一定时间的积累、收集和整理或者利用现有的商业地产数据资源，如消费者的消费行为方面的信息数据，如消费者购买商品的支出、选择的产品渠道、偏好商品的类型、产品使用周期、购买产品的目的、消费者家庭背景、工作和生活环境、个人消费观和价值观等。收集到了这些数据后，建立项目的消费者大数据库，了解和分析以掌握消费者的消费行为、兴趣偏好和产品的市场口碑现状，再根据这些总结出来的行为、兴趣爱好和产品口碑现状确定有竞争力的业态方案和营销战略，引导消费者，为商业地产的定位核心——"业态定位"提供数据支持，那么项目的定位将十分科学、理性。

另外一个数据就是商业地产的交易价格数据，包括交易和销售的历史数据，由成交价格、销售率、销售周期等组成；此外，租赁数据的区域性、周期性、波动性以及业态租金、供求关系的数据，在建项目的数据等，这些数据可以为项目的价值和收益预判提供思考方向和路径。

2）街景地图：街景地图是一种实景地图服务。为用户提供城市、街道或其他环境的360度全景图像，用户可以通过该服务获得如临其境的地图浏览体验。通过街景工具可以直观地判断用地的实际情况，包括区域的建筑和人口的密度、现有的道路、客流情况和相邻状况。街景地图使用新的地图技术，营造新的产品体验。真正实现了"人视角"的地图浏览体验，为商业用地的研究提供更加真实准确、更有实际感观的画面细节的区域空间的调查。

目前在国内运用得比较多的街景地区工具包括：谷歌街景、腾讯街景、我秀中国街景、百度街景和高德街景等。

3）航拍：无人机航拍可以提供现场临时感观图形，作为初步研究之用，但要注意拍摄时间、范围。用无人机配合察看，更直观地反映土地的真实状况。航拍又称空中摄影或航空摄影，是指从空中拍摄地球地貌，获得俯视图，此图即为空照图。航拍的摄像机可以由摄影师控制，也可以自动拍摄或远程控制。航拍所用的平台包括航空模型、飞机、直升机、热气球、小型飞船、火箭、风筝、降落伞等。为了让航拍照片稳定，有的时候会使用如Spacecam等高级摄影设备，它利用三轴陀螺仪稳定功能，提供高质量的稳定画面，甚至在长焦距镜头下也非常稳定。航拍图能够清晰地表现地理形态，结合区域人口调查数据，可以用于商圈的人口密度、交通条件和商业营销的局面分析。

第二节 商业用地的相关信息收集

商业用地信息主要从三个方面收集：一是项目背景，主要从区域角度对用地商业生态环境方面进行分析；二是用地因素，是直接对商业用地的市场条件和自身条件进行评判；三是投资能力的因素，通过企业自身能力评判对这块商业用地的投资能力和开发能力进行合理评估。通过上述三个主要方面对商业用地信息的收集，形成一个全面、客观的商业用地投资价值评判。我们把这些数据的研究称为"十四个知道"（图5-3）。

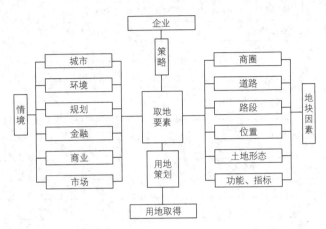

图5-3 相关信息收集

影响用地价格的环境因素有城市、环境、规划、金融政策、商业现状以及商业地产市场等因素,而影响商业用地的因素有商业用地所在的商圈因素、道路因素、位置因素、地块的兼容功能、经济技术指标以及商业用地的个性的"十性"——可视性、可达性、环境性、人文性、适合性、经济性等因素。

关于商业用地的背景性分析

1. 城市

1)城市规模划分、人口和商业地产价值的关系、人口净流入还是净流出。一般而言,净流入人口的区域属于有增长潜力的区域,而净流出的区域,我们称之为"衰退"的区域,这对房地产市场的住宅需求、商业(配套)地产有着巨大影响。

在城市相关的人口指标中,我们关注三个有关人口方面的指标:人口规模、人口密度和人口增长率。

《国家新型城镇化规划(2014—2020年)》 表5-1

城市规模		人口规模
超大城市		1000万以上
特大城市		500万~1000万
大城市	Ⅰ型大城市	300万~500万
	Ⅱ型大城市	100万~300万
中等城市		50万~100万
小城市	Ⅰ型小城市	20万~50万
	Ⅱ型小城市	20万以下

中国主要城市面积统计　　　　表 5-2

城市	面积（km²）
重庆	82300
哈尔滨	53775
大庆	22161
长春	20532
大连	13237
北京	16800
杭州	16596
大连	13237
沈阳	12942
成都	11939
青岛	11026
天津	11000
西安	9983
宁波	9365
武汉	8406
济南	8177
广州	7263
南京	6421
上海	6340
深圳	2050
厦门	1638
香港	1101
澳门	25.8

由人口规模和城市面积两个数据可以计算出第三个重要的数据——人口密度。

城市规模一般而言，规模大的城市商业地产的极限价格大于小城市，如果高收入者均占城市人口的10%，那么1000万人口的超大城市的高收入人群为100万，而100万人口的中等城市，高收入人群仅为10万，那么1000万人的消费规模和高消费能力的100万富裕人口均大于100万人口的城市。消费规模大和居住人口消费能力强的城市商业地产获得高收益的机会大于相对消费规模小和消费能力弱的城市，并表现在商业物业的极限租金收益上。

人口密度大的城市，商业地产价值高，这是因为人口密度大的城市消费密集而且消费规模大，由于购物的便捷性要求，导致人口密集区域商业地产价格高于人口稀少的区域。例如原黄浦区、静安区是上海商业物业租金最高的区域，其中一个原因就是人口密度，另一个原因是商业地聚集度高。

上海市人口密度排名前六位的区域　　　　　　　　　　表 5-3

地区	土地面积（km²）	年末常住人口（万人）	外来人口	人口密度（人/km²）	人口密度排名
全市	6340.50	2380.43	960.24	3754	
虹口区	23.48	84.56	18.65	36014	1
黄浦区	20.46	70.48	18.20	34448	2
静安区	7.62	25.58	6.07	33570	3
闸北区	29.26	84.61	20.52	28917	4
普陀区	54.83	129.20	34.66	23564	5
杨浦区	60.73	132.07	26.56	21747	6

上海市主要商圈租金情况（历史租金，供参考）　　　　表 5-4

序号	商圈名称	所在区域	代表性项目	首层租金 [元/(m²·天)]	平均租金 [元/(m²·天)]
1	南京西路	静安区	恒隆广场 中信泰富广场 久光城市广场 梅龙镇广场 嘉里中心	80~100 70~80 70~80 70~80 70~80	45
2	淮海中路	黄浦区	香港广场 IAPM 新天地	40~50 60~80 20~30	45
3	徐家汇	徐汇区	港汇广场 美罗城 星游城	65~80 50~60 30~40	30
4	南京东路	黄浦区	来福士 宏伊广场 置地广场 恒基名人 悦荟广场 百联世贸	50~60 40~50 50~60 40~50 40~55 50~60	40
5	五角场	杨浦区	万达广场 百联又一城	20~30 20~30	30
6	中山公园	长宁区	龙之梦 玫瑰坊 华宇国际	45~50 15~30 13~20	30
7	小陆家嘴	浦东区	国金中心 正大广场 华润时代 96广场	80~100 40~50 25~35 15~20	25
8	四川北路	虹口区	龙之梦	28~35	15

我国除少数山地城市或偏远城市之外，一般新编制的城市规划的人口密度控制为1万人/平方公里，如果商业用地所在的城市，区域（商圈）高于这个数值，则商业用地价值较高。如上海的原黄浦区，静安区，人口密度均大于3万人/平方公里，加上商业

高度聚集，则商业价值明显大于其他区域。

第三个数值是城市人口的增减情况，城市人口的净流入或净流出，关系到商业地产未来价值走势。净流入城市的商业物业将增值，而净流出城市商业物业将贬值。这几年东北的人口呈净流出态势，所以总体的商业景气指数也不高。

出生率和死亡率：正常生死交替之外，对人口的数据变动的影响不大。

目前上述数值为经验判断，在城市建立大数据分析时，将城市人口流动数据和城市平均租金结合起来分析，将得到判断依据。

2）经济发展水平

这里主要考察四个数据：城市经济规模和增加值、地方政府财政收入，各项投资指标，城市人口，家庭收入及支出数据和家庭存款指标。

GDP指标反映了城市经济活力和规模，人均GDP指标较高的区域，商业物业的收益也高。

地方政府财政收入高，则大部分用于城市基础投资，城市将产出更多可开发的成熟土地，则提示建设用地增量，土地价格提升，参与投资企业可能以相对较低代价获得比较优质的商业用地。如果政府举债进行基础投资，且债务偿还期临近，政府也会适当降低出让土地最低价格，以回收土地投资资金，偿还债务。

城市投资状况主要有三个方面，包括基础设施、产业投资、房地产投资，后两项投资金额增大则意味着对各种用途土地物业的需求量增加，并导致房地产价格上升。城市其他投资也会影响房地产、商业地产价格变动，如环境、民生、医疗、教育等。

人均可支配收入水平高，减去消费支出，则意味家庭存款增加，存款增加会转化为投资。居民家庭存款数额影响个人商业地产投资总金额。

3）产业构成

产业的技术构成，决定了企业选择劳动力技能的要求；劳动技能越高，收入越高，消费能力越强，投资能力越强，商业地产的价值和市场价值越高。相对而言，第一产业多数劳动者的劳动技能技术含量略低，所以基本就业人员的收入不高。第二产业主要人员构成是工人，平均水平高于第一产业的基本就业人员。劳动技术最高的是第三产业，其中现代服务业从业者劳动技能最高，这在劳动收入表格中，可以看出。

按照国内一些城市传统数据整理分析发现：第一产业比重较大的城市，如农业产值大于5%或以矿业收入为主的城市，商业地产价值不高，主要原因，农业附加值低；矿业发达的城市，财富主要集中在个人或大型国有机构；并且受国际大宗商品交易波动影响，收入不稳定，消费并不积极，如以煤炭收入为主的山西就有这种情形。

第二产业为主的城市，即制造加工业占GDP50%以上的城市，经过一定时期发展，形成了储蓄—投资准备，如果产业增加相对稳定，当地会形成较为稳定的消费客层，对商业地产的价值稳定起作用。同时，职工部分存款可能转化为商业地产投资资本，对投资保值型的物业有需求。这种投资能力，对销售型的商业物业形成价格区域特征，如郑州的商业物业上部极限价格为10万元/平方米。

第三产业比重大的城市，所使用的劳动力和劳动技能高，收入也高，消费能力高，投资能力也强，对商业地产而言，各类商业地产都有发展空间（主要增加了较多的高档消费的商业物业需求），对商业地产投资而言，物业投资、保值增值型的投资需求仍有很多。由于收入高，投资能力也强，销售型的商业物业价格也高，如以科技、金融、国际贸易、先进制造业为主要产业构成的城市——深圳的商业物业（东门）成交极限（历史）价格达到30万元/平方米以上。

北京市（历史）年部分职业工资指导价位 [单位：元/(人·年)]　　表5-5

序号	职业名称	低位平均数	中位数	高位平均数	平均数
1	财务总监	66430	211550	684430	264454
2	市场总监	61050	194976	736829	269237
3	人力资源总监	65537	185675	653531	249050
4	策划总监	44721	199296	699266	247613
5	销售总监	59022	164742	754576	258164
6	总经济师	95209	216001	699447	290072
7	总工程师	80618	188294	744425	282637
8	总经理助理	85458	229124	591723	261588
9	生产经营经理	71713	170576	658597	223134
10	财务经理	57842	145590	566294	208606
11	行政、人事经理	51271	119977	444086	168411
12	销售和营销经理	47204	125006	671458	174182
13	广告和公关经理	47209	122400	496951	181242
14	法务部经理	90128	210600	710380	288734
15	外贸经理	55325	102090	484108	174591
16	网络、软件项目经理	58331	179974	593652	229529
17	工程部经理	68430	159690	505872	205357
18	建筑工程项目经理	70756	140400	350943	164540

续表

序号	职业名称	低位平均数	中位数	高位平均数	平均数
19	办公室主任	58316	135267	426133	175051
20	策划经理	60269	158890	393587	182726
21	物流经理	56298	132222	456216	179943
22	工程测量工程技术人员	44159	72732	185405	87859
23	冶炼工程技术人员	93073	145166	280214	158442
24	金属材料工程技术人员	57433	98010	222441	114329
25	化工生产工程技术人员	47924	99739	248114	112979
26	设备工程技术人员	49297	99559	208632	108566
27	电子材料工程技术人员	44817	119120	429787	162754
28	电子仪器与测量工程技术人员	56696	113307	222669	119632
29	通信工程技术人员	33322	78090	324249	114972
30	计算机硬件技术人员	52154	111758	312258	137459
31	计算机程序设计员	58917	130170	362794	160728
32	电机与电器工程技术人员	56208	108777	270376	128064
33	城镇规划设计工程技术人员	76235	219732	419838	286487
34	建筑设计工程技术人员	44870	86794	267436	112951
35	土木建筑工程技术人员	46489	82228	229910	102123
36	道路与桥梁工程技术人员	38445	75120	160442	81067
37	铁路建筑工程技术人员	55846	79728	158719	87217
38	环境保护工程技术人员	72575	122793	276447	141504
39	质量工程技术人员	53883	103955	248379	118738
40	医药工程技术人员	36745	78001	168344	86500
41	建材工程技术人员	39695	73470	144313	79271
42	经济计划人员	65574	116355	345610	149310
43	服装设计人员	31867	75192	208958	90571
44	室内装饰设计人员	41008	92881	205441	102577
45	生物工程技术人员	39675	77015	149480	80155

4）消费和商业发展状况：主要了解社会商品零售总额和家庭消费支出情况，通过这两个指标的深入研究，可以得到如下判断：在某地居民消费、集团消费之外，社会商品零售总额仍有余额，说明这是商业发达的城市，商业地产有投资价值；反之，消费外流，会导致该城市品质型商业地产价值较难提升。这也是小城市商业地产价值低于大城市商业地产价值的一般规律。

2．城市环境

1）自然环境：我国是个东西南北跨度都特别大的国家，自然环境的多样性，同样影响到投资效率、投资成本以及商业对人性方面的关注。在自然环境中，有如下几项指标应引起注意：

温度：按照本书前面提出中国商业地产地理分界线的观点，在中国商业地产地理分界线以北区域的城市施工周期短；商业物业需要增加保温设备和供暖费用，而且使用时间较长，这些都会增加商业物业的运营成本，降低商业收益。气温偏低城市，地下空间商业价值高于一般城市。温度过高会导致密闭的地下空间易发生霉变，不适合商业经营，所以在水系充分温度高、气候温度较高的城市，慎重开发利用地下商业空间。我国有一个专门利用地下空间开发商业的企业，在温度、湿度较高的赣州发展的地下商业项目就没有在干燥、寒冷的北方那么成功。

在温度偏高的福建以南区域，则要考虑夜间营业的照明，如福建、广东、广西、云南等省份商业的营业时间大都会延长到22点以后。

多雨气候：如中国西南区域、华南区域，在商业设施中要增加避雨功能，如广州、广西、江西南部（如赣州）就有许多骑楼建筑。

山地地形：山地城市商业一般集中在各个山坡之间的平地上，在重庆称之为"坝上"。由于平地缺少，而商业集中在平地上，大型山地城市"坝上"的商业物业价值极高。我国香港、重庆、贵阳和遵义，都属于这种山地型商业城市。当地人有上坡登楼梯的生活习惯，经过合理的规划、策划，巧妙设计竖向人行动线，可以提升上部商业空间价值，如香港朗豪坊、重庆洪崖洞、遵义V1国际都属于这种利用山地地形创造上部商业空间价值的项目类型。

地势：在河流密布的水资源丰富的城市要注意商业用地的高度，要考虑未来商业项目的抗洪和防淹发生的成本。

城市肌理：每个城市都有独特的肌理，这是城市环境和位置、城市发展、生活和生产等诸多原因形成的，成了一个城市表面的地理特征，城市规划、交通布置、商业发展、居住区分布等无一不受到其影响，如北京回字形、上海的扩散型的地铁布局就是这种城市肌理在交通上的体现。本书将在后面内容中进一步表述。

上述内容是影响商业地产的城市主要环境因素，无论本地企业或外来企业，准备投资商业用地之前，必须对用地所在的城市进行自然环境的研究，否则会做出适合性差的投资决策和规划方案。

2）人文环境：随着交通、通信业的发达，人类社会沟通和交流的自由度越来越大，区域隔阂逐渐消失，当代人文地理特征差异表层逐渐淡化。由于文化传承原因，区域文化在人们自觉或不自觉的行为中烙下深深的痕迹。在人文环境中，重要的影响因素有宗教、政治、民族以及一般人文因素，包括风俗和习惯、时尚、审美、礼仪等，这些因素影响着人们的消费行为、习惯及支出方向和水平。

中国的少数民族主要分布在中国的西部和北部。

从民族区域文化分布来看，主要分为汉族区域和少数民族文化区域，少数民族大部分和汉族一起接受现代商业消费趋同性的影响，极少数还完整保留着其原来的生活习惯。在汉族文化区域，由于生活和生存环境、收入水平、文化传承、区域民俗等，形成区域文化的特点。如北京、河北一带的燕赵文化区域；东北、山东的齐鲁文化区域；江苏、浙江、上海的吴越文化区域；湖北、湖南、安徽、江苏（部分）的楚文化区域以及云贵川的川渝文化区域，这些文化区域的人口生活方式、**生活态度、收入水平、消费能力和消费习惯，都有着不同程度的差异，在商业地产业态定位、场景策划时具有重要作用**，在商业用地取地研究时，要重视区域人文环境的调查和了解。

对人文环境调查主要途径：①文件类：人文地理书籍、地方史志、民间神话、传说、旅游类、名人传记类书籍；②现场观察和访谈类。

3．规划研究

规划对商业地产开发包括商业地产项目开发，土地取得都十分重要，具体表现为产业导向、空间影响性和时间影响性。商业的产业导向一般都符合"双循环"的要求。空间影响性主要表现在规划方向和资源配置方面。时间影响重要的是规划实施的时间和可以实施的程度，空间影响性取决于规划的策略，时间影响性取决于规划制订者的意志、实施能力、推进力度和经济指标要求。

和商业地产相关的城市规划中，主要有城市总体规划、交通规划、人口和居住区规划、商业规划、重大市政规划、景观、文化娱乐设施规划以及产业园的规划。从城市总体规划上判断用地在城市空间位置、在城市交通架构上的节点和用地周边的交通设施条件、周边商业设施以及商业用地规划情况，以判断土地价值等级、市场稀缺程度和周边资源配置情况。

按照城市规划聚集理论和商圈理论以及经济学上的替代原理，通过叠合透视分析法，将居住区（包括建成区和规划区）、商业、交通（主要客流交通设施）、商业规划进行重叠和透视来分析三者位置和所有商业地块的距离、方向的关系，并进行排序，确定取地序号及价格判断。

商业用地周边的公共设施，如公园、体育、交通站点、公共事务中心以及产业园区等，都会对商业用地产生积极意义，在取地时应予以增值因素考虑。

4．金融环境

随着金融业的放开，各地金融环境会有产异性，这种差异性表现为，区域商业地产金融政策、利率水平、贷款条件以及各地资本需求的差异性,从而导致了投资回报和商业地产投资回报要求的差异性。区域金融对商业地产的政策和利率条件,同样也取决于企业、市场、商业用地价值。总体来讲,贷款要求高,包括担保、利率要求高的区域,往往是商业地产投资、开发风险较高的区域。对商业用地的金融环境主要调查内容有:

1)商业地产项目开发贷款:准贷、担保要求、利率水平、贷款周期,还有不同类型、不同排名、不同实力房地产企业获得贷款条件和差别性利率;自用物业开发贷款差异调查包括自用性物业开发贷款数额、周期、费用、担保要求等。

2)商业项目建设贷款:同上。

3)商业地产按揭:是指商业地产销售活动中的个人投资者的商业性贷款,包括利率、最长时间、担保要求等。

4)当地民间借贷利率和理财产品的收益以及非银行金融调查。

5)区域其他项目获得金融与持有项目、贷款名称、贷款周期、贷款周期、利率等。

上述这些内容都是关系到商业用地取得以后,进行融资、资金筹划和产品定位的重要数据。

5. 商业环境

1)城市商业脉理

在平原地区商业街为何东西走向的繁荣程度高于南北走向的商业街?

商业脉理说的就是商业业态在城市中的空间状态或是商业街市的位置、形态和它的生存状态,某一区域的商业脉理和所在的城市肌理、自然环境有关,如地理位置、地形、河流走向、土质等自然环境因素。平原主要的商业街大多数都是东西向,这和平原城市境内的河流流向有关,在平原城市形成过程当中,借河流、水运之力,形成人口、商业聚集。城市形成和河流有关,平原城市的河流都是由西向东流动,所以城市的主要道路一般都是顺河而筑的,形成平原城市主要商业街的走向大多数都是东西向的。如上海最繁荣的南京路(南京东路和南京西路)商业街、淮海中路都是东西走向的。

山地城市的商业脉理:重庆为何是团状商圈?重庆主城区是全国罕见的山水分割组团式结构城市,许多区域离中心商业区解放碑距离较远,这样的地域格局在国内非常具有特色。重庆城特殊的城市结构导致了特殊的交通结构,这样的地理特征难以形成其他城市的主城区环线概念。正是山城的地貌和长江、嘉陵江流经城区特点,使得重庆的商圈分布以团状为主要特征,目前重庆基本上是以解放碑、江北观音桥商圈为全市商业中心,并辐射到其他区形成沙坪坝商圈、杨家坪商圈、南坪商圈等多个层级商圈,形成了重庆主城区脉理。

珠海环状商圈分布：在城市发展过程中由于口岸老香洲、新香洲等区域开发较早，形成商业繁荣，后来城市扩大，板障山开通隧道，商业绕开山形地理向西部和周边扩散，形成弥漫式的环状商业布局。

2）城市商业规划

众所周知，商业选址或城市商业空间布局对商业经营具有重要意义，在"新零售""新业态""新商业载体"推动商业、商业地产进阶的今天，仍然有其价值意义。然而，选址的空间范围却是一个外生变量，商业用地选择只能在这个外生变量的约束下进行，这个给定的框架或外生变量就是城市商业规划。显然，城市商业规划对商业布局具有重要影响，从而直接影响商业经营。

从发展商业来看，通过放松控制不断使新的投资者进入市场是好事，可以增进商业活力和地方经济活力，然而，从城市商业规划的角度来看，新投资者的不断进入也可能加剧城市中心部商业的衰退，或对生活环境产生负面影响，特别是郊外的失控开发、建设更容易导致商业层级无序竞争失控，物业过剩。因此，只有树立城市规划原则在前、合理性原则在后的商业规划理念，才有可能解决城市商业的发展规则问题，进而保护商业地产投资的利益。

附 《上海市商业网点布局规划（2013—2020）》规划方案

一、规划背景

《上海市商业网点布局规划纲要》（以下简称《规划纲要》）于2009年9月由市商务委、市规土局发布。《规划纲要》发布实施以来，在规范和引导全市商业网点建设、合理商业布局、扩大消费需求、促进全市社会经济协调可持续发展等方面发挥了积极作用。

2012年8月，国务院39号文件《国务院关于深化流通体制改革加快流通产业发展的意见》指出我国流通产业自改革开放以来交易规模持续扩大，设施基础显著改善，新型业态不断涌现，已经成为国民经济的基础性和先导性产业，但总体看来仍处于粗放发展阶段，网络布局不尽合理，集中度偏低，信息化、标准化、国际化程度不高，效率低、成本高问题日益突出。各大城市应尽快编制商业网点规划，明确商业网点发展建设需求，制定合理的商业网点发展目标，并纳入城市总体规划和土地利用总体规划。

为了更好地顺应上海商业发展新要求，落实国务院39号文件精神并结合2009年的《规划纲要》，市商务委和市规土局在对全市商业网点发展现状实施评估的基础上，结合城市未来发展总体目标和空间布局导向，编制本次规划。

二、规划范围

规划范围为上海市域，重点关注中心城、新城、重点发展地区。

三、规划对象

商业网点主要包括零售业网点、餐饮业网点、生活服务业网点、主要大型商品交易市场。本次规划对象主要包括各级商业中心、特色商业街、重点发展地区商业、各类产业园区配套商业以及商业流通基础设施。

四、规划期限

规划期限分为三个阶段：近期2013～2015年；中期为2016～2020年；远景为2020年以后。

五、规划目标

按照上海市委、市政府"创新驱动、转型发展"和服务全国、发挥示范作用的总体要求，紧紧围绕上海"四个中心"和现代化国际大都市建设的战略，以建立统一开放、竞争有序、管理规范的现代化大都市商业流通体系为目标，以满足人民生活需求为出发点，以服务上海国际贸易中心市场体系建设为重点，统筹全市商业发展实际情况和未来需求，在市场机制作用下对商业网点建设进行调整、引导和规范，提升完善商业功能，促进商业模式和业态创新，满足多样化消费需求，引导城市建设和投资，建设布局协调、结构合理、层次分明、功能健全、配套完善、经营有序、可持续发展的现代商业网点体系。

社会消费品零售总额：年均增长8%左右。

商品销售总额：年均增长10%左右。

规划至2020年全市商业网点建筑总量宜控制在7500万～8000万平方米。

六、规划原则

1. 总量调控、统筹发展

实行商业设施规模总量调控，优化存量商业结构，提升能级，结合城市重点发展地区、综合交通枢纽和郊区新城等，统筹规划商业网点布局。

2. 空间引导、优化布局

从城市发展实际出发，以满足居民消费需求为前提，构建多层级商业网点布局体系。立足于国际大都市建设的目标要求，坚持高起点规划、高品质建设、高标准配套。立足于适应消费需求升级和国内外商业发展新趋势，积极引进各类新兴消费业态和国内外商业品牌。立足于塑造城市特色形象和功能，充分利用城市文化、历史建筑、旅游资源，传承城市发展脉络，建设商旅文融合发展的特色商业网点和特色街区。

3. 分类指导、提升功能

根据中心城、郊区新城、重点发展地区、大型社区、各类产业园区等不同的特点和条件，进行分类指导，合理布局商业网点。鼓励发展新业态、新模式、新技术。优化商业结构，完善商业功能，提升商业能级。

4. 环境优化、协调发展

充分发挥城市综合交通体系的支撑作用，引导大型商业网点停车等配套设施建设，合理安排商业网点空间布局和建设规模。注重环保、节能、低碳、智能，倡导商业生态平衡，发展绿色商业，促进商业商务与人口、土地、环境协调可持续发展。

七、规划布局

1. 总体空间布局体系

根据城市发展历史、商业建筑总量、服务覆盖范围、商业综合功能和未来发展趋势，以及各个特定区域的区位条件、资源基础、商业影响力与发展潜力和趋势，在全市构建三级商业网点体系：市级商业中心、地区级商业中心和社区级商业中心。考虑商业网点发展规律以及城市发展新趋势，规划兼顾特色商业街、重点发展地区商业、各类产业园区商业和商业流通基础设施的布局引导。

2. 市级商业中心

市级商业中心以城市总体规划确定的市级公共活动中心和综合性商业街区为主要空间载体，服务于国内外的消费群体，商业设施高度集聚且总建筑面积不低于50万平方米。

规划14个市级商业中心，分别是南京东路商业中心、南京西路商业中心、四川北路商业中心、豫园商城商业中心、徐家汇商业中心、中环（真北）商业中心、淮海中路商业中心、小陆家嘴—张杨路商业中心、五角场商业中心、中山公园商业中心、国际旅游度假区商业中心、虹桥商务区商业中心、大宁商业中心（远期）、真如商业中心（远期）。

3. 地区级商业中心

地区级商业中心与地区公共活动中心相结合，服务于本区域及周边区域的消费人群，依托交通枢纽、旅游景点、大型居住区和商务区，商业设施总建筑面积不低于30万平方米。

外环线以内规划形成22个地区级商业中心，包括控江路商业中心、打浦桥商业中心、共康商业中心、长寿商业中心、曹家渡商业中心、淞宝商业中心、塘桥商业中心、外高桥商业中心、金桥商业中心、北外滩商业中心、南方商城商业中心、北中环商业中心、天山商业中心、长风商业中心、南外滩商业中心、前滩地区商业中心、唐镇商业中心、世博园区、徐汇滨江地区、新虹桥地区、杨浦滨江地区（远期）、苏河湾地区（远期）。

外环线以外规划形成28个地区级商业中心，商业网点布局应与新城总体规划相衔接，与新城总体布局、功能定位、产业结构、文化景观相协调；与新城社会经济发展水平、人口分布、购买力水平相适应；与中心城形成错位和互补，形成不同的发展模式和特色。

4. 社区商业中心

社区商业中心以社区编制单元为基础，主要服务于本社区居民，以便民利民、满足和促进居民综合消费为目标的属地型商业中心。社区商业设施以块状为主、条状为辅，采取相对集中或集中与适当分散结合的布局方式。社区居住人口在5万人以上的设社区级商业中心，服务半径800~1000米，商业服务设施总建筑面积人均不少于0.9平方米；社区居住人口在1.5万~5万人的应配置居住区商业，商业服务设施总建筑面积人均不少于0.45平方米；社区居住人口在1.5万人以下的配置街坊商业，商业服务设施总建筑面积人均不少于0.15平方米。

5. 特色商业街

特色商业街一般位于各类商业中心、商务区、旅游景区等周边交通便利处，以带状街道建筑形态为主，长度一般以300~800米为宜，主营行业特色店数量占街区内店铺总数的70%以上，主营行业销售收入占商业街销售总收入的70%以上。突出商旅文结合，以体现特色商品的专业店、专卖店或特色餐饮服务、文化休闲服务业为主，适度设置相关配套服务设施。

6. 重点发展地区商业

结合重点发展地区的功能定位、服务人口、主导产业和空间资源，确定虹桥商务区和国际旅游度假区为市级商业中心，世博园区、前滩、徐汇滨江、临港地区、杨浦滨江、苏河湾、新虹桥商业中心为地区级商业中心。

7. 产业园区商业

产业园区主要包括工业区、文化创意园区、高新技术园区、科教园区等。园区商业主要面向园区内工作和生活人群，提供购物、餐饮、休闲、娱乐和其他生活服务，规划商业服务配套设施占总建筑面积的比重10%左右。

8. 商业流通基础设施

商业流通基础设施包括农产品批发市场、重点物流园区、再生资源回收站、二手车交易市场。

本市重点建设"一主一副"两个农产品中心批发市场；农产品区域批发市场在中心城不设置，在外环线以外地区10公里半径内不重复设置；外高桥物流园区建设国家级上海粮食批发市场，东方国际水产城和江阳水产市场建设水产品专业批发市场；本市不设置活禽专业批发市场。

规划重点建设洋山深水港、外高桥、浦东空港等物流园区。

按照"便于交投"原则，全市规划建设10个专业性分拣加工中心。中心城每3000户居民、郊区（县）每4000户居民应建设社区回收点。每个街道（乡、镇）配置建设一个回收站，面积不低于100平方米。

规划新增2个二手车交易市场。

附图（略）

1. 全市市级、地区级商业中心布局图
2. 中心城市级商业中心布局图
3. 中心城地区级商业中心布局图
4. 外环线以外地区级商业中心布局图

第三节　商业地块价值分析

商业地块的价值主要受到商圈、位置以及地块的自身条件影响，后期的业态定位、商业运营是体现价值的过程，所以不能对后期运营工作有过多的期待而轻视前期的用地选择。

一、商圈判断

在全球物联化进程中，商圈理论也将发生变化，这种变化不仅改变了商业经营的方式，也对商业地产的商圈和位置价值评估依据发生改变。"物联化商圈"改变了以消费者作为变量因素来考虑商圈的基点，商品送达时间和成本形成的空间范围，将成为新商业载体的商圈价值考量依据。

1．商圈定义

商圈是指一个商业地产项目所提供的商业服务范围，也可以指商店或某类商品的组合对周边消费产生吸引力的范围，商圈确定是整个项目立地的基础。商圈大小影响商业地产的价值，按照不同消费者：来源构成，商圈可分为都市商圈、区域商圈、多社区商圈和社区商圈以及旅游型商业项目的商圈。对商圈调研的目的主要围绕几个方面：

1）商圈辐射面积及人口数量，包括人口密度、消费能力评价和消费水平分析等。

2）在这个范围之内，其他商业的分布、规模、品牌、经营和生存状况以及租金收益水平等。

3）分析与城市其他商圈是否重叠、交叉的影响性以及受上一层级商圈覆盖的影响性。

4）计算在这个地理区域内商业地产的饱和度以及人均商业面积是否过量。

5）找出商圈内的交通障碍，如道路设施不便、停车不便、过度拥挤等。

6）商业因素：区域商业竞争是否激烈、未来变动趋势、商品供应商对这个商圈进驻的意向等。

2．商圈范围、圈层

每一个商业地产项目都有其商圈范围，不同类型的项目，商圈范围也截然不同。概念中的商圈是规则的同心圆，但是实际上它是由不规则的地理空间组合的，形成了商圈内的各个消费组团。各个组团根据其位置距离又可以分出圈层。通常，商圈可分为三个层次：核心圈层、次级圈层和边际圈层。

1）核心圈层——约占50%~70%的人流量；

2）次级圈层——约占15%~20%的人流量；

3）边际圈层——约占10%左右的人流量。

那么，每个圈层所包含的人口数量计算的方式，如核心圈层是用"步行20分钟能够到达项目所在地的人口数乘以步行者占总人口的比率"加上"步行10分钟能够到达可以直通项目所在地的公共交通的人口数量乘以乘坐公共交通的人口占总人口的比率",再加上"乘坐小汽车20分钟能够到达项目所在地的人口乘以乘坐小汽车的人口占总人口的比率"加上少量骑车到达的人数,即得到了核心圈层所覆盖的人口数量。在我国,商圈普遍变小。

不同的商圈层级中核心圈层、次级圈层和边际圈层所包含的辐射半径也有所不同:在都市型商圈里核心圈层的半径在2000米以内,次级圈层的半径在2000～5000米,边际圈层超过5000米。在区域型商圈里核心圈层的半径在1000米以内,次级圈层的半径在1000～3000米,边际圈层则大于3000米以外。如果单一都市商圈的特大城市其商圈各圈层扩大至城市中心区边缘。

如果在商圈分界时遇到以下几种情况,将成为划分的自然边界:

1)凡超过40米宽的四线道以上或有栏杆、安全岛阻隔道路的情形;
2)受铁路、平交道的阻隔使人们交通受阻的情形;
3)受高架桥、地下道阻隔使客流流动受阻的情形;
4)受绿化带阻隔使人潮流动不易的情形;
5)受河道及大水沟使客流流动不易的情形;
6)因单行道阻隔使客流流动不易的情形;
7)客流走向与购物习惯相反的情形。

旅游型商业地产项目不受零售商圈理论的影响,其影响范围和旅游客源范围成正比,商圈呈漫放射状取决于它的特色型、体验性、唯一性等。

3. 商圈理论和"新商业载体"的商圈定义

1)传统商圈理论

从服务半径概念出发,取决于周边消费人口、商业设施、配套情况以及距离,形成一个商业穿透性的空间。目前国际上传统商圈确定法则有哈夫吸引力和法雷利法则,即传统商圈是可测的、有边界的,而且相对空间比较小。如城市中心大型超市的商圈边界大约为3.5公里,这是一个实验的证明结果。

哈夫法则(Huff Law)是美国加利福尼亚大学的经济学者戴维·哈夫(D. L. Huff)教授于1963年提出了关于预测城市区域内商圈规模的模型——哈夫概率模型。基本观点是商业特点决定商圈大小;交通条件优劣决定消费者的心理空间距离,从而是商店的影响空间使商圈大小产生变化。

哈夫概率模型的依据是引用万有引力原理,提出了商业设施的各种条件对消费者的引力和消费者去商业设施感觉到的各种阻力决定了商圈规模大小的规律。

哈夫法则的定义是:有购物意愿的消费者对商业设施(包括购物中

心、商业聚集区等，以下略）的心理认同是影响商业设施商圈大小的根本原因，商业设施商圈的大小规模与消费者是否选择该商店进行购物有关。通常而言，消费者更愿意去具有消费吸引力的商店购物，这些有吸引力的商业设施通常卖场面积大，商品可选择性强，商品品牌知名度高，促销活动具有更大的吸引力；而相反，如果前往该商业设施的距离较远，交通系统不够通畅，消费者就会降低前往的频率，根据这一定义，哈夫提出其关于商圈规模大小的论点：商业设施商圈规模大小与商业设施对消费者的吸引力成正比，与消费者去商业设施感觉的时间距离阻力成反比。商业设施各种因素的吸引力越大，则该商业设施的商圈规模也就大；消费者从出发地到该商业设施的时间越长，则该商业设施商圈的规模也就越小。

哈夫模型显示：从消费者的立场出发，认为消费者前往某一商业设施发生消费的概率，取决于该商业设施的营业面积、规模实力和时间三个主要要素。商业设施的营业面积大小反映了该商场商品的丰富性，商业设施的规模实力反映了该商场的品牌质量、促销活动和信誉等，从居住地到该商业设施的时间长短反映了顾客到目的地的方便性。同时，哈夫模型中还考虑到不同地区商业设备、不同性质商品的利用概率。

雷利零售引力法则（Reilly's Law of Retail Gravitation）是美国学者威廉·J.雷利（W. J. Reilly）利用3年时间调查了美国150个城市在1931年根据牛顿力学的万有引力的理论，提出了"零售引力规律"，总结出都市人口与零售引力的相互关系，被称为雷利法则或雷利零售引力法则。他认为一个城市对周围地区的吸引力，与它的规模成正比，与它们之间的距离成反比。用以解释根据城市规模建立的商品零售区。适合商业区，即商业共生圈对外部的影响。

2）其他商圈界定的方法

同时在业界还有关于商圈界定的一些经验方法，如：

（1）同心圆法：一个商业项目的服务范围可以用同心圆表示，先按照不同半径画出若干个同心圆，然后计算不同圈层内的人口、消费变化率，如果变化很小就可以确定商圈，有两种方法：一个是用人口密度的变化来界定；二是用不同同心圆间商品消费量的变化来界定。

（2）行车时间法：根据消费习惯、行车速度、不同地区的出行习惯来界定商圈。

（3）路线调查法：沿项目周围不同的街道调查，收集人口、商业、消费者的信息，根据以上资料进行确定商圈。

3）商圈分类和影响分析

商圈大小关乎商业地产的价值，按照不同消费的来源构成，商圈可分为都市商圈、区域商圈、多社区商圈和社区商圈以及旅游型商业项目的商圈。商圈层级中核心圈层、次级圈层和边际圈层所包含的辐射半径也有所不同：在都市型商圈里核心圈层的半径在2000米以内，次级圈层的半径在2000～5000米，边际圈层超过5000米。而在区域型商圈里核心圈层的半径在1000米以内，次级圈层的半径在1000～3000米，边际圈层则大于3000米以外；旅游型商业项目，不受零售商圈理论的影响，其影响范围和旅游影响范围成正比，取决于它的特色型、体验性、唯一性等。旅游商圈的定义可以适用"物联化商圈"，看其客源地和快递可达程度。

4）互联网时代的物联化商圈

进入互联网时代，传统的商圈理论已经无法完全包含"新零售"的服务半径，商圈的表述需要补充和丰富，才能适合"新零售""新业态""新商业载体"的商业进步；线上业态服务半径远远超过传统物理空间为商业载体的时代，2017年"双11"期间，天猫、京东的服务空间已经达到174个国家和地区。

理论上说起来互联网商业载体的商圈是无穷大的，其实际商圈大小取决于商品价值、物流成本和时间要求以及物联化技术水平，即社会化物流配送还是专递？成本如何？消费者对商品的时间要求、商品价值需求。这三者是确定某一类商品销售范围和市场空间的依据。

受网络影响，传统商业融合线上平台扩大了商圈，而"新零售"的展示、配送，服务直接扩大到消费者的居住区，即商圈、地缘和空间匹配，所以出现了O2O的商业空间区域性。商圈蜕生出虚拟、半虚拟和传统商圈的多空间性的同时，传统商业地产进阶为"新商业载体"，传统商圈认识应进化为"物联化商圈"。

虚拟商圈其实并不"虚"，它是物联化时代的初期产物，所谓的线上业态其实并不生产商品，没有实物交付功能，但是它连接了前期的需求、研发，形成生产信息，实现销售和交易（收款为依据），并且由下游的物流体系完成商品的交付甚至交割。

笔者所述的"物联化商圈"同网络世界一样宽阔漫无边际，但是涉及线上交易的后道服务（如商品送达）并产生实物交付和为此发生的成本，于是产生了成本决定商业空间的命题。这个成本无论谁支付，无论从何处出发，它总是包含在有限的商品收益和利润之内；这个有限收益中的**物流成本承担水平**，决定了这个商品、这个商业载体所服务的最大时空。其计算公式应该包含这些计算要素为：距离（distance）、时间（time）、商品质量（The quality of Product）、商品送达破损风险（保险）（Risk of breakage of goods delivered）、所花费的劳动力及其保险（Cost of labor and insurance）、物流社会化率（Socialization rate of logistics）——"综合效益"（Comprehensive benefits）。

我们可以知道商品送达的成本形成的原理，但我们不必计算，因为社会化的物流业态进过充分的市场竞争，形成了有竞争力的市场价格，这个价格包括了上述所有成本以及合理的利润。这个物流企业的公开价格，表明了可以送达的合理时间、距离，这个距离空间随着价格的变动而变化，价格越高，距离越远；送达越艰难，价格越高。

顺丰、美团的快递费用价格表见表5-6。

收费标准（历史价格） 表5-6

顺丰快递	起步价（元）	超重（小件）	超重（大件）
同城	10	需加2～5元	/
省内	12	需加2～5元	15元/公斤，超出1公斤另加2～5元
省外	20	需加2～5元	18元/公斤，超出1公斤加6～8元

美团外卖收费按交易金额的20%收取

基于各专业快递公司的送达费用，出现了价格—送达距离—的送达范围这样一个空间范围，这个范围笔者把它定义为"物联化商圈"，它消费者获得商品的另一个通道——送达方向来计算商圈半径和覆盖面积的（如果异地送达，城际运费及送至销售商的运输成本列入制造商成本，仍然会产生销售商送货的物流或者快递成本）。

重庆解放碑是较早进行传统商业地产向"新商业载体"转型升级的商圈。按照解放碑商圈的升级规划，未来将基于移动互联网技术，提速打造智慧商圈。在2018年解放碑商圈出现了京东线下首开店。基于物流成本和送达时间，盒马生鲜也在近期确定服务半径为3公里，无论是新业态的京东线下店和还是盒马生鲜，他们都在寻找合理服务的半径——"物联化商圈"。

在这样一个商圈变动的背景下，商业用地取地时的商圈分析需要重新认识和判断，认真评估"物联化商圈"对商业用地价值的作用和意义。基于物联化商圈的存在，在判断商业用地价值时，应当计算物联化商圈内的：物联化商圈覆盖的面积；消费规模（人数和相关消费支出）；消费人口的密度；物联化商圈消费力的分析；可能产生购物的频次；道路交通状况：到达各个主要送达区域的路径、非机动车道、红绿灯及其停留时间和概率；

物流（快递）企业的报价；项目建成后与其他重要商业项目的比较——效率、成本、安全性评估等。

需要注意的是：消费并不因为"新零售""新业态""新商业载体"的出现而发生巨大增量（商圈扩大除外），而是从商场交付转变为部分物流送达。在上述运用送达商圈——物联化商圈分析商业用地价值的同时，还要运用"哈夫法则""雷利法则"进行商圈定位和分析，以确定在"新零售""新业态""新商业载体"的背景下，可能还会到实体商业空间来的消费人群。

附 哈夫法则、雷利法则的计算公式

1. 哈夫法则数学模型的公式

$$P_{IJ} = \frac{\frac{S_J^\mu}{T_{IJ}^\mu}}{\sum_{J=1}^n \frac{S_J^\mu}{T_{IJ}^\lambda}}$$

式中，μ 表示卖场魅力或商场规模对消费者选择影响的参变量，λ 表示需要到卖场的时间对消费者选择该商场影响的参变量，通常 $\mu=1$，$\lambda=2$。

哈夫提出，一个商业中心 J 对消费者的吸引力可与这个商场的卖场魅力（主要用卖场面积代替）成正比（$J=1, 2, \ldots, n$），与消费者从出发地 I 到该商场 J 的阻力（主要用时间距离来代替）成反比。

利用哈夫模型设定地点 I 的消费者选择商场 J 的概率 P_{IJ}，

P_{IJ} 为 I 地区消费者到 J 商场购物的概率；

S_J 为 J 商场的卖场吸引力（卖场面积、知名度、促销活动等）；

T_{IJ} 为 I 地区到 J 商场的距离阻力（交通时间、交通系统等）；

λ 为以经验为基础估计的变数；

n 为互相竞争的商业中心或商店数。

由此可以推导出以下概率公式：

I 地区消费者光顾 J 商店概率 =

$$\frac{J\text{商店卖场吸引力}}{I\text{地区到}J\text{商店的距离}} \div \left(\frac{I\text{地区各卖场的吸引力}}{I\text{地区到各卖场的距离}} \text{之总和}\right)$$

I 地区消费者光顾 J 商场的人数 = I 区消费者光顾 J 商场的概率 × I 地区消费者的数量

哈夫模型的假设前提是：

1）消费者光顾卖场的概率会因零售卖场面积而变化，卖场

面积同时代表商品的齐全度及用途的多样化。

2)消费者会因购物动机而走进商场。

3)消费者到某一零售店卖场购物的概率受其他竞争店的影响。竞争店越多,概率越小。

哈夫模型的贡献:哈夫模型是国外在对零售店商圈规模调查时经常使用的一种计算方法,主要依据卖场引力和距离阻力这两个要素来进行分析,运用哈夫模型能求出从居住地去特定商业设施的出行概率,预测商业设施的销售额、商业集聚的集客能力及其表化,从而得知商圈结构及竞争关系会发生怎样的变化,在调查大型零售店对周边商业集聚的影响力时也经常使用这一模型。

2. 雷利法则的计算公式

雷利零售引力法则的公式:两个城市区域对其分歧点内(顾客在此点可能前往任何一个区域购买,这个点位于对顾客具有同等吸引力的位置上)的零售易吸引力,与城市区域的规模成正比,而与两个城市到分歧点距离的平方成反比。于是导出下列公式:

$$D_{ab} = d / \left(1 + \sqrt{\frac{P_b}{P_a}}\right)$$

式中　D_{ab}——A贸易区的销售范围,向B贸易区,以英里计算;

　　　d——在A和B城市间主要路段的英里距离;

　　　P_a——城市A的人口;

　　　P_b——城市B的人口。

二、消费研究

商业用地研究的另外一个重要因素是区域(城市)消费研究,即在一个封闭的空间(商圈内)有多少人口,有多少商业服务的需求,需要多少面积的商业物业,可以间接地分析出产生多少营业额和商业载体可以分配到商业收益以及坪效水平、物业价值等。

消费者消费行为的调查与研究,又称生活结构研究。目的主要在于收集区域内消费者的生活形态和特征,从人口结构、家庭户数构成、收入水平、消费水平、购买行为以及交通方式的选择等方面可形成一个对消费行为定量和定性的评估。

1. 商圈内的人口数量和人口密度

    按照平均消费支出细分,可以得出这个商圈内商业发展规模和限制。

2. 人口结构

    人口结构主要依据年龄、性别、教育程度、职业分布等进行分类整理,并对过去人口的集聚、膨胀速度以及将来人口结构的变迁进行预测。

3. 家庭户数构成

    依据家庭户数的变动情形及家庭人数、成员状况、人员变化的趋势,进而洞悉城市化发展与生活形态的变化。如近年城市的搬迁户以3~5人三代家庭为主,而CBD则以单人或两人的家庭模式居多。

4. 收入水平

    根据收入水平判断消费的可能性、消费能力以及目前的消费层次等。

5. 消费能力和商品价格水平

    消费水平是地区内消费活动的直接考量,尤其对零售业来说是最重要的衡量指标。据此推理出消费者的消费情形,并依据商品类别划分消费种类,计算出商圈内的消费购买力和消费倾向。

6. 购买行为

    通过购买行为,一是可以掌握消费者习惯性的消费市场、消费种类和服务;二是大致判断选择商品和服务的标准,以便对区域消费者的消费意识作深入探讨。

7. 对商业环境的要求

    包括人文气质,文化内涵,动静控制,艺术含量,雅俗要求等(表5-7)。

不同圈层消费需求　　　　表5-7

圈层＼消费	较高消费商圈	一般消费商圈
核心	品牌导向场景	体验、时尚导向
次级	品质导向场景	舒适、性价比
边缘	环境特色导向、性价比	内部场景价格导向

通过上述研究,判断商业用地在商圈中的圈层、位置与周边商业项目之间的关系,以及和消费——居住区、交通转送客源之间的关系。

三、交通条件

用地周边的交通条件,影响决定用地价值开发方向最重要的参数之一;有什么样的交通方式就有什么样的客流,有什么样的客流决定用地未来的业态定位和经营方式。

1. 交通方式与消费

   交通方式变化，可以影响消费者的购物习惯及消费内容。在消费者对不同业态的需求在花费时间上都有一定的心理尺度，交通工具的改变会在一定程度上影响购物范围的大小，同时交通便利也可以形成客流的有力支撑。

2. 区域城市出行方式与交通发展规划调查

   如果项目位置处在城市行政、经济、文化中心等人口活动密集的地方，则更易于城市机能的发挥，自然集中的人流能形成良好的商业经营氛围。当然除了这种情况外还受到区域城市空间结构和交通发展规划的影响，如：公共交通设施现状、交通体系状况；道路状况、通行量、区域城市性质与功能特点、各区域的城市机能组成、城市交通规划政策与方向。

   城市交通发展规划对商业地产的发展有着非常重大的影响，诸如大型社区的发展规划、商业区的建设规划以及城市新区的开发都将对项目的规划以及未来的经营产生直接影响，这些规划都建立充分人流输送能力之上。

3. 汽车的影响

   随着汽车越来越多地进入家庭，人们交通方式变化，由此导致了消费者购物习惯以及选择的消费内容的变化。在消费者消费的空间和尺度上，对不同的业态、业种的需求在路上花费的时间都有心理尺度，如对家庭日用消费品的需求主要就近完成，一般耗费在路上的时间在15分钟以内。在"新零售"兴起后，人们已经习惯在网上进行采购日用商品，大量日用商品营业额转移到网络上，使得商业载体上这些商品的比重不断萎缩，商场中因为这些客流的减少而变得冷清；而购买有时尚性、体验感的商品，或者非实物的服务商品等商品人们还会选择去大型商场或购物中心，人们愿意花费的时间比较长。而交通出行方式改变了消费的时间和空间距离，以前步行或骑自行车需要半个小时，由于汽车进入家庭，也许只需要10分钟。所以，对区域内消费者选择何种交通工具的研究非常重要。不同的交通形式有不同的消费方式，而不同的消费又决定了不同类型的商业物业交通条件和车位的配量需求。

   商业用地的规划是生活居住和客流、交通和商业三者关系平衡的结果。三者聚合（叠合法）程度越高，商业价值越高；反过来，三者中任何一个因素游离或聚合程度不高，都将对商业用地价值产生影响。

4. 交通工具类型和商业地产价值关系

城市不同的交通工具类型会影响商业用地的价值表现；因为不同的交通工具使用者，有着不同的消费能力的背景。我们按照使用交通工具和消费能力进行大致分类，可以得到表5-8。

不同等级交通工具消费特点　　　　表5-8

消费特点 等级	交通工具	消费能力
高档交通工具	中级以上小型轿车（含中级）	高
中档交通工具	中级以下小型轿车，常用出租车、轨道交通	中等
大众交通工具	公交车、自行车、摩托车等	一般

由于各个城市高、中、低收入者——消费能力的人口比重不一致，但是，各类交通方式对应的商业用地的价值表现和业态定位方向通用（表5-9）。

消费能力商业层次与交通方式　　　　表5-9

交通方式	特点	消费特点	业态针对点	消费能力
小轿车	人口数量少 消费能力强	中高端消费	品质提高，单次消费额	1
地铁等	人口数量中等 消费能力中等	中端消费	特色、消费性价比、诱导	2
公交车等	人口数量多 消费能力强	低端消费	价格特征、强调人口数量	3

说明1：消费能力强而客流数量又多，即使是满足其日常消费的超市业态，也会有良好商业和租金坪效，即使高尚居住区里的商业物业也是租金坪效很高的商业物业。

说明2：在消费能力中等，而消费客流数量多的同样产生很高的商业收益和租金坪效，如北京朝阳大悦城、广州太古城、上海徐家汇恒隆广场，均属于这种类型。

说明3：这类交通形式的商业用地需要数倍于1.2类型的交通形式客流，来支持商业用地价值表现，笔者曾经做过一个对比调查，一般超市和古北家乐福的客单价之比，仅为1/3，即每一个消费者对商业和租金坪效支持率相差1/3以上。

5. 路段条件

路段是指某段道路两点之间的距离，商业地块在同一条商业街上由于所处的路段不同，其价值也不同，这在本书基础理论部分归纳为"路段差"。

关于路段的解释不多，从城市管理角度来看是公共道路管理范围；从生活居住来看，是生活的区域方位和特定的生活环境。就商业地产而言，路段意味着商业价值。以上海南京路为例，其总长达5.5公里，为何在南京东路的河南中路、西藏中路之间以及南京西路的石门二路、西康路之间形成价值特别高，成为商业特别繁荣的路段呢？分析起来有如下四个方面的原因：

一是商业传统，已有大量商场聚集。这两个路段都是在上海解放以前，就形成的商业繁荣地段，新入市的商品，商店总希望在商业氛围浓郁、消费客流众多的商场内，以迅速提高知名度和缩短市场周期，而商品众多有比较，时常有新商品出现，成熟的商业地段又吸引了无数消费者。

二是交通便捷，客流的运载和承载力大。就上海南京东路而言，有大约100多个公交车站点和3条轨道交通线路在此设立，输送大量消费者。

在我国经济发展和消费水平提高后，交通中的车位因素又显得十分重要，车位是决定商业品质的关键因素。所以改造后的南京西路车位配置充分，这是其消费品质高于南京东路的原因之一。

三是路段（所在的道路区域）的知名度、辨识度和美誉度。这也是区域性的商业价值的主要构成，如北京三里屯。

四是地理空间位置，相对容易以更大的概率来聚集各个方面的消费人群。

这四个是构成路段价值的重要因素，在出让土地评估时，路段因素为影响商业用地价格的第一因素，一般不会对路段现时价值造成低估。

6. 位置

比路段更加精确显示商业用地价值的因素是位置。位置具有唯一性，是空间或街道上的一个点。在通常情况下，有两条或两条以上临街面的地块，由于拥有临街道路输送客流的优势，所以被视作最佳的商业用地位置。其次，一面临街的"旗地"，这个位置不在客流多维交叉的位置上，价值次之，位置的另一表述是地块到客流聚集中心点的距离，这就取决于交通工具的距离和停车便捷性。

7. 土地形态

1）对商业用地而言，最佳的土地形态是长方形的土地形态，其优点是便于布置、土地使用效率高、损耗少；相对较差的是不规则用地；最差的是三角形土地形态，因为三角形的土地形态，不利于商业建筑布置——没有商业建筑是三角形的；三角形的地块土地使用效率低，三个角的部分对建筑都是面积的损耗和浪费，三角形属于放射性的几何形态，容易扩散而不容易聚集。如巴黎凯旋门前的"星形广场"就是利用三角形这一放射形态的原理进行道路设计以疏通车流，避免堵车的。从心理角度分析所谓的"刀把地"也是不太容易被投资者和开发企业所接受的。

2）土地形态的另外一个因素是临街状况，一般规律如下：临街面多的商业用地价值大于临街面少的商业用地；临街长度长的商业用地价值大于临街长度短的商业用地；临街没有高差的商业用地比有高差的商业用地更有价值。

3）影响商业用地其他地块因素

路冲：（道路直冲的商业用地）不仅是人文或心理因素，主要是因为交通不汇集，使得客流安全具有不确定性，造成消费者不敢贸然进入，加上传统文化中的"风水"言论，更使得这类用地价值不被看好。

断头路（道路端头的商业用地）：通行性和游逛性差，仅单向客流，所以价值也会受到影响。

弧形道路边上的商业用地——弓背路：虽然展示性较好，但不利于客流车流的停靠，而且是交通事故率较高的路段；凹陷路：可视性、展示性差。

用地建成物业后朝向问题，前文已有陈述，不再赘叙。

8．商业用地的经济技术指标

1）**建筑密度**：对于单纯的商业地产项目而言，**最主要的经济技术指标莫过于建筑密度**，而非一般有关开发规模的"容积率"。根据笔者总结出来的"楼层差"原理，底层商业物业价值最高，二层次之，三层再次之。那么建筑密度越高，底层商业物业面积越大，商业用地的楼层价值大，资产的价值也高。通常情况下，建筑密度指标的制定，透露出城市规划对该幅商业地块的建设意愿和商业的期待，并对项目开发产生不同的影响。

当建筑密度设置在25%~35%时，反映了政府的景观商业意愿，但是商业聚集度低，适合开发环境优美的休闲类商业地产项目。这类建筑密度往往是复合性商业地产项目。

当建筑密度设置在35%~45%时，反映了政府对项目中度繁荣的意愿，这项指标适合开发购物中心、商业街、市场类业态。

当建筑密度设置在45%~55%时，反映了政府对项目商业繁荣的意愿，这项指标适合开发区域购物中心、室内市场、百货等业态。

当建筑密度设置在55%以上，反映了政府期盼该项目商业高度繁荣的强烈意愿；该类地块往往也位于城市中心繁荣商业区域的重要位置上。由于地块优质，项目会有投资金额大、开发周期长、适合做持有经营的物业资产的特点。

2）容积率：商业建筑的容积率大意味着开发规模更大，投资规模更大，发周期延长等。相对产品性开发，持有物业开发和复合型开发具有不同的物业形态和产品类型抉择需求（表5-10）。

容积率与建筑密度关系　　　　　　　　　　　　　表5-10

容积率＼建筑密度	35%	45%	55%
1～1.5	2层以上商业街或商场	3层商业街或商场	3层以下商业街不考虑商场物业
1.5～2.5	3层以上商业街或商场	3层以上商业街或商场	3层以上商业街或商场
2.5～3.5	少量商业街部分多层商场	少量商业街部分多层商场	部分商业街、部分多层商场
3.5～4.5	极少商业街、多层商场	少量商业街、多层商场	少量商业街、多层商场
4.5以上	多高层商场	极少商业街、商场为主	极少商业街、商场为主

说明1：容积率越高，低层商业街越少；密度越大，商业街的布置空间越多。

说明2：容积率越高意味着，须持有经营的商场物业比重越大，可以实现销售的街铺物业越少。

说明3：容积率越高，对投资开发的资金要求越高。

3）兼容功能：在商业用地判析时，关注可以兼容的其他商业性质功能，如酒店、办公、公寓等。通过兼容功能的市场调查，可得到这些功能形成的产品、市场价格、收益水平和去化速度等数据，为地块的发展策略、功能定位、经济分析提供决策依据。

政府相关机构包括城市规划委员会、规划部门以及土地部门在推出商业用地时，大部分已经进行了模拟规划设计，对各功能及经济技术指标进行控制，投资商业用地须了解土地出让的意图和充分解读规划关于各项指标的效益和投资要求。不可以本企业的理解为主张而不顾及政府出让商业用地时的规划意愿，其结果会消耗很长的时间来研究、沟通和设计方案。

也有一些区域政府为了发展经济，充分调动投资者的积极性，由投资者按照经营需求自行决定一些技术指标的，即"先详规、后控规"的方法，这时投资者（开发商）和方案设计机构一定要仔细认真研究区域经济、产业发展和商业发展的规划和项目所在商圈的实际，达到既能满足区域政府的发展经济和产业的愿望，也能使得投资者获得良好收益，且满足当地消费增长的诉求，这样才能得到政府和当地人民群众的认可，在用地取得时获得竞争优势，取得目标用地。

第四节 商业地产市场研查和研究

通过历史成交价格记录、总体市场态势和物业资产价值变化曲线、发现地块价格值域；通过区域商业规划，未来商业用地的供应量，消费和商业物业需求找到商业地块的价值趋势。

商业地产市场调查和研究对象是商业地产市场和特定区域内商业地产项目、物业的价值表现，包括项目、物业的供求关系、价格、收益变化态势、产品去化以及市场的物业需求。

商业地产市场研究对象是"两个空间"和"三个市场"，即对现在市场和未来市场进行调查研究。通过对现在市场的调研以了解市场真实态势，通过对未来的市场调研得出这个项目的发展趋势；而"三个市场"分别从商业地产的产品交易价格、租金和收益以及商业发展进行研究，使项目开发、经营具有良好的市场认识。

一、未来的市场空间

主要从规划、获批和在建项目入手。

1. 城市规划研究

城市规划研究包括：居住、商业、交通等方面的规划的研究，判断居住、交通等商业相关专业发展规划的影响和实施年限。

1）居住区规划：居住区规划分成建成区和规划区。对于建成区的建筑年限、建筑陈旧程度以及居住人口密度的研究，来反推规划区的规划人口密度、数量是否合理以及规划的实施年限是否合理。我国现有城市人口控制密度平均一般为10000人/平方公里。而老的建成区或旧城区的人口密度远远大于这个比例数，甚至到达了3万~5万人/平方公里的水平。这就导致了环境差、交通堵、秩序乱的局面。于是有了人口外迁的趋势。那么，这个居住区规划，就有实施的可行性。对居住区的规划判断还有如下经验可以借鉴：

（1）居住区规划空间越大，商业层级越高，商业和居住区规划之间的关系如下：

5万平方公里以下：便利型社区商业；5万~20万平方公里：生活中心；20万~30万平方公里：多社区型、区域商业中心；30万~50万平方公里：区域商业中心或新城商业中心；50万平方公里以上：城市新兴商业中心或都市型商业中心。

（2）居住区规划面积越大，意味着导入人口越多，商业配置面积越大，是商业地产发展的空间机遇。但是居住区规划面积越大，导入人口越多，也意味着居住规划区的成熟周期越长。如果商业地产按照空间规划而不注意实施周期，可能会导致投资失败，这是由于我们正处在高息时代，资金成本很高，如果注重人口规模而不注重人口导入速率，将可能因财务成本过高，而导致投资失败。

人口导入速率（R）、商业繁荣度（P）、物业价值（V）和资金成本（C）这四个变量之间的关系可以表示为：

$$C = K \times R \times P \times V \times C$$

人口导入速率 $R(\uparrow) \to$ 商业繁荣度 $P(\uparrow) \to$ 物业价值 $V(\uparrow) \to$ 资金成本 $C(\uparrow)$。K 为调节系数。

（3）新兴居住区（城区），出让的商业用地由于消费成熟度不够，土地出让价格较低，将出现土地价值增长和资金成本的比较关系的问题，在土地价值增长明显高于资产成本时，是开发企业可以率先进入的机遇，在这个条件下，可以考虑商业配套作用会给投资者带来周边土地的增值，如上海徐家汇区域、广州天河区域、南京河西区域都是商业带动周边土地升值的范例。这样才能平衡新兴居住区商业用地的投资和效益关系。

2）交通规划

笔者在前面章节已经阐述了交通和商业关系，在实际判断中，有这样的思考和运用：交通等级决定商业规模；车位配置水平决定商业品质；客流运能决定商业繁荣程度。通过交通规划体系分析，了解商业地产类型和价值表现。了解交通规划可以间接判断未来相关的商业地产价值和价值表现。其关系表现为：客流承载水平=物业价值，客流承载水平包括人数和消费能力。

3）商业规划

按照已有商业设施和规划商业设施两部分来进行规划。

商业改造：在"新业态""新商业载体"的商业地态进阶的背景下，我们有大量的商业物业需要改造升级。已有的商业规划往往是从拆旧建新、业态提升和形象重塑这三方面入手的。①拆旧建新往往是对物业过于分散，物业建筑条件不适合商业发展经营进行调整规划，同时包括场景重塑、设备更新；②业态提升是为了提高商业繁荣程度，并且也有提高商业物业价值的作用；③形象重塑——商业建筑是公共建筑，如果形象不吸引人,同样会影响商业物业价值表现。

新建商业的规划基本原则:按照导入人口设置商业规模;按照消费能力、增长趋势,调整业态;按照国际时尚塑造城市商业形象;按照区域消费审美控制风貌特色;按照"新零售""新业态"的要求,建设和时代发展、科技进步、消费升级相符合的"新商业载体"。对于过剩的、不合理的面积、功能应当调整为其他商业功能。

规模和品质是影响商业地产价值表现的两大要素:一是新建商业规划没有规模控制,将导致商业物业供大于求,人均控制面积大于2平方米/人以上,将导致区域部分商业物业空置。而空置的商业物业为了出租取得收益,会采用"降收求租",即采用降低收益,以谋求出租,最终导致区域性的商业物业价值下降。

二是业态设置必须和区域购买力相匹配,业态的品质过高,无法生存,而业态品质过低,导致部分消费外流。这两种情形都会影响商业物业的价值无法正常得到体现。

4)理性判断规划

理性判断规划,主要有三个方面:一是城市地理环境、经济社会发展水平和商业定位的合理性判断;二是商业诸要素(包括业态、消费、交通等)的和谐性;三是市场认同。

(1)城市地理、环境、经济、社会发展水平和商业定位的合理性判断。由于我国在太平洋西岸,我国沿海城市空间一般发展方向是向西,人口迁移主要方向也是向西,如果商业地产主要发展方向布置在东侧就显得不合理了。

在山地城市,平地容易汇集客流,如重庆商业聚集地方多为"坪""坝"就是这个原因。反之硬性把商业规划在山地和坡地上,一是破坏了自然地貌,二是增加了消费或采购成本,如遵义某项目在高差60米的山地上规划了大型商业中心,其开发成本之大,远远超出了平地的成本。

过于超前的业态设置,也会导致商业和商业地产失败,如我国中西部许多中小城市,都有奥特莱斯的定位,这显然与当地消费水平不相匹配。

(2)商业从属于人们的生活。商业和消费之间必须要有合理的交通设施,三者结合的和谐程度越高,越容易繁荣,反之则会趋于失败。按照中国人的购物习惯、中国商业密集程度高、消费比一般国家便利的特点,按照"商圈"理论,和消费成本、体力成本、交通成本、时间成本分析,得出下列表5-11。

不同商业类型消费特点　　　　　　　　表5-11

交通 商业类型	距离	交通方式	时间	频次	业态商品
社区	1公里	步行、自行车、快递	步行20分钟之内	1周2次以上	日用品、超市等
片区	3公里之内	自行车、公交车、地铁、自驾、快递	15分钟之内	1~2周1次	大型超市、特色餐厅、影院、运动
区域	5公里之内	同上	20分钟之内	2~3周1次	大型超市、时尚商品以及餐厅、影院、运动
城市	超过5公里	同上	1小时之内	1年数次或不定期	时尚商品、聚会、大型活动
特色和旅游	15公里以上	同上	不定期	不定期	目标消费品、品种齐、价格低

（3）市场认同。笔者就社区内业态设置曾经做过一个问卷，几乎所有的抽样问卷都回答：设置大型超市。从商业布局现状看，这个区域不适合开发大型超市了，因为在10平方公里，15万人口的商圈内已有3个大型超市了，最远距离也就是3公里，几乎在每户人家1.5公里之内都有大型超市，大型超市在中国的城市中心区服务范围在3公里以上，那么这种诉求有时也会在规划征询反映，显然是不合理的。商业地产的直接使用者是商业经营和消费对象，间接参与者是政府、规划部门、投资者和开发商等。除了消费者之外，其余四方需要更加注意商业地产市场效益，没有效益的商业地产项目，是缺乏市场性的，不会有理性投资者（包括商业、物业、资本）。

（4）对保有量的评估：现有物业的保有量、在规划中的商业项目以及在建的商业项目进行统计。未来城市商业物业总量预期=现有物业总保有量+在规划和在建项目的开发量+（规划中的土地×规划指标系数）

在存量时代，商业物业人均配置面积大大超过实际所需，那么在整体不被看好的前提下，商机存在于商业地产的"新旧载体"转换和细分市场、业态升级中，如上海静安（原闸北）就是在区域市场和业态升级中找到了发展机会。

5）商业地产的区域分析方法

由于商业地产的基本属性是不动产，具有不可移动性和不可复制性，其价值通过服务范围——某一特定商圈予以表现，所以，在这个服务范围的空间中，商业地产，尤其是同质化的项目规模，影响到新增或投资项目的价格表现，即研究这个商圈中商业物业以及后期开发的商业地产项目形成的区域性的总供求关系、价值趋势，来对即将投资或开发商业项目进行分析，以判断未来市场价格趋势。与此同时，依据商业地产不动产的特性，进行区位、适合开发类型、商业地产进阶机遇、业态升级机遇的研究，可以找到项目发展方向。

商业地产是房地产的一个具体分类，在其内部还是可以按照区位、交通、业态设置等条件进行细分，从而达到有效开发，产生价值。如前文提到的新疆某项目应在这样的市场背景下，必须彻底改变定位、规划以及发展策略的调整，和上述项目业态定位实现差异化（表5-12）。

业态调整　　　　　　　　　　　　　　　　　　　　表5-12

对策项目 变动内容	市场状况	项目变动	对策思考
环境	城镇中心	新区、景观	环境利用，把不利变有利
业态	零售	商旅、体验	按消费、商旅一体化发展趋势，找到差异化的出路
建筑	商场式建筑	街铺建筑	前者不易分散销售、后者可以分散销售
产品	商场式物业、包租	街铺产品、业主自营	街铺产品得房率高、独立性强，更受市场欢迎
项目市场表现	不宜拆分销售	细分产品少、业主权力清晰、去化快	商场物业总量过剩，而街铺物业市场稀缺，后者表现明显优于前者
资金状况	资金回流慢	资金正常回流	后者有去化，即有资产回流，使投资效率提高
投资收益	投资对象少、售价下降	同类产品少，虽容积率略降、售价提高	后者放弃少量容积率指标，但是提高了售价，在实现目标收益，加快资金周转，降低风险取得优异的经济效益

这个案例虽然是个案，不足以证明所有项目都具备如此调整机遇，但是这个案例提供给我们对于改变市场不利因素的启发是：利用环境、位置条件，改变业态、建筑形态、调整产品、运营方式等，可以改变市场不利环境和经营状况。

6）报建、在建项目的研究：这类项目是未来即将出现的商业地产项目或物业，对同样处于定位、报建的项目有直接的影响，主要研究内容有开发企业的知名度和品牌；由于项目均未建成，影响市场的不仅是项目定位、规划和策划，更重要的是开发商的知名度和品牌，尤其是有成功案例的企业更加能获得市场的认可。

项目基本信息：位置、规模、开工、竣工时间等。

招商：尤其是主力店，特色业态；特色店，有号召力的品牌店；招商进度、落实情况等。大型项目的竞争就是商业的竞争。部分商业企业的发展策略中，对区域、位置、选址有明确的限制，往往在同一区域，不会再开设第二家同类店，所以商业资源的竞争是项目间竞争主要内容。

开发类型及销售面积：开发类型相同时的正面竞争，如可销售面积大，意味着商业地产产品增量大，如果项目也是部分产品型开发，就看产品竞争的课题。

产品定价：结合"十个差比"的进行研究，"路段差、物业差、位置差、楼层差、面积差和业态差"等差价情况，可以正确了解市场上产品属性和价格关系。

未来项目运营方式和运营公司：运营模式和运营管理公司是否有管理体系和成功案例，运营管理取费情况，这也是项目间的竞争比较点，通常是引进有成功案例、品牌知名度高的运营机构，来支撑项目的运营体系的品牌塑造。

收益率：如果有委托管理的项目或自营部分，需要调查区域市场的一般收益率和该项目目标收益率是多少？

市场影响力调查：抽样调查目标对象的市场口碑、认知度。

了解了上述情况可以对自身项目作出策略性的调整。

7）未来资产价值变化趋势的判断

传统商业地产的估价方法有"市场比较法"和"收益法"，由于商业地产的投资和物业资产的属性，笔者提出"趋势法"，即以未来的估值作为投资、收购、定位的参考依据，这样才能真正实现商业地产的价值投资意义。在高科技时代，传统的商业地产估值方式已经不太适应"新商业载体"的价值评估，高科技打开了商业地产的空间值域。对商业地产价格及趋势研究，有利于我们在"新商业载体"的理念下，重新评估商业地产市场项目制定发展策略和未来建立定价体系。关于"新商业载体"的估值预期："新商业载体"在运营过程会重新塑造商业地产价值，过去一些影响商业地产价值表现的因素可能消失或改变，如客流、提袋率、甚至营业额，部分商业地产类型如某些家居市场，虽然物业拥有者未获得流量，但是仍可以得到不菲的租金。

商业地产资估值体系的变动：商业地产估值有三种常用的办法：一是收益法；二是市场比较法；三是趋势法。前两种方法来自于房地产估价原理，这两种方法对资产属性的商业地产适合性不够，因为投资是对未来收益评判而作出资本投向的决策，所以笔者又提出"趋势法"，即对商业地产未来价值变动趋势作出估测和投资的参考依据。但是科技发展带来的价值变动，更值得人们重视，这是前期研究不能跟进的课题。

在高科技飞速发展的新时代后，高科技改变传统零售业的生态条件和基因，进化为"新商业"或"新零售"，商业地产也进入"新商业载体"的进化进程。其实零售业一直都在进化中，从树下物物交换到里坊分置、百货、超市的出现，商业地产一直随着科技进步、业态升级而进阶。进入高科技时代后，这次科技进步比起人类历史上前几次而言，这次变化更大，而商业地产也随着业态升级进阶为"新商业载体"，进阶后的价值区域空间变得更加开阔。以致于出现了小米门店出现了"八倍坪效"之说。

笔者在"商业地产4.0"一文中里提出,互联网时代商业地产估值因素的会增加,要关注的消费数据资产有"点击""流量""下单""复购""好评"等要素。在"新零售"业态出现进入实际运营中,发现变量指标更加丰富,**传统的商业地产效益考核指标由"坪效"转变为"流坪效"**。其中主要有三个增值指标:

效率——商场培育周期缩短。从遵义阿里House Pro的经验来看商场物业,消费者从网络上得到信息,再到现场体验,缩短商业的培育期同时这种"数据资产"转化成"到场率"——现场流量——"到场率"又可以使数据资产的纯净度提高和优化。对线下的实体商店而言,马上得到了区域有效客户资源,到达Ω点的建设区块使得开店的成熟周期大大地缩短。从商业地产升值周期规则来看,穿透"三线"投资成本线、运营成本线、真实盈利线的周期会变得很短,就商业地产资产估值而言,价值增长的周期缩短了。

图5-5显示,新零售背景下,商业地产收益增长速度快。

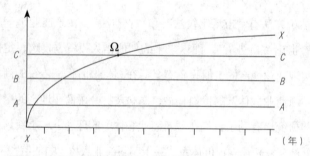

图5-4　传统商业地产价值增长态势示意图
A投资成本;B运营成本;C业态平均收益;X实际收益线

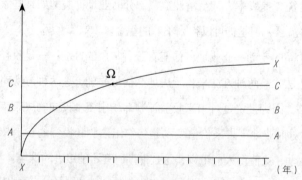

图5-5　新商业载体价值增长态势示意图
A投资成本;B运营成本;C业态平均收益;X实际收益线

图5-6　线上向线下传导

稳定性——两个空间融合更加密切。毫无疑义：线上是消费学习的最佳场所，但是检测学习成果的却是在现场体验和商品交接。

由于线下体验的真实性，增强了线上会员（粉丝）的忠诚度和稳定性；而线下场景的创意、活动质量、频次，同时充盈了线上数据，增加数据资产的稳定性。

体验、流量、数据资产的共生共享——形成了新零售时代背景下的商业地产价值稳定增长的模式。商圈变动对商业地产价值变动的作用不言而喻，而互联网传播、交易的广域性、即时性、交流和互动性也会成为"新商业载体"增值的巨大动能。增值极限被击穿，未来将出现超高价值的商业物业产品。

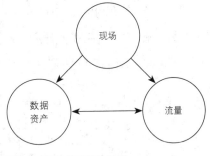

图5-7　线上线下转换关系

二、现时市场空间研究

通对项目所在城市的商业地产市场总体状况了解，研究项目所在城市的商业格局、商圈分布、各商圈中主要商业经营状况、社会商品零售情况以及人均商业面积配置水平等，可使投资开发商业地产有统揽全局和系统分析的能力。

1．城市商业格局研究

商业作为整个城市功能和空间系统的有机组成部分，其分布与进步要服从城市空间和功能分配。因此，一个城市的空间特征必然会在商业布局上有所反映，以山东省的济南市和青岛市为例。济南在传统上属于单核城市结构，因此以前济南商业只有一个核心或者相对集中的一个商业核心组群。而青岛传统上的城市空间属于典型的组群城市，整个城市沿着胶济铁路相对分散地布局成市南—市北—四方和李村—沧口等相对独立的城市组群，因此过去青岛商业一直就有中山路商圈、李村商圈等几个距离较远的商业核心，分布分散。

城市商业格局除了与静态的城市空间布局相关联，还与城市的空间、功能扩张和收缩密切相关。红星美凯龙在利用城市空间扩张、发展家居和购物中心方面取得巨大的成功，土地增值使企业资产价值不断上升。

除了城市空间的这种外延式扩张之外，还表现为不同发展水平之上的城市要素和功能布局调整。城市发展经验表明，较小规模的城市在发展中表现出各种要素资源向中心聚集的规律，而大城市在发展到一定水平后，人口、消费、商务等资源会逐步从中心向城市外围扩散。上海虹桥交通枢纽形成后，会展、商贸商务的氛围形成，成为上海新型的"TBO"，即交通带动型的商业中心。

2. 商圈分布及各大商圈主要商业经营状况研究

一般中小城市往往只有一个核心商圈，20世纪90年代前的南京，由于商业要求十分集中于"新街口"，使得这个商圈十分繁荣；而组团型城市，则可能出现"一主多副"或多中心商业格局。进入21世纪后城市化进程加快，商业地产高速发展，大部分城市形成了多中心的商业格局。以西安这座城市为例。西安是省级的商业中心，辐射全省，但西安商业发展不均衡，钟楼商圈、小寨商圈和长乐商圈三大商圈最为成熟，钟楼商圈为核心商圈，小寨商圈因时尚度高成为西安新商业聚集型的中心。随着二环商业带规划实施，城市空间扩大，人口外迁，曲江商圈因增量的居住人口消费能力而形成，城西商圈也在迅速发育中（图5-8）。

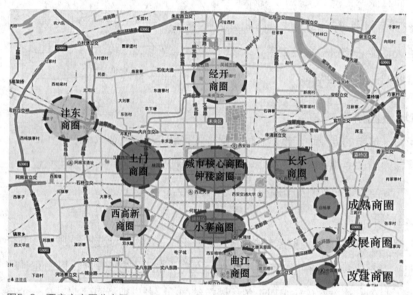

图5-8　西安市商圈分布图

对商圈调研的目的主要围绕几个方面：一是了解商圈辐射面积及人口数量，包括人口密度、消费能力评价和消费水平分析等。二是了解在这个范围之内，其他商业设施的分布、规模、品牌、经营和生存状况以及租金收益水平等。三是分析与城市其他商圈是否重叠、交叉的影响性以及受上层级商圈覆盖的影响性。四是计算在这个地理区域内商业地产的饱和度以及人均商业面积是否过量。五是找出商圈内的交通障碍，如道路设施不便，停车不便，人口过度拥塞等。六是了解商业经营情况，包括区域商业竞争是否激烈、未来变动趋势、商品供应商对这个商圈进驻的意向等。

3. 城市商业经营情况

是商业经营状况的指数和营收分析，这种商情分析的资料对研究区域商业生存、发展状态、商业地产投资开发很有帮助，这是市场研究需要收集整理的资料。在各类与消费有关的统计数据中，社会消费品零售总额是表现消费需求最直接的数据。社会消费品零售总额是国民经济各行业直接售给城乡居民和社会集团的消费品总额。它是反映各行业通过多种商品流通渠道向居民和社会集团供应的生活消费品总量，是研究所在城市零售市场变动情况、反映这个城市经济景气程度的重要指标，也是在这个城市商业及商业地产投资的必要指标。

4. 人均商业面积配量

通常情况下，**经济越发达，社会分工越细，人们对商业的依赖程度越高，人均商业面积配量越高**，也有个案不适用这条论述的，如北欧部分国家，如冰岛、挪威经济虽然发达，但是冬天外出不便，许多家庭需求必须自我服务，家装维修、外出就餐的次数也比较少。我们研究区域人均商业面积配量就需要一个理性数值指标，以取得投资收益和物业效用。

城市的经济发展及商业服务功能扩展，以该城市为中心的商圈，商圈范围越大，各种商业活动在规模、方式、种类、频率等方面的水平也就越高，便会大大提升城市商业总面积的需求量，这种需求是除了本身之外，外加吸附商圈内外消费的空间预置以及单位商业面积的使用效率。反之，**若城市的经济发展及商品交易功能水平都比较低，自然对城市的商业总面积要求和单位商业面积的使用效率也会比较低**。

人均商业面积（retail space per capita）这个概念最初是由美国媒体提出并广泛传播开来。从20世纪80年代末起，美国大型购物中心以及随后的生活中心等大体量商业载体快速发展，当时的美国媒体试图对不同地区的零售商业面积进行比较，试图找出了人均零售商业面积的合理能量面积，并以此判断区域商业面积配量状态是缺少还是过剩。美国零售和商业地产行业在引用这些标准做分析时却发现这些数据仅仅是对美国各地购物中心面积的统计数据（类似于我国统计数据中经常使用的"规模以上"这个概念），并非所有零售店铺的数据。也就是说，美国的城市人均零售商业面积，其实只是城市人均购物中心面积。国际购物中心协会、美国商务部、美国人口普查局每年对外发布的相关商业数据，其中美国全国人均可租赁商业面积（GLA per capita），也就是人均购物中心的面积，约2.04~2.32平方米。这个统计数据并没有包括那些非购物中心形式存在的商场和沿街店面,因此美国国家研究所的关于人均可租赁商业面积数据就不具有完整性、权威性。

作者无意摒弃"人均商业面积"这个概念或指标,即使我们统计的只是规模以上零售企业的经营面积,我们还是可以从城市人均商业面积的变化,看出这个城市商业的发展变化,同时也可以作为进入城市对比的参考数据。可以以区域人口容量、坪效(面积收益)、生活配套需求等多项指标来反向推算这个区域的人均商业面积配量的合理程度,设置公允的空置系数、合理的租金水平(商业盈利租金分配比例——业态租金)以及生活必需的商业配套面积要求,可以得到合理人均商业面积配量比例数值,其表达方式如下:区域市场总保有量(合理容量,商业物业合理入住率,合理租金,水平满足生活需求)。

人均商业面积=消费人口、消费支出量(区域市场人口+外来消费人群、消费支出)、商业经营所需面积、合理空置率

数据显示到2017年上海人均商业面积约为2.5平方米,市场空置率有所增加,租金水平稳定增长,人均2平方米可能是上海作为超大城市的商业合理配置水平。城市规模下降,人均商业面积应当同比下降,基于我国商业地产普遍超配的现实,只有在区域人均商业面积配置研究中寻找空缺或者不足的市场。

5. 城市管理机构对商业地产的管理

2017年以来,各地不断加强了对广泛意义上的商业地产管理,出台了"限购限贷""限售""限价"等措施。这也是行业管理措施出台最密集的一次调控。

1)北京:2017年3月26日,北京市多部门曾联合发布《关于进一步加强商业、办公类项目管理的公告》(京建发〔2017〕第112号):禁止将商业办公类项目擅自改变为居住等用途,新建商业、办公项目最小分割单元不得低于500平方米,且不得面向个人销售。存量商办项目可以销售给个人,但执行严格限购政策的同时,也不得办理银行贷款。

4月18日,北京多部门再一次发布《关于严格商业办公类项目规划建设行政审批的通知》,明确严格商业办公类项目监管的实施"细则"。

2)上海:2017年4月21日,上海市发布《关于加强本市经营性用地出让管理的若干规定》(沪府办〔2017〕19号),加强对经营性用地出让的管理:办公用地的出让合同中应明确办公用地不得建设公寓式办公,商业用地出让合同中未经约定,不得建设公寓式酒店;办公、商业可售部分以层为单元进行销售。商业、办公、商品住宅自持面积不得整体、分割转让;

受让人因自身原因未按时开发建设，造成土地闲置；擅自改变土地用途和建设条件，违法情节严重、拒不整改、拒不接受处罚的，出让人有权解除合同，收回土地使用权。

3）南京：2017年3月10日，南京多部门发布《关于加强商业办公等非住宅类建筑项目管理的通知》：商业办公类建筑不得按单元式或住宅套型设计，套间面积不得超过本层建筑面积的20%，且不得分割销售；不得利用层高进行潜伏设计，商业办公类非住宅类建筑，除土地出让合同约定可配建酒店式公寓外，其余一律不得标注酒店式公寓功能；房企在销售商业办公等非住宅类建筑前，明确告知房屋的基本情况，并在认购书和购房合同中与购房人明确约定使用范围、用途等。

4）广州：2017年3月30日，广州市发布《关于进一步加强房地产市场调控的通知》（穗府办函〔2017〕65号），除了对"限购"做出规定外，并指出对商服类项目的管理：商服类项目未经批准不得改变为居住用途；商服类项目的规划建设及办理不动产证的最小单元建筑面积不低于300平方米；一手商服类物业只能出售给法人单位作为商业、办公使用，再次转让时也只能出售给法人单位。

5）成都：2017年4月21日，成都多部门联合发布《关于进一步加强商业、办公类建设项目管理的通知》，成都楼市调控首次涉及商业办公类调控，与北京等城市相比，只是从供应端对商业物业的开发进行规范，并未对商办类物业做出限购规定，也并未波及存量的商办类物业。①严禁商业办公土地变居住用途；②不得设置阳台，对层高做出严格规定；③不能通气，水电按商用价格收；④不得出现酒店式公寓、商务公寓等违规宣传用语；⑤禁售"格子铺"等无实体墙空间；⑥查处违规企业，全部纳入征信系统；⑦已建成的商办类不能更改。

6）重庆：2017年4月20日，重庆市政府网公布了《重庆市人民政府办公厅关于促进全市商业商务房地产市场平稳健康发展的意见》（渝府办发〔2017〕42号），与北京、广州、天津等城市严格限制商办类项目专为"类住宅"，重庆鼓励"商改住"。商改住后，水电气按城镇居民生活用水、用电、用气价格标准执行。①控制商业商务房地产建设用地新增供应规模；②支持实施商业商务用房转型利用；③支持开发企业自持经营商业商务用房；④扩大商业商务用房的市场需求。

7）苏州政府关于商业地产销售的规定：比较早出台的控制商业地产的是苏州，2014年3月1日起，苏州不准全部销售商业物业，至少冻结30%以上，但是苏州对全国市场影响力有限。而北上广深一旦动作对全国市场产生巨大影响。关键词是：控制用途改变、销售单位面积，限制贷款和对象。控制的目的在于维护土地市场，控制人口流入以及从房地产产业方面执行脱虚入实。

8）深圳：对商业的项目限制略少，仅有套内建筑面积小于150平方米的单套办公用房，建筑面积之和不得超过该层办公面积的50%；研发用房单套套内建筑面积不得小于180平方米等。

在2017年之前，全国部分城市还对商场式物业不可以分解销售、商业地产项目不准包租、项目没有定位和运营方案不予批准等作出了规定，这也是在项目所在市场要进行调查了解的政策法律法规。

在"双循环"导向出台的背景下，各地为了推动内需，各地对商业地产的控制力度有所变化。但是，调查研究必须要了解管理措施的真实情况，避免项目经营的策略性的失误。

6. 办理按揭贷款的规定（历史数据的规定，仅供了解市场）

商业物业最长可以贷款10年，因为是投资性房产，所以没有首套和二套的区别。最低首付为50%，利率最少上浮10%，这要视个人工作收入情况、个人银行征信情况以及当地银行的政策，上浮10%~20%不等。上浮10%的情况下：利率为7.205%（基准利率为6.55%）。上浮15%的情况下：利率为7.533%，上浮20%的情况下：利率为7.86%。如按贷款50万元计算：贷款年限为10年，按10%~20%的上浮，它们之间每月各种利率的最高月供差额不到200元/月。（实际按揭利率情况以当地银行公布为准）

7. 税收和费用

税收和费用的情况因不同的省市对房地产管理的思路、方向不尽相同，所以是有差异的，如契税，多数城市是4%收取，部分城市按3%收取。开发、交易、租赁过程中的税收情况一定要在当地了解清楚。

8. 区域商业地产交易和销售市场、租赁市场的研究

区域市场是商业地产市场调研的重点；区域市场和项目或者用地的相关性更强，对项目、用地的关联度更高，必须进行重点的研究。

1）整体交易案例信息的搜集：商业地产整体交易案例的主要内容有：交易日期、交易标的物和名称（商业物业、在建项目、包括含有商业用地的公司产权交易）、交易双方名称、交易价格、支付方式、交易方式（股权收购还是物业收购）。

载明交易标的物的具体信息：所在道路、门牌号码、物业或项目的用地和建筑面积、楼层、设备牌号、停车位、装饰、建成年份、建筑参数（荷载、柱距、内部高度等）。经营状况，如经营企业、业态、经营方式、收益等，以及历史交易价格、抵押贷款等。整体交易案例的搜集可以为项目或物业交易、经营提供思路和交易价格的参数。

2）销售型商业物业信息：比较直观的方法，是在城市地图或城市商

业格局图上标明各个销售型商业物业的位置，使得城市商业物业的价格一览无遗，对采用"市场比较法"的定价思路有直接借鉴作用。我们把这种方法称之为"城市商业地产价格地图"。总图上做到一览无遗，项目信息表上须载明项目各项具体信息。

3）租赁市场的调查：租金是商业地产的市场经营、物业价值比较接近真实的参数，物业整体交易价格、产品性销售价格可能受资金、资本市场、人际关系、洽谈氛围、交易决策时的其他考虑，如企业为了上市，需要装入物业资产、资金回流迫切性等因素的影响。

而租金则真实反映了商业经营者向"垄断性"的业主分配利润的能力，也就是商业物业租金产出能力，所以说用"收益法"得出的估价是比较接近商业地产估价对象的实际价值，通过"收益法"进行产品定价，比采用"市场比较法"更具准确性、安全性和市场接受程度均要高。

商业物业的租金价格的分析在国际上一直被认为是难题，因为影响租金的因素实在太多，笔者自2002年在《商铺投资》、2006年《商业地产经营管理与开发》两书中，提出租金差异的"6个差比"以及"业态租金"的方法，目前已被行业接受，如赢商网就经常发布关于业态租金的变动情况。

在商业地产的租金价格分析中有5个关于空间和建筑的要素，包括路段、物业、位置、楼层、面积，而业态则属于商业的影响因素，前5个只反映了房地产要素的价格变动，而后者则同时反映了路段和商业业态变动对租金的影响，在进入"新商业载体"时期，笔者又增加了场景网络平台融合、运营管理的相关内容，形成影响租金的"十个差比"。所以商业地产的租金研究，须从房地产租金、业态租金和高科技增值三个方面入手。房地产租金是商业地产的基础租金，而业态租金则更多反映了商品盈利状况，区域商业面积饱和度——需求性，盈利状况，前者相对固定，而后者变化较多。

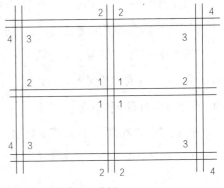

图5-9 房地产租金分析

（1）房地产租金分析方法示范

说明：房地产租金调查须同一性和可比较性：即同类型的物业、楼层规格相通并采用估价方法进行修正等，否则会失去比较意义。房地产租金显示物业价值的空间性。

（2）业态租金分析方法示范

业态租金反映了各种不同业态所使用的商业载体承担的租金成本和实际交易情况租金行情。图5-10是某市业态租金状况，以服饰、鞋类为例，这个业态的量柱较长说明行业空间分布较广，经营能力档次悬殊。在业态细分、准确定位时，应结合路段，确定消费层次和商品档次，以找到合适的市场位置。

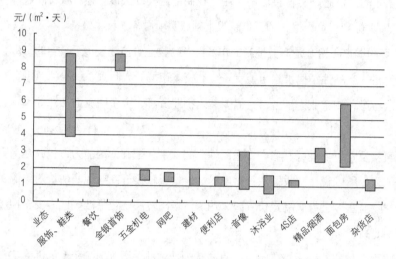

图5-10　业态租金示意图

突破区域、路段、位置平均租金的物业，说明这个物业里经营的业态有良好的创造租金的能力；业态租金显示商业活动对物业价值表现的情形，在物业中商业盈利状态更接近这个商业利润分配和物业创造租金的实际。

（3）房地产租金和业态租金同时存在，不可分离地存在于同一商业物业收益中。房地产租金更多显示区域商业物业租赁交易的情况；而业态租金是商业创造新的商业物业的租金价格的决定因素。研究业态租金，本质上就是研究商业企业的经营能力、盈利水平、租金磋商的妥协程度。

研究业态租金的本质，就是研究未来项目招商对象和其交付租金的水平，为项目业态定位找到依据。

9．商业资源的调查和研究

所谓"商业资源"，其实就是商业企业在项目所在区域（商圈）门店规划和开店计划的信息。不少人认为商业资源是商界人脉关系，这种认识是不完全正确的，商业企业选址开店主要依照企业发展策略，门店规划和开店计划，选址合适、物业合适、租金合作条件是否合理等。在"新零售""新业态"的高速发展时期，商业资源的业态构成和类型、品牌商户也发生了巨大的变化（详见业态谱系图），整合商业资源一定要按照"新零售""新业态""新商业载体"的要求进行整合、储存、布置使用。

对于商业地产投资开发企业而言，项目发展有"两翼推进"："一翼"是资本；另一翼就是合作的商业企业，尤其是那些经营能力强、扩张能力强、品牌影响力大、合作条件合理的商业企业，如大型超市中的永辉超市、华润万家、盒马鲜生等会给项目发展带来强劲动力。在万达早期过程中的发展，借力各地政府趋之若鹜的"沃尔玛"是其成功起跳的关键。

许多企业介入商业地产行业，只重视土地资源的开发、利用和挖掘，并不重视商业资源的整合、利用、开发和挖掘，直到规划阶段，还未落实主要合作商业企业和业态定位，以致项目迟迟不能进行定位和规划方向的确定。拥有商业资源并不是一蹴而就的工作，除了信息积累和整合，还要和商业企业积极互动了解实际情况，找到合作机会。整合、积累商业资源的市场调查有如下主要内容：

1）商业企业的门店规划和开店计划

（1）商业企业由于同行业的竞争和防止模仿被超越，所以商业企业只要经营状况正常，总是要制定发展规划，包括门店扩张规划和开店时间计划安排。

（2）大型商业企业，若各品牌、上市商业企业，为了建立或巩固市场和投资者的信心，会定期公布门店扩张规划和开店计划。

（3）一个商业项目除了主力店、次主力店、品牌店之外，更多的是中小商业，其发展规划的信息传播并不广泛，这就要求商业地产投资开发企业去认真搜集，包括已经开设的商店信息。

2）商业企业开发门店的物业要求

（1）商业地产企业在设计建筑方案时，须有"通用性"的思考，即商业建筑尽量要适合各种业态的实际使用要求。

（2）在商业地产项目规划中，影响建筑规划要素的是主力店，建筑规划需满足主力店建筑的要求，这些要求可以成为商业建筑的重要设计变量参数。

（3）商业建筑重要参数控制：商业企业对建筑的要求，应予以尽量满足。在总体方案和开发企业战略规划有冲突时，找出双方的结合点，商业企业为了良好地选址，也是可以做出某些技术变动和妥协的。

商业建筑重要参数控制，主要是不可变动的建筑要素，如柱网、荷载等。其他可以变动或调整的部分，如分割方案、通道等。

3）商业企业持续经营能力的了解：①了解商业企业文化和主要领导的性格特点；

②企业成立年限，门店分布情况；③了解商业企业对品牌重视程度，包括商标、注册、评比情况、企业获得的荣誉；④企业在他处的经营状况、盈利水平、结算情况和缴租情况等；⑤消费者调查，可以采用问卷、口头询问方式进行；⑥市场发展趋势分析，包括战投方的意愿。

4）租金水平调查：①租金价格的形成取决于三个条件：一是区域（商圈）内商业物业的供应量、物业位置、拥有交通条件和可能产生消费客流的情况。二是业态的租金承受力，包括商业盈利水平、同类业态的竞争情况和谈判地位。如果同类业态的商业企业共同竞争一个门店选址，可能导致租金谈判地位不利而使协议租金价格上涨。反之，商业地产项目的重要目标对象唯一性，租金商议有利于商业企业。三是所有这一切租金或合作条件的变化，总是在一定的价格值域里变化，这就是租金、市场行情，既反映物业价值，又反映商业的租金承受力。②租金的弹性空间：行业语言说租金是谈出来的。无论租赁双方都是留有租金谈判、交易的余量，底线是商业企业可以生存，物业不至于亏损，或有其他补偿效应，如"大店效应""品牌效应"，给业主带来合约以外的间接利益。③了解商业企业的租金承受水平，有利于投资、开发企业制定物业经营方案、招商策略以及资产估值。

5）主要商业企业（主力店、品牌店）对物业增值效应的评价：①考察主要商业企业（主力店、品牌店）自身的盈利状况，只有主要商业企业自身经营能力强，吸引客流充分，边际效应的作用越大，带动周边商业企业和物业增值效应越好。考察指标是增量的入店人数、提袋率（网购）、单店日/年营业额等。如果时间许可，可以考察该企业其他相似区域的门店经营状态，如客流频率、集中到客时间（每天、每月、每季、每年），网购情况了解这些情况后，正确评价该店在项目中的作用和地位。②空间考察法——受益面的分析：以重要商业企业门店的主要门面为原点，调查其周边环境租金变化状况：一是历史性地比较，在没有重要商业企业时，租金状况和现时租金的状况进行比较。二是距离比较，以店铺的"间"为单位，不同距离、不同位置租金或商业坪效增加的情况。③业态考察法——受益业种分析。在商业生态中，各业种之间有相生、相克、无相关性的关系，考察调查时，应找受益业种的相生关系，发现不适合的关系，进行调整。一般情况下，如下业种之间有互生关系：

（1）大型超市——家居、家电，日用商品、低价服饰、鞋类、滋补品、社区银行家庭服务等。

（2）电影院——轻餐饮、小型艺术品、书吧。

（3）儿童体验店——儿童早期教育、儿童摄影、童装等。但是儿童主题的餐饮却很少有成功案例,因为家庭重视儿童餐饮卫生,一般不主张低龄儿童在外就餐。

研究重要商店(大店、特色店、品牌店)对项目提升坪效和商业物业价值的意义在于:一是可以明确哪类重要商业企业(主力店、特色店、品牌店)是本项目所需要的,避免引进对项目没有促进作用的主力店、特色店、品牌店,以免项目没有竞争力和特色。二是保证"以大带小""以名带优"的招商策略的实现。三是经济性思考,对重要商业企业作妥协是必要的代价付出,可以带动商业坪效、物业增值效应的评估,使项目在引进重要商业企业后达到"商业繁荣、物业增值"的效果;通过增值部分的计算,确定本方可以承受的妥协代价,其原则是:

物业增值(X)>妥协代价(Y)。当出现项目重大竞争对象项目、生存所需,允许出现$X<Y$的状况出。

附 商业地产市场调查提纲

一、城市概况

1. 人口:城区人口、城区面积、人口密度

2. 城市经济发展水平:GDP、地方财政收入和地方负债、投资(产业投资、基础设施投资、房地产投资)、人均可支配收入和户均存款情况

3. 产业构成和产业园区分布

4. 城市环境:自然环境、人文环境、交通环境

5. 城市规划:总体规划、交通规划、居住区规划、商业规划、重大设施规划、产业园区规划等

二、商业概况

1. 城市商业产值和人均消费支付细分、恩格尔系数、社会商品零售总额

2. 城市重要居住区分布

3. 城市重要商圈分布

4. 项目所在商圈分析(重要商业项目、效益、服务人口、消费来源和全市平均消费水平比较)

三、商业地产市场

1. 市场总体情况

1)市场总体态势

2)各商圈供应量和市场态势

3）空置和滞销原因

4）商业地产进阶状况（智慧商业、数据、合作的高科技企业等）

2. 人均配置面积、各商圈商业建筑规模

3. 历史商业用地出让价格信息

4. 重要规划中和建设中的商业项目

5. 重大交易案例搜集

6. 商业地产价格地图

1）销售价格地图

2）商圈，街市，个案租金价格地图

3）业态租金汇总

7. 促销手段、方法

8. 后期运营承诺

9. 部分已售物业运营情况

四、区域对商业地产管理内容

1. 规划限制（品牌要求，可售比例）

2. 业态和管理要求

3. 管理要求（对包租的限制、运营机构的要求）

五、商业地产融资

1. 项目融资

2. 资产融资

3. 预售融资

4. 商业融资

5. 资本战略合作伙伴

六、商业资源

1. 商业企业发展规划（门店发展规划、开店时间计划）

2. 选址和物业要求

3. 商业企业市场认可程度

4. 产租能力分析

5. 提升项目商业坪效和物业价值的作用

七、经济效益分析

第五节　开发方案模拟

开发方案模拟是商业地产项目进行规划设计、经济性分析、用地取得和开发建设的预演。在模拟开发建设过程中会发现许多在项目模拟开发方案构思、用地开发建设过程的缺陷，使得未来取得商业用地以后的投资、开发建设、收益变得真实、可靠，可以实施。开发方案模拟也是前期研究的主要内容之一。

一、重视商业用地的个性

由于商业地产的房地产属性，每一幅商业用地都有其他个性，在这些个性中，有的是有利的，有的是不利的。所以在模拟开发方案中，须扬长避短，用地不足的条件得以修复，使土地价值体现出来，所以方案模拟中，既要有修复用地的思路，又要有合理利用土地的思想。

1．唯一性的原则

从理论上分析，世界上每一块商业用地都是"唯一"的，即使位置相仿、面积、规划指标和要求一样，他们还是有着位置偏移、交通距离等差异，因为土地不可能重叠；正因为这种差异性，所以在功能和业态设置、空间布置方面不可能具有一致性，我们见过世界上许多"双子座"的商业物业，几乎没有看见过品质、价格定位一致的。所以我们要依据这个唯一性的原则，设计出有个性、有独特价值的项目。

2．差异化的原则

各个项目的土地取得、规划意图、企业投资能力和当时的资金储备、开发建设能力不一样，所以项目的呈现反映当时这个项目的投资建设各项要求和制约因素。注意到这种差异性，那么项目的模拟方案没有必要去和这些项目趋同。要按照项目自身的诸要素进行模拟开发设计和构思。

3．要对商业用地进行"六性分析"

1）可视性分析——商业展示价值；

2）可达性分析——到达的体力成本和配货、快递的劳动成本；

3）环境性分析——环境价值；

4）人文性分析——土地附加价值；以及来自人文方面的消极影响；

5）适合性分析——市场价值；

6）经济性分析——商业用地总的价值和价值的功能分布。

"六性"分析是笔者在长期商业用地分析过程中形成的一种梳理商业用地因素的方法,有利于提高对商业用地价值认识,采用商业用地规划前的"六性"分析和用地判断,才能真正研究出商业用地的个性,挖掘出商业用地实际价值。

二、模拟开发方案市场化及设计基础

在市场化的基础上进行方案模拟,包括商业用地利用合规性;设计策略、目标对标企业发展策略;设计必须满足企业在规划性控制条件下的功能、业态、产品要求。

1. 合规化的前提

合规性是一切项目建设活动所应该遵守的前置原则,无论是模拟或者正式设计阶段都必须执行国家的法律、法规。合规性内容主要强制性法律法规、专业管理的强制性法律和规定、规则。还有政府关于发展产业、经济的规划等导向性的要求。相关的法律法规、规范、规划等内容包括但不限于:

《中华人民共和国城市规划法》;

《中华人民共和国土地管理法》;

《中华人民共和国城市房地产管理法》;

《中华人民共和国消防法》;

《中华人民共和国道路交通安全法》;

《中华人民共和国环境保护法》;

《中华人民共和国卫生法》;

《中华人民共和国人民防空法》;

城市商业网点建设管理规定;

城市或者区域规划;

城市规划设计规范、建设工程管理办法;

城市或者区域社会建设、经济、商业发展规划;

城市或者区域政府工作报告相关内容;

项目所在区域的控制性规划。

2. 对标企业发展策略

1)了解企业发展总体目标和策略。

2)发挥企业发展项目特色,充分利用企业优势资源和品牌,形成模拟开发

方案的竞争力,如万达、红星美凯龙的"大盒子"——规模效应,绿地的高楼效应,太古的地标效应,万象城对区域商业品质提升的作用,大

悦城的创新示范作用，以及新天地对城市旅游商业的拉动作用等。

3）了解企业对本项目的发展策略：是"策略型"，还是"效益型"项目。

3. 满足功能、业态、产品的需求

1）功能要求：既是土地出让的前置要求，又是企业项目发展策略的布局；

2）业态要求：一是土地出让的前置条件，二是未来商业物业收益来源和产租能力的预置，还是结合企业优势商业资源的预案；

3）产品要求：体现项目发展的资金计划。

三、模拟方案必须响应土地出让要求

在合规性、符合企业发展策略和业态、产品要求的条件下，在征询土地出让方的要求，形成模拟开发方案。

以公开拍卖的方式谋求获得土地的设计方案必须严格按照土地出让（招标文件）的要求进行，除非有超出土地出让方期待的内容，如地标效应更强、经济产值更高、引进品牌够大。

如上海土拍结果：东航置业联合体16亿元摘长宁区程家桥街道357街坊1丘Ⅱ-Q12-01地块

更新时间：2017-06-14

6月14日上海土拍长宁和虹口两宗商办地。2幅地块总起拍价超50亿元。长宁区程家桥街道357街坊1丘Ⅱ-Q12-01地块被东航置业联合体以16.06亿元拿下。

长宁区程家桥街道357街坊1丘Ⅱ-Q12-01地块，东至友乐路，南至围场路，西至围场路，北至空港八路。土地面积4万平方米，规划容积率为2.0，规划总建面积8万平方米，绿化率20%，建筑限高38米。起拍价9.84亿元，竞买保证金4.92亿元。

根据规定，该地块项目落成后，必须以虹桥机场为主运营基地的大型飞机公共运输公司总部企业入驻。土地受让人自取得不动产权证当日起，6个月内将企业总部注册长宁，税收落地。同时，保证项目产业招商落地率不低于60%，地块受让人还须根据出让年限自持100%的商业物业和办公物业。

地块公告号：201704001

地块基本信息	
地块名称：	长宁区程家桥街道357街坊1丘Ⅱ-Q12-01地块
四至范围：	总范围：东至友乐路，南至围场路，西至围场路，北至空港八路；长宁区程家桥街道357街坊1丘：东至友乐路，南至围场路，西至围场路，北至空港八路；
出让人：	上海市长宁区规划和土地管理局
出让方式：	挂牌
所属区县：	长宁区
土地用途：	商办
出让面积(㎡)：	40007.7
容积率：	商办 2.0
出让年限：	商办 商业40年、办公50年
当前交易状态：	成交

挂牌报价信息	
竞买申请人数：	3
起始价（万元）：	98419.0
当前价格(万元)：	0.0
竞买资格证书编号：	
报价轮数：	
报价时间：	

交易结果	
竞得价(万元)：	160600.0
竞得人：	上海东航置业有限公司 上海招商虹发置业有限公司
竞得日期：	2017-06-14

未竞得人（未中标人）/备注	
恒禾置地（厦门）股份有限公司	
上海春秋置业有限公司	

地块进度安排	
地块进度安排表	

相关文档下载	
答疑纪要　出让须知　预合同　竞买[投标]申请表(独立)　竞买[投标]申请表(联合)	

图5-11　地块公告

第六节　商业用地投资和参与拍卖

一、运用企业品牌和成功项目模式去参与"竞地"

我国土地出让严格实行"三公开"制度。六类用地必须通过公开拍卖程序，这是法律规定的，很难改变。但是在这个过程之前，企业因素、品牌因素、项目未来税收的因素还是能够对商业用地取得起作用。

1. 卓越的方案

一个重要的方面，要站在城市高点、区域经济、社会服务进行设计，如果能邀请设计大师介入方案将有利于方案认可。对出让用地的专门研究的深度和构思、表现也是十分重要的。商业地产规划方案成功要素之一是要有好的形象，能够成为当地标志性建筑之一；二是要推动当地经济发展，主要是第三产业，能够增加当地政府的财税收入，业态、定位、运营方案等思路也要有突出表述；三是有利于当地的招商引资，利用部分品牌企业的"头羊"效应，通过若干个品牌企业引进，带动其他商业企业进驻区域。

2．企业实力

主要包括投资能力、建设能力、招商和运营能力等。

投资能力包括企业的资金规模、融资能力和对这个项目（商业用地）的重视程度和资金准备。

主要项目建设的人才安排、开发周期和计划，如万达的18个月开业的承诺对地方政府的影响和土地取得大有帮助，以往的成功案例也是商业用地取得的有利条件。

招商和运营能力也是商业用地取得的有利条件，必要时邀请当地政府参观本方建成并成功运营的项目。

上述因素都是证明企业实力需要表现的内容。

3．品牌效应

首先是企业征信，在企业信息公开化的今天，企业必须要建立良好的信用形象，保持良好的征信记录。

企业品牌对取得土地有十分重要的作用，这一点在商业用地取得过程中更加明显，目前部分中小企业就是通过和大型商业地产企业合作，取得商业用地的。企业品牌也是"谋地"一个很主要的内容，当初万达携世界第一零售业巨头"沃尔玛"之威望，再加上大连足球的影响，取得许多城市商业中心的好地。在这其中，企业品牌占了很大比重。可以说，在当时，国内不乏比"万达"更有实力的企业，但是万达运用品牌策略取得成功。

4．通过招商引资渠道取得商业用地

招商引资项目似乎比本地企业开发项目更能得到有关部门的关心和支持，所以，以招商项目介入，取得商业用地的可能性更大一些、成本更低。但是要以企业的实力和品牌作为背书。

二、土地获得

1. 准备工作

在决定参与拍卖活动之前，要进行充分的市场调查、经济效益测算和企业的自身开发能力评价。还要对竞争对手要有充分的了解，使得企业在"勾地"阶段取得主动，取得土地出让条件设置中的优先或者倾斜性的条件。

2. 认真阅读招标投标或拍卖文件，竞争必须有优势

设计投标或者参与拍卖的策略，对明显有失公平的条款可以咨询或者了解情况，如果确实为特定对象设计的出让条件，要做好竞争和退出的两手准备。竞争，就要针对相应条款落实资源，确定本方有明显优势才能加入竞争。

3. 预设停拍价格线

停拍限度的设定方法：商业地产趋势向好，停拍价格线可以设置得高一些，采取积极竞拍策略；目前商业地产处于存量时期，市场前景不明朗，参与者逐步退场，竞争对手变少，停拍价格线要设置得低一些，采用消极竞拍法，降低必得意愿。

4. 竞拍策略

竞拍的节奏控制：如志在必得，则采取前慢后快的节奏，而一般参与则以前快后慢节奏控制。这样才能达到影响会场气氛、震慑对手、控制获得成本的效果，完成商业用地取得的最后环节。

三、土地取得后的工作计划

由于房地产是金额巨大的投资行为，周期长短，影响项目效益和财务成本变动，如果对商业用地取得有充分的信心和实力，应该在参与土地招标或者拍卖前做好资金、商业资源、建设团队、方案设计方面的准备。

1. 资金计划

在企业资金计划中，应该预留土地拍卖会后需要支付的土地款；和其他参与投资方形成战略协议，为项目建设预留建设、场地、人员的费用。

2. 和重要商业合作伙伴形成战略合作协议

一是明确商业企业在项目中的合作方式和利益分配方式；二是明确商业企业在项目发展各个阶段的要求；商业企业明确提出开店要求，包括楼层、面积、运营方式和配套要求。必要时双方要订立更加明确的合作协议，并将待签的合同作为附件。

3. 设计进程

可以形成企业方认可的方案设计，以提前进入方案深化阶段。

附　土地拍卖文件摘录

北京市规划和自然资源委员会国有土地使用权挂牌出让公告

京土整储挂（怀）〔2020〕037号　2020/9/1

经北京市人民政府批准，北京市规划和自然资源委员会决定以 挂牌 方式出让 2(幅) 地块的国有土地使用权。现将有关事项公告如下：

一、挂牌出让地块的基本情况和规划指标要求：

宗地编号	京土整储挂（怀）〔2020〕037号	宗地总面积	36823.822平方米	宗地坐落	北京市怀柔区怀北镇栖湖组团F3其他类多功能用地
出让年限	50年	容积率	0.68	建筑密度(%)	
绿化率(%)		建筑限高(米)			
主要用途：					
其他商服用地					
明细用途					
用途名称			面积		
其他商服用地			36823.8220		
投资强度	万元/公顷	保证金	6000万元	估价报告备案号	1102520BB0005
起始价	29500万元	加价幅度	150万元		
挂牌开始时间	2020年09月22日09时00分		挂牌截止时间	2020年10月12日15时00分	
备注	1、土地用途：F3其他类多功能用地；2、出让年限：商业40年、办公50年				
宗地编号	京土整储挂（怀）〔2020〕038号	宗地总面积	5352.647平方米	宗地坐落	北京市怀柔区怀北镇雁柏山庄南侧地块B1商业用地
出让年限	50年	容积率	0.16	建筑密度(%)	
绿化率(%)：		建筑限高(米)			
主要用途：					
零售商业用地					
明细用途					
用途名称			面积		
零售商业用地			5352.6470		
投资强度	万元/公顷	保证金	300万元	估价报告备案号	1104120BA0058
起始价	1310万元	加价幅度	10万元		
挂牌开始时间	2020年9月22日09时00分		挂牌截止时间	2020年10月12日15时00分	
备注	1、土地用途：B1商业用地；2、出让年限：商业40年、办公50年				

二、中华人民共和国境内外的法人、自然人和其他组织均可申请参加，申请人可以单独申请，也可以联合申请。

三、本次国有土地使用权挂牌出让按照价高者得原则确定竞得人。

四、本次挂牌出让的详细资料和具体要求，见挂牌出让文件。申请人可于 2020年09月02日 至 2020年10月10日 到 北京市规划和自然资源委员会网站 获取挂牌 出让文件。

五、申请人可于 2020年09月02日 至 2020年10月10日 到 北京市土地交易市场 向我局提交书面申请。交纳竞买保证金的截止时间为 2020年10月10日15时00分 。经审核，申请人按规定交纳竞买保证金，具备申请条件的，我局将在

2020年10月10日15时00分 前确认其竞买资格。

六、本次国有土地使用权挂牌活动 在 北京市土地交易市场 进行。各地块挂牌时间分别为：

京土整储挂（怀）[2020]037号 号地块：2020年09月22日09时00分 至 2020年10月12日15时00分；

京土整储挂（怀）[2020]038号 号地块：2020年09月22日09时00分 至 2020年10月12日15时00分；

七、其他需要公告的事项：

（一）挂牌时间截止时，有竞买人表示愿意继续竞价，转入现场竞价，通过现场竞价确定竞得人。

八、联系方式与银行帐户

联系地址：北京市丰台区西三环南路1号市公共资源交易综合分平台五层

联 系 人：

联系电话：010-55595188

开户单位：

开户银行：

银行账号：

北京市规划和自然资源委员会

商业用地估价报告样本

项目名称：

受托估价单位：　　　　估 价 人：

委托估价单位：　　　　估价日期：

估价报告编号：　　　　估价技术报告编号：

提交报告日期：　　　　关键词：（估价对象所在市、县）

估价目的：

土地估价技术报告

项目名称：　　　　　　受托估价单位：

估 价 人：　　　　　　委托估价单位：

估价日期：　　　　　　估价报告编号：

估价技术报告编号：　　提交报告日期：

关键词：　　　　　　　估价目的：

土地估价技术报告样本

第一部分　总述

一、估价项目名称

二、委托估价方

委托单位：　　　　　　　单位地址：

法人代表：　　　　　　　联 系 人：

联系电话：　　　　　　　邮政编码：

三、受托估价方：×××房地产土地价格评估有限公司

机构地址：　　　　　　　估价机构资质级别：

资质注册号：　　　　　　法人代表：

联系电话：　　　　　　　邮政编码：

四、估价对象

概况

五、估价目的　　　同结果报告

六、估价依据　　　同结果报告

七、估价基准日

八、估价日期

九、地价定义　　　同结果报告

十、估价结果

评估土地总面积：　　　　单位面积地价：（楼面单价/地面单价）

总 地 价：　　　　　　　大写及币种：

十一、需要特殊说明的事项　　同结果报告

十二、土地估价师签名

姓　名　　土地估价师资格证书号　　　签　名

十三、土地估价机构法定代表人签字：

年　　月　　日

第二部分　估价对象描述及地价影响因素分析

一、估价对象描述

1. 土地登记状况。

2. 土地权利状况。

3. 土地利用状况。

二、地价影响因素分析

1. 位置、交通、商圈
2. 人口、经济、消费
3. 地块要素、环境相邻关系、"六性"特征
4. 经济技术指标
5. 附加条件
6. 支付条件

第三部分 土地估价

一、估价原则　　同结果报告

二、估价方法与估价过程

1. 基准地价系数修正法

（1）基准地价系数修正法测算的思路

基准地价系数修正法是指在求取一宗待估土地的价格时，对比当时同级别、同用途的基准地价水平，参照各种修正因素说明，确定修正系数，通过修正基准地价得出待估宗地地价的一种方法。

（2）基本原理和公式

地价＝基准地价×（1＋综合修正系数）×期日修正系数
　　　×年期修正系数±土地开发程度修正

（3）×××基准地价成果

基准地价是一个级别内同一类别土地的平均价格。基准地价构成包括土地取得费、土地开发费和土地增值三部分，根据当地人民政府2009年2月17日公布的《人民政府关于公布我市市区土地基准地价的通知》（郑政文〔2009〕28号文件）。

×××基准地价内涵如下：

A. 土地开发程度：红线外"七通"（即供电、供水、排水、通信、通路、通气、通暖），红线内土地平整；

B. 估价基准日：　　　　　年　月　日；

C. 土地用途划分：分为商服用地、工矿仓储用地、住宅用地、公共管理与公共服务用地、特殊用地、交通运输用地、水域及水利设施用地七种用途。

D. 土地等级划分：商服用地八个级别、工矿仓储用地五个级别、住宅用地七个级别、公共管理与公共服务用地四个级别、特殊用地三个级别、交通运输用地五个级别、水域及水利设施用地三个级别；

E. 土地使用年限：各用途最高年限为法定最高使用年限（即分为商服用地40年、工矿仓储用地50年、住宅用地70年、公

共管理与公共服务用地50年、特殊用地50年、交通运输用地50年、水域及水利设施用地50年）。

某市基准地价成果表（单位：元/m²）

用途\级别	一	二	三	四	五	六	七	八
商业								
住宅								
工矿仓储用地								
公共管理与公共服务用地								
特殊用地								
交通运输用地								
水域及水利设施用地								

（4）测算过程

①待估宗地适用的基准地价

根据表-2及《市基准地价级别图》，待估宗地位于当地基准地价商业×级用地基准地价范围内，基准地价标准为×××元/平方米。

②综合修正系数的确定

A. 综合修正系数的确定

参照《商业用地宗地地价影响因素指标说明表》《商业用地修正系数表》，针对影响待估地块的区域和个别因素分析，并对其影响幅度进行评估，得出《待估宗地地价综合修正系数表》。最终确定商业用地系数为0.07。

B. 期日修正

某市土地基准地价基准期日是×年×月×日，根据当市地价动态监测成果，×年底商业地价指数为×××，×年第二季度商业用地地价指数为×××，则至估价基准日商业用地期日修正系数为×/×=1.4220。

C. 年期修正

此次待估宗地设定年期商业用地法定最高使用年期，与基准地价所对应的年期一致，故年期修正系数为1。

D. 开发程度修正

待估宗地设定开发程度为宗地外"七通"（通路、通上水、通下水、通电、通信、通气）及宗地内部土地平整，与基准地价开发程度内涵为宗地外"七通"（通路、通上水、通下水、通电、通信、通气、通暖）及宗地内部土地平整一致，因此不需要对待估宗地的开发程度进行修正，开发程度修正系数为0。

E. 容积率修正

根据《当地市区土地级别及基准地价更新技术报告表-6》中商业用地容积率修正系数表可知待估宗地商业容积率修正系数为1.1167。

③待估宗地地价的测算将待估宗地的综合修正系数、年期修正系数和期日修正系数代入公式，计算出待估宗地地价。

第四部分　附件

一、估价结果一览表

二、委托估价函

三、位置示意图

四、土地使用权证书复印件

五、规划批准等文件

六、现场踏勘调查记录等

七、照片

八、企业法人营业执照

九、机构资质证书复印件

十、估价人员资格

土地估价结果一览

估价机构：　　　　　　　估价报告编号：估字（　　）号

估价期日的土地使用权　　估价期日：　年　月　日

估价期日的土地使用者	
土地证书号	
宗地位置	
估价期日的实际用途	
估价设定的用途	
容积率	
估价期日的实际开发程度	
估价设定的开发程度	
土地剩余使用年期	
面积（平方米）	
单位面积地价（元/平方米）	
总地价（万元）	

备注：

一、上述土地估价结果的限制条件：

1. 土地权利限制：

2. 基础设施条件：

3. 规划限制条件：

4. 影响该商业用地使用权价格的其他限定条件：

二、其他需要说明的事项：

评估报告自完成日起一年内有效，评估价格仅作为委托方评估目的提供价格参考依据。

三、土地备案单位：

年　　月　　日

第六章

商业地产项目定位

定位是商业地产项目建设开发过程中最核心、最主要的工作节点，是项目的**关键决策**，这项工作必须由投资（开发）者自行承担。商业地产定位属于策划工作的主要内容，但不是策划机构的主要工作内容，策划机构只是承担咨询的角色，为投资开发企业提供定位建议或者定位方案，由投资者作出最后的抉择。

商业地产项目的定位核心在于业态定位，业态租金水平决定这个项目的盈利状况；功能的选择决定这个项目的资金安排和效益。

第一节　定位策略

定位是什么？定位是商业地产项目发展的核心工作、关键决策，影响商业地产关键决策的因素很多，包括资金、商业资源、人员配套、市场开发等。各个企业拥有的资源不同，影响定位的关键因素不一样，所以商业地产的定位必须系统考虑，"发挥优势、控制短板"，以平衡商业地产各个影响的决策要素交互性、制约性，使关键决策具有全面性、科学性和正确性，达到战略平衡。

一、定位原则

具体项目是企业发展战略N个基点中的一个，必须体现企业的发展策略。并在合规、市场、可操作的原则下，进行定位思考。

1．体现企业的发展策略

项目定位必须体现企业的发展策略，在企业发展策略抉择推演矩阵里，商业地产项目的定位策略选向有竖向的策略导向和横向的效益导向；策略导向型的项目主要强调项目在企业发展布局上的作用和意义，项目的效益次之，如万达在汉街上的汉秀项目。效益导向的项目是项目建设开发产生效益为主要发展目标，其他的边际效次之的项目发展导向。

在项目策略抉择时，要平衡目标、资源、项目和实施能力的互相影响性、制约性，在定位之前，须有项目开发建设的评估：一是发展目标的评估，**包括战略要求、收益、形象、建设时间的要求**等；二是对企业拥有或者可以整合的资源评估，包括资金、商业资源以及其他的合作伙伴；三是业态或者功能的选择的评估，商业地产的项目战略要求、形象要求越高，商业合作伙伴越少，所以即使是策略性项目也要争取良好的收益，注重功能、业态的收益和资金平衡关系；四是实施可行性评估，对项目的运作难度，操作人员和团队的评估并有正确的认识。

2. 可操作性

商业地产的可操作性，主要受到法律、环境、市场等因素影响。

1) 法律许可：目前国内商业地产正处于传统商业地产向"新商业载体"的转型过程中，信息管理、线上业态、支付、会员信息、商品交付等内容都处于前期的尝试过程中，须在没有法律限制的法律范围内进行创新。在业态定位中，也不可以出现禁止的商业业态，如博彩、色情等定位选向。

2) 环境许可：包括自然、人文、相邻关系等环境因素的思考。如自然环境方面，在极度低温处，不易建设露天酒吧街；人文环境方面，在江浙沪一带忌讳建筑角部针对其他建筑；在相邻关系中，在社区门口不宜开设娱乐业态等。还有交通环境的许可，如定位客流量大的业态，对客流输送、疏散能力和出入通道以及对周边功能的影响性的评估。

3) 投资能力的许可：由于中国实行商品房预售制度，规划中分期许可开发，所以使得资本使用效率提高；可以使得较小的资本撬动较大的项目，但是不可过度使用这种杠杆效应，一旦市场和工程周期变化，将可能产生多米诺效应，导致项目整体失败，这种过分强调资本效率、投资风险偏好较强的投资行为对商业地产项目投资的适合性低。投资者一定要控制偏激进的产品销售回流资金投资策略，把握投资和建筑规划之间的关系，掌握"建筑高度决定资本的周期，单体规模决定投资规模"的规律，结合市场态势进行资金安排，达到"可操作性"的要求。

3. 适合性

适合性的本质就是"实事求是"，一切定位的思考均来源于项目所在地的实际，包括商圈因素、用地条件因素、商业资源因素（包括消费）、投资因素和投资者（或开发商）自身的因素。

1) 商圈因素：一是关注项目所在城市或者消费人口的数量、实际人口数量和消费能力的评估，以及商圈原有的商业格局，重要商业企业经营特点以及对项目的影响分析，根据消费特点和商业环境进行项目业态定位的思考。有些项目模式化发展的策略，对商圈、消费规模的研究不够，过分追求效率，无论是万达还是红星美凯龙都有"小城大茂"的教训。

区域（商圈）内商业物业的供应量以及其他类型商业地产（如办公、酒店）的市场供求关系和市场表现，了解后，方可对项目的规划策划、功能定位进行思考。

2) 用地条件因素：包括路段、位置、交通、规划指标。

3) 商业资源因素：了解各商业企业在本城、本商圈的发展规划，可对项目进行商业资源植入、有效开发、收益平衡的思考；品牌供应商并不局限我们项目一个合作者，在品牌供应商选择时会遇到品牌商户已经有这个区域的合作合约或者开店限制，所以在业态定位和品牌供应选择时，一定要明确落实合作的可行性，所以"以招代定"是商业地产项目事先商户征询，落实商业资源的最主要环节。

4）投资因素：在定位时，要充分了解各种投资者，包括REITs及各类房地产基金、资产投资者、规模面积投资者、直接用户（商业企业）、中小投资者对物业类型、产品需求、收益标准的要求，进行建成后物业经营性的思考。

5）投资（开发者）者的自身因素：各类商业地产企业都有自身的长处和不足，这也是定位中必须要思考的重要因素，包括品牌认知、模式特性、融资能力、运作能力等，如万达适合规模开发、大悦城适合在地创新、新天地最强的旅游商业街区等，把这些企业特点和定位结合，避开弱项，也是项目定位优先思考的选择。

4. 兼容性

在商业建筑模式和产品定位中有两个方向选择：一是尽量考虑到建成以后的商业建筑能适合未来各项功能和业态变化，即商业建筑具有通用性，按照有兼容性的商业建筑的模数进行设计；二是为了控制建安成本，按照商业业态定位对建筑的要求的精确参数，把项目的建筑设计成专业的商业建筑。前者的优点是建筑具有兼容性强的特点，但成本略高；而后者的成本相对较低，但未来在业态变化调整时，建筑条件会限制其调整的范围和业态选向，或要花费巨大的成本来改变或加固建筑，因此会产生更大的改造费用。

通常，出让或销售物业会定位为专用建筑，而持有物业则建议定位为通用性强的商业建筑。在目标客户不确定或需要更多地为客户着想时，应将商业建筑定位为"通用商业建筑"。

二、定位思考和方法

1. 项目定位策略思考

商业地产项目的定位必须从市场竞争和适合市场的策略角度进行定位思考。在商业地产项目定位活动中没有绝对的竞争策略思考，也没有绝对适合市场的思考，只有结合竞争和市场实际需求两个策略端的思考，才能得到比较科学的定位方向。

1）竞争性的项目定位策略思考：主要从市场、商圈、业态和商品销售、商业促进活动等商业调查得到信息和数据，进行与之竞争的商业地产项目的定位思考。

2）适合性项目定位策略思考：从和市场、商圈、业态和商品销售、商业促进活动等商业现实环境取得和谐，并从消费出发，到业态选向，同时考虑到商业企业的租金承受力,再推导和核算物业收益和资产价格。

上述两种定位策略思考统一在一个定位思考的过程中,既不可偏向于两者中的任何一方,更不能缺少两者中的任何一方。

2. 定位思考方法

定位方法来自于定位策略思考。

1)竞争性定位方法。毫无疑问,商业的发展来自于竞争。没有竞争就没有商业的存在。但商业的竞争又存在着同生共存的商业业态,所以商业地产定位中,不仅有竞争定位,同时还有竞和定位、差异化定位以及避免竞争的无相关性的定位。

竞争性定位方法:在商业领域,部分业态需要通过竞争才能繁荣城市,如美食街。通过竞争,使得业态丰富、价格合理、服务更佳、促销频繁,形成商业竞争,从而促进市场发展,一般商业生态都符合竞争性定位的方法原理。

不适合竞争性定位的方法是业态、经营机制及商品、服务完全同质化的业态,如便利店、超市或大型超市。如在江苏某城,笔者曾见过4个大型超市占据十字路口四个角落的情况,2年之后,笔者在再次来到该城考察,发现只剩下1家大型超市了,而其他3家因同质化竞争过于激烈,最终退出了该商圈。反观上海的徐家汇商圈,其中有港汇、太平洋、东方商厦、汇金商厦、美罗城、上海六百等多个城市型购物中心或百货大楼,虽然业态类型相近,但其中的商品品类和价格调整空间较大,可以吸引不同层次的目标消费群,共同促进商圈的繁荣,成为上海乃至全国重要的商圈。

2)竞和性的定位方法。部分商业既存在着竞争关系,又存在着"共生"的关系,如大中城市中的服装市场,往往是单个市场并不繁荣,而有多个市场相邻而设的时候,反而促成了繁荣的场面,如常熟的招商市场和上海的七浦路服装市场就是这种情形。竞和定位意识是商业地产定位过程中的一种智慧的思辨,也是"聚集效应"在业态定位的方法之一。

在山东某城的新城区,政府规划了两幅相邻且较大的商业用地,并同时挂牌拍卖,其中一家企业拍到地块后发现,相邻地块已引进了国内最著名的大型超市,于是这家开发企业认为自己项目因没有大型超市可能无法和相邻地块进行竞争。一般思考方法的两幅地块的关系如图6-1所示。

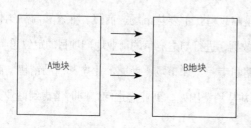

图6-1 "竞和性"定位前

A地块企业认为由于B地块引进了适合新城生活的大型超市，A地块的客流必将为B地块所吸引，在竞争中处于不利地位，日后在招商和营销过程中也将十分被动。作者提出采用"竞和定位"的方法，使B地块的业态定位空间变得十分开阔，有更多的选择。

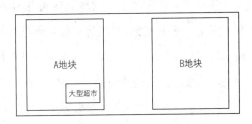

图6-2 竞和定位

在采用"竞和定位"方法后，笔者提出了情景化的体验商业业态，改变两个项目价格竞争的特点；规划理念将A、B地块变成一幅大地块、一个商业项目，对外共同吸引客流，内部商业竞争，导致其规模更大、业态更丰富、形成新城的商圈核心，A、B两幅地块的价值共同得到了提升。这种方法在遵义昆明路商业的定位中也有运用，并取得成功，成为遵义新生地标商圈，被市场和消费者广泛认可。

3）差异性定位方法。是根据商业内部生态原理和不同业种之间互融互进的原理，进行业种差异化的定位方法；业种之间没有直接竞争关系，而在局部商业生态中，有相互促进的作用。如运动品牌的店铺周边，可能产生较多地看电影或喝咖啡的年轻时尚一族的消费需求。这种定位方法在上海浦东的嘉里中心较早地采用，并被认可。

4）完全避免竞争的定位方法。如相邻是生产资料型的商品市场，那么其他项目可以选择生活商品业态，从而避免商业的直接竞争。即使是零售业态也可以通过业态、商品、场景、服务来选择不同的消费者达到避开竞争或者避开强大对手的目的。假如在家居业态的强者红星美凯龙、月星家居附近建设开发商业项目，定位于家庭购买为主体的生活艺术品可能是比较理性的定位选择方法。

第二节　商业地产项目系统定位

商业地产定位过程中相关因素多，系统性强，须进行综合思考和体系性定位，否则会顾此失彼，造成定位缺陷，使关键决策失误。

商业地产项目系统定位的内容至少包括：市场和发展策略定位、开发类型和时序定位、项目层级定位、消费对象定位、业态和特色定位、规划意图定位、合作伙伴定位和场景定位。这八个方向的定位对应了包括企业的发展策略、项目的发展策略、项目的资金安排、开发建设的效益和利润要求、市场对策以及和品牌策略等内容。

开发策略和盈利模式定位

1. 项目开发策略选择定位

项目开发策略是企业发展策略和市场条件下的理性选择，万达、万科、宝龙、龙湖、新城控股等企业对商业地产实行"租售并举"的发展策略正是企业发展策略下的项目策略这两个方面的考虑，万达在发展初期曾经也听取过境外机构的建议，按照REITs的要求，拟全部持有物业进行商业地产开发，但是中国大陆金融条件并不许可，造成万达持有物业的开发策略很难坚持，直到2005年以后，万达才调整发展策略，形成"商业综合体"的项目发展理念，加强外围街铺物业和其他功能产品的营销，实行"以售代融"，通过项目的物业销售，自我满足自我平衡资金需求，同时当时正处于中国房地产市场的黄金十年，所以万达走上了迅速发展的道路。

项目制定发展策略就是要结合企业发展策略和市场条件的实际，在资金不充裕的情况下持有全部物业，物业销售市场去化率较低而把项目定位为"产品性开发"以及"短融长投"等都是开发策略定位中的重大失误。

2. 盈利模式选择定位

按照商业地产的利润来源原理，进行商业地产盈利模式定位，有三种盈利模式可以选择：

1）房地产开发的盈利模式——体现为房地产开发利润，包括销售物业和租赁物业；

2）商业企业自用型的盈利模式——有两种具体的盈利模式：一是自行组建商业企业，进行自主经营或者合作经营，其盈余表现为商业利润；二是以物业合作的方式进行物业经营取得商业利润分配。订立租赁合约或者以租金收益的合同标的，就是房地产的经营盈利模式，如果合约标的注明是商业利润分配的，那么属于商业合作模式。

3）股权投资型的盈利模式，这个模式的优点是资金介入的自由度大，可以股权投资方式，但是不能产生物业产权的变更，如果发生房地产（物业）和资金交换的情形，可被视为房地产投资。股权投资只能从企业经营产生利润时取得企业分配的利润。

为了资金快速周转以及满足投资者对物业产权的要求，项目可采用房地产开发盈利模式，这种模式的税负重于商业企业自用型的盈利模式，但资金回流快。商业企业自用型的盈利模式，虽然税赋较轻，但投资回收周期长，资金周期长且资金成本大。第三种盈利模式在现时的市场背景下，具有不确定因素,即我国的房地产资产融资(REITs)市场一直在试点中,前景一直不明朗。

3. 商业地产的开发类型定位

项目发展策略在项目建设开发中的具体表现之一就是商业地产的开发类型定位。商业地产有产品型开发、持有物业型开发以及综合型开发三种开发类型,各种类型都有其资金流动、时序、开发建设、招商运营的特点。在开发类型的选择上,其实就是项目发展策略的具体化,它反映了企业的项目发展策略意图。商业地产三种主要的开发建设类型的特点如表6-1所示。

三种商业地产开发建设类型及其特点　　　　　　表6-1

比较项目 类型	资金周期	运营要求	市场认知	资本选择	税负
产品型	快	难运营	散售成功率低	中小资本	重
	定制	不详	整体交易,视后期运营定位		
持有型	慢	运营难度低	成功概率高	金融、商业、大型房地产投资者	略低
综合型	快	散售部分难运营、持有部分运营相对容易	成功概率视持有比重	中小投资者	视销售比重
				持有部分较难交易	

1) 产品开发类型:由于我国房地产实行预售制度,项目可以在建筑条件、使用条件并不具备时,提前获得预售款。但是,由于商业地产项目实行散售后产生的业主多,运营方式、经营策略、回报要求不一致,运营费用难以筹措等情况,委代项目难以管理,很难展开商业经营活动。由于通过房地产销售形式,所缴纳的税赋数额最高,使得项目在减少资金成本的时候,出现了税负加重的情形,使得项目的资金流有所改善,收益未必增加的情形。在销售市场条件许可下,这种开发类型属于周期性的。在我国,中小型房地产企业由于融资困难,往往会采用这种纯销售的商业地产开发类型,产品类型也仅仅局限在"市场类"或者"街铺类"的物业形态,由于各地政策法规限制和市场失败案例,商场式的分散销售产品类型很少能取得获准和成功。

2) 持有物业开发类型:目前在我国,选择这种开发类型是融资能力极强且融资成本很低的大型房地产企业(有境外融资途径的外资企业、中央企业,如华润、中粮、信达、中建等)居多,开发类型选择取向是这种开发类型可以持有升值潜力巨大的物业,形成企业的优质资产;或者是商业经营利润高,足以支付资金成本的商业企业。由于物业产权集中，商业空间支配自由度高，所以后期运营难度低，如果是开发者自行经营商业，在现行条件下（物业税未开征前），不产生房地产交易经营税赋。这种开发类型另一个特点是物业具备建设条件或物业建成之后，可以进行实物抵押融资。

3）综合开发类型：兼具上述两类开发类型的特点，既可以通过销售部分物业，平衡资金；又可以通过持有物业进行中后期的资金运作，且税收比较均衡。但是销售物业和持有物业不能比例相差太悬殊，原则上销售物业不超过30%，而且不能在核心和关键区位，否则这个项目会产生运营困难，且持有部分的物业受到运营不佳散售物业的影响，会造成价值低估。

在上述开发类型选向时，各个企业在评估市场、自身融资和运营能力等因素后，方可进行开发类型的定位，如有境内外低成本融资通道，并有运营能力的企业，如华润、恒隆、太古、凯德等企业，选择持有物业开发的开发类型。而一直发展速度极快的资金配置与发展速度不太协调的万达，则选择了混合型的开发模式。部分中小型开发企业和市场业态开发商，选择以销售为主的产品开发类型，并且也有成功的案例。所以，在开发类型定位时，一定要结合企业发展策略、项目所在的区域市场（关注这个区域内的售价、租金收益、去化速度等）特点、自身的融资和运营能力等因素审慎选择开发类型。

4. 消费定位

消费是商业地产定位因素中的最基础性因素，消费定位是商业地产定位中的基础性定位。选择消费就是选择业态（业种和商品），消费规模、消费能力、消费品位决定建设项目的商业盈利水平，也决定商业企业向商业物业分配租金的能力。在21世纪第二个十年以来，我国消费随着收入、文化、品牌、商品、时尚的变化而变化，商业须对这种变化做出反应和调整，这是商业运营能力的体现。而商业地产的直接功能就是商业载体，外化的形态就是商业建筑，在进行商业建筑规划时，应当注意到建筑对业态变化、消费变化的适合性，这是设计策略。总之，在建造商业建筑时和投入运营后，这个载体都必须要为消费的变化、业态的升级做最好进阶的准备。

消费定位有全客层定位和特定目标消费对象定位两种方式。

1）全客层定位："客层"是商业经营者根据顾客的月收入及消费能力等因素来划分客群的名称，一般分为一般客群（基层消费人群）、中端客群（中等收入者阶层）、高端客层（消费能力最强的富裕人群），实际生活中的消费没有数学模型上那么整齐、规则，一般客群也有高档的消费支出，只不过比例较小而已，而高端客层也有一般消费的支出，所以在目标商业消费对象定位时不会界定太明显，比如说定位为中高档或中低档等，关键是看商品品质、服务价值构成比例等。那么，商业的"全客层"应该包含兼顾以上所有人群的消费需求，即定位生活全方位，价格亲民，业态涵盖广，功能、实用性、性价比等商业特征都比较齐全，以满足所有人群的消费诉求，这种定位取向可以最大深度地挖掘目标区域市场空间里的消费资源价值；在这个理念之下"全客层定位"也表现为能够满足区域内各个民族、各性别、全部年龄段的消费群体。社区商业或大都市超大项目或中心城市有巨大影响力的大型商业地产项目可以采用全客层的定位，如万达广场采用的就是全客层的定位，其特点是满足不同收入人群和不同年龄人群。

2）特定目标消费对象定位：顾名思义，目标消费定位就是有特定目标的商业服务的定位，定位内容有年龄、性别、收入和社会阶层及其职业、消费倾向和习惯等方面，如单一业态也可以进行客单价定位。

"大悦城"是中粮房地产企业商业地产板块所打造的"国际化青年城市综合体"，定位为时尚、流行、性感、潮流等多重年轻风格，是目标消费定位购物中心（Shopping Mall）的成功案例。

大悦城的目标消费群体定位为18～35岁、消费能力较强且较易冲动消费的年轻消费群体，商业场景性格特征偏女性。业态规划核心理念概括为四个关键词——"年轻""时尚""潮流""品味"。商品总体定位策略是根据这个年龄层次的中等收入特点，新潮而价格适中，场景设计有活力，所以在该购物中心内没有引进国际一二线的品牌商品。

"大悦城"根据经济发展、中等收入人群扩大的消费变化趋势，进行目标消费对象的定位。在核心商圈里，以放弃粗放式的全客层定位，取得差异化、特色化、目标清晰的消费对象的定位优势，并把这种年轻时尚的消费定位贯穿到选址、规划、招商、商品组合和定价、场景策划和环境营造、活动策划等各个环节中，从而使大悦城在商业地产存量时代、商业竞争格外激烈，"建筑相似化、业态同质化"的市场背景下，主动创新，锐意进取，推动商业地产进阶，仍保持较快的发展速度，从而成为中国商业地产领域里一面创新的旗子、"新商业载体"的先行先试品牌。

目标消费定位具有品质的一致性，而商品、环境以及服务要有特色，以吸引目标消费群体。而全客层消费的定位，需要考虑到各层次群体的消费能力和年龄差异，要注重均衡性，即关注不同年龄层次和消费能力人群的需求。全客层定位往往是家庭消费，而在家庭消费中，家庭主妇，中青年女性往往是主要对象，所以在商品定价、环境和氛围塑造以及促销活动的策划中，要偏重于这部分消费人群的购买心理和对环境和服务的诉求。

5. 业态定位

1）业态定位原理：从笔者提出商业地产"十个差比"中"业态差异决定商业地产价值差异"的观点来看，不同的商业业态，影响不同商业地产的价值表现；业态租金决定商业物业的价值，业态选择既有提升商业物业价值的作用，同时又受到消费、商圈（商业影响范围）、交通条件、商业发展趋势和商业企业发展策略的制约。

2）业态定位思考：业态扩容"新物种"蓬勃兴起，传统商业的生存方式已经不适合新时代消费和商业的要求，B+C的业态思维方式已经过时，在全球普遍的产能过剩、购物便利、商业竞争十分激烈的市场背景下，进行业态定位，就要变"商品导向"为"消费导向"，从过去提供商品让消费进行选择，到主动了解消费者的需求而创造商品供应。由于"智慧制造"时代的到来、物流成本的不断下降和创意产业的兴起，B+C的商业模式开始式微，商业由商品经营开始向物联化时代的C+B的模式进行转变，而业态定位也要遵从这一物联化时代背景下消费导向型的消费、商品信息双向传递和商业服务、场景体验的转变趋势。

从业态升级和扩容的角度看，业态选择要从"新零售""新业态谱系"中找发展方向，消费行为塑造业态类型，"组合""跨界""混搭"的背后是"新零售"的业态升级和业种、商品的重新组合，业态选择必须顺应时代——消费者推动的"新零售""新业态"。

从消费选择角度看业态定位策略，业态特色越明显，商业影响范围（商圈）越大，而目标对象客群范围越小，目标消费对象的业态定位策略适合大中城市和商业竞争比较激烈的核心区域，而在类似于社区的区域，由于服务对象较少，业态定位须覆盖消费者生活需求的各个方面，这也是消费定位中的"全客层"定位，但是这两种业态定位的策略并不对立或排斥，即在特色业态定位中要注意消费的适合性，而在日常生活的业态定位中，也要和当地消费层次、文化审美、环境特色相结合，形成全面渗透。除了服务生活之外，满足生活需求的业态定位也要有特色，以满足日益增长的消费升级的需求。前者在中国大陆比较成功的项目如"太古"系列及"大悦城""银泰""新天地""K11""百联——奥特莱斯"，后者比较成功的有万象城、万达商业、山东银座、万科社区商业、龙湖社区商业等。

（1）业态精确定位的体系——"五维定位法"

"五维定位法"是比较完整的商业项目的业态定位体系，笔者认为从消费、市场、物业（建筑条件）、商业资源、经济效益五个主要维度，结合项目的发展策略进行业态定位，可以科学理性地进行商业、资产价值的选择。消费、市场、物业（建筑条件）、商业资源、经济效益5个要素的价值考量同时并行存在于商业地产的业态选择过程中,不可以个人喜好的主张形成倾向性选择,不可以漏项,不可失衡,采用数据论证的方法,体系化地对商业地产项目进行业态定位研究和选择。

消费选向——宜采用逆向定位法,从区域产业经济层面入手,判断收入和生活需求,直到业种、业态选择形成,其内在价值传递关系是:产业—就业—收入—消费—商品需求—业种选择—业态定位—业态租金—物业资产价值。

从业态定位的基础性因素——消费来看,不同的产业就有不同的技术要求的劳动力,不同技术的劳动力就有不同的收入水平,不同的收入水平就有不同的消费需求,这种消费需求产生了与之匹配的业种(商品)、商店及服务行为和营销方法等,形成了"这个"项目的业态定位,而这种需求构成的商品和服务组合(业态)决定了"业态租金"——商业物业的资产价值。

在国际上,在消费能力提升对不同业态的需求有过相应的分析和推断。根据各国商业发展的经验,百货店占主导的时期是人均国民生产总值低于1000美元时;超市的生存条件时期是人均国民收入1000美元以上,成长期是在超过2000美元时;便利店的生存条件时期是人均国民收入3000美元时,成长期是在5000~6000美元时。收入水平影响业态发展和演变的另一个表现是:经济的快速发展、收入水平的快速提高,往往伴随着零售业态的加速演变。例如日本从1960年开始,在短短的20年间,相继出现了超市、邮购、访问销售、专业店、购物中心、食品超市、电视购物和便利店等8种业态,而经济高速增长、科技发展迅猛的中国更是在20世纪90年代,到21世纪的短短的十几年间就爆发了综合性的零售革命——出现了"新零售""新业态",业态升级的速度超过历史上任何时期。

通过不同的收入,对不同业态需求的理解,可以发现如下的规律:收入越高,对商业服务要求、商品品质和购物环境的要求就越高。从收入变动因素来看消费能力和业态关系,业态时间性的变化有如下表现:

①温饱型消费——注重性价比,如大型超市、专业卖场、网店等;
②小康型消费——注重个性和体验,如主题商业街、特色购物中心、奥特莱斯等;
③富裕型消费——注重品质和服务,如精品超市、优选商店、时尚百货等。

我国目前处于经济、社会、科技转型的特殊时期,绝大部分的家庭、个人经济能力已经处于"小康"—"初步富裕"之间的中等水平,性价比不再是选择商品(服务)的唯一理由,甚至也不是第一理由,功能需求、品质、体验是这个阶层商业(商品和服务)要求的关键词。

在科技发展时代，信息传播方式有了非常大的改变，电视传媒不再是最有效的传播渠道，网络传播后来居上，所以从商业营销出发，部分新业种中"人气店""网红店""打卡店"也是业态创新中的重要选择的关键词，从这个意义来看："新商业载体"能产生"流量"，具有商业媒体的象征意义。

（2）商圈选向——市场定位法

商圈内的业态形成是服务于一定范围的消费者而产生的，在没有其他商业和竞争者时，宜采用"全客层"消费——业态定位，以满足不同年龄段和不同消费能力人群的各种需求，生活各个方面的细节，使商业效益最大化。在商业特别竞争的商圈内，业态定位要考虑周边、相邻商业设施的相关性和影响性，采取科学、合理的业态定位策略，试图使这个范围的商业物业达到"消费资源共享，共同走向繁荣"的局面。商圈相处之道——"市场定位"策略有如下四个选向：

一是竞争型业态定位选向。商业是竞争的产物，没有竞争便没有商业的发展。大部分商业可以通过竞争，达到市场空间扩大、消费资源共享、商业共同繁荣的结果。因为在竞争的过程中，会有物竞天择、优胜劣汰的效果，通过竞争，商业的业态将进行自我调整和优化，这样会使得价格更低、可选择的品种更多、服务质量更好。允许竞争的业态有餐饮、服饰、市场、百货、面向较高消费层次的购物中心、休闲养生以及娱乐等。

不建议采用竞争策略的业态定位有：大型超市和院线等。不建议采用竞争策略的业态有如下特征：同质化——都是工业文明在商业领域里的运用商业模式，它们一般都是销售的目标对象相同、商品相同、价格相同、服务规范相同、营销策略相同或采用程序控制的业态，如便利店、超市、电影院（片源趋同）、洗车店等。如果必须导入同类业态竞争机制，须十分慎重地做消费问卷调查，如某项目计划引进某大型超市的调查（表6-2）。

大型超市调查问卷　　　　　　　　　表6-2

评价＼项目	您了解该超市吗？	商品品种	商品价格	商品促销	服务水平	和XXX超市相比，您更认同哪个？
好						
中						
一般						
需要改进						
您的意见						

为了确保在商业竞争中处于优势地位，"好"和"中"的评价须占到80%以上，才可以考虑进行非推荐的同类业态竞争机制的定位选向。

二是竞和型的定位策略选向。这也是商业一种共存状态——在竞争中共同繁荣,在融合中创造更大的商圈。融合关系则是商业之间互相融合、互相促进的效应,这两种业态策略选向彼此共存在一种商业运营模式中,如与大型家居项目处于同一地块中,可以对大型家具项目的经营业态进行分析,挑出其中较弱的业种,设立专门商业区域,从而产生竞和关系。

某大型家居项目调查情况如表6-3所示。

大型家居城经营状况调查表　　　表6-3

业种商品＼项目	楼层	面积	品种	环境	服务水平	平时客流	节假日客流	租金/坪效
家具类								
床								
衣柜								
儿童家具								
餐桌								
床垫								
电脑桌								
椅子								
书桌								
沙发								
定制家具								
建材类								
卫浴								
厨电								
橱柜								
水槽								
地板								
灯具								
开关								
净水								
五金								
涂料								
墙纸								
家居类								
床品套件								
被子								
枕芯								
收纳用品								
活性炭								
锅具								
精品家电								
窗帘								
家饰								

通过上述调查，制订竞和性的定位策略，可以找到业态的消费基础，依靠成熟商业发展项目，同时有完整商业业态圈，扩大商业服务范围，吸引更多客流的效果。

针对竞和对象，定位策略须对竞争部分加以评述，包括增加品种、改善服务、降低价格和创造良好的购物环境等方面的对策。

三是差异化的业态定位策略选向。业态差异化并不是完全没有相关性，而是找出消费习惯中的延伸关系，取其上下游关系，各自选择消费发生点，从而避开激烈的商业竞争。如上海徐家汇商圈的规划可以说是差异化定位策略的成功典范（图6-3）。

图6-3 徐家汇商圈物业分布

上海徐家汇商圈是上海城市西南的城市级商业中心，主要服务于徐汇、静安、黄浦、长宁、闵行、松江、奉贤以及金山等区的居民，基本消费人口不少于500万。该商圈交通发达，有轨道交通1、4、9、11号线，公交线路达25条，周边区域（徐汇区、长宁区、静安区、黄浦区）的商品房平均价格达到50000元/平方米（以上）。在良好的消费人群面前，商业也十分发达，徐家汇商圈的主要商场信息如表6-4所示。

徐家汇商圈主要商场信息（历史资料） 表6-4

商场	业态特点	面积（m²）	经营商品特色	目标客群	档次
港汇广场		70000	占地5000m²的"潮流街"儿童用品城和女鞋城，500m²的超市，4000m²的名店运动城，200多间专卖店，5000m²美食广场以及永乐影院	白领一族	中高档
东方商厦		30000	占地5000m²的"潮流街"儿童用品城和女鞋城，500m²的超市，4000m²的名店运动城，200多间专卖店，5000m²美食广场以及永乐影院	服务于成熟顾客	
太平洋百货		30000	引入港台成熟的大众流行与时尚品牌	服务于成熟顾客	
汇金百货		40000	引入港台成熟的大众流行与时尚品牌	中年白领	
美罗城		40000	娱乐、休闲、文化消费为主。设有快餐店、书店、电影院、健身俱乐部、KTV等。地下还有小吃中心和游戏机房等娱乐场所	来徐家汇以文化娱乐为消费目的的人群	中档
上海六百		8000	来徐家汇以文化娱乐为消费目的的人群	年龄偏大及较传统的人群	
太平洋数码		30000	以数码产品为主	年轻群体	

通过上海徐家汇商圈的市场调研情况，分析得出"差异化的业态"策略选向特点是各有特点、各取所需、各自选择不同的市场份额。一是满足不同年龄层次的消费需要；二是满足不同消费能力的需求；三是满足个人不同情境下的消费需求。这种定位策略适合商业比较或高度聚集的区域。优点是商圈和谐，商业生态完整，最大程度地挖掘消费资源，共同促进商业繁荣。2020年起，徐家汇商圈通过空中连廊把各大商场联结起来，客流共享，将进一步加强徐家汇商圈的整体竞争力。

这种定位策略不适合单一消费客流集中或小型社区商业。

（3）建筑适合性——物业导向的业态定位法

商业物业是商业经营活动的载体，互联网时代，淘宝、京东等电商也是虚拟商业载体的发展商，无论以何种形式，商业服务、商品交易、物联化的端口总是需要中间交互的平台，这个物质化的平台就是商业物业。

对实体商业而言，商业物业的选址是第一要素。选址要求包括：物业所在区域和商圈、所在道路和位置、周边环境（人文和自然）和相邻关系等要素。这些内容本书已在"商业用地"和"商圈"中进行了表述，归纳起来，商业选址的核心就是选择消费市场，选择交通和有利位置以及选择合适的物业建筑条件。

商业企业对商业建筑的关注是适合性。笔者在本书中有关商业建筑的"专用型"和"通用性"的规划设计观点，建议商业建筑尽可能按照"通用性"的标准进行设计和建设，未来以适合业态变化对建筑的要求，但是长期以来，中国大陆的"公共建筑"设计规范中，提出了"公共建筑"（包括商业建筑）的具体设计参数，包括荷载、通道宽度、停车位配置等，其实这些都是商业建筑使用的建筑要素的下限。在这个建筑用途变化时，有一些关键的建筑数据却无法调整，导致商业建筑的使用范围很小，适合性比较差，这也是有些国家商业建筑改造、变动少，而我国商业建筑改造大部分是拆除重建的原因。

商业建筑对业态的适合性在开发建设不同阶段有不同的难度和调整或变化成本（表6-5）。

商业建筑不同变更　　　　　表6-5

形象特征 \ 变更	难度	范围	成本	周期
设计	小	变更图纸	小	短
工程建造	中等	可能拆除建成部分	视工程难度	视工程难度
建成	大	可能重建	视改造内容	视改造内容

表6-5反映：商业建筑在设计、建造、建成三个阶段随着工程不断深入，变更难度会越大，成本将越高，周期将越长，所以在业态定位时尽可能提出详细的建筑要求，判断建筑对业态的适合性，如不适合就要评估改变范围、成本、周期、变更的难度以及规划部门的许可。

业态对商业建筑的关键指标：开发一个商业地产项目，要考虑到各种业态对商业建筑的要求，相关的要求很具体且繁多，如位置、楼层、面积、荷载、柱距、内部层高、通道（客流、运货、疏散）、广告位和橱窗、环境、停车位以及公共配套、通风、排水、强弱电、微电、网络、通信管线等。

设备方面：有智能化运营管理平台、网络（WiFi）、电视和播音、POS收银机、电梯（垂直电梯和自动扶梯）、视觉和照明系统、空调和新风（包括嗅觉美学）系统、烟雾报警和自动喷淋、安保和监控系统、自动停车引导和收费系统等。

附属物业有商业办公、仓储、保安保洁、设备和工具储存、装卸货平台、垃圾处理和收集、冷却塔位置等。

在这些诸多要素中，可以增设并可以移动的均不是关键因素指标，而那些无法增设的、又不可移动的才是关键，这些指标是业态选择商业建筑的关键指标。

一是建筑面积。建筑面积不够大，无法满足商业企业对经营场地面积的需求，这是否决的指标，如项目计划引进某品牌大型超市，但是单层面积仅5000平方米，而该品牌大型超市以规模大、商品全、价格低而出名，单层面积要达到8000~10000平方米，这物业显然不符合引进目标商业企业的要求。在规划阶段，外部还有场地可以扩大，则还有调整机会，如场地有限或建成物业不可扩大面积，那么企业定位选择，则需要调整业态选向或调整选择适合建筑面积的类似商业企业开店。

二是荷载，又称之为"承重"，是指除去建筑物自重之外，建筑的重量承受范围。荷载低的建筑，就难以引进需要高承重的业态，如部分传统百货建筑350千克/平方米，如要改变业态，引进大型超市，则对建筑的荷载要求是600~800千克/平方米，那么该物业不满足其荷载需求，则无法引进。

三是内部高度（室内高度）。商业经营对内部高度要求一般从梁底高度计算，如电影院、儿童体验业态、有演艺（包括婚礼）大型餐饮对此有特殊要求，对内部高度要达到9米以上，如建筑的内部高度达不到这个高度要求，则不能选择电影院和儿童体验、大型餐饮这样的体验表演业态。

四是柱距，柱子与柱子之间的距离叫作柱距。一个大型商业的上部空间由若干个柱子支撑，形成"柱阵"，商品、客流的布置在柱阵中；柱距过小，影响商品布置和动线的流畅，影响消费者的视线，并影响到商品的展示。中国古代由于建筑材料、人的高度、走路的跨度、封建制度的规制和商业街走马要求等原因，一般民用建筑（中国古代商业建筑一般由民居改建而成，如各地保持原貌的古代商业街如山西平遥、徽州古城、浙江的乌镇和西塘、北京南锣鼓巷、扬州的东关古街）其柱距为3.3米，约为古时1丈。现代建筑材料的出现，使建筑跨度提高，在无柱情况下可达到数百米，在现代建筑中诞生现代商业，如大型百货、大型超市、大型市场、大型专业卖场等。这些业态都是在现代建筑出现后发展起来的，其布置规划的依据，就是现代建筑的柱距模数，如大型超市的柱距要求≥6.8米，如果过于狭窄，货架、通道将无法布置。

其他影响商业选址的因素，有中庭、电梯井位置、出入口位置等。

在商业地产定位时，要充分考虑这些重要的且会对未来引进的业态造成制约的建筑指标，否则定位就是不切合实际的。

（4）根据品牌供应商（商户）区域发展规划进行定位选向——"以招代定法"

"以招代定法"是通过招商来代替一般泛泛而论的招商方案。只有通过招商，根据汇总的"商户目录"进行有品牌影响、符合物业条件、有入驻意愿、租金承受力较高的商户。

"以招代定法"是业态定位五个要素中的关键，运用"以招代定法"，可以使项目业态策划的可行性、物业的收益性体现出来，同时也可以反映项目各个方面对商业不合适之处，并可以适时调整和弥补。在"以招代定法"中，首先需要获得确认的是"主力店"和品牌店。

（5）租金收益法——收益导向的商业地产项目的业态定位方法。以商户的租金承受力和意向租金来进行业态定位选向，按照业态租金理论，不同的业态有不同的边际利润，不同的边际决定该业态的租金水平。

在商业领域，有一个模糊的边界，就是不进行商业物业（收益性物业）的租金考核，物业收益混合在商业收益中，有时商业亏损被物业收益所掩盖，这个观点在作者2003年发表的"动态租金成本"一文中有所表述。从经营者的角度对一个商业项目进行全面科学的考核就会发现，在一个商业项目中，收益构成中有来自物业收益和商品经营的收益，在商业经营活动中，并不可以去区分收益的成分，商业物业的投资和收益体现在商业经营收入中，使得商业利润中包含着房地产利润；"物业税"或可能出台的"房产税"就是打这个"补丁"的——已经颁布的《物权法》就是作为这个税收的法律基础。在租金导向法则的定位中，无论是谁经营，必须要有租金分配的比例和租金估测，这样才能准确判断业态经营能力、租金贡献能力（业态租金）以及这个物业合理的租金产出能力。

在商业地产项目的业态定位过程中，肯定追求租金收益高的业态，这就是商业地产的租金导向决定的。谋求高租金的前提是要达到"五个适合"，即适合消费、适合商业、适合物业、适合投资和适合企业自身条件，这样才能达到租金高收益的要求。

3）业态的比选方法

按照项目业态定位的"企业发展策略要求""可操作""适合""兼容""效应优化策略"——大店效应、品牌效应等，进行业态比选；比选依据是合约、市场数据、合作意向等，达到"以招代定"的真实效益分析、测算。

某项目的业态选择评价——定位选向表模板　　表6-6

业态 选择依据	服饰	餐饮	数码	旅馆	服务	旅游	超市	书店
满足消费	4	5	4	5	4	5	4	5
商圈融合	5	5	4	5	4	5	4	4
物业适合	3	5	3	4	5	5	5	5
市场影响	5	4	5	4	4	5	4	3
业态特色	5	4	5	5	4	4	4	3
经济收益最大化	5	5	5	3	5	3	3	3
评分	27	28	26	26	26	27	24	23

业态选择评价示范表（表6-6）说明：

（1）评价依据。市调报告，须包含区域商业物业供求关系、空置率、商业企业在本区域发展规划、物业交易价格（交易和销售价格）、租金水平（区域租金和业态租金）分析，本区域商业物业"十个差比"特征的数据。

（2）根据供求关系、商业品牌影响力及其带动商业项目发展的作用（大店或品牌店的引领效应）、业态周期、租约长短，兼顾服务要求等开店意向或者合约议定部分内容等因素设计分值。

（3）可以采用5分制或百分制进行评判，但要以商户商洽意向表为依据。

（4）在业态定位论述中，必须阐述评分依据。

（5）汇总各方评分依据及分值，排除明显不合理的评分结果，综合多方合理分值，形成最终业态选择评价结果。

6. 运营管理定位

商业地产运营就是要做商业物业这艘"轮船"航行的"船长"和系统的运营体系。如果说商业地产项目开发只是造了"这条船",而掌控"这条船"航行——商业地产经营的则是运营者。商业地产的运营定位就是要为"这条船"制定航行线路,制定航行规则——明确运营模式,明确"航行和里程"——商业物业的经营目标和落实优秀的"船长"和他的团队——落实适合的运营机构。

目前我国的商业地产运营人才少,部分是从商业领域里转行而来,熟悉商业经营和管理,但是对商业地产经济效益考核、资产管理方面的专业知识掌握不够,这是在商业地产运营定位和运营管理时应当注意到的事项。

1)原理:从业主收益或资产管理的角度出发,向商业经营者提供的服务越多,商业经营的阻碍越少,商业物业的收益越高。运营者提供服务多了,商业企业在商业空间中的经营障碍和困难少了,经营活动得以顺利开展,商业经营的利润也会增长,而分配给业主的利润也会相应增加。如果不是这样,运营者会选择向其分配利润——租金水平更高的优秀商业企业作为租户或合作伙伴。所以商业物业的运营是以商业企业在商业载体上顺利开展经营活动为目标的。

2)商业地产的运营管理方式主要有购物中心式、百货商场式、专业市场和商业街式等四种运营管理方式。这四种管理方式,运营主体介入的深度不同,提供的服务也有差异,物业投入运营后,业主对收益增加的把控程度也不同(表6-7)。运营方式也和业态有关联。

商业地产四种运营管理方式 表6-7

方式\内容	介入深度	利益关联	服务内容	收益控制
购物中心式	包租、持有;深	直接	开发、运营、物业管理全过程	商业运营,直接承担运营结果
百货商业式	浅	间接	提供物业投保,保证物业使用	物业经营,契约保证租金收益,隔离商业经营风险
商业街、市场式	持有型;深	直接	同购物中心	承担运营结果
	租赁型;浅	间接	形象控制、商业秩序、代招商、物业服务	不承担经营结果
物业管理式	不	没有	物业服务、形象管理	不承担经营结果
合作	视经营责任	部分	视分工	部分承担

3)商业地产的运营并不局限于自己承担运营业务,可以委托第三方负责运营。运

营合作可以有：双方合资或成立项目运营机构；委托或部分委托运营以及聘请运营顾问等。

把商业物业的责任委托给第三方时需要慎重，在中国大陆的法律条件下，即使有担保条款，最终的运营责任也将全部或部分由业主承担。所以运营的定位，不仅仅是选择运营方式，还要深入了解运营主体的主要责任人、运营能力、专长以及学习能力，并进行实地考核，最实用的方法是到这个运营主体、主要责任人实际主持的商业项目进行调查和考核，主要调查的内容有操作运营项目的相似度、经营业绩和成本考核、团队管理、商户服务、业态更新能力、商业促销活动能力、市场口碑等。

7. 规划定位——规划引导书

商业地产从策划定位进入规划设计阶段，也就是"定性"阶段进入"定量"阶段的过程。在这个过程中，有一项重要工作就是编制"规划引导书"，笔者认为：**在这个阶段不建议采用"设计任务书"这种比较正式的设计意图的交流文件，后者的主观意识太强，不利于设计人员发挥创造价值的积极性。**

规划设计引导书是项目发展策略、策划意图的具体化和清晰化的表达文件，忌讳含糊不清、模棱两可。文件的主要内容有：设计背景告知——项目的市场条件、设计条件——市场调研报告摘要；项目理念——项目的发展建设目标、思路、比较对象、产生的市场效应等；布置意向、功能比重（如有产品比重更好）；经济技术指标要求等方面。其中市场条件、功能比重、经济技术指标这三部分内容必须采用数字表达。

1）市场条件告知，让设计者了解项目市场背景和地块情况。

（1）城市信息，包括城市、人口、经济、收入、消费、商圈及规划。

（2）市场信息，包括市场总体态势、供应量、重要规划中的项目、销售价格和租赁价格等。

（3）地块信息，包括用地性质、地块位置、规划控制指标和规划对开发的要求（可附土地出让合同），如已和重要商业企业合作，该商业企业的选址及建筑要求应及时告知。

2）项目发展理念，让设计者了解投资意图、项目策略意图、发展目标、和项目开发建设类型的定位方向。

（1）项目发展策略，即企业通过该项目投资、开发，欲达到的经济、品牌或资金的目标和途径。

（2）项目定位，包括开发类型、消费、业态、运营类型以及项目开发周期目标的定位。

（3）比照对象，告知国内外类似项目的成功案例，让投资者有对标对象，使设计意向清晰。

3）功能比例。可信和持有比例。部分项目为含有商业地产的综合性项目或综合性商业地产项目，包括商业地产项目可以兼容的酒店、办公、酒店式公寓、商业性的养老、医疗等，这部分内容宜用数字清晰表达。

4）空间布置意向。开发商或策划方偏重于经济思考，而设计者偏重于空间利用、建筑造型和建筑规范等。有些设计师受开发商的影响，片面追求容积率，这是不对的，商业地产最优价值并非仅是靠容积率实现的，开发商或策划者可以用图说方式告知设计者，具象地告知本方布置意向。这样，策划方（包括投资者、开发商）和设计者各展其长，既可以融合经济效益和用地技术规范的要求及技术指标，还可以缩短设计周期。

5）执行经济技术指标要求意向。完全执行规划要求还是许可范围改变须明确告知，包括功能变更、指标满足等内容。如容积率的放弃，如项目为产品型开发的商业街，一二层可以实现销售，而3层及3层以上没有去化，假设规划给予容积率2，建筑覆盖率50%，且不允许兼容其他功能，这时策划方须告知容积率指标需做取舍，如果策划方理性，会告知楼层控制在2层以下，容积率在1.2以下。

附 《某项目规划引导书提纲》

一、项目愿景

1. 投资者（开发商）简介
2. 项目发展目标
3. 委托设计的要求

二、项目规划条件

1. 用地条件

（1）用地规划概况

用地规划概况　　　　　　　　　表6-8

项目	经济指标
用地面积	
规划容积率	
建筑密度	
用地性质	
高度控制	
车位配置	
绿化率	

（附：城市建筑规划设计规范文件、土地拍卖文件）

（2）用地状况描述

①位置——区域位置空间位置、相对位置，如距离某地标志性建筑、城市中心标志的距离。

②所在道路

③临街状况

④相邻关系

⑤所在商圈特征

⑥四至范围

2. 市场条件

（1）城市概况

（2）商业格局，包括主要商业项目

（3）消费分析

（4）商业地产市场价值状况

①总体特征

②商业楼盘分布及价格

③租金分析（区域性租金和业态租金）

④重点项目研究（特色项目，竞争性项目）

3. 开发策略意图

（1）总体策略定位

（2）项目开发策略定位

（3）项目发展时序和周期控制

三、项目定位

1. 总体定位

2. 业态定位方向

3. 主要功能定位

4. 类型定位

5. 层级和商圈、消费目标对象定位

四、土地利用方案

1. 用地特点分析

（1）规划要求

（2）用地位置特点分析

①商圈氛围评价

②交通和位置评价

③用地条件适合性分析

2. 土地利用思路

（1）用地"六性分析"

（2）用地修复方案

五、规划意向

1. 规划理念和原则

（1）规划理念

（2）规划原则

（3）总体布置思路

2. 规划手法

（1）基本思路

（2）布置办法

（3）空间利用的策划

3. 布置意向

（1）总体布置

（2）功能布置（包括楼层控制）

（3）业态布置

（4）产品布置

（5）动线布置（车行/步行动线）

4. 形象策划和创意

（1）项目主题和场景特色

（2）各种功能分类提案建议

（3）建筑风格和色彩、灯光倾向

六、经济技术指标意向

1. 总体指标（容积率、建筑密度、总建筑面积）

2. 功能（包括地上面积、地下面积）

（1）商业面积

（2）酒店面积

（3）办公面积

3. 产品分析

(1) 可售功能/面积

(2) 持有功能/面积

(3) 可售/持有比重

4. 收益预测

8. 合作伙伴定位

商业地产项目的合作伙伴主要有：

1) 资金方面的合作伙伴

(1) 银行

(2) 基金

(3) 战略投资者

(4) 销售代理企业：如果采用"以售代融"的资金平衡方式，那么代理销售的企业也可以视为资金的合作方，在和代理销售的合约中要有资金规模、账期等有关资金回流的标的约定，以确保项目的资金平衡，保证项目建设进程实施。

(5) 其他可以提供资金配合的机构和企业

2) 商业企业及其商业资源服务提供机构

前者是在商业项目中起到重大价值提升、有利于招商展开的重要商业企业，包括主力店、品牌店、特色店等。

后者是有品牌资源的不直接经营商业的企业；有商业资源并且有招商能力的机构；品牌代理商。

3) 其他重要的合作伙伴

科技企业：包括数据、智慧管理平台服务商。

有经验、有帮助项目解决融资能力，或有商业资源、协调区域管理的项目策划机构、设计机构；

有利于项目降低建设成本、提高项目工程质量、商业品质的建筑企业、设备和材料供应商；

其他专门的供应商和服务商，如车库的委托管理等。

9. 场景定位

场景理念已经变成"新商业载体"的标配了，涉及虚拟场景和两个之间融合的场景之外，实体的商业载体有一项重要的使命，利用实体空间场景来增强商业、服务、商品的体验感，在线下稳固、增加线上的流量，并在特定主题下的场景中实现商业、商品的推介、交易、销售，并把这种连接的商业关系在虚拟的商业空间延续。

场景的定位，主要是主题的定位，而在场景主题内核中潜伏着传说、故事；以这个故事为内核的场景才会有吸引力。

所谓的"传说"或者"故事"的观点和商业吸引关注的方法产生的主要原因是在互联网时代，人们面对着无所不在、无时不在的商业信息已经产生了"推广麻痹症""广告免疫力"；所谓的受众们，可以看着视频上的广告，而意识中没有一点广告留下的记忆痕迹；另一方面，互联网也产生了"矛盾效应"，你发明了广告渗透，这边就发明了广告拦截，对人而言，总体是讨厌广告灌输的，所以在"矛盾"之战中，"盾"占上风的概率高，所以线上传播必须借助其他途径来实现广告效果，那么实体空间则是克服传播受阻、体验感不强的困难的最好载体，我们将在"场景创意及其案例"章节中专门讲述。

场景的定位是找到动人的传说或者有人文情怀的故事，并且要和经营业态、消费对象的审美有合理的匹配度。

第三节 总体定位评判和效益分析

一、项目总体定位的评判

依照商业地产内在的各主体相互之间的关系来评判，首先是消费者的定位，这是基础性的因素，**消费定位的选择决定后面的业态、租金、收益**等。其次是商业经营者和投资者。评判项目定位是否有消费、经营、投资的价值以及用地和自身条件是否使项目定位具有可操作性，需要把项目定位放到市场背景下考察，用数据进行论证，按照市场实际状况进行调整，打造出适合这个商圈的优质商业物业资产。

1．前瞻性评判

1）未来消费的趋势：由于中国大陆大部分区域已经进入中等收入（小康——富裕之间）的阶段，在今后一段时间中，主要消费人群的"中等消费"是商业服务对象的主要特征，消费从价格导向转变至注重品质、服务、体验以及个性方面的改变。

2）业态变化趋势特征：由于电商的出现，部分商品已转移到网上销售，其特点是：消费者学习能力越强，学历越高，网购的概率就越大。这种业态的增加，直接导致传统零售业流失了部分年纪轻、学历高、收入高、消费能力强的消费者。未来商业要更加注重展示和体验，注重商业的"场景设计"，融合线上线下两个空间的全域业态，给予消费者最便捷的购买通道，同时也创立商业载体自创的快速交易的通道。

3）投资倾向和趋势特点：依据商业物业资产投资的四项原则，即"收益高""增长""无瑕疵""未来可变现"来判析，资本总是追逐"投资收益高、未来可持续增长"

的物业。商业物业价值增长,来自于消费增长,来自商业利润,那么上文的1)和2)两点可以成为资本判析商业物业的方向。

投资者还会思考互联网对商业物业价值的改变趋势,一是完成进阶的"新商业载体",所塑造的新商业资产的增长空间;二是过去被认为是价值不高,一般做销售处理的社区商业物业,现在因其处在最贴近直接消费者的位置,销售通络最直接、快捷而被投资者重新估值。三是"新业态""新业种"给所在的商业载体带来的增值效应。

2. 适合性判析

按照商业地产升值原理和业态定位的"五维定位法"原则进行项目定位的适合性的判析,适合性评判可以采用论证和评分法进行,前提须要有市场依据。

1)适合消费:与区域消费群体的消费能力、消费水平是否匹配?

论证数据为居民收入和消费支出细分、消费抽样调查表汇总、特定年龄、性别、收入者问卷等。

2)适合商圈:与项目所在商圈特征是否符合?

消费调查、人口调查、商圈调查、各个商场(项目)经营数据、商业地产数据——租金、交易价格等。

3)适合商业经营:与主要商业合作伙伴的合作要求、物业条件是否符合,并同时评价商业主要合作伙伴对项目的支持和推动作用。

4)商业资源库初查、客商信息校对和调整、租金水平摸底、招商意向订立情况的各个数据。

5)适合投资:按照市场上商业物业投资倾向和主要的资金供应者,对这个物业的经营和退出的要求,即是否可以变现进行融资或整体交易和抵押,以适合企业、资金合作方的物业实际处置的需求。

3. 竞争性评判

按照"市场定位法"提出四种策略——竞争、竞合、差异化和无相关性,进行竞争性判析。

"竞争"中是否领先;

"竞合"中是否互利共赢,形成共同成长的商业生态;

"差异化"中是否有互动互进的良性循环作用;

竞争性可以通过专家和消费调查结合,进行考核,汇总消费者的问卷数据、结合投资者、专家的分析结论进行评判,权重比例视调查侧重点分配。

4. 物业价值增长是否可持续

无论是持有物业还是销售物业,均要保证它们未来可持续增值。

主要考察营销对策和未来的运营方案,收集类似的案例进行比较和借鉴。

二、总体定位的效益估测

项目定位效益估测,不仅要判断其直接效益,而且还要判断间接效益。所谓间接效益,包括了对企业发展策略和其他业务的贡献项目产生的边际效应,带动功能(物业)升值的情形。直接效益包括转让(包括销售)物业的收益和持有物业的资产经营收益和资产增值状况。

1. 转让物业的效益估测

估测依据——市场调查数据、价格和去化速度预估

以"市场比较法"为依据,并按照市场趋势,对未来可以达到的转让(包括销售)价格进行预估。

预估依据1——销售价格估测

估测依据2——去化速度估测

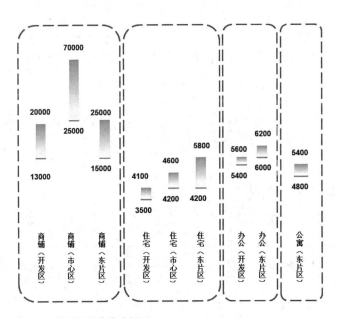

图6-4 某项目的价格分析图

去化速度估测　　　　　　　　　表6-9

名称＼去化指标	开盘	统计日期	销售套数	去化率	原因分析
项目1					
项目2					
项目3					
项目4					
项目5					
项目6					

按照表6-9预估，可以预订出资金回流的计划。

2．持有物业的效益估测

1）项目收益增长和财务成本动态分析

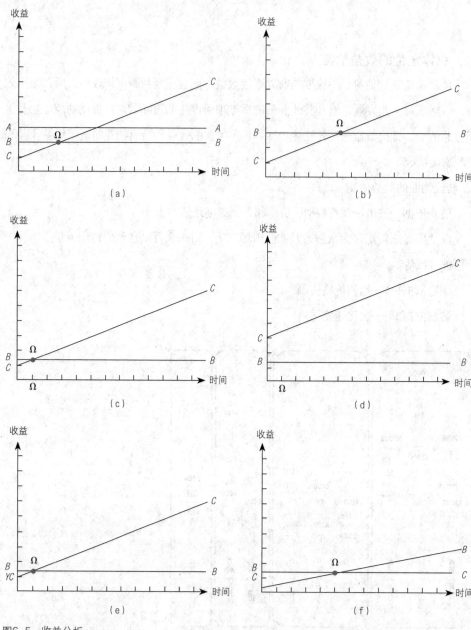

图6-5 收益分析

C-C 收益变化

B-B 建设成本分摊

A-A 运营成本（含财务成本）

当C线经过Ω点的周期越短，项目的收益增长越好，资产价值越高，资产管理的能力越强。

2）持有物业收益分析

商业项目持有物业收益表（模板）　　　　　表6-10

物业	位置	建成时间	建筑面积	楼层	平均租金 [元／（天·m²）]			评价
					总租金	净租金	运营费用	

平均租金

3）行业或者区域资产的收益水平对比

①和同业态的项目进行比较收益，找出一些修正因素，如购买力、交通、品类和品牌，找挖潜空间；②和同区域的类似物业资产的项目进行比较，在运营、管理、品牌、业态、营销方面找出增长空间。

三、定位对标

定位对标是对项目定位的深度思考和战略论证，主要对标的内容有：

1．对标企业发展策略

对标企业发展策略：策略型项目，论证是否达到策略目标？效益型项目，论证是否达到经济效益的目标？

2．判断项目总体定位是否符合企业发展策略和项目定性

对标项目投资决策报告、项目发展策略，项目是否可以达到预期目标；

3．对标市场

经过一段时间的发展，项目的市场背景已发生变化，项目目前的定位是否还适合这种变化后的市场背景。

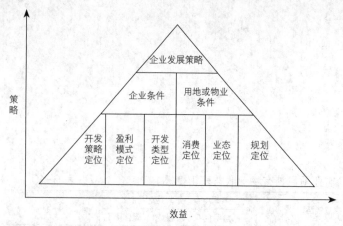

图6-6 论证程序

4. 对用地的利用、开发是否合理，是否达到创造了新的价值
5. 论证程序

正向论证：从上位策略、项目定性开始，经项目开发策略、总体定位、开发策略、盈利模式、开发类型以及消费、业态、商圈、规划等研究定位是否正确。

反向论证：从消费出发，经商圈、业态、收益、规划方案、开发类型、盈利模式、总体定位、项目开发策略到上位策略、项目定性等研究定位是否正确。

在论证过程中坚持"数据说话""协议为证"，到达"定位可实现""项目可操作"。

附　业态定位调整案例

巴黎"老佛爷"（Galeries Lafayette）百货业态定位调整

"老佛爷"（Galeries Lafayette）百货可以说世界著名的商业企业，在消费对象发生变化之际，进行业态调整以适合消费的变化，从中揭示了消费对象是影响商业业态选择最重要的因素。

由于中国大陆经济发展、大众收入增加以及关税等因素，大量中国旅行者到巴黎旅游，同时选择去巴黎久负盛名的"老佛爷"（Galeries Lafayette）百货商店进行购物。由于大量中国大陆购物者的到来，"老佛爷"调整了业态以及商品，从本地消费的传统百货业态，进阶为旅游商业综合体。在业态调整过程中，他们选择了中国大陆消费者认知度较高的巴宝莉（Burberry）、古奇（Gucci）、LV（Louis Vuitton）等品牌。在服务方面配备了大量的中文导购，商品价格方面做出某些变动弹性，在营销方面和旅行社的导游合作，从而使业态在国际时尚购物的基础上，增加了旅游购物和体验的功能，从传统百货转变为新型的旅游商业模式，并促使业态从城市百货转变为有体验感旅游商业综合体——"旅游商业港口"，并取得了成功。

附 商务部关于贯彻实施《零售业态分类》国家标准的通知

各省、自治区、直辖市及计划单列市商务主管部门：

零售业态是零售企业为满足不同的消费需求进行相应的要素组合而形成的不同经营形态。为发挥新型零售业态对商品流通的促进作用，指导各地做好商业网点规划工作，我部根据近年来我国零售业发展的趋势，并借鉴发达国家对零售业态划分方式，组织有关单位对原国家标准《零售业态分类》GB/T 18106—2000进行了修订。国家质量监督检验检疫总局、国家标准化管理委员会已联合颁布新国家标准《零售业态分类》GB/T 18106—2004（国标委标批函〔2004〕102号），新标准将于2004年10月1日起开始实施。为更好地贯彻新标准，现将有关问题通知如下：

一、做好对新的零售业态分类标准的宣传工作

零售业态分类标准是科学地规范和引导零售业发展的前提，是形成结构合理、功能完善、层次分明、体系完整的商品市场格局的重要技术基础。新标准按照零售店铺的结构特点，根据其经营方式、商品结构、服务功能，以及选址、商圈、规模、店堂设施、目标顾客和有无固定营业场所等因素将零售业分为食杂店、便利店、折扣店、超市、大型超市、仓储会员店、百货店、专业店、专卖店、家居建材店、购物中心、厂家直销中心、电视购物、邮购、网上商店、自动售货亭、电话购物等17种业态，并规定了相应的条件。这种分类方式符合国内外零售业发展的趋势。各地商务主管部门要切实做好对新标准的宣传工作，通过专题培训、新闻宣传等方式，使政府部门、企业及消费者广泛了解新标准的业态、分类条件以及各业态的功能，为贯彻实施标准奠定基础。

二、要把新标准作为商业网点规划工作的重要依据

零售业态是构成城市商业网点的基础。新标准对零售业态的条件和功能作了明确界定，各地应以此为依据，规划城市商业网点的布局和结构，使网点建设与经济社会发展、居民消费的变化趋势相一致，使各类业态互为补充，协调发展。已经完成商业网点规划的城市，应根据新的业态标准对规划加以修订和

完善。在规划中,要注意发展新型业态与提升、改造传统商业相结合,主力业态与特色经济相协调。围绕业态结构调整的重点,鼓励发展贴近居民生活的便利店、折扣店和中小型综合超市。重视发展仓储式商场、专业店、专卖店等新型业态。

三、用新标准引导和规范商业投资方向

各地商务主管部门要在科学分析和充分论证的基础上,用新标准指导商业领域的投资和经营。通过新标准的贯彻,使企业深入了解各类零售业态的开设条件及其内涵,充分认识各类业态的经营规律,促进企业理性投资,减少盲目重复投资,避免资源浪费;根据不同业态的特点,实行差别化经营,防止无序竞争。有条件的地方可通过动态跟踪零售业态发展状况,分析预测各种零售业态的发展趋势,制定鼓励和限制的业态发展目录,引导商业企业投资,从宏观上调控商业网点布局及业态结构的平衡,促进多业态共同繁荣。

"零售业态分类"国标修订

超市细分为四种业态是最大变化随着零售业的快速发展,现有的《零售业态分类》国家标准已无法满足市场发展需求。记者昨日获悉,由中国连锁经营协会承担的《零售业态分类》国家标准修订已进入公开征求意见环节。本次修订首次对超市业态进行了细分,便利超市、社区超市、大型超市作为单一业态获认可。专家表示,如同2004年新零售业态分类标准把无店铺销售方式纳入零售业后,进一步激发电子商务繁荣一样,连锁超市也将进入快速发展时期。

顺应市场发展超市业态细分

零售业态分类是按照店铺的经营方式、商品结构、服务功能,以及选址、商圈、规模、店堂设施、目标顾客和有无固定营业场所原则进行分类的。此次标准是在2004年版本基础上的又一次修订。

从大类上来看,此次修订零售业态由原来十八大类缩减为十六大类,但细分业态增多。把原版的大型超市归类在超市业态大类下,家居建材店并入专业店中;将专业店划分为"专业市场"和"专业超市";在无店铺零售中增加了直销业态。

此次修订最大的亮点是对超市业态进行细分,划为便利超市、社区超市、综合超市和大型超市,并对这四类超市营业面积和目标顾客规定了具体标准。

"超市是近年来零售业发展最快的业态,各细分业态相互嫁接趋势明显,一家零售企业经营多种业态也较为普遍,原有的标准已经不适合现实发展需要"。北京工商大学经济学院教授洪涛解读此次修订的重要原因。

参与此次修订的中国连锁经营协会副秘书长杨青松表示,零售业差异化趋势已越来越明显,业态细分越来越具体,进行零售业态分类修订非常必要,也更加方便政府分档定级管理。

国标修订将带来行业升级

20世纪末,我国零售业经过长期积聚,开始迎来快速发展时期。为跟上零售业发展步伐,2000年,国家制定并颁布了《零售业态分类》。4年后,国家质量监督检验检疫总局、国家标准化管理委员会联合颁布了新的国家标准《零售业态分类》。该标准对购物中心的种类进行了细分;增加了折扣店业态。最重要的是,零售业态从总体上分为有店铺零售业态和无店铺零售业态,无店铺销售方式被我国零售业承认。

20世纪末,全国各地的无店铺销售业进入飞速发展时期,淘宝商城等无店铺零售商悄然崛起,造就了如今网上零售业蓬勃发展。根据相关研究机构的最新调查数据显示,在金融危机时期,传统零售业销售额增速放缓,但2009年电子商务交易量近2500亿元,同比增长100%以上。电子商务的快速发展,也带来了点击消费、秒杀等新的消费方式。

近几年便利性服务带来了超市业态进一步细化,便利超市、社区超市、大型超市等各种细分业态普及发展,迫使"零售业态分类"重新规范。

便利、社区超市将迎来大发展

随着一线城市商圈逐渐扩展至郊区,中西部地区城镇化进程加快,24小时便利店无法覆盖到商业区和社区,16小时以上的便利超市和社区超市开始不断冒出。商业集团也加大了对社区超市、生活超市的升级改造,沃尔玛首次在华增设"惠选"社区便利店。

业内人士称,国民收入和个人可支配收入的发展是零售业最重要的市场驱动力。一般人均GDP在800~2000美元,是连锁超市诞生时期;人均GDP达到4000美元,是便利店、专卖店、专业店批量发展时期;人均GDP超过4000美元,高级专卖店、精品店、奢侈品开始流行。

数据显示，2009年我国相当部分城市人均GDP达到3000美元，北京、上海、广州人均GDP达到1万美元。这也激发了高端精品超市在上海、广州开始大量涌现。

相关专家表示，连锁便利超市目前尚处于初级发展阶段，因其选址灵活、投资额少、货物周转快、毛利高等特点成为待开发的黄金渠道。

洪涛认为，修订后的零售业态分类标准，将大大助推连锁超市的整体升级。随着城镇化进程的加快，以及国民收入的持续增长，连锁便利超市和社区超市将获得飞速发展。

附 零售业态分类（2004版）

1. 范围

本标准规定了零售业态的分类标准及其分类原则和各种业态的结构特点。

本标准适用于在中华人民共和国境内从事零售业的企业和店铺。

2. 术语和定义：下列术语和定义适用于本标准。

2.1 零售业（retail industry）：

以向消费者销售商品为主，并提供相关服务的行业。

2.2 零售业态（retail formats）

零售企业为满足不同的消费需求进行相应的要素组合而形成的不同经营形态。

3. 零售业态分类原则

零售业态按零售店铺的结构特点，根据其经营方式、商品结构、服务功能，以及选址、商圈、规模、店堂设施、目标顾客和有无固定营业场所进行分类。

4. 零售业态分类

零售业态从总体上可以分为有店铺零售业态和无店铺零售业态两类。

按照零售业态分类原则分为食杂店、便利店、折扣店、超市、大型超市、仓储会员店、百货店、专业店、专卖店、家居建材商店、购物中心、厂家直销中心、电视购物、邮购、网上商店、自动售货亭、电话购物等17种零售业态。

4.1 有店铺零售（store-based retailing）

是有固定的进行商品陈列和销售所需要的场所和空间，并且消费者的购买行为主要在这一场所内完成的零售业态。有店铺零售业态分类和基本特点见表1。

4.1.1 食杂店（traditional grocery store）

是以香烟、酒、饮料、休闲食品为主，独立、传统的无明显品牌形象的零售业态。

4.1.2 便利店（convenience store）：

满足顾客便利性需求为主要目的的零售业态。

4.1.3 折扣店（discount store）

是店铺装修简单，提供有限服务，商品价格低廉的一种小型超市业态。拥有不到2000个品种，经营一定数量的自有品牌商品。

4.1.4 超市（supermarket）

是开架售货，集中收款，满足社区消费者日常生活需要的零售业态。根据商品结构的不同，可以分为食品超市和综合超市。

4.1.5 大型超市（hypermarket）

实际营业面积6000m^{2}以上，品种齐全，满足顾客一次性购齐的零售业态。根据商品结构，可以分为以经营食品为主的大型超市和以经营日用品为主的大型超市。

4.1.6 仓储会员店（warehouse club）

以会员制为基础，实行储销一体、批零兼营，以提供有限服务和低价格商品为主要特征的零售业态。

4.1.7 百货店（department store）

在一个建筑物内，经营若干大类商品，实行统一管理，分区销售，满足顾客对时尚商品多样化选择需求的零售业态。

4.1.8 专业店（speciality store）

以专门经营某一大类商品为主的零售业态。例如办公用品专业店（office supply）、玩具专业店（toy stores）、家电专业店（home appliance）、药品专业店（drug store）、服饰店（apparel shop）等。

4.1.9 专卖店（exclusive shop）

以专门经营或被授权经营某一主要品牌商品为主的零售业态。

4.1.10 家居建材商店（home center）

以专门销售建材、装饰、家居用品为主的零售业态。

4.1.11 购物中心（shopping center/shopping mall）

是多种零售店铺、服务设施集中在由企业有计划地开发、管理、运营的一种建筑物内或一个区域内，向消费者提供综合性服务的商业集合体。

4.1.11.1 社区购物中心（community shopping center）

是在城市的区域商业中心建立的，面积在5万m^2以内的购物中心。

4.1.11.2 市区购物中心（regional shopping center）

是在城市的商业中心建立的，面积在10万m^2以内的购物中心。

4.1.11.3 城郊购物中心（super-regional shopping center）

是在城市的郊区建立的，面积在10万m^2以内的购物中心。

4.1.11.4 厂家直销中心（factory oueles center）

由生产商直接设立或委托独立经营者设立，专门经营本企业品牌商品，并且多个企业品牌的营业场所集中在一个区域的零售业态。

4.2 无店铺零售（non-store selling）

不通过店铺销售，由厂家或商家直接将商品递送给消费者的零售业态。无店铺零售业态分类和基本特点见表2。

4.2.1 电视购物（television shopping）

以电视作为向消费者进行商品推介展示的渠道，并取得订单的零售业态。

4.2.2 邮购（mail order）

以邮寄商品目录为主向消费者进行商品推介展示的渠道，并通过邮寄购方式将商品送达给消费者的零售业态。

4.2.3 网上商店（shop on network）

通过互联网络进行买卖活动的零售业态。

4.2.4 自动售货亭（vending machine）

通过售货机进行商品售卖活动的零售业态。

4.2.5 电话购物（tele-shopping）

主要通过电话完成销售或购买活动的一种零售业态。

有店铺零售业态的分类和基本特点　　表6-11

序号	业态		选址	商圈与目标顾客	规模	商品售卖方式	服务功能
1	食杂店		位于居民区内或传统商业区内	辐射半径0.3km，目标顾客以相对固定的居民为主	营业面积一般在100m² 以内	柜台式和自选式相结合	营业时间12小时以上
2	便利店		商业中心区、交通要道以及车站、医院、学校、娱乐场所、办公楼、加油站等公共活动区	商圈范围小，顾客步行5m以内到达。目标顾客主要为单身者、年轻人。顾客多为有目的购买	营业面积100m²左右，利用率高	以开架自选为主。结算在收银处统一进行	营业时间12小时以上，提供即食性食品的辅助设施，开设多项服务项目
3	折扣店		居民区、交通要道等租金相对便宜的地区	辐射半径2km左右，目标顾客主要为商圈内居民	营业面积300～500m²	开架自选，统一结算	用工精简，为顾客提供有限的服务
4	超市		市、区商业中心、居住区	辐射半径2km左右，目标顾客以居民为主	营业面积600m²以下	自选销售，出入口分设，在收银台统一结算	营业时间12小时以上
5	大型超市		市、区商业中心、城郊结合部、交通要道及大型居住区	辐射半径2km以上，目标顾客以居民、流动顾客为主	实际经营面积6000m²以上	自选销售，出入口分设，在收银台统一结算	设不低于营业面积40%的停车场
6	仓储式会员店		城乡结合部的交通要道	辐射半径5km以上，目标顾客以中小零售店、餐饮店、集团购买和流动顾客为主	经营面积6000m²以上	自选销售，出入口分设，在收银台统一结算	设相当于营业面积的停车场
7	百货店		市、区级商业中心、历史形成的商业集聚地	目标顾客以追求时尚和品位的流动顾客为主	营业面积6000～20000m²	采取柜台销售和开架面售相结合方式	注重服务，设餐饮、娱乐等服务项目与设施
8	专业店		市、区级商业中心以及百货店、购物中心内	目标顾客以有目的选购某类商品的流动顾客位置	根据商品特点而定	采取柜台销售或开架面售方式	从业人员具有丰富的专业知识
9	专卖店		市、区级商业中心、专业街以及百货店、购物中心内	目标顾客以中高档消费者和追求时尚的年轻人为主	根据商品特点而定	采取柜台销售或开架面售方式，商品陈列、照明、包装、广告讲究	注重品牌声誉，从业人员具有丰富的专业知识，提供专业性服务
10	家居建材		城乡结合部，交通或消费者自由房产比较高的地区	目标顾客以拥有自由房产为主的顾客	营业面积6000m²以上	采取开架自选方式	提供一站式购足和一条龙服务，停车位300个以上
11	购物中心	社区购物中心	市、区级商业中心	商圈半径为5～10km	建筑面积5万m²以内	各个租赁店独立开展经营活动	停车位300～500个
		市区购物中心	市级商业中心	商圈半径为10～20km	建筑面积10万m²以内	各个租赁店独立开展经营活动	停车位500个以上
		城郊购物中心	城郊结合部的交通要道	商圈半径为30～50km	建筑面积10万m²以上	各个租赁店独立开展经营活动	停车位1000个以上
12	工厂直销中心		一般远离市区	目标顾客多为重视品牌的有目的购买	单个建筑面积100-200m²	采用自选式售货方式	多家店共有500个以上停车位

无店铺零售业态的分类和基本特点 表 6-12

业态	基本特点			
	目标客户	商品（经营）结构	商品售卖方式	送货方式
1 电视购物	以电视观众为主	商品具有某种特点，与市场上同类商品相比，同质性不强	以电视作为向消费者进行商品宣传展示的渠道	送货到指定地点或自提
2 邮购	以地理上相隔较远的消费者为主	商品包装具有规则性，适宜储存和运输	以邮寄商品目录为主向消费者进行商品宣传展示的渠道，并取得订单	送货到指定地点
3 网上商店	有上网能力，追求快捷性的消费者	与市场上同类商品相比，同质性强	通过互联网进行买卖活动	送货到指定地点
4 自动售货亭	以流动客户为主	以香烟和碳酸饮料为主，商品品种在 30 种以内	由自动售货机器完成的售卖活动	没有服务
5 电话购物	根据不同的产品特点，目标顾客不同	商品单一，以某类品种为主	主要通过电话完成销售或购买活动	送货到指定地点或自提

第七章

商业地产项目策划

商业地产项目策划的核心业务是"定位"，定位是项目方向性的选择，定位是关键决策，定位过程就是寻找项目发展方向的过程。在定位方向明确后，策划还要主持、参与深化协助落实定位，排除项目不利因素，提升项目价值的工作，把发展策略、定位方向与实施部门衔接，把策划变成规划、计划。

策划是一项创造价值、排除不利因素的创造性的工作，商业地产的策划就是按照商业地产的价值规律，结合项目实际，策划者运用自己的专业知识、数据资源、经验、商业资源等为项目投资或开发建设提供创意性增值服务。策划工作是以提升拟开发项目的价值为重点，围绕提升项目的价值和品质、效率、成功概率等成功项目要素，运用专业知识、经验、资源以及策划手段推动使项目以最佳状态走向市场，获得最佳社会和经济效益。

作者在参与商业地产投资建设和策划过程中，经过不断地实践和总结，开始逐渐形成商业地产的策划体系，并得出了商业地产策划的一些基本规律和规则。笔者认为商业地产策划分为项目策划和专业策划，其中商业地产项目策划包括项目发展战略策划、商业策划、产品策划、商业地产项目智能运营管理平台策划、商业建筑方案策划和形象策划等；专业策划则由各专业工种的机构或者个人来承担，如商业地产项目智能运营管理平台IT工程咨询、消防咨询、交通咨询、工程成本控制、车库运营顾问、设备选择和配置方案策划、心理学顾问、美学顾问、色彩顾问、以及场景和美陈顾问标识专业、环境和景观策划、推广形象和品牌策划等。

第一节　商业地产策划思考方法

一、商业地产策划的使命

1．谁在策划商业地产

商业地产项目开发建设过程中涉及相关专业多而协同性低，于是商业地产需要增加一个发展程序中的关键环节，这就是商业地产项目策划。为项目发展策略进行定位，平衡各个专业关系，解决项目所遇到的困难，提升项目价值，这是商业地产策划的一项使命。大部分情况下，项目主要策划人就是项目投资者（或开发商），是项目最后的决策者，主要策划人由于其知识构成、专业特点、市场了解深度等因素的限制，需要有团队或专业策划人员的辅助，才能较完整和全面地了解项目特征，听取专业人员、提供的策划建议，科学理性地做出项目决策。

在商业地产的实践过程中，"专业策划人"（除项目投资者）的作用似乎若有若无，甚至不被重视，究其原因有两个方面：一是和决策者角色重合；二是专门策划人专业知识覆盖面及深度不够，不足以胜任最终决策者的"助理""谋士""陪练"的角色。作为项目最终决策者主要策划人不是全能全知的，所以必须善于听取专门策划机构人士的建议，而专门策划人必须运用自己的特长，为项目主要策划人提供有价值的建议或比较完整的方案。

2．商业地产项目策划的使命

商业地产策划有两大使命——"解决问题、创造价值"，策划的价值在于通过策划创造价值，通过策划解决项目所遭遇的困难，协助决策者把策划思路和方案导入项目和指导各个具体职能的执行和实施。这是商业地产策划职能所在，也是项目策划者的使命。

3．商业地产策划的分工

商业地产项目无处不策划。商业地产策划工作分布在商业地产开发经营的全过程，从另外一个角度思考，商业地产没有全能策划人，结合商业地产的商业、房地产、金融的特性，商业地产策划可分为"项目策划"和"专门策划"两类。

1）项目策划者应承担或参与如下业务：

项目发展策略——关键决策；

定位——项目发展方向和成功路径；

商业运营方案策划——基础收益依据（包括参与智能运营管理平台的策划）；

项目规划策划——空间利用和价值挖潜及配套以及效益量化；

物业经营——收益来源策划；

推广和品牌建议——提升物业的无形资产价值。

2）专门策划往往是具体专业的专业咨询或权威企业承担，如：IT工程咨询、工程造价、设备咨询、税务咨询、融资顾问、法律顾问、项目管理顾问、互联网营销，支付服务的咨询和服务、环境咨询、空气、色彩和美学和心理学咨询、交通咨询、VI咨询、装饰及灯光咨询等。

如果自行销售，如有必要可以邀请销售代理公司或营销顾问；

如果自行招商，如有必要可以邀请招商顾问；

如果自行运营，有必要邀请商业运营顾问；

如果自行管理商业物业，有必要邀请商业物业管理顾问；

可以邀请资产管理顾问。

4．商业地产策划人的知识构成

作为商业地产策划人，掌握知识和技能越多，解决问题的方法越多，提升价值的手段越多。商业地产策划人须学习城市规划、投资学、收益性物业和商业地产及"新商业载体"知识、房地产、建筑设计、工程管理、消费和零售、招商和商业管理、税务筹划、资产管理、互联网营销、数据分析等知识。同时也要涉猎企业管理、实用心理学、宏观经济学、微观经济学、行为科学、人文地理、美学、旅游心理学等。

在互联网时代，还要学习物联网、移动商务、大数据、IA、商业智能化和新零售方面的知识，还要关注互联网业态进化以及正在形成中"人文科技"中的互联网心理学、行为学、互联网营销和服务。

由于每个商业地产项目都有其个性，注定这是一个实践性特别强的领域，除了比较完整掌握理论知识外，更需要在项目实践中丰富自己的经验，把知识和经验结合起来，才能得到商业地产的真知。完全实行学院传授或理论学习是培养不出商业地产策划人的。

二、商业地产策划应遵循的原则

1. 策划的核心价值

解决问题：在商业地产开发运营中，会碰到许多困难和有待解决的问题，以创造性的方法来解决问题是商业地产策划人的一厢情愿，其实解决问题的基础是对应人或对应部门的理解和沟通，如果策划有优秀的解决方案、方法，接受方和执行方不能理解这个方案的创意和价值所在，这种策划是没有效果的，于是再佳的解决困难方案的策划都会不被重视，甚至方案被拒绝接受。所以，欲解决问题，首先要找到解决问题的基础方案表达和沟通，这时策划方案的能量传递才能有效。

1）基本理念是公正、全面、冷静，找出问题所在，并提出解决的方法，就商业地产策划而言，须从战略层面，即企业介入商业地产的动机，以及技术面层的"新商业载体"思想和核心的业态定位出发，从收益层面上的行情、趋势、交易对象入手，系统地思考并形成体系性的对策。

2）方法是：项目发展策略、总体定位的沟通对象是决策部门或最终决策者。

3）表达要点：宏观背景、市场条件、对标、需要调整的要点、调整前后比较。

4）实施方案（包括规划、营销、招商、运营）：沟通对象、分管领导和执行部分；表述要点，实施方案中相关专业联动关系；对标发展策略和发展目标。

5）外部沟通：如规划调整建议，都须投资方认可，方可进行或超越，更优于以前方案方进行诱导。在沟通完成，形成解决问题的理解基础，这时针对问题进行策划，提出解决问题的方案，才有广泛的思考空间和更多的手段。

6）创造和提升价值：策划的价值之一就是要调动自身和参与者的创新、创意能力，启发各个参与主体调动积极思维，突破常规进程，突破一般的思维，提高开发运营成功的速度和增加收益。如万达发展商业综合体"以售代融"，解决融资瓶颈的策略，又如大悦城在定位方面对于创新的消费定位的四个要素"年轻、时尚、潮流、品位"，"新天地"商业地标效应带动周边物业升值等策划以及新物种策划的"茑物书店""美妆集合店""海底捞"等，都是创造价值的成功策划典型案例。

2. 工作顺序

策划没有规则，但是有工作顺序。商业地产因其关联因素多，更要注重其内在的因果关系和逻辑关系之间的相互影响性，才能提出合理的、准确的、有经济性的策划方案。国内策划人士常用SWOT分析法来寻找项目的难点，然后提出对策。笔者认为广泛适用的工具，其准确性低，所以商业地产策划必须提出有商业地产特性的研究方法，找出影响次要项目因素的排序，提出成功的关键因素和影响项目周期或收益的次要因素以及不影响项目总体成败和造成经营业绩出现较大波动的一般因素。

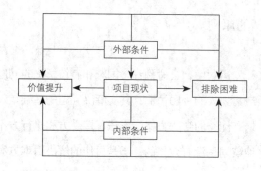

图7-1 策划工作

图7-1可以看出策划工作是从外部条件、内部条件和项目现状分析入手，找出项目难点和价值提升空间，这个阶段可以称之为"问诊"阶段。

大型企业和小型企业的策划顺序不一样，有时小型企业的一个项目，就是这个企业的全部生命，而大型企业则有品牌影响、资金调剂空间等因素，所以策划时，做关键要素排序时要有所区别（表7-1）。

不同规模企业关键要素排序　　表7-1

排序 \ 企业类型	大型企业	小型企业或项目公司
1	可持续发展	资金
2	利润	效率
3	资金	利润
4	效率	品牌
5	品牌	可持续发展
6	队伍建设	队伍建设
7	社会贡献	一般公益

从大型企业的发展格局来看,创造一个有良好收益的发展(项目)模式比一个项目的盈利更重要。良好项目模式可以对资本市场产生强大的吸引力,通过复制、提高发展效率,以占领更大市场,提高企业投资收益率。一些大型企业就是以这种方式,迅速发展起来的。

对于小型企业或项目公司而言,中国中小房地产企业融资不易,且融资成本很高,**所以资金保障及项目开发周期(效率)是关键**。利润水平一般都是可以承受的,如果资金链出现问题,项目资产价值折损更严重,而项目发展效率过低,则会吞噬项目利润和影响资金合理利用,甚至可能拖垮企业和项目。这是中小企业项目策略的思考方法。

所以商业地产策划人(包括项目决策人和参与策划人),都要注意企业类型和策划排序,这个阶段,我们可以称之为"判别阶段"。

在这个阶段,"主诉"一定会提出具体困难和要求,如"招商难""融资难""规划落地难""销售困难"等具体事项。有时招商难,可能是定位失误造成,规划难落地有可能会不考虑建设周期和产品营销,也有可能是投资方好高骛远造成的。有时包装或推广不利也会造成销售不畅或产品去化慢。策划人应尽量避免随之起舞,要独立思考,找出"病因"。站在项目整体发展策略的高度上去思考对策,开出科学、合理、有效的"处方"。

3. 引导商业地产创意策划的六个标记

商业地产策划是一种强大的智慧创造和思维活动,如果没有"创造性"和"超越性",就会陷入一般思维,而无法破解难点和创造价值。因为超常规思考会涉及内容过多或思考过于繁复,为此,笔者设置了"切合实际""解决难点""有创意和有突破""创造价值""可以实施""执行保证"这六个标记来引导策划工作有效、正确得进行。

商业地产策划案例:迪拜帆船酒店

阿拉伯塔酒店,又称迪拜帆船酒店,位于中东地区阿拉伯联合酋长国迪拜酋长国的迪拜市,为全世界最豪华的酒店。帆船(Burj Al-Arab)酒店,翻译成汉语又称"阿拉伯塔",又叫作"阿拉伯之星"。金碧辉煌、奢华无比的阿拉伯塔是世界上第一家7星级酒店。

阿拉伯塔最初的创意是由阿联酋国防部长、迪拜王储阿勒马克图姆提出的,他梦想给

图7-2 迪拜帆船酒店外观

迪拜一个悉尼歌剧院、埃菲尔铁塔式的地标。经过全世界上百名设计师的奇思妙想加上迪拜人巨大的经济实力和5年时间，终于缔造出一个梦幻般的建筑——将浓烈的伊斯兰风格和极尽奢华的装饰与高科技手段、建材完美结合，建筑本身获奖无数。

酒店建在海滨的一个人工岛上，是一个帆船形的塔状建筑，一共有56层、321米高，在中间靠上的位置搭建了俯瞰全城的豪华餐厅，还修成一座全球最高的花园中庭。酒店共202间双层套房，客房面积从170平方米到780平方米不等，最低的也是总统套房房价要900美元，最高的皇家套房则要18000美元。

迪拜帆船酒店的策划就反映了"六个标记"在项目策划中的意义。

"六个标记"在案例中的体现：

1）切合实际：投资者巨大的经济实力满足项目投资规模和周期的要求。

2）解决难点：解决海水、天空、沙滩之间单调的视觉无景的困难。

3）有创意和有突破：在本来单调的天空和海水之间，打造出巨大的风帆造型建筑，即达到了很高的美学境界，产生了强烈的地标效应，项目和环境的自然和谐之美。

4）创造价值：由于稀缺性、缺少比较性，产生了猎奇和体验的市场，客房价格创造了酒店业的新高，而且要提前2年进行预约才行，经济效益十分可观。

5）可以实施：用现代施工技术可以建造出这种"海市蜃楼"式建筑。

6）执行保证：在实施过程中，并没有因各种困难（成本因素、技术难度等）而改变策划方案，最终完整地体现了策划意图，使策划方案完美实现。

三、商业地产的策划艺术

1. 心理准备

商业地产策划人介入项目时，须有良好的心理素质和强大的精神支撑，如有"畏惧"心理，须将其克服，否则无助于"解决困难"和"提升价值"。同样是春雨，在悲观者目中可能出现的是清明扫墓景象，而在乐观者眼前，可能会展现出雨中情侣意味更浓的温馨画面。不同的心态，会产生不同的判断和策划结果。良好的策划心态来自于以下四个方面：

1）对项目的外部条件、内部条件、项目现状有充分的了解；

2）有足够的商业地产知识和经验，包括商业地产项目的成功案例的资料；

3）了解资本、商业地产的发展趋势，如有储备资本、商业机构、人才信息等资源，可以达到"策划对接资源"的解决实际问题的效果；

4) 个人性格的训练，培养出"智者无惧"的个人性格。

2. 策划态度——诚恳、尊重、鉴别、创造

以学生的态度分析项目，以专家的能力解决问题。

房地产属于服务业，其业务就是资源整合和配置相关的拥有专业经验和知识的精英，共同达到项目建设的目标。而商业地产需要整合和配置资源的工作量更大，技术要求更高，关键决策和实施方法必须得到来自于各个专业的支持，才能取得策划效果。策划者除了自己掌握的一些技术和方法之外，更多的环节还要和各专业的机构、精英进行合作，尤其是进入科技时代，专业融合更强，分工更细，这种"合作"的态度显得更加重要。

要合作，就要诚恳；有分工，就要尊重其他专业的知识和经验。

由于人的天性，大部分人都会把自己从事的工作看得十分重要，否则他不会从事和坚持这份事业，但是策划人要学会对标不同类型企业（项目）的困难因素排序，进行鉴别，并准确地运用到策划思考中。

3. 策划视野——"上天入地"

所谓的"上天"是策划人的境界、战略高度的思维能力；商业地产策划人的思考境界应当达到企业发展策略的高度；而"入地"是指策划的可实施性，包括政策法规许可，资金计划合理，建设技术可行，商业运营和业态策划方案成立——有经营者以及良好的效益等。

由于策划属于思维产品，不可能像建筑设计那样，可以进行"实物模型"展示，那么商业地产的策划思想就需要：

1) 遵循商业地产价值变化的规律和项目操作的逻辑、规则进行演绎；

2) 可以推演，符合商业地产价值逻辑；

3) 有合作方背书。

4. 策划的三大手段——突破、组合、创意

进入互联网时代后，人类社会出现信息传播速度加快、信息泛滥、知识贬值的现象，对人类社会的学习、研究生活、工作方式产生了巨大的改变。网上信息和知识的传播和储存，大大释放了人类的记忆时间，如Google（谷歌）、百度的强大检索功能，使得人类社会很少有"新鲜事"，所以常规思维很难担当起具有创造精神的策划角色，所以笔者根据互联网时代的研究、解决困难、创造价值的策划工作要求，提出"突破""组合""创意"的策划发力三要点。

1）突破：不是强行冲击，而是迂回作战，通过其他路径，达到目标。作者曾在解决世博轴规划难点时，采用了"突破"策划发力方法。

"世博轴"是2010年上海世博园区服务功能的总枢纽，长1000米，宽88~100米，衔接了上海轨道交通7号线、8号线、13号线。为了世博会后土地资源开发利用，上海世博集团在全球公开招投标，征询会后的利用方案，包括整体策划。该项目难点是长度过长，而进深不够，会后用途很难确定，由于该项目投资巨大，必须具备"后世博"的使用功能，那么解决空间布置合理性的难题，成为这个项目的KSF（成功关键）。从空间透视分析，世博轴就是四块叠起的板块构筑物，人在上面行走，很容易产生行走单调的感觉，为了解决这个难题，笔者提出了"平纵交汇"的"亚字结构"方法，即通过竖向交通设置达到零售购物的"游逛性"和"趣味性"，通过纵向循环，达到延长购物时间的效果，从而解决了这个项目的难点。同样，香港朗豪坊也有这样的情形，该项目运用了"竖向布置商业街"的理念，提升了高楼层商业物业价值。

2）组合

在新时代背景，在互联网穿透传统行业分界之后，看似反常规的"混搭""融合""错配"被较多运用，其中最核心的是科技时代背景下，行业和商品发生了又一次"组合"。

"组合"的方法运用在制订发展策略时是"合作"；运用在定位时是"资源整合"；运用在业态策划、建筑风貌创意中是"混搭"。在招商中，有组合招商；在营销中有，有组合营销。采用组合方法进行策划的案例有很多。

"组合营销"已经成为共同名词，为营销界所熟知。

组合营销（Marketing mix），是市场营销的基础概念或模型，指一系列营销工作者所能影响和操作的市场营销变量和就此所拟就和实施的营销战略。此模型强调以各种不同因素的"组合"为途径来实现公司和消费者的目标。该模型由内尔·波登（Neil H. Borden）于1964年提出，1948年他第一次使用了"组合营销"这个词汇。比如瑞安集团上海太平桥住宅项目就采用了此种营销方法，开发商在进行住宅开发之前，先投入了大量的精力和财力对周边的自然环境进行改造和优化，当周边环境得到了明显提升之后，业主才将其住宅产品推向市场，环境+住宅的组合，使得该项目的产品销售获得了极大的溢价收益。

（1）企业组合——阿里巴巴、大润发合作组合发展"新零售"案例

自2017年12月阿里巴巴收购高鑫零售之后，大润发的新零售之路便开始了。3月1日，天猫智能母婴区率先在大润发上海杨浦店落地，这是全国首个智能母婴区。与此同时，天猫还在全国100多家大润发核心门店新开辟

了"天猫金妆奖专区"。不仅如此，盒马鲜生还将进驻大润发，升级改造大润发门店的生鲜餐饮板块，天猫对接管理的国内外众多品牌商，也将在"天猫下凡"计划中，陆续进入大润发卖场。这就意味着，阿里巴巴不断用新技术、新场景，赋能于大润发，让大润发变得更加时尚、更加吸引人。

从阿里巴巴的方面来看，和大润发合作，是一个双赢的结果。阿里巴巴可以借助大润发的众多线下实体店开展更多的"新零售"场景，实现线上线下融合，无论是阿里的线上流量，还是大润发周围的线下流量，通过各种有趣的场景体验得到真正的沉淀，大大提升客户忠诚度。这是一个在"新零售""新业态""新商业载体"背景下，线上、线下组合的案例。

（2）业态组合——方所书店

方所书店由例外创始人毛继鸿一手打造，于2011年11月25日在广州太古汇商场爱马仕店的旁边开业。方所占地1800平方米，集书店、美学生活、咖啡、展览空间与服饰时尚等混业经营为一体。

图7-3　诚品书店

在这方面，日本的茑屋书店也许更有心得。

3）创意

"创意不讲逻辑"的理念源于包豪斯建筑风格兴起的年代。这是一种对于用完全不同于以往的建筑材料而建造出完全不同于当时建筑风格的另类建筑而发出的感叹。确实,创意不能过于拘泥于逻辑。但是商业地产具有商业、房地产、金融等属性,其经济特征十分明晰,而且又是公共建筑,所以经济效用和公众观感是创意活动必须要顾及而不可回避的两大因素,从某种意义上来讲,商业地产创意的本质就是创造经济价值。

从创意本身而言,创意并不是创意者个人的满足,而是对目标对象内心诉求的响应,也就是消费的审美诉求的呈现。创意的策划手段在商业地产领域里的运用有:如在商业建筑设计理念创新的日本博多运河城、成都太古里、长沙文和友、香港朗豪坊。

博多运河城集中了城市的各项功能,是时间消费型的城市开发。它不仅仅追求建筑物单体的形态美,更多的是注重建筑物相互之间的衔接以及人们在这样的建筑组合中如何有效地进行商业化行动、注重建筑物与城市之间的关系。运河城向人们提供了可以充分体验城市生活的舞台,努力创造体验型空间,使得在这里的每一个人既是观众又是表演者,这就是城市剧场的设计概念。

图7-4 博多运河

成都来福士广场在平面布置中设计的"长江三峡"的创意:成都来福士广场的设计师Steven Holl选择了最本土的杜甫诗句作为设计灵感来源——"支离东北风尘际,漂泊西南天地间"。三峡,成为整个成都来福士项目的灵犀所在。"西陵峡"、"瞿塘峡"和"巫峡"带着各自的自然风光特色创造出三个通透的中庭,将整个商场划分为三个主题空间,以有效组织人流和商业布局,并成为目前成都首个多中庭购物中心。这三个中庭的顶部即室外广场的池塘,自然光可倾泻而下,为整个商场包括地下部分提供开放性及自然采光。而商场外面,逐层退开的室外广场,也由"三峡"构成。"西陵峡"、"瞿塘峡"和"巫峡"三个动态水景各具特色而又浑然一体:西陵峡设有12个喷泉,代表着一年12个月。淙淙的水流荡起轻轻薄雾,营造出宛若仙境的水景效果。不规则形状的瞿塘峡当中,30个涌泉寓意一个月30天,日复一日生生不息。而生趣盎然的巫峡则利用石质台阶和斜道,让池水层层跌落,并在水面下设置365个小装置,按照7天一周排布,代表一年52周、365天;最独特的是,其中的24个用特殊灯光突出,

图7-5 成都来福士广场

正是中国农历的二十四节气!"时间被困在水中",这是设计大师Steven Holl想表现的意境,这看似简单的三峡水景,实则蕴含了震撼人心的力量。

其他方面,如朗豪坊、文和友、表参道之丘空间利用的策划、在场景策划中拉斯维加斯运河城的创意、静安大悦城屋顶摩天轮的创意、业态创意中的"茑物书店""盒马鲜生",新物种创意中比较成熟的有"小米之家""超级物种""海底捞""喜茶",跨界复合店"诚品生活""言几又",黑科技交互店"小红书之家""Next-Ten",生活场景店"House pro"等。

创意的策划方法往往有"神来之笔"的效果,但好的创意却很难得到,这就需要策划者有广博知识、过人的想象力、善于比较的思辨能力。

5. 商业地产策划艺术列举

把"策划"称之为艺术,源于其原创性和适合性;策划没有公式,只有规律。通过非凡的思考,形成良好创意,解决问题,创造价值,所以笔者更愿意把策划思考的方法——策划的精髓称之为"艺术"。在商业地产领域中,具有这种艺术特征的成功策划案例不胜枚举:如策略创意中的万达项目"18个月开业"的发展策略——既满足了地方政府的业绩要求,又加快了企业扩张速度、项目建设周期,降低了财务成本,提高了资金收益率。资产管理(增值)策略有北京侨福芳草地的资管理念,多数人对这个项目的资产增值理念不很理解,业界的评论是"玩过头了"。个人认为:投资者把这个项目打造成一个艺术品,而这个艺术品的理念使得项目脱离房地产估值范畴,变成了艺术品的评估标,两者之间差距少者数倍,多者无法估量。在选址方面有红星美凯龙(爱琴海购物中心)的新旧城之间的空间选择策略,使得红星美凯龙企业今后很长时间内可以得益于土地升值带来长期资产增值。笔者在参与近30年的商业地产实践中,归纳出提出策划思考方法，如"空间腾挪""造梦法""聚焦法""诱导法""案例法""以短为长""逻辑法""权衡法"，试图为从业者提供一些破解商业地产投资、建设、运营中一些具体难题的破解方法和创造价值的思路。

1）趋势法：这种方法的前提是我们对行业、科技、消费、人文变化趋势的把握，并在项目中根据这种趋势提出相符合的理念、模式或类型。汽车业态已经从市场发展到"茂"的时代，下面一个发展机遇在什么地方呢？经过调查和研究发现，汽车代步的功能已经下降，大部分人买车是为了玩车，那么买车更需要有场景和体验感；奥特莱斯在我国大行其道，汽车业态是否可以借鉴呢？做一个汽车的奥特莱斯！汽车销售和服务业态是租金承受力较弱的业种，能否在远郊开设，降低租金成本呢？于是我在武汉、厦门等地超前地提出了"汽车公园"的理念，来平衡这方面的关系，经过多年的发展、汽车公园已经在多地落地生根。

2）空间腾挪法：设法改变空间位置是许多设计大师和商业建筑设计绞尽脑汁的难题，笔者参与过多个项目都有这方面的头脑风暴。提出空间腾挪法，即把空间通过意念、业态布置、交通、引导等手法，把不便捷的商业空间变成大家愿意去的地方。比如北欧建筑的错半层、香港的朗豪坊，笔者解决世博轴难题的"平横交汇法"；上海静安大悦城楼顶上的"摩天轮"，放大了大悦城在空间视觉中的张力，而且有实际体验、趣玩的功能，成为部分女孩男孩的约会之处，成功提高了楼层和顶层商业面积的价值。都是利用空间腾挪方法相对改变空间位置不利的成功案例。

3）聚焦法：聚焦项目某一特点，带动项目整体显现。在业态定位中运用，商业特色越明显，影响的商圈范围越大，消费对象类型越清晰，如奥特莱斯。

4）案例法：它采用了其他项目的成功证明自己也一定能成功的逻辑，给项目、投资者找到成功的依据以增强市场的信心，这种方法经常运用在项目的推广活动中。在企业发展策略中，也有企业采用这种方法。如宝龙刚刚开始发展商业地产时就是效仿万达的项目发展策略，即通过万达的成功来证明宝龙也一定能成功，从而为企业管理层制订企业发展策略提供了依据。从效果来看，在短期内确有成效，包括土地取得和企业上市等。

5）以短为长法：采用逆向思维的方法，把项目的短处策划成长处。笔者在2000年主持的"巴比伦生活"项目的策划中采用这种方法，破解了项目地理位置相对不利的困难；2003年，在山东淄博参与周村区政府附近某项目策划时，提出了"销品派克"（Shopping Park）的理念，以解决项目周边均为绿地而人气不足的困难，把公园（绿地）作为特色来克服路程较远的困难。虽然这个项目因某种困难，虽未能最终执行该方案。但是这种项目理念已被广泛采用，"销品派克"（Shopping Park）的理念已经成为许多偏离城市中心项目的商业主题，把绿化、安静作为景观、休闲的有利条件，破解了消费客群不足的困难。

6）造梦法：如笔者在2002年《一铺养三代》的文章中提出后，被商业地产营销机构广泛地运用到实际营销操作中，这些机构的销售推广的理念就是造梦，即以中国人传统的生活经营的"三代共享一铺"之梦销售部分物业。这个方法曾被广泛地使用，目前市场背景变化，这句广告语的适用性大大下降了，也有"一铺套三代"反讽之说。

7）逻辑法：按照商业地产增值的原理和商业物业收益"前低后高"的规律，某企业在创造散售型商业物业运营管理模式时运用这种方法，其特点要求开发商定价略低，在保障开发商投资收益的前提下；以"共同利益"的理念把分散的投资者聚集在一起，使散售物业也能运营。"逻辑法"虽然减少开发商目标收益，但有实效，解决了项目的市场信心问题，推进项目产品去化，如"龙湖"部分项目有如此操作的痕迹。

有策划艺术的案例，方法不胜枚举，关键在"上天入地"——超人的境界和落地可操作以及"解决问题和创造价值"，如符合上述特点，均属于有艺术的商业地产策划。

第二节　商业方案策划要点

专门策划和专业机构的配合如何分工和配合？商业地产的策划融合入专业层面，似乎策划层面变成增生、无效的环节，从策划企业的业务能力来看，同样也不具备商业地产全面策划的技术能力配备，如果具备了，则这个策划机构则变成项目实施开发机构或运营机构了、或者专业机构了。

那策划机构在商业地产投资建设或运营中和专业机构究竟是什么关系？

从策划机构本身的作用来看，**策划机构只是商业地产投资，建设运营机构的智囊，属于咨询服务职能，并不是某一类专业机构或替代某**一类专业服务的职能，是一种辅助性、顾问、导师型的工作，一般由行业经验、知识阅历丰富的人士担任这项工作。

从这一定位出发，看策划机构与各专业机构属于"同一项业务，不同的角度，不同的分工"的同一业务各司其职，策划机构从策略层面出发，专业机构落实本专业的业务（图7-6）。

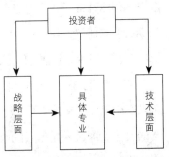

图7-6　策划机构与专业机构

基于角色重叠的原因，策划机构即使专业知识比较全面，也必须执行"有为而不为"的原则，即在角色的领域发挥作用，不和投资者、开发者、运营者比较角色，不和专业机构比较业务深度，而是发挥策划强项，协助推进项目策略从战略决策层面向战术、执行层面的转化（表7-2）。

策划在各专业合作的贡献和参与内容　　表7-2

内容专业	名称	内容要点
融资	融资建议	投资概述，融资方向，回款计划等
定位	定位报告	战略、总体、业态定位，主要商业企业品牌推荐、运营方式、收益预测等
规划	规划创意和业态要求	商业空间布局建议，场景创意，各业态、重要商户的要求，产品要求等
招商	招商方案	业态类型，重要商户推荐，招商计划和策划，收益预测，运营服务建议等
营销	营销策划方案	市场分析，产品定性，销售计划，资金回笼计划等
形象	品牌策划	品牌调性，品牌特性，品牌策略等

一、融资策划要点

1. 商业地产融资的基本类型

在商业地产项目运作过程中，"为了取得资产而集资所采取的货币手段"称之为商业地产融资。融资需要付出代价，这个代价可能是利润分配，或者是支付利息的方式，再加上商业地产自身可以产生现金流量的特点。由于跨行幅度大，策划可以发挥融资顾问的角色。

1）股权融资：资金介入的方式是以购买企业股份，成为股东的方式介入商业地产企业或项目，享受股东权益，承担经营风险，享受利润回报；股权融资是指企业的股东愿意让出部分企业所有权，通过企业增资的方式引进新的股东的融资方式。**股权融资所获得的资金，企业无须还本付息，但新股东将与老股东同样分享企业的盈利与增长。**

2）债权融资：**实质是项目或企业举债，有担保要求，大部分采用固定利息的方式支付融资成本。**所谓债权融资是指企业通过借钱的方式进行融资，债权融资所获得的资金，企业首先要承担资金的利息，另外在借款到期后要向债权人偿还资金的本金。债权融资的特点决定了其用途主要是解决企业营运资金短缺的问题，而不是用于资本项下的开支。

3）资产融资：由于商业地产在建设过程中有收益预期，在建成后，可以产生现金流量，除了"股权融资""债权融资"之外，还有物业租赁融资的类型，即以一定年限的收益进行折现，如"长租短收"，20年租金一次性收取，也可以满足项目融资的要求。

2. 融资方式

1) 上市融资。房地产企业通过上市可以迅速筹得巨额资金，且筹集到的资金可以作为注册资本永久使用，没有固定的还款期限，因此，对于一些规模较大的开发项目，尤其是商业地产开发具有很大的优势。一些急于扩充规模和资金的有发展潜力的大中型企业还可以考虑买（借）壳上市进行融资。目前我国证券市场对房地产企业上市有许多限制，上市融资并不是可选的路径，所以有些企业取道香港上市融资。

2) 海外基金。目前外资地产基金进入国内资本市场一般有以下两种方式：一是申请中国政府特别批准运作地产项目或是购买不良资产；二是成立投资管理公司合法规避限制，在操作手段上通过回购房、买断、租约等直接或迂回方式实现资金合法流通和回收。海外基金与国内房地产企业合作的特点是集中度非常高，海外资金在中国房地产进行投资，大都选择大型的房地产企业，对企业的信誉、规模和实力要求比较高。

3) 联合开发。联合开发是房地产开发商或投资者以股东身份或服务商身份，以合作方式对房地产项目进行开发的一种方式。联合开发能够有效降低投资风险，完成项目开发时的目标。但有主导权纷争的风险。

4) 并购。在商业地产市场变化时，部分企业的项目发展难以为继。于是在商业地产行业通过并购的手段，出让企业股权、项目或物业的所有权的方式来获得资金。

5) 房地产债券融资。发债融资对筹资企业的条件要求较高，中小型房地产企业很难涉足，再加上我国企业债券市场运作机制不完善和企业债券本身的一些缺陷，国内房地产企业大都不采用该种融资方式。

6) 夹层融资。夹层融资是一种介乎股权与债权之间的信托产品，在房地产领域，夹层融资常指不属于抵押贷款的其他次级债或优先股，常常是对不同债权和股权的组合。在我国房地产融资市场，夹层融资作为房地产信托的一个变种，具有很强的可操作性。最直接的原因是，夹层融资可以绕开《中国银行业监督管理委员会办公厅关于加强信托投资公司部分业务风险提示的通知》（银监会发〔2005〕第212号文件）规定的新发行房地产集合资金信托计划的开发商必须"四证"齐全，自有资金超过35%，同时具备二级以上开发资质的政策。与REITs相比，夹层融资更能解决"四证"齐全之前燃眉之急的融资问题。比如一个房地产项目，要求开发商的自有资本金的比例达到35%，如果开发商自有资本金的比例只有20%，"夹层融资"就可以以参股的形式注入资金，使整个项目的资金达到要求的35%，不影响房地产开发商的控股权。对于已经取得银行贷款，只是在销售前期面临暂时资金短缺的项目，夹层融资可以安排以债权投资为主、结合一部分认股权证的结构,使投资者获得一定的利息收入和还款溢价。

7)房地产信托融资。防火墙是信托产品本身所具有的法律和制度优势。信托财产既不是信托公司的资产,也不是信托公司的负债,即使信托公司破产,信托财产也不受清算影响,实现了风险的隔离。另外,信托在供给方式上十分灵活,可以针对房地产企业本身运营需求和具体项目设计个性化的信托产品。信托融资的主要缺陷:一是融资规模小;二是流动性差,由于受"一法两规"的严格限制,远远无法满足投资者日益增长的转让需求;三是对私募的限制,即规定资金信托计划不超过200份,相当于提高了投资者的门槛。

8)项目融资。项目融资是指项目的承办人(即股东)为经营项目成立一家项目公司,以该项目公司作为借款人筹借贷款,并以项目公司本身的现金流量和收益作为还款来源,以项目公司的资产作为贷款的担保物。

9)开发商贴息委托贷款。开发商贴息委托贷款是指由房地产开发商提供资金,委托商业银行向购买其商品房者发放委托贷款,并由开发商补贴一定期限的利息,其实质是一种"卖方信贷"。开发商贴息委托贷款采用对购房消费者提供贴息的方式,有利于住宅房地产开发商在房产销售阶段的资金回笼,可以避免房地产开发企业在暂时销售不畅的情况下发生债务和财务危机,可以为部分有实力的房地产公司解决融资瓶颈问题。

10)短期融资券。短期融资券指企业依照法定程序发行,约定在3、6或9个月内还本付息,用以解决企业临时性、季节性短期资金需求的有价证券。短期融资券所具有的利率、期限灵活、周转速度快、成本低等特点,无疑给目前资金短缺的中国房地产业提供了一种可能的选择。短期融资券对不同规模的房地产企业没有法律上的约束,但就目前的情况来看,由于短期融资券的发行实行承销制,承销商从自身利益考虑,必然优先考虑资质好、发行规模大的企业。

11)融资租赁。根据《合同法》的规定,房地产融资租赁合同是指房屋承租人自己选定或通过出租人选定房屋后,由出租人向房地产销售一方购买该房屋,并交给承租人使用,承租人交付租金。

12)房地产证券化。房地产证券化就是把流动性较低、非证券形态的房地产投资直接转化为资本市场上的证券资产的金融交易过程,从而使得投资者与投资对象之间的关系由直接的物权拥有转化为债权拥有的有价证券形式。房地产证券化包括房地产项目融资证券化和房地产抵押贷款证券化两种基本形式。我国正处于房地产证券化推行的初级阶段,进行中的住房抵押贷款证券化是其现实切入点。中国大陆以零售物业为资产的商业地产REITs产品,它们都属于试点性质。

13)商业物业资产融资。通常意义的公司融资方式有两种:债权融资和股权融资。而资产融资是区别于这两者的第三种融资方式。资产融资是指由公司拥有的资产来驱动的融资方案。当中所指的资产包括流动资产（如应收账项、存货等）及固定资产（如商业物业等）。资产融资可让房地产企业凭借本身的物业资产来满足其短期以至中长期的集资需要。资产融资能使企业能充分运用资产，亦可使资产与负债互相配合，并配合有关的流动资金需求。对于商业物业资产融资，可细分为：

（1）物业交易融资：通过物业全部或部分出让进行融资；

（2）物业收益融资：以预期收益作为融资担保；

（3）物业抵押融资：对物业资产进行估价后，考虑资产价格变动和融资等因素，进行实物担保的借贷。

3．融资策划要点提示

1）融资周期：商业地产市场进入存量时代，如项目的融资规模大，市场前景不被看好，融资的难度较大。而且在对房地产企业负债划定"三线红线"后，以房地产企业项目进行融资难度更大，这里融资主体要有难度和时间方面的准备的。项目需要融资时，应有充分的时间准备，要点在预测和确定用款时间，其中包括如图7-7所示程序。

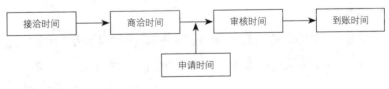

图7-7 程序

融资过程中需要注意的时间节点。由于金融机构审核严格，融资需要顺序规范，所以融资周期长，作为融资方须充分安排融资时间计划，避免资金短缺造成项目产生重大损失。

2）担保物估值：为了降低风险，出资方总会以各种方法，压低融资担保物或股权的估值，融资方为了尽快落实资金或还款信心充足，不重视融资担保物的估值，如因种种原因，还款逾期进入清算阶段时，会造成融资方的巨大损失，所以在融资活动中，对担保物的估值应当市场化，取得公正和近乎准确的估值，以确保担保标的物的估值为双方接受。

3）股东一致：在项目进行融资活动前，应取得股东一致，以免在开展融资活动后，发生内部争议事件，造成融资活动无法展开，导致项目开发和经营发生资金短缺的困难。

4）商业地产融资文件要点：融资项目名称；项目融资主体；融资用途及项目投资、工程进展；融资规模；融资期；融资担保物描述（或担保公司）；还款计划（或股权交易情况）；项目投资和收益分析；还款资金来源和保证；附件（企业证件、担保物权证、项目合法建议文件等）。

二、招商策划要点

1. 招商工作背景

由于"新零售"的出现，部分商品上线销售；商业地产发展过快，商业物业供应过剩，招商工作十分困难；由于线上不能替代消费实际体验，服务业态发展速度快于实物销售的业态，在线上业态高速发展之后，"两个空间"的融合势在必行，所以线下空间再次被商业企业重视，市场又开始向实体方面倾斜。但是，目标对象变了，单纯实物商品销售的招商对象少了，有体验、有场景的新物种和服务的业态比重上升了，这是招商的新形势。

2. 论证招商成功的关键要素

业态定位是商业地产的成功关键，也是招商工作的基础。如果业态定位不准确，商业企业会否认选址方案，所以在招商工作展开时，有必要进行再论证工作，使业态更加切合市场和商业发展实际，为成功招商奠定基础。其次，在规划设计时，充分考虑商业对物业的需求，不应让物业条件阻碍招商。

3. 招商策略

1）选商策略

选商就是选择项目的未来，就是选择业态；在房地产企业和业主为招商难而困惑时，商业企业同样面临着"选址难"的困惑。在同业竞争、企业发展目标的压力下，门店开发部门为了实现门店发展计划，而忙于看店选址。招商可以通过论坛（传媒）、专业微信圈、行业APP、行业会议、其他项目的招商会议、论坛以及本项目的规划或定位论证会等有效通道传播商业物业招商的信息，了解商业企业的需求，广泛聚集商业资源，把被动招商——求商，转变为主动招商——选商。

2）招商顺序

不同项目不同的招商顺序表　　　　　　表7-3

序号	效用 商业分类	作用	租金水平	时间
第一序列	主力店（大超、百货）	招商成功关键	低，有边际效应	前期完成
第二序列	次主力店	协同效应	低	前期完成
第三序列	名牌特色店	标杆作用	中等	前期完成
第四序列	配套商业	业态和谐	中—高，量大	中期完成
第五序列	常规店群	丰富商品	中高、量大、平衡收益	后期完成

表7-3中价格特征的商业地产项目，这类业态是以消费数量实现商业地产价值的类型，须有足够的客流支持项目商业生存和盈利；能带来大量客流的主力店（如大型超市）是项目成功的关键。所以形成主力店优先的顺序，为了分享主力店带来的客流，并愿意为此付出较高的租金。

不同项目不同的招商顺序表　　表7-4

序号\效用	商业分类	作用	租金水平	时间
第一序列	品牌特色店	标杆作用	中等	前期完成
第二序列	次主力店	协同效应	低	前期完成
第三序列	主力店（大超、百货）	招商成功关键	低，有边际效应	前期完成
第四序列	配套商业	业态和谐	中一高，量大	中期完成
第五序列	常规店群	丰富商品	中高、量大、平衡收益	后期完成

商业地产价值实现另一途径是通过提高商品品质，达到提高收益的目的。品牌店由于有良好的品牌附加值，可以承受较高租金。从招商策略角度看，高阶位的品牌具有强大的市场影响力，可以吸引更多高消费客群。次阶位品牌既可以分享高价位品牌的客流，又有比价优势，并为此付出较高租金。所以，在突出品质的业态（如百货商店、奥特莱斯、时尚商业街）招商业务中，应当以高阶位的品牌优先招商。

网红店和人气店作为特色店序列定位，在优先选择范围。

4．招商策划要点

1）时间。合适的开业时间为节前和重要节日（国庆、元旦、圣诞、春节、劳动节等主要节日），错过一个节日，会造成租金收益减少；另外招商项目多，而相对商业资源少，需要争取商业资源，所以时间观念在招商策划中为第一要素。

2）收益。由于招商困难，目前在中国大陆出现了重视招商却不重视租金收益的状况，动辄免租数月甚至数年，补装数额巨大，其缺陷是一是商业企业经营压力小，不利于整体商业发展；二是影响物业长期升值趋势。

3）轻租金、重递增。租金基价固然重要，但只涉及短期收益显然是不合理的。租金未来的增长系数（递增率）更为重要，它会影响物业的长期价值趋势；CPI系数增长较快时期，租金增长的系数约定过低，会导致实际收益减少。低租金的物业还可能在扣除折旧和维护成本之和出现亏损的现象。租金定价前低后高符合商业物业升值规律。

4）总体收益平衡。大型商业物业出租活动中，租金并不绝对平均；对重要招商对象（主力店、品牌店以及其他重要商业企业）给予租金优惠，而对于其他受益的商业企业应当提高租金要求，以达到总体收益平衡。

5）分担费用清晰。支付业主的费用绝大部分都可以列入商业企业的"场地成本"之中，清晰告知物业使用产生的各项费用分摊，以便商业企业进行开店成本核算。在商业企业入住商业物业后，再增加收费项目，会导致商业企业开店成本出现较大变动，导致经营业绩的波动。

三、规划策划要点

1．协助定性、定量

商业地产从策划定位进入规划设计阶段，也就是"定性"阶段进入"定量"阶段的过程。所以规划设计引导是项目发展策略、策划的具体化和清晰化，忌讳含糊不清、模棱两可。交底主要有项目市场条件、项目理念、布置意向、功能比重、经济技术指标要求等方面。其中市场条件、功能比重、经济技术指标三部分信息须用数字表达。

2．市场条件告知

让设计者了解项目市场背景和地块情况。包括：①城市信息，包括城市、人口、经济、收入、消费、商圈及规划。②市场信息，包括市场总体态势、供应量、重要规划中的项目、销售价格和租赁价格等。③地块信息，包括用地性质、地块位置、规划控制指标和规划对开发的要求（可附土地出让合同），如已和重要商业企业合作，该商业企业的选址及建筑要求应及时告知。

3．共同创造项目空间创意理念

让设计者了解投资意图和项目定位方向：①项目发展策略，即企业通过该项目发展，欲达到的经济、品牌或资金的目标和途径。②项目定位：包括开发类型、消费、业态、运营类型以及项目开发周期目标的定位。③比照对象：告知国内外类似项目的成功案例，让投资者有对标对象，使设计意向清晰。

在这样的条件下，和规划设计方面一起创造项目的建筑、空间创意理念。

4．参与规划策划的作用

清晰地把开发策略、营销及商业运营的需求告诉设计人员，让设计成员从单纯的建筑空间创意和设计走向商业空间规划和创意。

1）发挥两个方面的优势：商业地产策划人清晰地把市场、战略、经营的要求告知设计部门，让设计部门在"知道"的情况下，理性地进入设计工作状态，策划到规划的阶段也是战略意图到实施的过渡，所以要求准确。

2）为了清晰地反映策略和定位意图，规划策划内容要数据化，在不确定时，提示设计部门给出数据，经过决策后，再行确认数据。

3）功能比例：部分项目为含有商业地产的综合性项目或综合性商业地产项目，包括商业地产项目可以兼容的酒店、办公、酒店式公寓、商业性的养老、医疗等，这部分内容宜用数字清晰表达。

4）空间布置意向：开发商或策划方偏重于经济思考，而设计者偏重于空间利用、建筑造型和建筑规范等。有些设计师受开发商的影响，片面追求容积率，这是不对的，商业地产最优价值并非仅是靠容积率实现的，开发商或策划者可以用图说方式告知设计者，他们的布置意向，具象地告知本方布置意向。这样，策划（包括投资者、开发商）和设计各展其长，既可以融合经济效益和用地技术的要求和技术，还可以缩短设计周期。

5）执行经济技术指标要求意向：完全执行规划要求，还是许可范围改变须明确告知，包括功能变更、指标满足等内容。如容积率的放弃：如项目为产品型开发的商业街，一二层可以实现销售，而3层及3层以上没有去化，假设规划给予容积率2，建筑覆盖率50%，且不允许兼容其他功能，这时策划方须告知容积率指标需做取舍，如果策划方理性，会告知楼层控制在2层以下，容积率在1.2以下。

6）产品建议策划要点

产品属性：商业地产产品是简单的空间，没有住宅内部厅房结构、厨卫比例、生活起居等细节，然而其商业、投资、金融三重属性，使得商业地产的产品定位的内容较住宅类产品要复杂一些。

产品定性：商业、投资、金融三重属性，在物业上，产品定位不是布置单元空间那么简单，而是在单元空间布置上反映其商业地产产品的属性。

产品定位　　　　　　　　　　　　　　　表7-5

内容\项目	属性反映	满足需求	空间自由度	选择
商业经营	商业经营	商业需求	变化多	商业
投资产品	房地产销售	投资需求	产品规格	投资者
金融产品	物业收益	收益最大化	没有限制	收益考核

说明：有不同开发策略、不同开发类型、不同资金配置状况，就有不同的产品属

性。产品定性就是要把产品属性和规格要求的比重，清晰、明确地告知设计部门。

产品策划要点：产品策划要反映市场对产品的需求，估测收益及现金流的状况；产品规格及价格、收益；产品布置意向；产品附加的创意。

注意事项：产品策划过程中，应征询营销部门的意见，为未来营销部门执行项目发展策略资金计划及销售计划预设有利条件；营销部门对产品的趋势预测对产品设计十分重要。

重点产品的定价策划：产品定价策划需要十分慎重，部分项目定价采用"市场比较法"辅之运用"收益还原法"加以修正。受比较对象过高溢价的影响，项目定价也会出现"虚高"的情况，如供求关系倾向销售方，而开发商有过高溢价要求，这时，特别要注意出售物业价格和收益之间的"喇叭口"效应。

第三节 商业地产品牌策划和推广策划案例

一、商业地产品牌特征

1. 商业地产品牌定义

品牌策划是商业地产策划一项重要内容，品牌是什么？是能够给拥有者带来溢价的形象载体，具有市场价值，是拥有者的无形资产。商业地产品牌是无形资产，是企业项目取得市场的认可，在下一个项目中运用的非技术、资金资源；对商业地产而言，品牌是项目的重要商业价值构成；很难想象，一个成功的商业地产项目不是品牌，或者一个不是品牌的商业地产项目会取得成功。商业地产的品牌化的过程，就是项目成功的过程。

2. 商业地产品牌价值的表现

是项目理念的外化，有内外两部分组成的：对外有三个层面上认同：公众认知高，资本认同性强，商业依附率高；对内，则是员工认同企业文化，自觉地成为企业品牌载体的一部分。

3. 商业地产的品牌生命

商业地产的品牌生命不是存在单个项目上；也不会随着项目结束而终止；它可以帮助企业模式化、规模化发展，是企业资源库中最有价值的资源之一；商业地产的品牌通过项目建设和运营建立，属于企业活化的资产。

二、商业地产的品牌特质塑造

品牌是有个性的，没有个性就没有品牌，个性形成了商业地产的特质。

1. 商业地产的品牌特征

品牌是什么？是能够给拥有者带来溢价的形象载体，具有市场价值，是拥有者的无形资产。品牌是具有强大识别性、差异性的增值源泉，更是来自于客体心智中形成的信赖度和偏爱情结。对商业地产品牌而言，这个客体包括商业地产的最终服务对象——消费者和次服务对象——经营者以及投资者，这种受众多元性形成了商业地产品牌内涵的复合性，并在商业地产品牌内涵中形成由下而上的三个层段，依次为公众（消费者）—商业企业—资本，内在逻辑是：公众认可高、商品实现销售率高、商业物业的租金高，而资本青睐有稳定的增长的收益的商业物业（图7-8）。

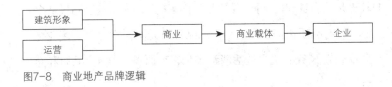

图7-8　商业地产品牌逻辑

2. 商业地产的品牌特质

大卫·奥格威说过"每一个具有足够吸引力的品牌都有人格化个性和特征"。商业地产的品牌理想实质上多是企业发展目标、企业文化和企业性格的外化，中国商业地产品牌企业都是如此。除了企业共同的气质之外，品牌理想都带来人格化的特质，如万象城项目的大气、新天地项目的人文气息、大悦城的小资情调和创意，而就是这些异于寻常的特质，造成了各个企业的品牌理想的异质度。

3. 商业地产品牌的形成

商业地产品牌并不是主观臆造，也不可能一蹴而就，而是企业长期经营理念实施中形成了萃取物——属于精华中的精华，是企业长期善意经营的结果。

三、商业地产的品牌发展策略

1. 品牌定位是特质的外化

1）品牌定位：商业地产品牌定位是商业地产项目或组织特质的外化，无论错配或创意修正都是无法去改变这种特质的表现，它的形成和企业内外生态环境有关，也和企业的发展策略和实施能力有关（图7-9）。

如万达"万达在哪里，城市就在哪里"

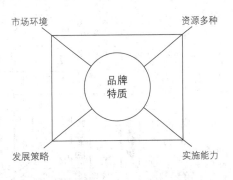

图7-9　品牌特质

的推广口号；大悦城的差异化定位，抓住特质消费人群的策略——"年轻、时尚、潮流、品味"。目标客群的定位，无不反映了企业的战略意图和目标意图，并在以后的项目发展过程中发挥作用，如万达的项目总是想着城市新中心的方向努力，而大悦城则成为次主要商业中心中的潮流发生地方向在努力。

2）品牌策略：品牌策略包括三个方面内容，一是品牌信念，二是品牌基础，三是品牌曝光。

品牌信念和企业信念、主要领导人的事业发展信念往往具有一致性。宁高宁深刻了解品牌对商业地产的作用，每到一个新的工作岗位，着力打造新的IP，先后打造出"大悦城""万象城"一系列项目品牌。大连万达，在企业规模不大的时候就介入足球，这项运动传播率高，为万达后来商业地产的发展提供了知名度的支持。如果当初王健林心中没有宏大的企业志向和坚定的品牌信念，怎么会有今天的万达呢？

品牌的基础是品质管理。"好的品质是管出来的"，这句格言同样适合商业地产。如果没有品质保证，商业地产的品牌就无法树立，对于商业地产而言，品质反映在服务品质（包括消费者和客商服务）、物业品质和企业品质等方面。

品牌曝光，又称之为"品牌开光"，品牌是要有一定关注度。没有这种关注度，那么信赖度、关注率、附加值这些指标都会皮之不存、毛将焉附。在房地产领域里，品牌曝光的高手不少，如周忻、潘石屹等。在商业地产领域里，王健林当之无愧，在万达收购美国AMC院线后，王健林说：仅用26亿元在全球做了一个大广告，值得！从中可以看出某些企业经营者对品牌的重视程度。网红效应也是品牌曝光的一个端口，如雷军、"锤子"罗永浩均是这方面的高手。

3）商业地产的品牌集成体系

商业地产品牌的内涵特别丰富，涉及具体事务繁多，商业地产的品牌管理和培育实际上是企业发展、经营表现的全息系统，示意略图如图7-10所示。

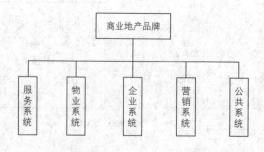

图7-10 商业地产品牌

（1）服务系统：包括粉丝、消费者服务、客商服务、配合企业服务等子系统。

（2）物业系统：包括建筑条件（如商业适合性、物业条件、商业形象、配套条件等）、停车条件、导入系统、环境条件（内部环境和外部环境）、物业服务等子系统。

（3）营销系统：包括品牌常态展示，品牌阶段展示（营销、招商期间）、品牌推广三个子系统。

（4）公共系统：企业形象和公共事务等子系统。

（5）企业系统：包括发展目标、发展理念，企业文化和企业管理，员工服务和福利、员工素质（职业教育、个人素质和行为）等子系统。

在该系统中，子系统的内容还可以裂解为分子系统，直至每个企业行为、员工动作。要达到这种品牌全息管理的水平，那只有一条路——全员、全程、全覆盖地树立品牌意识，让品牌在每一个细节中不由自主地显现出来，达到商业地产品牌的要求，真正成为拥有金字招牌商业地产企业。

在中国大陆，商业地产推广是策划部门的主要工作之一，策划部门通过商业地产推广，反映项目品质和商业机遇，吸引消费者、经营者和投资者的关注。形成市场信心，促进项目发展，形成项目知名度、美誉度和传播率，使项目品牌化，提升项目（物业）的商业价值。

2．商业地产推广总体策略

商业地产推广是个覆盖全面，前后连贯的系统工程。看似繁花似锦、创意迭出，其实每一次推广活动都是有其策略和任务，总是围绕商业繁荣、招商顺利以及销售业绩和物业资产升值展开的。推广节点和时间计划，推广和传播方式的选择，都是按照推广总体策略和品牌形成过程进行的。

1）推广的一般程序

商业地产的建设周期较长，投资数额较大，投资者思考较为理性。网红一夜走红、"一炮打响""天降奇兵"等爆发式的推广策略不适合商业地产的推广策略。商业地产推广需要"渐进式"的层层推广，不断提高热情的策划进行，其推进策略如图7-11所示。

（1）培育期：(话题)要引起关注，导入概念，形成好感和关注。

（2）导入期：形象初步设立，引起兴趣，产生发生联系的愿望。

（3）见效期：品牌初步认可，"领头羊"的示范效应出现，推广初见成效，发生接触。

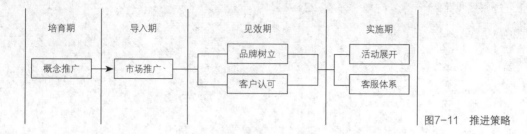

图7-11 推进策略

（4）实施期：市场氛围形成，配合相关人员形成约定，后期保证体系表现。

2）推广的总体策略和分类推广策略

商业地产推广的渐进过程：在项目开工（开业或装修前），是整体形象型塑造期。随着项目（物业）建设推进，各个专门的推进工作陆续展开，推广焦点随着项目发展过程不断切换，一般程序为：整体概念推广（包括未来的商业推广）、招商推广、营销推广，然后是转让期的商业推广。

其内在逻辑是：吸引消费，支持商业，有利招商，推进销售。

商业地产推广分类：主要有商业推广、招商推广、营销推广三个分类。其他还有梳理公众形象所需的推广工作和融资所需的信息传播工作，如图7-12所示。

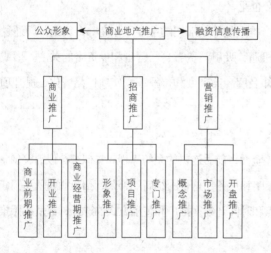

图7-12 商业地产推广分类

程序策略：三者之间有促进关系；先行总体推广（侧重商业），其次招商推广，最后是产品推广。

3）推广原则

（1）系统性：按照总体推广策略和推广顺序进行；前一轮推广活动的实施为后一轮推广计划的执行铺设导轨，各专门推广互相衬托；

（2）针对性：各个推广节点聚集本次推广目标的预定目标；

（3）有效性：根据统计数据进行指标考核，如到访率、粉丝和扫码人次、有效率、回访率、活跃比例；

（4）经济性：推广成本对应统计数据，进行推广渠道分析，推广经济性分析，有利于推广策略和方式的调整；

（5）减少硬性广告：硬性广告一般用于开工或开业时，因为人们普遍对推销具有抵触情绪，硬性广告会影响市场信息，不利于招商和销售。

4）推广工作的前期筹划

（1）前期判析：项目在市场认知、认可程度以及影响范围、了解人数量、口碑及美誉，以及公众、专业、未来目标对象的意见反馈等；

（2）品牌特征：对标企业发展策略，品牌特征及公众形象，市场形象，目标对象的形象和观感要求，进行前期推广的得失检讨和评价；

（3）本次（本轮或本阶段）推广的目的：针对上阶段推广的成果，确定本轮推广的基础、策略和推广目的的方法，确保本轮推广目的实现；

（4）确定推广范围：是有效推广的控制成本依据，聚集目标对象，设定推广范围，可以达到有效推广和成本控制的目的。如果是一个社区性商业物业的销售推广，就没有必要去CCTV做广告了；

（5）受众分析：运用大数据分析即推广受众从什么渠道能获得信息。一是如何找到受众，二是他们关注什么内容。如微信社群，许多招商对象会建圈，这是找到受众的最佳途径，这种类型的受众会关注何处有优质的商业物业；优质商业物业有哪些主力店和品牌店，如果以"某品牌和某商场签约"为新闻标题，会促进该圈的商业影响力；

（6）推广前的检视和整改：推广前须对项目存在的不足进行整改，如有纠纷，应以解决或缓和，避免在推广和开业后出现不良事件，这将对推广效果产生负面影响。杭州曾过这种情况，某地产企业削价推广，引起已购房者退房滋事。

5）推广方案设计要点

（1）推广节点控制

从项目总体推广来看，总体推广节点有：土地获得宣传、融资、招商、销售（意向、合约、付款）推广、开业推广等重大节点（表7-6）。

某项目的推广节点控制方案　　　　　表7-6

阶段特征	推广关键点	焦点·指向	传媒选择	投放方式
土地获得	企业实力	开发方向	大众、财经	软文
项目融资	项目前景、增值方式	各有关专家、高管	财经	特案

续表

招商	商业机会、聚集效应 商业环境、SP活动	名人、名家、行业协会	商业、大众	新闻、报道·映象
预售	SP活动	行内、文艺类名人	大众、专业	新闻、广告
开盘	SP活动	本企业高管、投资人士	同上	新闻、广告
揭幕	庆典、SP活动	政、财、商、文、网红	相关主流媒体 专业媒体等	新闻、广告映象全方位

（2）推广力度控制

每个项目的推广诉求不一样，所以推广力度设计也不一样。应在专门推广、阶段推广的工作中突出该次推广的要求、重点、覆盖区域和目标（表7-7）。

推广力度控制   表7-7

类型	阶段特征	土地获得	项目实施	项目融资	招商	销售	开业
推广形式 传媒	推广力度		• •	• •	• • •	• • •	• •
	投放力度			• •	• • •	• • •	• •
	文案·平面	•	• •	• •	• • •	• • •	• •
推广形式 SP	筹划				• • •	• • •	• •
	作业				• • •	• • •	• •
推广形式 事件	题材炮制			• •	• •		• • •
	方案设计			•	•		• •
	实施						• • •

（3）推广计划

（4）媒体通道选择

新兴媒体——网络平台、移动客户端、APP、微信、抖音、博客、微博、QQ等。

传统媒体——报刊、电视、广播、手机短信、墙体、高炮、气球、广告手册（单页）、案场、商场LED幕墙、道路引导旗等。

（5）推广创新和新传媒运用

互联网、移动通信的出现，增加了许多推广通道和方法。由于这些新兴传媒的受众都是目标推广对象和活跃中介体，所以推广创新和新媒体的运用变得十分重要。由于互联网的"免费"特性，可以通过提供内容"搭载"推广信息，可以取得效果好、成本低的目的。

"小米"的营销理念同样是值得商业地产界学习的。

不是做广告，而是做自媒体营销的第一步，让自己的公司成为自媒体。做自媒体是要坚持的内容战略，也是品牌战略。传统思路是做好媒介渠道，现在是做好内容，以前是找媒介，现在是媒介来找你。这其中，内容很关键。企业做自媒体的内容运营，要先做服务，再做营销。企业做自媒体的内容品质最重要的是"讲人话"，懂消费心理。小米不仅要求让员工成为粉丝，甚至还尝试让粉丝成为员工。

企业要花精力让自己成为能持续提供优质内容的自媒体，同时，也应该发动用户来产生内容。

3．对商业地产品牌价值的正确认识

1）商业地产品牌分类

商业地产品牌主要划分为企业品牌和项目品牌，两者之间的关系是：品牌企业发展品牌项目，因为品牌企业具有强大的市场影响力，发展项目一定是品牌，如不是品牌项目，这将引起企业的无形资产转移和补偿行为，使之完善。企业影响力是双刃剑，正影响力大，负影响力也大。品牌项目却不一定为品牌企业开发。但是，商业地产项目和企业品牌有着内在的连动关系，成功商业地产项目是促进企业品牌化的关键动力，能够帮助企业从非品牌企业迅速成长为品牌企业，如上海"新天地""大悦城"都是通过项目促进企业品牌化的，市场、公众都是通过项目品牌认识这些企业品牌的。企业则通过项目品牌积累了企业品牌价值。

2）品牌和商业地产发展策略

在万达、万象城、大悦城、太古、恒隆、龙湖等一批成功的商业地产企业发展历程中提炼出中国商业地产的发展策略，归纳起来有"品牌化""模式化""情景化""金融化"的"四化"要素。在这"四化"要素中，最重要的是"品牌化"，可以说做商业地产就是做品牌。如果商业地产不按照品牌的发展模式进行，无法形成强大的市场效应，也就无法有效地整合资金、商品品牌和市场资源；得不到这三者支持的商业地产项目，肯定是无效开发项目、失败项目。

3）商业地产品牌价值

商业地产价值的主要构成为商业价值和房地产价值。其中，房地产价值是一种相对静态的价值，在区域房地产价值中取均值。附加在这种实物价值之上的商业价值却是一种动态价值，商业价值在商业地产的价值变化中起主要作用。商业价值高的商业地产项目价值高，反之，商业地产价值低。品牌是商业价值中的主要成分，中国国内以及国际上一些商业地产案例反映，有品牌的商业地产项目其收益要比认知度不高、没有品牌的项目高出20%～50%不等，这就是商业地产收益中的品牌效应增收部分形成的。

第八章

商业建筑策划和设计重点

商业建筑说到底，是一种功能性建筑，是商业地产价值的外在物质，是商业活动的空间载体。商业建筑设计首先要满足商业经营所需，提高商业建筑的价值，包括它的美学价值。商业建筑的美学不同于一般公共建筑，既要照顾到公共建筑属性，又要创造商业物业价值。设计师在创作商业建筑作品时，常常把商业建筑作为"我"的作品，言必地标。其实，**建筑本身成不了地标，只有公众认可并喜爱，建筑才可以成为地标**。在商业建筑设计活动中，效益是主要的，形象是次要的，或者说，形象服从于经济价值，形象是商业建筑经济价值组成的一部分。

第一节　设计理念

一、设计者的使命

1. 商业建筑不是个人作品

商业建筑不是"你"——设计师作品，商业建筑是公众建筑，要成为地标，只有公众认可并喜爱，才有可能成为地标；商业建筑是公共建筑中有直接经济性要求的种类，商业建筑的方案具有良好的经济效益，才会取得投资者的认可并付诸实施，这是我在哥本哈根贝拉万豪酒店考察那个调侃地球引力的建筑时想到商业建筑是以消费者的审美主张为依据的，投资者投资最后才是设计者个人的观点和美学取向。

2. 商业建筑的功能之美

商业建筑之美除了流光溢彩的夜景，充满艺术气息的美陈和场景以及立面造型和节奏之美之外，商业建筑的之美在于它和人、商业的和谐。

无论是谁的作品，只要是商业建筑，无论这个建筑有多少创意和美学表现，只要没有"人气"——商场里没有消费者，或者客人稀稀拉拉，那这个商业建筑总是会让人不堪的。

商业建筑中最主要的设计要素之一是人：

1）人和商业空间的关系；

2）人和商品、商铺、商业服务之间的行为；

3）人和商品、服务、美陈、灯光、颜色、空间形成的商业场景。

没有"人"意识去设计商业建筑，失败的是必定。

3. 商业建筑设计中的"超越"

在商业建筑设计过程中，设计者总是在"比较"和"超越"中构思和创作"自己"的作品，其实了解设计背景和投资者的要求更加重要。设计者的使命是理解投资者的项目发展策略意图，了解市场，读透用地，清晰地反映出策划和定位的意图，通过建筑规划和设计，使原来意念中的"图像"，变成切切实实且可以实施的方案，并通过设计者创意和智慧的运用，使商业建筑成为"经济效益"和"美学"均优的作品。

二、规划策划的理念

"先有理念，后有作品"，没有卓越的设计理念，是不会产生优秀的商业建筑作品的。在产生创作冲动之后，往往出现"地标"意念和"双优"（优异的经济效益和美学效果）的幻想。如何达到经济和形象的平衡？威特鲁维提出过建筑的"适用""坚固""美观"三个原则。在商业建筑设计时，作者认为有"策略""经济""形象"三个思考的依据，这三个依据不仅要完整思考，而且不可变动和颠倒之间的顺序。

1）策略：如果规划的策划和创意不符合投资方（开发商）发展意图或投资、经营能力不具备，那么再佳的理念和创意都不会被接纳；

2）经济：没有良好的效益，肯定也会被否认；

3）形象：商业建筑是公共建筑中的一个分类，是新业态的实物载体，所提供的服务于不受公众欢迎，不反映业态、经营特征，没有强烈的识别性，同样也不会被接受。

这三条原则的建立，可以减少商业建筑理念思考的盲目性，找到正确思考的路径。

在作者长期实践中，还总结了一些实用性的实战策略和思考方法：

1）用地价值挖掘策略思考：主要提高建筑密度，按照商业地产"楼层差"的原则，首层商业物业价值最大，因而在商业用地价值挖掘过程中，"先看建筑密度，再看其他建筑指标"。在这种思考方法下，笔者提出：**把密度给商业，把容积率给其他（功能）**。这句话的核心是合理利用土地的"空间价值"。虽然有日本、中国香港上部空间利用的成功案例，如日本六本木、中国香港朗豪场都是用地的覆盖率限制倒逼成商业地标了。但是，商业建筑覆盖土地面积更大，底层物业更多，是可以增加收益，降低建安成本的。

2）楼层层数控制策略思考："土地资源紧缺或商业价值高的土地可以多做楼层商业物业"。这种情形在中国香港、日本等地可见，商业建筑做到高楼层或地下空间控制到5层以下的情况。一是土地价值高；二是区域商业需求量大，因此可以设计多楼层甚至高层商业建筑。反之在"楼层差"大的区域，如我国的江西，就尽量不要做这样设计。

3）建筑用途设计策略思考方法：长期专门用于一种业态的商业建筑或销售型商业建筑，可以设计成"专用"建筑，即建筑的各种技术参数仅满足一种业态用途,可以节省兼容业态所产生的建筑成本。持有物业的设计策略思考方向往往会采用"通用性建筑"的思考方向,这类建筑可以适合多业态的建筑要求,具有多用途的适合性,因而在这个载体未来调整承载业态时,时间效率高,成本较低,业态选向较多,商业资产的估值也相应提高。

4)设计的目的思考方法——"**以运营为最终设计目标,为运营而设计**"。中国大陆的大部分商业地产开发商绝大部分从住宅等其他房地产类型转型进入商业地产,往往注重建筑空间、规模和外形,而关注未来商业建筑的实际使用要求和运营程度较低。全国各地有一些仿生类(动物形态)的商业建筑都是该类型项目。以运营为设计目的,空间、环境、配套、形态、形象方面都以最终经营要求设计,那么这类商业建筑才是有长期使用价值的。

5)建筑成本控制策略思考:商业建筑不主张"**绝对控制成本**",而倾向于相对控制成本。即在商业建筑成本控制思考中,倾向于适当提高成本,争取更大物业价值的相对控制成本方法为主,兼合理减少支出的成本控制方法为辅的办法进行成本控制策略思考。反之,以节约减少支出的绝对控制方法为主进行成本控制,往往会为了降低成本而减少支出或降低品质会导致商业建筑不能满足业态需求或建筑不能达到商业载体功能、商品展示和"商业舞台"的场景效果。

6)提高商业建筑有效性的思考:"**不设计无效空间**"。部分投资者的一般房地产规划思路,追求经济技术指标充分使用,往往会造成很多无效商业空间,既沉淀了建筑的资金,又造成商业建筑空置的情况,造成商业观感差,并影响商业繁荣,如有的城市出于土地出让价格考虑,要求把商业街区建到5层以上,其中3层以上很难招商,造成商业街萧条的感觉。正确的思考策略是:把无效的面积异化成商业用地性质可以兼容的其他功能商业物业,如商务和商务公寓、酒店物业、办公物业。也可以考虑放弃或"二次报建"的方法,把目前没有市场需求的部分(往往是楼层物业),延缓至有求租或经营需求时扩大建设。

7)建筑形态研究思考:"**楼高决定资金周期,单体体量判断资金规模**"。这是建筑和资金的关系,在经济界有一条史密斯定律,即超高层出现之后,往往会发生经济危机,主要是产业投资过剩,房地产过热,没有投资去向的资金很勉强地进入投资效率较低的超高层建筑中去;超高层建筑的出现预示着未来可能发生的经济萧条。这条定律也揭示了楼高和资金之间的关系,设计师在设计楼层高度时,不仅要考虑投资者现时资金能力,还要考虑到项目的资金持续供应能力。单体的规模越大,对一次性(一个资金过程)投资的要求更高;建筑高度越高,资金的周期越长。

8)设计中的经营策略思考:熟练运用商业地产"十个差比"和"十个效应"的原理,

如"水盆效应""大店效应""场景效应"等，以提高商业建筑价值。

9）对投资者发展策略的了解方法："考察其建成的项目"。也是一条有限途径，通过以往项目的了解，了解项目操作手法、战略思考、经济要求、美学倾向等。投资者已建成的项目往往反映了其投资策略、经营理念和风格，作品追求和艺术向往以及项目中的成功经验和不足之处，对设计师了解投资者愿景、实现设计理念具有极大帮助。

10）方案报批程序策略："不犯错误的方案不是好方案"。首轮方案应当充分地发挥想象，各项经济技术指标（除容积率之外）可以有限度地突破。目的是可以通过犯"错误"的方案听取各有关方面意见；部分经济技术指标的扩大到审批容忍边界，好处是缩短方案研讨时间，提高效率，并争取到项目潜在的价值。

三、商业建筑设计的成功路径
商业项目建设规划把控环节

解读项目先从企业发展策略和项目开发策略开始。理解投资者对这个项目的开发意图，开发类型以及市场调查、定位和策划内容，然后根据用地环境、交通、用地条件，挖掘地块价值。

了解企业发展和项目发展策略，是把握正确设计方向的前提。理解项目的开发意图和开发类型，明确未来建筑的模式，产品性开发多以"街"的方式思考；混合型开发要结合市场条件、价格和去化掌握合理的"功能"比重；持有物业开发要特别注重业态对建筑的要求。

研判定位和策划是否反映项目发展策略以及在规划上的可实施性。

通过对用地深入研究，了解用地属性、经济技术指标以及环境交通等周边因素。经过规划和创意，前期做出一个反映设计者思考的基本方案，评价这个方案，在"合法""合规"的前提下，有三项标准：

1）策略评价：是否符合发展策略、定位和策划方案；

2）经济评价：是否符合开发类型，创造或提升了项目价值；合理造价和物业价值比例关系，物业长期价值增长；

3）形象评价：是否反映经营业态的特征；是否具有强大的识别性，是否具有"地标"效应。

如果设计者自我评估满足这三个评价标准，那就可以从容向地向投资人（开发商）陈述这个构思方案。从设计角度看：这阶段的工作是最具挑战性和创造性，同时也是最重要的。这个部分被确认，以后的工作属于优化性、局部性、阶段性、细化性以及深化性的设计工作了。

第八章
商业建筑策划和设计重点

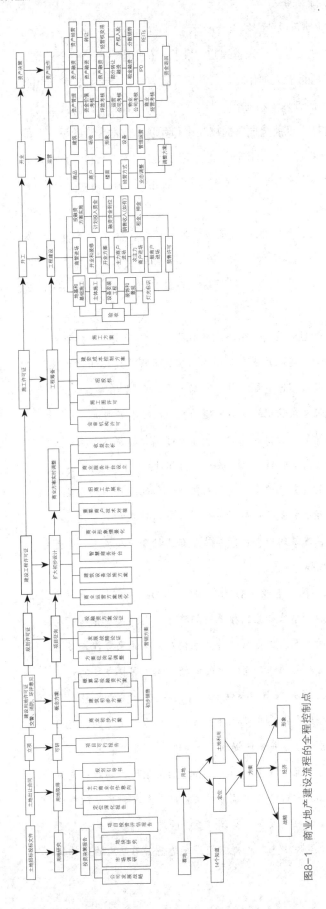

图8-1 商业地产建设流程的全程控制点

四、发挥组合设计优势

1. 时代进步，商业建筑设计必须组合设计

在科技进步、社会分工越来越细的背景下，商业建筑设计的个人优势越来越小了，某些所谓的大师作品，背后实际上有一个跨专业的组合团队进行协同作战的；在进入"新时代""新零售""新业态""新商业载体"的商业地产进阶时期，谁能全面掌握物联化和互联网技术、大数据、智能化、场景策划、"新零售"和新物种、建筑空间以及"人文科技"背景下的新的心理学、美学、营销学等，那就必须学会使用组合的力量。

2. 组合设计的理念

最早提出组合设计理论的是美国设计师贝奇曼，他认为建筑是一科特别历史、指示、环境的表现艺术，同艺术语言运作比较、展望，所以建筑会向公众的审美靠拢一些。以下部分内容摘录《整合建筑——建筑学的系统要素》：

第一，如果想表达建筑所涉及的日益扩大的领域，和建筑目标的复杂性的话，建筑的媒介必须加以重新审视。简化的形式或是表面的复杂形式都将不再适用……

第二，我们必须认识到功能问题的复杂性在不断增加。

建筑师所做的创造性挑战通常局限在了风格、形式和文脉之中。实验建筑也很少能超越已经被论证的各种系统。

绝大多数的建筑师都会指责这种孤立思维的设计方法。他们会质疑：这样荒唐的支离破碎的方法中，和谐何在？美感何在？实用性何在？在建筑的局部之间显然存在某种呼应和秩序，来形成一个综合的整体。

事实上，建筑师本能地将采取相反的方法：从周密地考虑整体和对建成后的想象开始，接着他们将深入内部，研究所有局部和功能之间的关系。但是，这种关注相互关系的思考能走多远呢？那种统揽全局的想法又有多大的概括力呢？同样重要的是，用同样的思维方式来理解，解决在这个过程中出现的各种问题呢？这正是整合这个论题和课程的关注点——为以主动的、有目的方式去选择并组合建筑构件提供一个清晰的框架。

建筑各部分之间的视觉的和谐，和它们同预计达到的视觉设计效果的一致性，常常会给建筑师提供将技术要求和美学理想结合在一起的机会。照明设备、空调装置、管道，和许多其他元素毕竟将在建筑中呈现出来。忽视它们，或是企图用最后的装饰掩

盖它们的做法都是于事无补的。满足这些功能要求的技术标准和系统，将需要大量资金进入建筑中。因此，建筑师应学会选择、配置、运用建筑元素，来满足视觉和功能的双重目的。

在建筑系统硬件之间的整合是通过三个不同的目标来实现的：通过美学手段来解决他们的摆放问题。

性能的整合也可以用来叠加，融合两个功能构件，即使并没有真正把它们结合在一起。这也许可以称作"共同的要求"。例如，在被动直接吸收的太阳能供热系统中，被照射的蓄热性很大的地面就是……

这样的做法可以节约造价，降低复杂程度。

建筑的大部分构件都有物理、视觉和功能三重作用：一种类型的整合很可能涉及其他类型。

它的功能中又融入了为艺术品营造光环境的重要的设备要求。物理、视觉和性能三方面的优点是全面而有说服力的。几个系统以尽可能少的手段解决了问题，它们相辅相成地传达了震人心魄的美感。这时，再为它们的确切分类而思考就显得多余了。

作为艺术家的建筑师将视技术为现实更高美学理想的手段，而相反，对于作为科学家的建筑师，设计基本上是技术优化和忠实表达解决方案的结果。然而，这两个极端情况，实际上是找不到的，因为成功的建筑通常同时具备二者的优点。

把工业的机械和科学的幻想自然地融入建筑内部，已经开始引导建筑师们去考虑新的、动态的设计方法了。这将有机会扩大建筑部件的词汇，这是一个技术手段的近乎魔幻的本质。一般来讲，空调、照明设计、竖向交通和信息系统已经成为越来越多建筑的不可分的整体。

在社会的商业和文化中，建筑师扮演者独特的角色，因为没有哪个职业所涉及的领域像建筑师这样广泛。和艺术家、科学家、工程师、手工艺人相比，建筑师具备他们每个人的某种性格，然而又不同于任何一个。建筑设计的过程涉及那些不同的领域，还须考虑诸如：市场营销、遵守法规、预算、建筑气候学、人类行为、人类工程学、文化历史、城市规划等要求。

单从知识角度讲，建筑师也许是整合的终极职业。艺术家可以创造更好的雕塑，工程师可以制造更好的机器。哲学家可以指示一个更高的境界。只有建筑师在把所有的这一切综合起来，形成一个明确的、艺术的、舒适的终极作品来造福后世。

建筑努力把客观的技术和主观的诗意性结合起来。勒·柯布西耶把建筑描述为"在光与影下的恢宏演绎"。他的重要贡献在于率先研究了技术原理和诗意性之间的融合，主观和客观现实的协调。

神秘宇宙的前工业时代式的浪漫，被确凿的事实和精确的数字所取代。现在，机器世界的工业确定性却开始动摇了。在这个世界里，文化面对着信息与意义之间的后工业的悖论。烟囱走了，互联网来了。

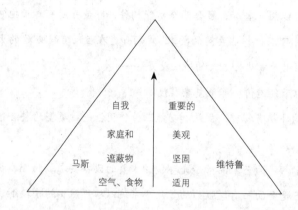

图8-2 建筑的系统要素

——《整合建筑——建筑学的系统要素》[美]贝奇曼著，梁多林译，北京，机械工业出版社，2005.7

3. 商业建筑的组合设计

我们走过了贝奇曼的工业时代，进入信息时代，设计内容更多，更加需要组合设计。商业建筑设计内容多，涉及专业多，往往建筑设计在先，结构设计次之，接着是设备、美陈和装饰等专业，按这程序，设计周期大大延长。在信息时代，作者提出互联网+设计理念，认为"组合设计"可提升为"组合+同步"的泛设计，利用视频或微信等互联网手段，在"组合"基础上，进行跨界组合、超越空间、泛专业地组织设计，既可以提高设计速度和质量，又降低设计过程中繁多的讨论，并让各专业设计的创意、智慧，充分发挥，使得商业建筑的完美性和各个专业的合理要求充分体现。以"新商业载体"功能需求反推建筑形成商业建筑设计理念、功能需求——"新商业载体"的各种要求、消费者愉悦和体验，提高设计的成功概率。

从商业建筑的商业和经济特性来看，商业建筑的组合设计应以投资者、开发建设单位、咨询机构、实际使用的商业企业以及项目设计的责任建筑师为主；环境和景观、内部装饰、灯光、形象、标识设计为辅，其他设计者，如水电设备等共同参与，使整个设计内容，过程处于效率高，合理状态。

第二节　建筑空间，创造商业地产价值

建筑艺术在商业地产价值创造中起着很大的作用，国内外很多商业建筑都是建筑艺术中的瑰宝，如上海永安百货、新天地、环茂，北京侨福芳草地，日本的银座和表参道部分商业建筑，法国的老佛爷百货和旺多姆广场，英国的蓝水购物中心，美国的拉斯维加斯的威尼斯人，迪拜的马可波罗购物中心等，都是用建筑艺术增加商业地产价值的典范。这些并不是单纯的建筑艺术，而且是商业的实用性、经济性和建筑的艺术性完美的结晶，其步骤和方法应当是了解投资者要求和使用者特征而进行创造性地发挥。

一、了解开发意图和市场

1）投资者对项目的关注更甚于设计者，因为所有的损益均由投资者承担，所以设计者应当深入、认真了解《规划引导书》。在这份文件中，投资者清晰地把市场条件和发展策略、项目建筑理念、布置意向、功能建议、经济技术指标的意向告知设计师；设计师除了认真阅读之外，还要运用自己的专业特长，对《规划引导书》进行解读分析，如果不存在原则性的缺陷，就应当以此为思考方向。

2）环境和场地的研究。对用地环境进行深入的研究：包括城市人口、商业、交通、经济、人文、自然环境和消费习惯等。对设计场地条件进行分析，包括可视性、可达性、环境性、人文性、适合性和经济性的分析。对城市已有和在建的商业建筑进行考察分析，了解城市商业建筑的特点。在未来商业建筑设计构思时，可以进行比较，在风格、形态选型时，既要有和谐性，又能突出个性，具有强烈辨识度。

3）业态与空间。通过项目所在区域的"十个差比"的归纳，研究出设计对象所在区域商业物业特性的"路段""物业""楼层""位置""面积""业态"等十个方面的价值差异比例关系。这种差异性比例关系的存在，要求设计者在商业建筑设计时要充分考虑到空间—业态—效益之间的关系，如图8-3反映了商业地产业态和空间与运营之间的关系，要求设计者充分考虑到商业特性、商业经营成本以及直接和商业空间利用发生关系的经营场地成本；在业态定位、合理配置业态的空间和空间设计之后，为消费者提

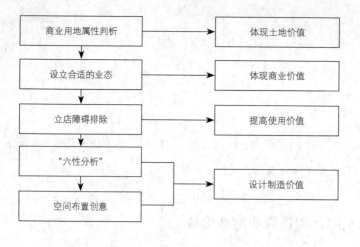

图8-3 "用地—空间策划"的分析方法

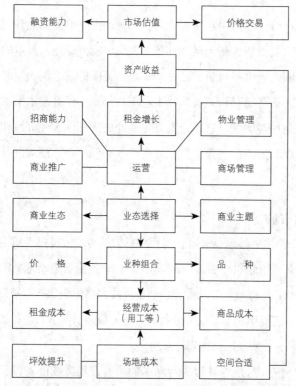

图8-4 "业态—资产"的分析方法

供愉悦的环境,为运营提供便利性,则是商业建筑设计时两个重要的思考方向。

通过图8-4,可以看出业态与空间利用存在经济性的关系,它具体反映在:

(1)业态与楼层的关系:由于一般规律,商业建筑的楼层价值有反向分布的特点,即楼层越高,物业价值越低。所以在一般的情况下,租金承受低的业态和业种总是分布在上部楼层空间,而盈利性强的业态,则会布置在价值高的楼层,如黄金、名表、珠宝、化妆品、女装等,一般布置在低楼层,而超市类业态往往会布置在地下空间,相对租金中等的餐饮会布置在上部或中部楼层。

有时部分业态租金水平不低,业态因为楼层布置策略所需,也会布置上段楼层,如电影院也是吸引客流的重要业态,往往会布置在上部空间,而有些租金水平不低的业种也会随之上移,如玩具、饰品等,通过这样的方法来提高上部空间的商业价值。

(2)业态与位置的关系:商业建筑的位置价值和客流达到时间和频次有关,先到达的位置(如入口附近,靠近电梯出入口主动线等)比后到达的价值高,客流经过频次高的位置高于客流经过频次低的位置,那么在布置业态业种时,通常会把先达到的、客流频次高的位置分配给那些租金承受力强的业态业种。但是,有时为了达到整个楼层和整个商场的繁荣,在业态布置时,会把吸引客流能力强的商店布置在客流不易到达的位置上,以均衡整个楼层或商场的客流,这属于商场布置的技术性要求。

(3)合适的面积:各种业态和业种都有它合理的经营面积的需求,若面积过小,商业无法经营;面积过大,则"坪效低",即单位面积所产生的收入会降低,如肯德基的开店要求面积在300~800平方米,星巴克的开店要求在200~500平方米。空间规划须尽量满足经营的面积要求,但不宜面积过大。

二、用地价值判断

1. 商业用地的外部环境

1)了解城市;

2)了解商圈——现场了解和解读市调报告,对用地所在的商业区域性进行研究;

3)了解项目所在区域的消费状况;

4)了解项目所在城市的交通格局和项目的交通微循环;

5)了解市场:包括现场了解和解读市调报告;

6)了解环境:包括自然环境、人文地理、商业环境。

2. 用地条件研究

1)位置判断;

2)规模判断;

3)土地形态判断;

4)用地性质判断;

5)用地的控制性规划判断;

6)用地的个性分析和价值判断。

3. 项目建设条件了解

　　1）项目的融资能力了解；

　　2）项目建设的组织能力、技术能力、实施能力的评判。

　　本节内容在本书第六章中已有阐述，故不再赘述。

三、商业用地的个性分析和价值判断的方法（商业用地的"六性"分析法）

1. 方法形成

　　商业用地的"六性"分析法是作者长期和设计师沟通、学习、交流中形成的一种比较系统的商业用地适合——价值分析的方法，在实际设计交流和运用中得到积极的评价。商业用地的"六性"分析法通过相关用地的商业用地的自然、经营、市场的信息研究，提出用地的规划思路；通过对商业用地的"可视性""可达性""环境性""人文性""适合性""经济性"的分析，可以全面分析出地块的本身特点及与周边环境的关系，从而对商业项目用地分配和布置、规划起到指导性作用。

2. 六个重要的评判要素

　　1）可视性：相关的名词有"昭示性""展示性"等，主要是指这幅商业用地建成之后，展现在视觉空间中的视线、距离、面积等要素；建筑可以被看见的面积、视角、距离以及橱窗面积、视角、距离等。相关数据的收集有：用地的沿街长度、用地和平行建筑关系（突出还是凹陷）、相邻、对街建筑的高度和光照情况、用地和周边土地的高差、用地朝向和日照时间。

　　2）可达性：相关研究数据有城市交通规划、用地所在区域的交通规划和交通循环系统和各种流量数据、用地交通微循环系统和各种流量数据、城市物流（快递）数据、用地最佳入口设置点和规划可能同意设置的入口设置点，用地建设功能——商业及其他功能产生流量分析、建成之后客流的评估。

　　3）环境性：查阅地方志、大事记以及各专业网站，了解用地所在区域的自然环境中的气象、地理、生态等要素；社会经济环境中的经济、产业、投资环境、就业、收入、消费以及社会治安、社区文化、人际关系等；商业环境——商业格局、商圈、消费客群分布、项目建设的商圈定位和面积、人口等；相邻关系分析——土地或者物业的建成情况、功能、客流、影响性分析。

　　4）人文性：现场调研和资料研究，查阅地方志、大事记、民间传说、神话故事、谚语等，了解当地建筑环境、人文评价方法、当地有关商业的重要民俗和礼仪、区域性的节庆、当地人的有关商业的忌讳。

5）适合性：用地控规、市场分析及其定位分析报告；商业以外功能的选址特点以及环境要求、相邻关系影响；用地的"可视性""可达性""环境性""人文性"特点依据。

6）经济性：建成后的物业资产总估值；各个功能的市场表现；建设所需的资金规模、周期以及回流数量和周期等；依据：用地控规、市场分析及其定位分析报告；商业以外功能的选址特点以及环境要求、相邻关系影响；用地的"可视性""可达性""环境性""人文性"特点依据。

3. 运用示范案例——某城项目用地规划策划

一、用地条件

1. 项目位置特征及交通条件

本项目地块为新城西区位置最核心的地块，周边居住、配套、交通已经齐全；

项目东侧博物馆路与文昌西路交汇，今后将会是市区车流、人流的主要导入口；

项目南侧的京华城路作为新城西区的商业主干道，将成为西区人流、车流的导入口。

项目周边主要道路等级　　　　　表8-1

方向	路名	车道
项目相邻	明月湖路	(2+1)×2
	博物馆路	(2+1)×2
	京华城路	(2+1)×2
	绿扬路	(1+1)×2
东西向	文昌西路	(3+1)×2
	同泰路	(2+1)×2
	文汇西路	(3+1)×2
	兴城西路	(3+1)×2
南北向	站南路	(3+1)×2
	真州中路	(3+1)×2
	国展路	(2+1)×2
	润扬中路	(3+1)×2

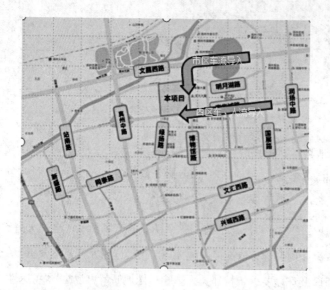

图8-5 位置图

2. 地块经济指标

地块指标：

占地面积：约222亩；

容积率：约2.5~2.8；

住宅/办公/商业：1/1/1。

规划技术规范要点摘抄：

商业用房、办公用房合理的层高$H \leq 4.5$米；

高度$H > 36$米的高层建筑与北侧、东西侧住宅的间距采用单控，需满足日照时数要求，同时最小间距应≥ 30米；

停车位：住宅0.7~1个/100平方米，商业办公0.5~0.8个/100平方米，酒店娱乐0.8~1个/100平方米；

地下及半地下室顶板标高超出室外地坪标高≥ 1.5米的，且层高$H \geq 2.5$米的建筑面积计入容积率；

高度$H > 36$米的住宅建筑采用单控，需满足日照时数要求，同时最小间距应≥ 30米；

住宅退界：主要朝向高层最小距离13米，次要朝向6.5米；

非居住建筑退界：主要朝向高层最小距离9米，次要朝向6.5米。

二、项目定位

1. 总体定位

××企业创新模式的标杆项目，××城市的标志项目。

2. 发展目标定位

推动西区CBD发展的新动能项目；

国家级电子商务交易示范项目；

国家级赛事活动策划中心；

国际级体育文化和创意示范区；

现代服务业示范区；

××市楼宇经济示范区；

××市城市化推进项目。

3. 功能定位

酒店：星级（冠军）酒店；

办公：能量中心、总部经济、赛事策划中心；

展示：国际运动品牌展示中心；

商业：时尚生活中心；

电子商务：运动商品交易中心；

区域性的金融中心。

4. 功能配比意向

居住：40%；

办公：30%；

商业：30%。

三、规划意向

××市西区项目用地的利用方案

1. 地块经济指标

政府（管委会）要求：

居住、办公、商贸展示的比例为：1∶1∶1。

甲方期望：

住宅：16万（40%）；

办公：银行用房5万平方米、经营性办公楼10万平方米（政府回购2万平方米）；

商业：可以销售的街铺2万平方米+1万平方米；

酒店：3万～4万平方米；

综合体：2万+1万平方米。

商务、商贸、会展、文体休闲（康体健身）

五大功能：办公、酒店、商务展示、电子商务、配套生活

地块经济指标　　　　　表 8-2

占地面积	约 222 亩
容积率	2.5～2.8
建筑密度	未定
建筑面积	未定

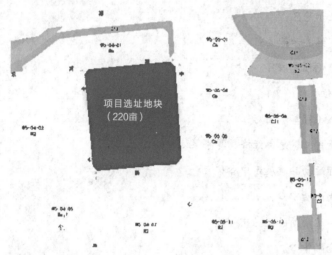

图 8-6　地块规模

2. 地块六性分析

1）可视性

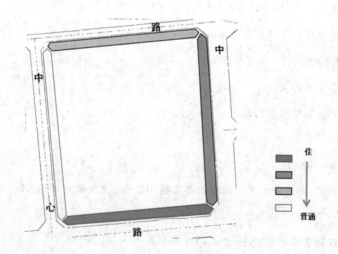

图 8-7　可视性

2）可达性

博物馆路连接城市干道，京华城中路：区域内部道路。

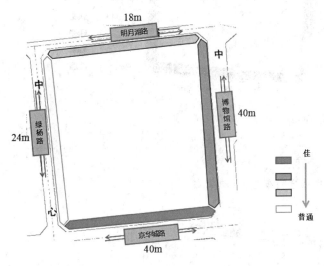

图8-8 可达性

3）环境性（商业）

博物馆路，京华城市路优于社区内部道路。

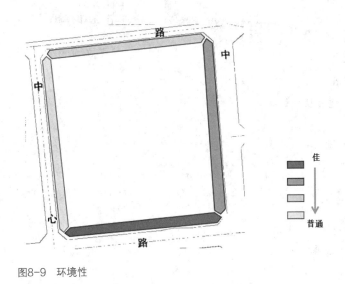

图8-9 环境性

4）环境性（居住）

居住环境性，社区内部道路宁静街宽是以显示生活的品质和气势。

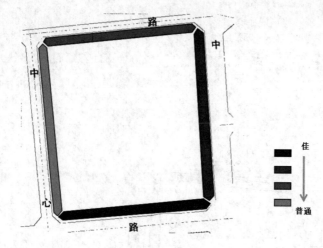

图8-10 环境性

5）人文性

南方区域空间布置宜北高南低。

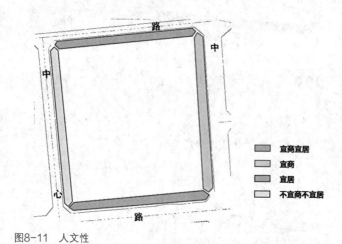

图8-11 人文性

6）适合性分析

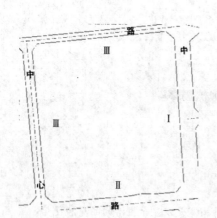

图8-12 适合性分析

(1) 道路决定业态

Ⅰ：博物馆路由于良好的可达性，适合做商务和对接形成商务氛围的条件；

Ⅱ：路宽而非直接连接快速路，可以比较从容地开车，宜做商业和展示，不会堵车；

Ⅲ：道路宽度相同，和居住区相邻，比较静谧。

(2) 经济性

Ⅰ：商业和商务汇合；

Ⅱ：商务和酒店；

Ⅲ：西南角临近主界面，价值较高；

Ⅳ：适合品质居住环境，价值与西南角相仿；

Ⅴ：属于环境塑造区，需要通过规划创意才能提高价值。

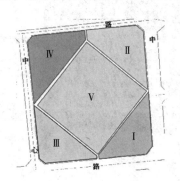

图8-13 经济性

3. 用地布置意向

1）方案一

图8-14 方案一

2）方案二

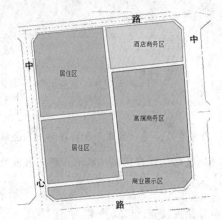

图8-15 方案二

4. 规划方案

1）规划意图

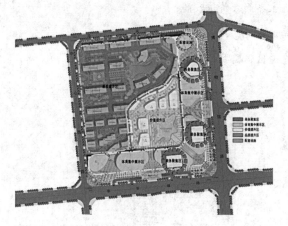

图8-16 规划示意

2）功能分布

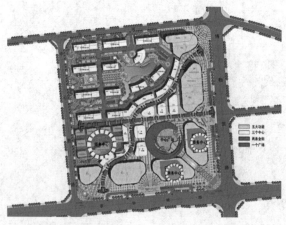

图8-17 功能分区

3）动静分区

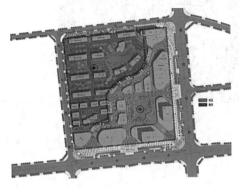

图8-18 动静分区

4）业态布置意向

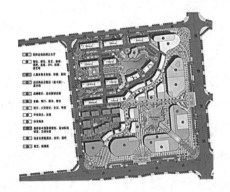

图8-19 业态布置

5）景观布置意向

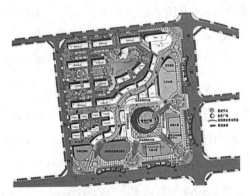

图8-20 景观布置

6）开发时序

图8-21 开发时序

四、情景化的商业地产

是人文科技在商业地产领域里运用。尤其是以提高效率为目的互联网时代，以人文提高科技的实效，亲和、人性化变得十分重要。在科技飞速发展的时期，文化艺术有时会显得滞后，但是"人文性"一定会跟上来，否则科技的进步价值将无法显现。

1．场景策划和商业地产情景化

商业地产情景化已经成为业内的共识，然而很少人能够明确情景化的原理。**情景化并不是个人的审美倾向决定的，是为了提高商业的坪效和吸引客流、产生数据、稳定或者增加流量，获得稳定的客户群。商业地产情景化的成败看RDE，即净收益是否提高。**

1）网上业态的弱点：马云在表达"新零售"概念时，明确表述线上业态体验感不强的弱点，而实体商业可以弥补线上体验感不强的不足，纯性价比的博弈的倾向；情景化可以给消费者良好的体验感、服务的质量以及营销的互动性，补强线上业态的"人性"和温度较弱的不足，尤其是消费升级后的服务和体验的需求。

2）商业旅游化和城市客厅：在"新零售"时代，商业地产实物商品销售的功能下降，而非实物类业态比重上升，如餐饮、娱乐、体验、休闲、养生、医疗、教育、金融服务等，这些增加或扩容的业种大多数和旅游兼容，使得某些商业中心具有城市旅游的功能，吕志墉称为"微旅游"使得商业地产从传统的商品销售和交易逐渐向城市（区域、社区）会客厅、展示中心方向演变，并且对环境和场景提出更丰富的要求。

3）商业空间场景的科学基础是强大的人文学科，如环境行为学、行为经济学、美学、心理学、建筑学、零售学、民俗、文化思潮、艺术流派、时尚流行等，以及互联网时代背景下的各人文科技学科的支撑。可以调动的手段包括叙事、艺术表现、建筑艺术、时尚、动漫、时尚科技（如声、光电、数字技术）、民俗、艺术造型、创意、绿化、园艺等。

2. 场景运用

大数据有效结合线上线下、场内场外，全面认识消费者属性和标签，将模糊的消费者画像"精细化、清晰化"，形成从低频消费到高频消费的转换。商业地产场景所形成客流数据以及线上数据叠加，将大数据、社交、场景等关键词融合在一起，形成综合大数据，带来运营全面数据支撑体系。

做以人为中心，做有温度的商业地产。场景和服务是"新商业载体"体现人性的主要功能，在人性的温馨环境中，消费者的购物行为、商场活动行为等自然释放，形成消费者大数据——消费数据、位置数据、线上行为数据、商场/活动到达频次数据、商场客流时间数据、品牌倾向测试等，并将最终被全部整合，为商场的各种场景营销提供创造性的解决方案。

通过"新商业载体"进行消费者画像，可以知道每次营销活动的有效到达率，有利于下次互动活动的优化，也可以甄选出最优位置、最受欢迎品牌，调整商业载体内的商家布局，对商家经营状况进行评估，为商业载体的运营提供优化建议，针对商场客群进行精准推荐，有的放矢地进行广告投放。在这里，每个人的每个行为都会和商业载体发生联系，**商业载体的意义不仅是购买，更是有价值的服务，通过服务取得消费者的认同，形成稳定的商业基础。**

3. 场景的经济性

除了形成数据资产之外，情景化能使新商业载体具有良好的收益，项目增收20%~30%，使得物业增值，还能帮助项目创造品牌化，有利于推动招商等。

4. "新商业载体"情景化的策划

意念：为照相机而生。互联网时代传播速度最快的是图片，"有图有真相"让人更加直观地了解事物的"真相"。另外网红效应和抖音类新传媒为这种商业信息的传播提供了有效方式。

方法：国内情景化的方法有科创、时尚流行、生态、怀旧、艺术、动物园等十几种方法。典型的案例有：成都远洋太古里、天津大悦城（骑鹅公社）、上海七宝万科、上海龙湖虹桥天街、上海环贸（IAPM）、百联TX淮海、上海凯德晶萃广场LuOne、上海虹口月亮湾、上海大宁音乐广场、上海茑屋书店、迪士尼（商业部分）、佛罗伦萨小镇奥特莱斯、上海七宝宝龙城、环球港、南京水游城、上海太古广场、成都环球中心、上海K11、上海新天地、成都宽窄巷子、锦里、上海田子坊、南京1912、武汉汉街、汉口新天地、长沙文和友、福州三坊七巷、西安袁家村、哈尔滨中央大街、深圳南山万象城、世博源、重庆砂之船、昆明1912、重庆洪崖洞等。

5．商品的场景

在商业地产还没有彻底演变成公共空间的城市客厅或展示厅之前，商品仍是主角，所有的场景为商品实现销售作铺垫，商品成为所有的场景的一部分，融入新商业，"新商业载体"上的主角，人们对于商品的定价和付费，更加关注的是与谁、在何种场景被满足。

6．服务的体验和记忆

场景本质是对时间的占有。**拥有场景就拥有消费者时间，就会轻松占领消费者记忆**。这个表述和我们传统商业中"延长消费者的停留时间"是一样的。**环境场景、商品场景是人和"场"、人和"货"的关系。而服务的场景则是人和人的关系**，如"你不说话不会当你哑巴"的神回复，表面上看上去是人和机器的关系，但是根本的还是"人"在其中发挥作用。

1）人是商业中的场景，一个站满保安的商场的营收不会很高，因为场景提示了安全系数不高。

2）有温度的服务可以让人久久回味，产生美好的记忆。有"烟火气"的商业让人感觉可以接近。

3）没有人的场景都是空场景，所有的场景都是对人服务的体验，以此出发设计场景。

归纳："新商业载体"最重要的内容之一就是场景化，良好的场景化必须同时具备五个核心要素：良好的体验，人性的互动，合理的链接，网红打卡和拥有规模的粉丝和社群，形成有效的数据。场景是以人为中心的真实体验，没有人性的需求不需场景，对"新商业载体"而言，场景一定是孵化消费者体验感的，包括价值判断、美学、认知、获得便捷程度增加追求动力。

场景是一种连接方式，是商品、营销、服务于消费者的沟通。

场景是价值交换方式和新生活方式的表现形态。诚如我们在预定餐厅时，会打听考察餐厅的环境、美学、装饰等。

场景构成八大要素：时间、地点、消费对象和消费习性、文化和美学爱好、商品呈现、服务信心及事件、策划、接入方式。

构建场景的方法：商品、服务、空间和环境、线上空间和社群、营销行为、创意和文化设计。

场景争夺成为今天商业升级和商业创新要点，成为新商业载体的必由之路，场景动能=渠道，场景成为传播的接触点和分享的出发点，场景的背后是可量化的数据。数据流动性越强，生成的结构性也越多；使用者关系越清晰，新场景的创造也越清晰。

7．美学设计的任务

在中国大陆商业建筑设计和环境设计，环境设计和景观设计，景观设计和美陈、艺术设计以及技术设计和商业心理学设计，似乎没有必然的联系，并由此造成相互干扰。如景观设计中，绿地挡住消费客流通道和橱窗；艺术设计中，雕塑和商业主题，业态特色牵强附会等。

作为项目前期的"总导演"的总规划设计师，应当给予其他各个设计专业明确的提示和意向表达，使项目形象更符合商业主题表现的形象要求，满足这类主题下的消费对象的审美和趣味。

设计者应和心理学专家交流，通过对消费对象的心理特征，包括年龄、性别、收入、文化程度、消费习惯、文化偏好、时代偶像、阅读重要书籍、刊物等了解，根据商业销售的要求，提出"情景化"方向，如有必要，设计者应编制"艺术和形象设计导则"，向各个专业设计表述"情景化"意愿和共同设计方向，包括环境、内部装饰和美陈、景观、艺术品，凭借建筑立面、风格、灯光和照明，广告和引导标识的设计，使项目成为一件完整的艺术品。

消费力提升，消费环境要求的提高，商业建筑不要仅仅是"商品销售的机器"，而应该被赋予更多的人性化的需求，如商品展示的"舞台"、消费者聚会娱乐的"沙龙"、学习和体验生活的"学堂"和实习场所等。

商业地产不仅仅承载商品和商业销售，而且承载着"喜悦""趣味""探索""学习"等功能，这些功能并不是臆想，而是心理学、行为学、营销学、广告学等人文科技研究的成果，是"人文科技"的作品。

8．案例介绍

1）怀旧法——宽窄巷子

宽窄巷子是成都市三大历史文化保护区之一，由宽巷子、窄巷子和井巷子三条平行排列的城市老式街道及其之间的四合院群落组成，于20世纪80年代列入《成都历史文化名城保护规划》。2008年6月，为期3年的宽窄巷子改造工程全面竣工。修葺一新的宽窄巷子由45个清末民初风格的四合院落、兼具艺术与文化底蕴的花园洋楼、新建的宅院式精品酒店等各具特色的建筑群落组成。项目共有三条步行街，且中间用通道连通，实现人气、商气的互动，也显得十分人性化。整条步行街长约400米，宽巷子宽度为6~7米，窄巷子宽度为4米（图8-22）。

图8-22 宽窄巷子

图8-23 上海新天地

2）上海新天地

新天地是一个具有上海历史文化风貌、中西融合的都市旅游景点，我对它的评价是："中国人看像外国风情（建筑）；外国人看像中式情调（建筑）；年轻人看是时尚（建筑）；老年人看是怀旧（建筑）。如同一件旗袍，是最中式，也是最国际的。它以上海近代建筑的标志石库门建筑旧区为基础，首次改变了石库门原有的居住功能，创新地赋予其商业经营功能，把这片反映了上海历史和文化的老房子改造成餐饮、购物、演艺等功能的时尚、休闲文化娱乐中心。漫步新天地，仿佛时光倒流，有如置身于二十世纪二三十年代的上海，但一步跨进每个建筑内部，则非常现代和时尚，亲身体会新天地独特的理念，这有机的组合与错落有致的巧妙安排形成了一首上海昨天、明天、今天的交响乐，让海内外游客品味独特的文化（图8-23）。是旅游商业的成功典范。

3）移景法——威尼斯人

澳门威尼斯人位于澳门金光大道综合酒店度假区，占地约105万平方米，是一座仿照意大利威尼斯的运河及雕塑等著名建筑兴建的大型度假村酒店，是集酒店、娱乐、购物及会展为一体的综合体。不论是其意大利风格的建筑物，还是外围的人造水景和方尖塔，都让游客仿佛置身于水城威尼斯，兴致盎然（图8-24）。

4）规划法——朗豪坊

朗豪坊位于香港旺角砵兰街，总面积达16.7万平方米。购物商场楼高15层，最大特色是连接4A字楼与8字楼的"通天电梯"，该扶手电梯可算是香港最长的商场扶手电梯之一。通过利用游客的体验心理，将客流送至顶部，有效利用上部商业街空间（图8-25）。

图8-24　澳门威尼斯人

图8-25　朗豪坊

5）文艺时尚范——上海K11、大悦城骑鹅公社

中国内地首个K11购物艺术中心——上海K11购物艺术中心坐落于淮海中路，地下3

层至地上6层，面积约40000平方米，项目秉承品牌"艺术·人文·自然"三大核心元素相融合的核心价值，令艺术欣赏、人文体验、自然绿化以及购物消费之间产生一体化而微妙的互动作用。

2014年3月在上海K11购物中心内举办的莫奈特展。展览主办方放弃了在中华艺术宫办展览的最初方案，史无前例地选择坐落于淮海中路商圈的上海K11购物中心的艺术空间作为展览地点。而100元的门票并没有阻挡住参观者的脚步，在网上预售的门票一个月就售出近7万张（图8-26）。

"骑鹅公社"位于天津大悦城北区5楼，总建筑面积2000平方米，由天津新青年潮聚圣地天津大悦城和著名创意平台"疯果"联手打造的全国首个环境景观化、业态主题化的购物街区。从建筑形态、氛围营造、品牌组合、运营理念多方面全面打造原创的、颠覆的、艺术的、唯一的、不可复制的文艺街区。

"骑鹅公社"这个有特点的名字源自1909年获得诺贝尔文学奖的瑞典儿童文学作品《尼尔斯骑鹅旅行记》，以奇幻、冒险、旅行和自我成长为主题，是全世界儿童的必读书目。以此为名带着几分少年的调皮与童真，映衬出文艺青年们所向往的质朴却又张扬的个性（图8-27）。

图8-26 上海K11

图8-27 骑鹅公社

6）欧陆古典主义——上海环球港

上海环球港位于普陀区金沙江路，总面积48万平方米。环球港定位大商业，具有极丰富的业态和品牌以及多元的组合和多样的消费体验。而其建筑风格也独具一格，以新古典主义风格的主体建筑与现代简洁风格的双

图8-28 上海环球港

子塔楼交相辉映,巨大拱顶是人们打卡拍照的目的地,维多利亚风格的太阳广场和威尼斯风格的花园大厅融为一体。把欧风建筑文化和城市旅游这两种新商业表现在商业建筑和商业模式中,让购物变成一种充满新奇体验的活动,更好地满足了人们新消费的休闲性购物的需要(图8-28)。

7)现代包豪斯——北京芳草地

Parkview Green芳草地位于北京市朝阳区东大桥路西侧,紧邻北京CBD核心地带,总面积达20万平方米,是一座集顶级写字楼、时尚购物中心,艺术中心和精品酒店于一身的创新建筑。立足芳草地浓郁的国际氛围与优势地段,芳草地致力打造多元的商业及文化休闲综合体,成为北京风格时尚与高品质的新复合生活板块(图8-29)。

图8-29 北京芳草地

图8-30 迪拜水族馆

图8-31 日本运河城

8）景观法——迪拜购物中心

迪拜购物中心水族馆位于全球最高塔"哈利法塔"地下的大型购物中心迪拜商场，是号称全球之最的水族馆，2008年11月开幕。它是全球最大购物娱乐中心之一，项目面积100万平方米，拥有1200家商店、一个滑冰场和一个规模堪称世界之最的水族馆（图8-30）。

9）建筑艺术法——日本运河城

运河城位于日本福冈博多区，占地面积3.44万平方米，是日本最成功的商业中心之一，是体现了日本策划与美国设计完美结合的成功案例，它开创了日本综合SHOPPING MALL的全新理念和业态，带动了福冈以及整个日本的购物中心。主要特征可归纳为：以建筑中的人工运河、造型奇特的喷泉和夜间彩灯而闻名；化都市为剧场，是当地举办大型节日庆典、商品市场推广及社会公益表演的最佳场所；观光与商业结合，建筑师把为创造空间之美放在第一位，其次才是商业（图8-31）。

10）重心上移法——新加坡怡丰城

怡丰城位于新加坡港湾城，商场总面积约15万平方米，自地下二层到地上三层，除去时尚服装、餐饮等业态，怡丰城一楼有户外广场、A及B主要广场，沿着港湾有长约300米的走道。二楼有户外中央庭园设置喷泉水流，供人憩息。晚上水流灯光会变为满天星斗。怡丰城二楼有设置喷泉水流的户外中央庭园，三楼设有空中的屋顶、户外剧院及四个奥林匹克式泳池，空间够辽阔，看得到海景、山色与缆车，吸引了大量客流上行游玩（图8-32），带动了楼层商业物业的客流和营收。

11）古典法——美国拉斯维加斯凯撒宫

凯撒宫位于拉斯维加斯大道心脏地带，内部采用古代罗马集市的布

图8-32　新加坡怡丰城

图8-33　美国凯撒宫

局，建筑内廊被赋予了众多街道元素，内部空间室外化。采用罗马文化作为装饰主题具有强烈的视觉冲击力。墙壁和彩绘天空的表现独具创意，独特的穹式仿真屋顶更是体验的关键（图8-33）。

12）时尚创意法——德国Kö8时尚购物中心

该购物空间本是面临拆除的建筑被AWG公司（Allgemeine Warenvertriebs GmbH）进行全新的包装，换成了铝条板并集成了LED灯条。空间零售面积达到7000平方米，东部和西部各一个入口，空间以时尚功能型的运动服装为主，空间环境更为直观和动感。除此外，空间还引入高科技元素以满足年轻化顾客群体的喜爱，在各个空间中有着不同风格的设计来针对不同定位的顾客群体，例如PRIO代表着成熟派，Drehkreuz代表着少年派，而FOS则体现出专业派等（图8-34）。

13）集市场景法——土耳其大巴扎

伊斯坦布尔老城中心的大巴扎是室内集市可以说是世界上最大的室内集市，占地面

图8-34 德国Kö8时尚购物中心

积超过30万平方米。拜占庭式的巨大穹顶随着室内街道向前笔直延伸，建筑顶部和窗户上有精美的伊斯兰建筑中常见的图案。所有店铺所在的建筑都只有一层，都有拜占庭式的穹顶，穹形部分两侧都开有窗户，室外的自然光由此照射进入室内的街道上。这种设计既解决了雨天的不便，也照顾到了室内市场采光的需要。

大巴扎有21个门洞，60条街道纵横交错。每条街道都是笔直的，建筑内的色彩、灯光、店铺也看似完全一样，身处其中，仿佛置身于迷宫，很容易迷失方向。这个市场有500多年历史，渐渐演变成了主要针对游客的大型室内集市。这里与旅游有关的纪念品或者土耳其特产应有尽有，琳琅满目，从土耳其特产地毯或者皮衣，到珠宝首饰，还有陶瓷工艺品、灯具、香料茶叶等（图8-35）。新疆"大巴扎"也有相似场景。

图8-35 土耳其大巴扎

五、商业地产情景化的效益

1）成功原理：

商业地产情景化以后，变得好看、好玩，消费者纷至沓来，商品、商家如影跟随，提供更多的商品，反过来又吸引更多的消费者，从而使项目始终处于良性互动中，武汉汉街的成功路径就是如此。

2）情景化地标强大的聚客效用：

情景化的地标作用导致商圈扩大，商圈扩大使得消费客流增加，使商业盈利状况良好。用高科技手段，取得数据资源。

3) 情景化能使物业增值：

能帮助项目创造品牌化，具有良好的收益，有利于推动招商。

如：新天地租金比周边高30%，美国橙色街区比周边租金高20%。

4) 规划方法有：全景式、半景式、点缀式。

5) 项目情景化定位依据，包括：人文地理、商业地产文化特色、区域消费审美、项目定位和竞争策略、项目特色和营销、业态定位和场景需要、适合商业发展趋势七大方面。

6) 项目特点的情景化体系，包括：项目主题和特色、造型和风格特征、空间和内装、业态和业种、景观和艺术小品、感觉、科技运用、活动策划八个方面。

附　某项目场景规划导则

为了推进历史名城建设，×××政府对该历史文化街区的保护和修缮工作十分重视，于2007年、2010年相继启动了保护性的建设，目前一期、二期已经初步展现历史风貌。力争把该项目打造成×××市的文化传承物化平台，×××市的新地标、城市会客厅，在"新商业载体"的理念下，提出本场景规划导则。

按照"老×××的缩影，新×××的客厅"的形象定位的要求和"年轻""时尚""潮流""文化"的目标对象定位和消费的"体验"的诉求，形成本导则的创意意向。

在"保护""合理利用""强化文化"的风貌建筑保护和利用的理念下形成场景规划意愿。

一、总则

场景主体：商旅文一体、具有城市文化载体和客厅的功能的历史文化街区

范围：一期、二期，包括三期的意向（图说）

二、对象画像

区域：国际、国内、×××本地

年龄：16~45岁为主要服务对象，兼顾儿童和少年

消费特征：中等消费为主，适当提高品牌级次

未来的客流目标：平均每天客流量二十五万人次以上

业态特点：公园式街区化的新商业中心

场景总体定位："年轻""时尚""潮流""文化"的目标对象定位和满足消

费的"体验"诉求，其中：

年轻——活力、动感、互动、交互、体验

时尚——和国际、国内一流城市一致，生活时尚类的创意产业基地、时尚设计师的梦中展示舞台

潮流——为东北区域的潮流发生地、网红打卡地、旅游目的地

文化——具有特质的人文艺术的高地、艺术营地、表演和展现的场地、商业和体验业态的聚集地、研学旅行基地

成为×××新经济、新业态、新商品的聚集地

三、审美趋势

场景理念

场景创意

场景创意对标——上海新天地、岭南天地、成都宽窄巷子

场景创意必须达到的效果

四、地标效应

商业氛围——形成销售的场景

刺激消费——增强体验感

五、客群身份认同和归属

艺术性地体现该区域的人文和历史

引导客流均衡到达全部街区

解决部分物业可视性、可达性较弱的问题

场地总体分析

城市空间和项目位置、交通条件（外部的交通条件、如道路流向、地铁站点关系，项目的主入口、广场、车库位置）

客流方向和引导意愿

空间布局和重要界面分析

外部街道分析（主次分析和入口关系、周边项目的影响）

内部道路、街、巷分析（××路，注意横向动线的分析）

重要的节点（包括内外主次动线衔接、内部道路和街巷交叉）

内部空间（广场和院子，保留建筑、功能和作用。分析：和动线、建筑关系、出入口。面积、视角和视望、阴影投射、聚焦点）

业态布置意向（已经有图）

场景策划对象（采用图说、照片方法）

外部道路和界面（建筑风格、注意有特色保留建筑、有故事

的院落、拍过电影的房子）

　　内部道路和界面（建筑风格、注意有特色保留建筑、有故事的院落、拍过电影的房子）

　　重要节点、重要商户（注意有故事的院落、特色保留建筑、拍过电影的房子、已经开业的有影响力的商家）

　　空间（广场、院子的多个界面关系）

　　重要表现的器物（楼梯、水井、门窗、大树和老树以及其他遗存物）

　　客流引导系统

　　街区几何中心、舞台（舞台要改成时尚的演艺、展示、互动的焦点中心、整个项目的动力源之一）

　　六、分项内容

　　1. 外部街道（注意结合前面的分析）

　　2. 内部街巷（注意结合前面的分析）

其他：

包括居民住宅、环球百货、××百货墙面利用

古董街道的整治和收归、整合

宾馆、厨房用品街面的整治

节点（包括关公雕塑、图说）

　　3. 广场和院子

　　1）外部广场：大广场和××铺门口

　　2）内部广场：浮雕广场、啤酒广场、舞台

　　3）院子：

大5号院

小5号院

8号院

××铺的后院

其他

　　4. 重要形象面控制

广告规划、商业形象和经营商户的形象控制（图说）

门窗和墙面（效果图）

绿化和树木

亮化工程和现有照明设施（意向图）

引导标识（加强外部引导和横向引导）、VI和LOGO运用

物业人员的形象设计

5. 舞台和多个表演点的设置

七、策划、创意和手段

以人为本：所有的场景都是为商业服务，为服务对象体验和感受的，如果没有人欣赏的场景，再好，也是失败的。

在本轮期间，可以别出心裁、天马行空进行策划和创意

不要忽视以人为景的理念，什么样的场景吸引什么样的人，而这些人未来是×××项目的主要的风景

思路：

人文：历史、故事、传奇、名人、明星效应和痕迹、电影拍摄地、诗歌、散文、读书

爱情、友谊、礼仪、学习、生活状态的场景提升和艺术表现、区域历史风情控制区、

艺术：表演、走秀、雕塑、演艺、摄影（抖音和网红打卡）涂鸦、动漫、特色的背景音乐、卡通人物走场、游戏、DIY

人物着装和角色、香气设计

外来艺术展示

科技：灯光秀、裸眼3D视屏、空中灯光雕塑、LED互动、微信互动、声音规划和控制、线上圈粉

生态：冬天的雪景、夏天的温度、特色植物、园艺展示、树木和亮化、室内鲜花、小动物和宠物、鸟鸣声运用、垃圾桶的艺术化

休息和道具：童玩用具、艺术椅子

业态艺术化：商户形象设计控制准则、经营管理、艺术化陈列、商展、商品体验、新品促销、婚礼特色街设计

冰淇淋比赛、巧克力设计比赛、红肠品尝会

活动策划

如申报非遗、和新天地结缘交流、国际音乐节、旅游节指定场地、国际品牌发布会、时尚秀、×××摄影比赛、名师看名建筑、创意集市、东北劲歌赛、哈啤音乐节、诗歌和远方朗诵、茶文化表演、乐器展销、最萌宝宝评选、艺术家和艺术院校写生

事件策划（待议）

场景创意评价体系（制表、打分）

考核要素

地标效应（外部专家为主）

消费者认同感、归属感、愉悦增强（消费问卷、内部考核）

客流吸引能力（线上流量、网页检查、点击、网购）

坪效提升（商业、租金）

××××建筑文化表现（建筑师）

八、成本

评选方案和专家评委

规划方案设计

九、场景方案实施计划（略）

第三节 介绍商业地产规划理念和案例

1）国际国内部分成功项目的设计理念，被广泛认可和自觉运用。

2）商业规划理念，是商业建筑艺术的结晶，是项目策略、用地思路、功能性、经济性和形象性创意的完美融合。

3）商业建筑的规划理念是商业建筑规划的思维方法，并不是建筑算式或模数，必须结合策略、市场环境、用地条件这些因素进行适合性地运用。

商业设施往往是布置在人口稠密，交通发达和商业聚集的区域。规划理念在融合这些相关因素后，变得具有特质。

本书搜集部分国际上被广泛认可的与商业地产相关的"建筑规划理念"和"新商业载体"背景下规划趋势。

一、商业地产新规划理念的案例

在我们进入互联网时代，尤其是"新商业""新零售""新业态"出现后，商业地产进阶为"新商业载体"，在商业空间规划创意和策划方面出现了"娱乐、互动、体验"的场景化发展趋势，商业空间更多融入娱乐、美学、艺术、人文主题，形成"非商化""旅游化""展示体验化"的发展趋势。根据商业地产发展趋势，整理部分案例供建设、设计者参考（表8-3）。

商业地产典型案例　　　表 8-3

类型	代表案例	主要特点
大型娱乐型 mall	美国梦（American Dream）—超级购物娱乐综合体（美国）	总建筑面积39万平方米，转变所有店要花86个小时，集零售、餐饮、娱乐、旅游于一体，有北美最大的室内水上乐园、游乐园、滑冰乐园等
生活方式中心	浦东嘉里中心	强调生活导向，与周边商业形成联合商业体，小而精，满足有艺术趣味的生活需求
教育主题综合体	宁波芝士公园	一站式优势全时素质教育综合体，并集购物、餐饮、观影、住宅（办公/酒店）功能于一体
空间艺术社区 mall	The commons（泰国）	城市中心，空间利用，半室外垂直城市空间，人性化业态布局，打造打动人心的社区空间
航空主题型 mall	Terminal 21（泰国）	航空主体为设计概念，年轻时尚风格
集装箱商业街区	Common Ground（韩国）	全世界最大的集装箱购物中心，文创为主，业态涵盖时尚潮牌、餐饮、设计师商品等
生态型商业中心	星耀樟宜机场商业中心（新加坡）	以五层室内雨林和室内瀑布为亮点，配套各类娱乐实施和服务区，被评为全球最佳机场
艺术创意型街区	卸煤场（Coal Drops Yard）商业中心（英国）	由废弃的卸煤场改造而成的创意特色的商业，业态包括零售、餐厅、酒吧、咖啡馆、生活配套等
国际时尚主题街区	北京坊	北京大栅栏地区以劝业场为中心改造，首批中国历史文化街区之一，以文化为核心打造中国式生活体验区
共享型商业载体	共享际	和其他功能有机的融合，产生新的功能效应
商业办公复合空间	米域	专注服务80后、90后员工为主的中小企业，提供批量化服务，涵盖办公、餐饮、零售、生活配套服务等
MALL+ 街空间组合	茑屋书店	空间创意，业态融合
女性生活方式集合店	Maison IENA（日本）	一站式女神集合店，女性的16个生活场景分配商品

1. 超级购物娱乐综合体——American Dream（美国梦）[①]

美国梦是诠释美国人生活理想的专有名词，三五集团给这座最新的综合体起名为"美国梦"，说明了该项目的重要性以及集团在其身上寄托的厚望。发展目标为行业树立新标杆，重新定义美国乃至全球范围内的零售、娱乐体验（图8-36）。

图8-36　American Dream

① 信息来源：铱星云商

1）地段选择、项目方位

American Dream总体位于美国东北角，地处纽约州、新泽西州、康涅狄格州三州交界处，纽约大都会核心地带。该地区年游客6200万人次，预计项目年客流4000万人次。

项目50英里辐射范围内居住2000万人口，家庭平均收入97000美元；年经过汽车数1亿辆，日均30万辆以上，33000停车位；项目距离曼哈顿4.5英里，时代广场5英里，商场内有去往新泽西州的换乘火车；距离纽瓦克机场10英里，肯尼迪国际机场22英里，拉瓜地尔亚机场18英里，华盛顿机场8.5英里。

项目占地约27.87万平方米，集零售、餐饮、娱乐、旅游于一体，预计将有450间店铺。此外还有北美最大的全室内梦工厂水上公园、游乐园、12层高的室内滑雪滑冰乐园、1500座的现场表演艺术剧院、86.87米高的摩天轮、Cinemex豪华影院、6500平方米的水族馆与乐高探索中心、国家冰球联盟场馆大小的冰球场、18洞的小型高尔夫球场、42700平方米的奢侈潮流区域及15间全套服务餐厅等。

2）主要业态：娱乐

（1）大雪美国（BIG SNOW AMERICA）

由美国著名的景区运营商SNOW Operating打造，西半球首个室内滑雪乐园，占地1.67万平方米，内部拥有244米长、12层楼高的的滑雪坡道、北欧小木屋、攀岩雪墙等，可进行滑雪、滑冰及其他娱乐活动。

此外，一系列与雪地玩乐有关的商店将包围在乐园周边，提供设备、配饰、服装等众多商品，以及相关训练课程等服务。

该乐园365天开放，面对消费者和机构团体提供特别的营销活动。

（2）梦工厂水上乐园（DREAMWORKS® WATER PARK）

约8英亩的全玻璃室内玩水乐园，365天全天候气温控制，可举办私人派对、活动等。

（3）尼克宇宙主题公园（NICKELODEON UNIVERSE® THEME PARK）

365天全天候气温控制，可举办私人派对、活动等。约8英亩的全玻璃室内主题乐园，包括海绵宝宝、忍者神龟、火焰和机器怪兽（blaze and the monster machines）等经典卡通形象将出现在游乐场内。

（4）摩天轮

几乎与自由女神像一样高，约72m直径，直面纽约西部。完整旋转一圈需要25分钟，作为地标性建筑，可从完美视角远眺整个纽约城，26个可调节气候的客舱。

（5）水族馆SEA LIFE

与默林娱乐集团（Merlin Entertainments Group）联合打造，3250万平方米，世界最大的水族馆品牌，在北美、欧洲、亚太分布有50多个场馆。美国梦SEA LIFE水族馆将是品牌在新泽西/纽约片区的首个同时也是唯一一个店，将展示不同类型的海洋生物，从小虾、海星到海马、鲨鱼等。此外，项目内还有一条水底隧道，可让访客无缝地近距离观看、了解海洋动物的一举一动。

（6）乐高探索中心（LEGOLAND® Discovery Center）

与默林娱乐集团（Merlin Entertainments Group）联合打造，3250万平方米，专为3~10岁孩子的家庭设计，包括4D影院、砖块泳池、积木课程、生日派对房间等。

（7）国家冰球联盟标准场馆大小的滑冰场

全年开放，包含娱乐性项目、曲棍球项目、游览性演出与展览、专业滑冰课程、团建项目、生日派对等服务。

（8）三州地区唯一的趣志儿童乐园（KIDZANIA）

KIDZANIA是世界知名的儿童乐园，像一座迷你城市，孩子们可以在这里扮演成人角色，挑选工作，尽情玩乐。目前已进驻迪拜购物中心。

（9）Cinemex

来自墨西哥城的世界第六大影院集团CINEMEX旗下的影院品牌。美国梦Cinemex店是全美仅有的4家之一，也是纽约大都会区首家。1400座的豪华剧场综合体包含12个双屏幕、沉浸式影院、私人观影间、加宽4D座椅等。此外，影院内还有世界TOP50的餐饮品牌Chef Mikel Alonso of Biko以及知名鸡尾酒品牌Mica Rousseau入驻，为观影者提供美食、酒水服务。

3）餐饮

（1）For The Win（FTW）

占地2000平方米，世界知名娱乐集团Lucky Strike Entertainment旗下的美食酒吧。提供最新最好玩的游戏、大厨精制风味美食、手工啤酒、保龄球、现场音乐会等。

（2）MUNCHIES Food Hall

知名餐饮集团VICE旗下快餐集市，占地3500平方米，拥有18家餐饮。

（3）美食大厅FOOD HALL

休闲快餐、社交餐饮的新阶段，内部分14个区域，包括1个烹饪工作室、2间餐饮快闪店，400座位，本地及片区最好的食材，受全球菜肴启发，把艺术和烹饪结合在一起的新创造。

（4）清真美食大厅KOSHER FOOD HALL

北美地区首家购物中心里的清真美食集市，6个单元吸引来自从纽约到迈阿密的清真美食。

4）健康

1850平方米的大健康中心，提供一流的锻炼、健身、营养、美容、spa品牌与设施场所，来抚慰消费者游逛之后疲惫的身心。

5）便利设施

美国梦购物中心瞄准全球游客，尤其以中国、南美、中东、俄罗斯游客为主。接待团队能流利讲说、翻译普通话、粤语、西班牙语、法语、俄语、葡萄牙语、阿拉伯语以及其他较多使用的语种。精细化礼宾服务，包括住宿、航班等；提供到纽约市及机场的摆渡车服务；行李包裹的取拿（从酒店房间到机场）。

6）科技融合

通过运用最先进科技设备来进一步提升顾客体验，比如让家长在购物时随时保持与孩子联系的手镯、全场内的现实增强技术（AR）、中央屏幕等。

7）礼宾部与侍者

与购物体验打通，礼宾部提供的服务可为顾客安排好一整天的玩乐购计划，从独自购物到去做SPA，从在娱乐中心享受VIP席位到吃一顿精美大餐，以及将您所购物品安全无误地送达您的车内、酒店房间或家中。如有需要，侍者还可开车将顾客从场内某处接送到另一处。

8）独一无二的活动与快闪体验

9）除了场内365天不间断的娱乐项目带来的体验，美国梦还将与世界顶级娱乐、音乐、艺术机构合作举办各类活动，给消费者带来独一无二甚至一生中仅此一次的超凡体验。美国梦的活动是动态变化的，希望消费者每一次到来都感受到不同。

10）颠覆性营销活动

为了与美国梦整体提倡的颠覆性理念保持一致，场内活动包括了所有租户的促销和活动，并且将其整合做成定期更新的电子杂志，可登录项目官网查看，此外还可以在场内通过AR设备来查看。

11）奢华住宿

800间客房的奢华酒店，内含会议中心以及高端餐厅。旨在将美国梦打造成为国际知名的商务度假目的地。

12）零售

三大主力店：

122500平方米的萨克斯第五大道精品百货店（Saks Fifth Avenue）；

11000平方米的罗德泰勒百货（Lord & Taylor）；

2800平方米的萨克斯第五大道折扣店Saks Fifth Avenue OFF 5TH。

2．浦东嘉里中心

项目位于浦东世纪公园板块，该板块围绕世纪公园，分布有生活社区、商业中心和高档别墅区，该板块也是浦东的市政配套集中区和文化中心，吸引了相当多的中高收入群体。

1）整体定位：满足现代消费客群之需，亲近自然，汇聚各类知名店铺、美食购物休闲一站式体验的家庭式购物中心。

客群定位：周边境外人士与小资白领、中高收入人群。

功能定位：以零售、餐饮为主的购物中心。

档次：中高端。

浦东嘉里城由商业、五星级酒店、办公、服务式公寓四大物业类型组成，全部持有经营。浦东嘉里城商业全部分布在裙房中，楼层主要位于B1~L2，商业总面积为4.5万平方米。商场拥有包括各种类型的商户100多家，包含从精品超市到美食街、从高级时尚品牌到美容沙龙等。

浦东嘉里城整体具备基本七大类业态功能，提供全方位的购物体验。零售占比例最高，约占42.5%，其中主力店占到12.5%，儿童零售、生活品位及时装各占10%左右；其次，餐饮美食约30%左右，主要提供咖啡店等休闲场所；此外，娱乐休闲占比重也较高，在20%左右，儿童游乐区、健身房等设施健全；与浦东嘉里城提供高端、有品质及舒适休闲的购物环境的定位和满足主力消费人群需求相符合，业态组合完全准确地表达了这一定位。业态搭配注重品质。项目整体小资家庭，生活情调浓重，在业态搭配上注重品质生活，细节贴心。品牌上多选择中档以上，餐饮尤其偏重轻餐、休闲餐、简餐、西餐等更注重格调的品类；注重片区的打造，如上述内容中的居家生活区、餐饮区均为项目标志性亮点。

2）立面设计

建筑外立面为玻璃幕墙结构，简洁大方，与办公楼、酒店相呼应。不规则的外形又赋予了商业体灵动之感，绿色的中庭给商业空间带来了大自然般的舒适感。众多玻璃幕墙的设置不仅增加商场采光，也使得商场各个楼层与内庭院相互可视，提升整体价值。裙房没有选择满铺，而是围合形成内庭，解决商业进深过大的问题，利于设置外摆位、展位，是开展活动的理想场所。

3）室内环境设计

商场购物环境时尚新颖，露天中庭的现代景观将植被、流水等自然元素巧妙地融为一体。整体设计风格回归自然，大量采用木质材料，灯光设计以柔色调为主，给人自然、放松的购物体验。大堂中庭采用吊挂设计，用不同颜色的风筝吊挂其中，自由舒适。

4）商业动线设计

（1）垂直动线：垂直动线形式为自动扶梯和垂梯，B1层至1层有3部自动扶梯，1层至2层有5部自动扶梯及2部垂梯，并且仅有1条垂直动线笔直穿过3个楼层。垂直动线均位于项目走廊及死角处，有效带动了楼层间的客流。

（2）水平动线：B1层由地铁人流、车库人流及地上会展人流构成，设置5部上下扶梯，形成倒8字动线；L1层来自不同方向的人流均可从不同区域快速进入内部，并到达所需楼层，保证了商铺的昭示性；L2层为环形动线，积极引入办公及酒店人流，同时增设2部电梯进入3层。

3．共享式商业——芝士公园[①]

项目位于宁波市灵桥路768号（原宁波日报报业集团大楼），经过规划，成为一座以教育为核心的"共享"理念的城市综合体，努力打造智造、时尚、共享的新商业载体。

芝士公园，东临奉化江，南北与琴桥、灵桥守望，位于甬城最为核心的地带。由宁波日报报业集团和万科共同投资近1.5亿元，改造而成。"芝士"，谐音"知识"。"芝士公园"被定为宁波首个"一站式优质全时素质教育综合体"。同样具有购物、餐饮、观影、住宅（办公/酒店）功能，它却与宁波人熟悉的标准城市综合体不同，创造性地将其中的"核心词"换成了"教育"。

1）远眺：原本肃穆的报业大楼，添加了几道明快的色彩。一座高端的幼儿园，透着儿童的绚烂，即将开学；斥资1300多万元打造的"趣重力"免费室外广场，与报社外墙、城市绿地相映成趣。

大楼1、2层拥有配套商业，其中有星巴克黑标店、三只松鼠、新华书店、"生鲜+餐饮"新零售概念店"超级物种"等，品牌约70个，定位为新城市美学生活目的地。

2）内观：智造典型，大楼4、5层，包括近60家教育培训机构。在考察了国内21座城

[①] 信息来源：宁波晚报

图8-37 芝士乐园

市后,从200多家机构中筛选而出,主要提供青少年素质教育课程,包括击剑、马术、攀岩、舞蹈、健美操、跆拳道、国学、英语、编程、机器人、书法美术、主持表演、声乐等。培训类型多彩,如室内马术馆,首次在宁波出现。

8~12层,为万科长租公寓品牌"泊寓",全装修"拎包入住",总共206套,一半为江景房,为精致生活的"单身贵族"提供好住处。

热衷阅读消费者可以把孩子放在四五楼参加培训,击剑或者主持表演。孩子刷卡到教室上课,佩戴运动手环实时记录培训痕迹,而自己就可以在楼下做个SPA,看看书,购购物。到了用餐时间,也不必带着孩子穿梭于各区之间,找一家轻食小餐,舒适地用餐。间隙,到室外广场玩玩,午后让孩子完成另外的培训课程……

楼朝东的公寓,拥有了临江小阳台,在城市中心闹中取静,尽揽三江六岸美景。公寓配有保安,物业管理到位,提供配套的公共休闲区、公共厨房、公共洗衣房、公共健身房等,令入住者足不出户享受高品质自由生活。

"芝士公园"的"共享"教室大小不一,功能各异,设施齐全,一共设置教室145间。使用时,主要通过"分时租赁"模式。

这种模式,即一间教室在同一天内可供不同的培训机构分时间段使用。比如当日开课的宁波春晖教育,根据学生需求,租用了10个教室,满足一对一、一对多等不同类型的舞蹈培训需求。而东临奉化江的一些全景教室，在间隙的时段，就由跆拳道的小朋友们使用。

4．空间艺术的泰国The Commons[①]

亮点：

1）活跃而舒适的半室外垂直城市空间；

2）打动人心的社区空间；

3）体验更高层次的商业意识形态。

图8-38　泰国The Commons

　　5000平方米能做什么？小体量要做出色其实非常不容易。但这个不临大路、自然人流量又比较一般的半开放式商业体，却吸引了许多人慕名而来。工业风格的设计，错落布局的各个店面，恰到好处地安排了每一寸空间的设置。这是一个位于城市中心的小商业项目，以后现代简约工业风为整体风格，旨在创造一个活跃而舒适的半室外垂直城市空间，让人们可以在一年四季享受其中。

　　The Commons的主体是一个纵向的露天公共场所。底层为景观，设有台阶、坡道、休息平台、座椅、绿植和小凉亭等，整片区域处于三四层结构的阴影中，没有阳光和雨

---

① 信息来源：和桥机构

水的侵扰，人们可以安心地在这里进行各种活动。3层和4层围绕中庭设置室外空间，占去每层将近30%的面积，与底层相连，形成了一个巨大的公共活动中庭。这里在垂直和水平方向贯通整个建筑，形成自然通风，此外还在天窗下的顶棚内设置了两套工业风扇进行机械送风和排风，保证在特别炎热的时候中庭空气依旧可以流通。良好的通风和每一层精心设置的花园，让这里成为一个充满活力的半室外垂直城市空间，随时欢迎人们来此闲逛和放松身心（图8-39）。

图8-39 室内空间

多层商业建筑一直面临的一个挑战就是如何将顾客带到建筑高区，The Commons对此提出了自己的解决方案。建筑师在宽敞的底层空间设置了一系列台阶和平台，人们可以散着步，悠闲地从1层走到2层。3层和4层的开口进一步加强了垂直空间的连续性，游客在底层可以清楚地看到楼上的店铺，从而自然地被吸引到其他楼层。

The Commons总共分为四个区域，分别是Market、Village、Play Yard、Top Yard。与停车场连接的半地下层为Market，由18间餐饮店组成，包括区域内最受好评的咖啡店Roots、TripAdvisor上泰国象岛长居榜首的墨西哥美食店Barrio Bonito、名声大噪的Peppina Pizza等。

2层Village空间相对较小，但依旧藏着不少好店。植物店、甜品酒吧、复古服装店……每一家都风格各异。

3层定位为玩乐区Play Yard。成人可以在健身中心Absolute You练习瑜伽和骑室内单车，小孩则可以在小型儿童游乐园Little Pea Kids Commons里玩耍，这里内设两间活动室，提供乐高积木、益智拼图、音乐墙、软垫游艺区等玩乐设施。家长可以随时把小孩"寄放"在店里，这是最有强烈社区感的一部分。

顶楼叫Top Yard，这里的厨房、天台以及可以租借的小草坪，全都提供互动的场所，主打分享的概念。天台处预留了一片香料农场和小草地，供人耕作和种植香草，这些有机种植的蔬菜还被用到这层的Roast餐厅内。

图8-40 室内一景　　　　　图8-41 俯视

图8-42 室内店内空间

5．泰国航空主题的Terminal 21[①]

亮点：

1）自由灵活年轻时尚的风格，买手店、集成店的模式，培育很多网红店、网红品牌；

2）集合8个世界名城主题风格的主题商场，以异国风情著称；

3）小而美的典范，小体量购物中心标杆项目。

Terminal 21是一家以机场航站楼为设计概念的主题购物中心。内部装饰融合了全世界多个时尚名城的地标和设计元素，问讯处的前台也是空姐打扮，每层楼都有"Departure"或"Arrive"的字样。可以实现在曼谷市区环游世界的梦想，成为项目的一

---

① 信息来源：和桥机构

图8-43 泰国Terminal 21

图8-44 室内空间

图8-45 外部景色

大亮点。比如1F是东京,2F是伦敦,3F是伊斯坦布尔,4~5F是旧金山,6F是好莱坞,空间设计独特,处处是景致,塑造标志性城市印记。不仅每一层卖的商品有地域性的区别,就连卫生间也都是按照这个城市的设计风格来建造的。由于每层楼都是不一样的主题,所以这里也成为众多游客和摄影爱好者的必经之地。

共计9层的Terminal 21拥有约600间店铺,设有7个电影院、占地面积2000平方米的24小时营业超市、2500平方米的美食区、超过500家出租店面,以及长达39米的自扶梯、长250米的海边飞机跑道。地下层(LG)采用加勒比海主题,设有Gourmet Market超市、食品外卖店、市场风格的餐饮摊贩以及银行和书店。

Terminal 21拥有令人愉悦的购物和餐饮体验。针对年轻一代的购物者特别有吸引力,尤其是大学生和年轻的高管们。根据特定的客户群体,整个商业体呈现出自由灵活年轻时尚的风格,买手店、集成店逐渐获得了越来越大的发展空间和渠道,同时让一大批个性网红店不断出现并初具规模。

6. 韩国集装箱主题Common Ground[①]

集装箱用于商业较早见于拉美。

图8-46　韩国Common Ground

韩国集装箱项目位于韩国首尔,靠近建国大学,商业面积约50000平方米,全世界最大的集装箱购物中心。以文创为主,并不定期举办活动和展览,吸引年轻人争相前往。购物中心还配备了演出和展示空间,将成为一个综合性文化空间。

[①] 信息来源:中购联

图8-47 店铺门脸

集装箱个数为200个，有56个时尚品牌和16个餐饮品牌入驻，其中潮流品牌包括NBUTTON、Critic、Hide Out、Moonshot、WAYS SPELL、Designskin等潮牌，大多是少见于百货店或大型连锁商场的设计品，以个性取胜。

Common Ground是韩国首家、同时也是全球最大型的集装箱购物中心。该座四层的混合式购物中心，总共由200个蓝色货柜所堆砌而成。

图8-48 中间广场

占地56830平方米，是一个集服饰、鞋帽、餐饮为一体的时尚购物中心。它在刚落成时在韩国造成了很大反响，现已成为韩国的最新地标。

中间的广场将整个空间分成了Street Market和Market Hall，左右两边分别售卖男女装的区域。两个区域均有3个楼层，底下的1、2层都以服饰为主，而第3层则是观光台以及餐厅等。

购物中心内的餐厅大多位于顶楼，有超人气的Dore Dore、酒馆The Booth、新鲜水果汁店Able、烧鱿鱼的Analog Kitchen等食店。独特的复古货柜车，可移动的货柜车也成为一种新的销售方式。

Common Ground划分了Culture Space的空间。为了满足顾客的多种需求，这里还提供表演音乐会的场地以及各种展览文化空间。四周不时可见超有心思的艺术布置。

商城分为"Street Market""Market Hall"及"Food Truck Market"等五大部分，云集数十间韩国潮店及美食，逛一圈即可对韩国流行趋势了若指掌；现场还有DJ驻场打碟，使环境中洋溢着青春活力，周末更不时举办市集和美食嘉年华，是首尔潮人最新聚集地！

7. 把森林、瀑布"搬进"商业空间——星耀樟宜机场商业中心[①]

该项目由萨夫迪建筑事务所设计，是一个新的奢华生活的目的地。同时将工程设计和可持续性发展很好地融合一起。

新加坡樟宜机场在此前就被评为"全球最佳机场"。1号航站楼出发大厅的动态雨，可是世界上最大的动态艺术雕塑！星耀樟宜项目占地1.4万平方米，共有5层室内雨林。

这么说吧，这个项目相当于11个奥运会标准大小的游泳池。不仅有大片树木植物，还有各种娱乐设施，甚至还有世界最高的室内瀑布（图8-49）。

室内放这么大一个瀑布能行吗？尤其是湿度问题很严重，然而设计团队早就解决这个问题了，水景观设计公司（WET）的设计团队，在玻璃穹顶上进行了一系列的气流研究。在瀑布周围建立几个建筑模型，来改变气流对空气的影响。这一壮观的瀑布景观将成为城市花园的中心的"森林谷"项目。

这个机场不止只有这个室内瀑布，还有环绕公园50米长的天悬桥，绝对能让人体验到什么是刺激。天悬桥悬浮于23米的高空中，并且桥的部分位置镶嵌有玻璃面板，可以一边欣赏瀑布，一边寻找在空中行走的刺激感（图8-50）。

图8-49 新加坡樟宜机场商业中心瀑布

---

① 信息来源：奇点智库

图8-50 天悬桥

机场还准备了环境舒适的休息放松区域,头等舱客人还可以享受VIP房间休息、餐饮服务区。针对小孩子爱玩的天性,机场内还设计了许多娱乐项目,无论是小朋友还是童心未泯的大朋友,都可以尽情地在这里玩耍。娱乐项目是由英、法、德、新加坡和荷兰的国际设计团队一起打造,项目包括:

图8-51 网道

1)天空之网

将一条250米长的弹跳网道和一条50米长步行网道融为一体,小朋友可以在弹跳网上嬉戏,大人则在步行网道俯瞰整个"星耀樟宜"内部(图8-51)。

2)迷宫世界

突破传统的设计理念,包含了两个风格不同的迷宫——树篱迷宫和镜子迷宫。树篱迷宫设有一个瞭望台,可以鸟瞰迷宫全景;镜子主题迷宫则采用镜面设计,当游客试图走出迷宫时,拐角处的镜面折射效果会使其迷失方向,从而更富挑战性。

3)奇幻滑梯

由四合一的滑道组成:两条管型滑梯和两条平面滑梯。本身既是一座宏伟的艺术雕塑作品,更是一项老少皆宜的游乐设施。孩子和大人都可以在这儿享受各种滑梯的乐趣(图8-52)。

图8-52 滑梯　　　　　　　　　　图8-53 迷雾碗

4) 迷雾碗

这是一处特别设计的区域,此处由四个深度为30～65厘米的平缓碗状区域构成,周围喷出的淡淡雾气营造出腾云驾雾的神秘感(图8-53)。

8. 由"卸煤场"改造而成的时尚化街区——Coal Drops Yard[①]

图8-54 伦敦Coal Drops Yard

这一项目位于伦敦国王十字区(King's Cross)内,进入21世纪后,国王十字区的历史翻开新的一页。2001年,随着英法海底铁路隧道工程的开展,片区所在的地区拿到一

---

① 信息来源:铱星云商

项投资达25亿英镑的运输基础设施工程。自此，各路资本流入，造就了一大批世界级的建筑，如大英图书馆、弗朗西斯·克里克研究所、伦敦艺文中心。

2006年12月，新国王十字项目被政府批准。自此，这片工业革命时期遗留的土地开始新的生命历程，并且将随着2020年项目的全面落成而再续辉煌。

1）项目概况

新国王十字区是150年来伦敦市中心由单一开发商主导开发的最大混用项目，同时也是欧洲当下最大的城市更新项目之一，并且被英国著名机构"英国遗产"（English Heritage）评为英国20大遗产改造项目（"One of England's 20 Best Heritage——Led Developments"）之一。

项目占地67英亩，约27万平方米，拥有丰富的历史文化背景以及独一无二的环境。下面用一组数据来进一步说明新国王十字社区内的规划：

50栋新大楼；

2000套新房；

20条新街道；

10个新的公共广场；

800万平方英尺的总建筑面积；

340万平方英尺的办公空间；

50万平方英尺的商业空间；

26英亩公共空间；

4.5万居民。

在这里，你能看到一个未被充分利用的工业废地被打造成一个全新的社区综合体，包含住宅、商业（本文将重点介绍）、办公、酒店、酒吧、艺廊、餐厅、休闲社交设施、音乐大道、学校乃至一所大学（隶属伦敦艺术大学的中央圣马丁艺术学院）。作为伦敦市的一个全新片区，项目还被赋予一个独特的邮编N1C。

总之维多利亚时代的古老建筑结合当代设计，新旧交融，造就了该街区的独特性；位于其核心地带的大学校园，以及连接世界各地的便捷交通，一系列画廊、博物馆、文化街道再加上越来越繁华的餐饮区域，国王的十字正成为伦敦最吸引人的社区之一。在这里，学生、上班族、游客、访客、购物者与居民、儿童与退休者等各类人群都能找到属于自己的理想空间。

2000套房屋包括高端公寓、保障性住房、个人工作室、普通家庭住房、学生公寓、养老院，可容纳共7000人在此居住。所有房屋都由英国领先的建筑公司设计，用一流材料建造，并实现智能化。每栋公寓都接有一套低碳热能系统，大楼以特殊方式排列，以便最大化利用太阳能，从而保证冬暖夏凉、四季舒适。

项目方认为，像国王的十字这样的项目并不是经常能拿到的，因此可持续发展非常重要。"AT KING'S CROSS, SUSTAINABILITY IS KING"（可持续发展至上）。项目官网上，通过这样一句话来强调项目方对可持续发展理念的重视。

"着眼长远、对环境影响最小"，这是项目开发过程中的指导性原则，此外还注重提升能源利用率、鼓励绿色交通运输、历史建筑的再利益、鼓励大众植树、可持续性的建筑设计、确保社会和文化的多元性。下面用一组数据来说明该社区在环保方面的努力：

0垃圾填埋；

200米绿植墙体；

700个以上循环空间；

9000平方米绿色屋顶；

10栋翻新大楼。

项目方认为，室外的生活（空间）与室内的生活（空间）同样重要。为此，40%的空间（26英亩）是开放的，包括街道、广场、公园、花园等。这些公共空间既连接了项目与周边区域，也提高了人在项目内的舒适性。

2）Coal Drops Yard

Coal Drops Yard商业项目位于国王十字区中央地带，同时也是整个社区的商业中心（retail heart）。

Coal Drops建于19世纪50年代，最初用来存放从英国北部运来的煤炭。Coal煤（矿）；Drops掉落；Yard院子、场地；Coal Drops Yard意思是"卸煤场"。

怎么样，看到这个名字，是不是觉得一股浓浓的工业风历史气息扑面而来？我们知道，英国作为最早实现工业化的国家，当时煤矿的开采和利用冠居全球。运煤的火车从煤矿产区行驶到该地后，车厢底部一打开，煤矿自然卸落。久而久之，Coal Drops Yard就成了该地的地名并沿用至今。

随着历史的进展，Coal Drops Yard的大型砖砌高架桥、鹅卵石街道以及一些铁质设施奇迹般地保留下来，经由项目方精心设计，运用到新的商业项目中。

尤其是那一对从维多利亚时代保留至今的由大砖砌成的高架桥，项目方通过发挥想象力，将他们延展、连接，不仅在功能上实现了两侧建筑的互通，也打造了一个具有视

图8-55　高架桥、街道

觉吸引力的公共空间。

看到这里，是不是觉得它与常见的大盒子式mall甚至与绝大多数街区式商业项目有所不同？这样的购物中心真的会有吸引力吗？关于这种疑问，Coal Drops Yard零售项目高级主管Craig White接受福布斯采访时表达了自己的想法：

他说，"永远不要提起'商场'这个（过时）的名字。如果让顾客嗅到一丝丝开发商的气味，游戏基本就结束了。所以，我们得非常温和、谦卑地表达自己的价值观。"

Coal Drops Yard项目总共包含65个单元，每一单元都有其特有风格，与入驻的品牌店铺完美契合。在这里，时尚、美食、生活方式、文化、手工技艺等元素自然共存；在这里，商家与消费者充分连接、互动，以创造一种沉浸式的购物体验。

自2010年起，Coal Drops Yard以及国王十字区就开始举办伦敦时装周，这里曾上演过PAUL SMITH、ALEXANDER MCQUEEN、MARY KATRANTZOU

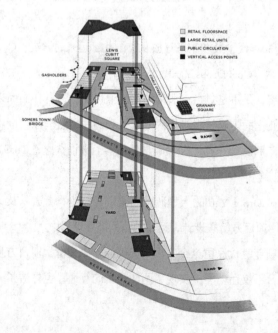

图8-56　分层图

等知名品牌的服装秀。秀场上的模特大多毕业于同样位于国王十字区的中央圣马丁艺术学院。

  Coal Drops Yard项目主体共有三层，分别是地面层（Yard层）、高架桥层以及顶层（UPPER LEVEL），通过天桥、楼梯、电梯连接，每一层都可方便到达，通道畅达，动线简洁，易于导航。

  Coal Drops Yard项目于2018年10月26日开业，业态包括零售、餐厅、酒吧、咖啡馆、生活配套等。所有店铺全年营业（圣诞节当天除外），周一到周六：10点~19点，周日：11点~17点（部分餐厅根据自身情况安排）。

  目前已确定进驻的品牌除了H&M旗下高端品牌COS、Samsung三星外，还有：

  Tom Dixon旗舰店（包含陈列室、餐厅、咖啡馆）

  Tom Dixon是一个英国产品设计品牌，由Tom Dixon本人创建于2002年。致力于改革创新，复兴英国的家具家居产业，Tom Dixon公司从英国悠久的历史传承中获得灵感并将之融入居家生活的方方面面；

  Barrafina（包含2间概念店）米其林一星西班牙餐厅；

  Paul Smith英国时尚品牌；

  Manifesto美发沙龙品牌；

  Cubitts眼镜品牌；

  Universal Works男装品牌；

  Form & Thread男装品牌；

  Cheaney鞋履品牌；

  Beija女士内衣品牌；

  Maya Magal珠宝首饰品牌；

  Wolf & Badger（狼和獾）零售品牌，产品包括男女服装、家居用品、化妆品等；

  Emin & Paul女装品牌；

  Le Chocolat Alain Ducasse巧克力品牌；

  Traceyneuls鞋履配饰品牌；

  Studio One Twenty零售品牌，产品包括服装、家居用品、化妆品、包包、婴儿用品等；

  Morty & Bob's餐饮品牌；

The Sports Edit运动服饰品牌。

当然，除了Coal Drops Yard，国王十字区还有国王林荫大道（KING'S BOULEVARD），Pancras广场，CUBITT广场等多处地方散落着一些店铺与餐厅。本文就不一一介绍了。

总之，坐落于运河边上，铺满鹅卵石的街道、维多利亚时代的砖砌建筑物、当下最新的公共广场以及来自国内外的知名品牌……Coal Drops Yard以及新国王十字区将给伦敦人带来全新的购物场景与体验。

9. 国际化时尚街区——"北京坊"[①]

北京坊植根于大栅栏600年文化历史，自2006年启动以来，备受各级政府、专家学者和社会各界的高度关注与支持。项目规划之初，首创我国历史文化街区建筑集群设计之先河，邀请吴良镛院士领衔出任总顾问，按照"和而不同"的原则，在延续大栅栏地区胡同肌理、恢复历史风貌的基础上，一方面将北京坊与周边的民生胡同肌理、传统商业氛围有机整合，另一方面也将以每一栋建筑本身为平台，向历史致敬的同时，又展现当代建筑的独立精神，打造具有人文温度的文化与商业综合体。

图8-57　北京坊

1）新老建筑和而不同

北京坊建筑集群于2016年底宣告落成，东至珠宝市街，南至廊房二条，西至煤市街，北至西河沿街，整体呈现"一主街、三广场、多胡同"的空间格局。经历了四五年的建设，北京坊老建筑修旧如旧，新建筑五彩缤纷。

遵循大栅栏地区的历史风貌，北京坊整体建筑风格延续民国建筑特色，在恢复了排子胡同等原有的胡同肌理的前提下，依托谦祥益、盐业银行旧址、交通银行旧址等文保和历史建筑，特别是以百年劝业场为中心，将沿街的8栋单体建筑铺陈展开，形成了独特的历史与现实交相融合的文化韵味。由于在建筑的3层设立了空中漫步体系，8栋建筑相对独立又相互联

---

① 信息来源：大地风景

系，提升了上部建筑的可达性及可逛性，使室外空间转换更加丰富。同时，通过扶梯、直梯以及步行楼梯的组合使用，形成立体式交通体系，而地下4层除了一定的商业设施外，还建设了大容量的车库，解决大栅栏地区停车难的问题。

修缮后的北京劝业场主体建筑形式恢复了民国时期兴建时的建筑风貌，建筑面积8000余平方米，地上4层、地下1层，立面也恢复了当年的古典复兴主义中仿欧洲文艺复兴晚期巴洛克建筑风格。百年劝业场将秉承"劝业精神"，成为文化艺术中心，一方面作为展览馆引进艺术、文化、科技类展览，另一方面开展文化讲坛、先锋剧场、品牌发布等活动，真正为打造北京文化新地标创造条件。

2）打造中国式生活体验区

遵循"城市文化新地标"的项目定位与"中国式生活体验区"的品牌定位，北京坊作为中国文化复兴的精神符号，在业态布局方面通过引进国际时尚品牌和中国当代精品品牌，凝聚艺术核心资源，打造具有当代中国文化特色的创意产业，实现高品质城市生活体验，构建出历史与现代共生、中西方文化交融、有机可持续发展的商业文化生态形式。通过街区体验，使得不同业态间得以彼此激活，真正成为"中国式生活体验区"。

图8-58 北京坊

3）以"文化"为核心展开

北京坊所在的大栅栏历史文化保护区，是首批中国历史文化街区之一，也是北京历史上延续最长、历史遗存最多、旧城风味最浓、覆盖范围最大的历史文化街区。据统计，仅老字号这一个地区就汇集了45家，非物质文化遗产有25项，不可移动文物多达64处。北京坊位置得天独厚，周边毗邻多所艺术殿堂，如故宫博物院、国家大剧院、中国国家博物馆等，文化是写在北京坊骨子里的。

文化城市新地标区别于城市地标和复合型商业区域的地方在于其文化属性强烈。除此之外，其他文化艺术、设计创新、消费体验、生活方式、餐饮美食等在内的高端多元品牌，也陆续入驻北京坊，多元的文化活动让空间内部的文化属性强烈。

4）差异化品牌店铺入驻

如今，ZARA、H&M等快时尚品牌几乎成了每一个商业区的必备品牌，这些曾经吸引了无数年轻时尚人士的品牌，如今已成为街牌，这样的品牌配置让购物中心披上了同样的容貌，千篇一律无法吸引到消费者。

全球第二家北京第一家MUJI HOTEL、北京星巴克旗舰店、24小时营业的书店page one前后相继在北京坊的开业。这类差异化的品牌店铺的入驻，除了吸引品牌本身的人流量之外，还能带动新的消费人群，使商业充满活力。

图8-59

5）复合空间满足不同需求

大栅栏·北京坊是北京的城市封面，在业态规划中必然体现北京的城市定位。从现有的业态分布来看，呈现出复合型的空间结构，能够满足消费者的多重需求。

这里汇集了不同的有趣的商业文化，致力于构建全球办公空间网络、将冰冷的建筑转化为充满创造力的WEWORK联合办公空间；首家四季鲜花主题空中餐吧北平花园；儿童品牌店巧虎欢乐岛；中国开设的第一家家传文化体验中心……

从目前的业态发展趋势来看，这里完全可以满足消费者的"衣、食、住、行、娱、购"的多重需求。

6）中西融合，持续发展

全球化的不断发展让"地球村"上的各类文化更加融合。

现代人生活中接触的文化也呈现多样化，对于外来强势文化的"入侵"，拒绝、全盘接受都不是最好的选择，接收并进行本土化再创造是一个较好的方式。如星巴克在北京所开的旗舰店，内部的设置就有用咖啡豆拼接的民国时期大栅栏、故宫的房顶等壁画。

通过引进知名国际品牌和中国本土品牌，打造具有地方文化特色的创意产业，实现高品质城市生活体验，北京坊构建出历史与现代共生、中西方文化交融、有机可持续发展的商业文化生态形式。任何一个地区的保护、传承、改造与更新，一定是面向未来城市发展的需要。

图8-60　东四·共享际

10. 共享理念的东四·共享际

共享际首个项目"东四·共享际"于2016年10月26日开业，它在文化生活内容中嵌入联合办公，打造"空间+生活+社交"的活力社区（图8-60）。

在保留原历史韵味的基础上进行了空间及内容改造，将胡同的神韵与现代的内涵交织糅合，让这座曾经胡同里的酱油厂再次焕发全新的活力。作为共享际的第一家线下体验空间，这里成为多家生活方式品牌的线下体验空间。入驻了热门餐馆米店、梧桐咖啡、皇城健身、跑步服务站，同时拥有特色活动场地Pop-up浮游之岛与700平方米胡同露天平台（图8-61）。

图8-61　内景

共享际致力于为用户提供一站式的"工作、居住、娱乐"城市共享生活平台以及资产运营平台。通过线上线下生活体验的联通、工作与生活圈的融合、创意潮流IP内容的落地以及国际化创造性社群的链接,打造全新生活方式平台。

首共享际融合中国大城市的城市更新、共享经济发展和地产领域创新这三个投资主题,将城市存量资产升级改造为囊括居住、工作、健康、休闲、文化、娱乐一站式立体空间,为城市创造性阶层人群提供工作、生活以及精神追求的综合性解决方案。

共享际着力打造面向大众的"双创"全程服务体系,进行线上IP线下化的生态圈建设,包含体育、餐饮、科技、健康、音乐、文化、育儿、空间设计等领域。

共享际是城市空间及内容运营商。以高品质空间为平台,通过共享际生态运营理念,打造成在共同价值观体系下的精神联合体和利益共同体,让社群经济、精神商业和分享经济的本质充分释放,赋予低效资产流动性,推动城市更新再造。

共享际及优客工场创始人毛大庆表示:"我们已经过了大建设、大营造的时代。像共享际这样的团队,愿意投身到为新一代创造力阶层提供新的城市创意共享空间,让他们在这里有温度地共享生活、共享办公。"

空间是物质,精神是核心。当物质需求逐渐向精神需求演变,人们需要的不再是冷冰冰的房子,而是充满变换场景、时尚有趣内容的活力空间。打磨场·共享际将创意产业与传统胡同相互融合,创造出一种"共生、共赢、有品质的文化生活方式",以自己独特的文化基因赋予西打磨场百年街区更多活力。

11. "米域这里"——场景赋能的"新商业载体"改造实践①

上海对愚园路进行了更新,定位是"生活美学街区"。在梧桐树叶翠绿、荫蔽繁茂的愚园路上,与定西路、长宁路交界处,毗邻中山公园旁,有一个全新商业办公复合空间——米域这里。

在"这里",最特别也最奇怪的——就是空间里没有自动扶梯,仅入口处设有2座直梯。

图8-62 米域这里

---

① 信息来源:筑梦师、上海潮生活、上海BANG

没有扶梯的商场，这是什么奇怪的设计？

"这里"的所在地，原先是长宁电影院，电影院建于20世纪50年代，到90年代初，都是长宁区东部唯一集电影、游乐的大型文化娱乐场所，为在周边生活的人们带来了珍贵的美好回忆。

当年大门两边的大幅彩色广告，门厅四周悬挂赵丹、白杨、上官云珠等电影老明星的大幅黑白艺术照片。从战争片《南征北战》《怒海轻骑》《狼牙山五壮士》，到《马路天使》《天仙配》《今天我休息》这样的爱情片，长宁电影院伴随了一代人童年的快乐、青春时的爱情和成年的美好生活，也满足了人们精神文化的寄托。

在"这里"地下1层，有一块2平方米的老墙基被嵌入空间内，以此致敬充满文化与记忆的长宁电影院，也代表着米域希望在"这里"传承文化基因、重塑美好文化生活空间的愿望。"这里"曾作为传统的家居商场，铺有黄色大理石、略显陈旧的90年代风格，在日新月异的城市里显得毫不起眼。米域设计团队接手后，第一件事，就是拆除原本的自动扶梯！

取而代之的是错落延展的健康步梯。将地上3层、地下2层的空间，用纵向动线连接起来。楼梯内部和底部都被嵌入灯带，勾勒线条。中庭的凹凸设计，与楼梯线条相呼应，形成更玩味的空间氛围和视觉感知。在斜屋面处也加入了线条灯进行打亮（图8-63）。

图8-63 健康步梯

作为植根于米域DNA的空间元素，楼梯聚集了人与人在一起的能量，也为空间创造了更多互动和连接的可能。特意加宽的设计，让每个人都可以在这里走走停停，在闲逛中探索空间的魅力。这也意味着，在楼梯上的任何一处，你都可以随时停下来拍照，对自拍达人和摄影爱好者很是友好！（当然啦，这里也有垂直电梯，懒人可以选择通过电梯上楼。）

普通地下层空间很暗，在这里，设计团队置入了一个平台型的大台阶，通向地下2层——复合型的文化空间。设计者借此将两层打通，让中庭的自然光照进空间（图8-64）。

大台阶上，预留了插座与软垫，人们可以随意地坐下看书、工作，或者与朋友闲谈。

"这里"原本的外立面比较沉闷，米域用白色通孔铝板，打破了原本规整的方盒子造型，让立面层次感更丰富。在愚园路和长宁路，米域各设有一个主入口，将动线贯通，成为人们可以径直穿梭的城市步道。1层室内沿用了室外地砖，延续了店铺沿街的效果，整个建筑更加开放，和愚园路生活美学街区融为一体。刮风下雨、或是炎热大夏天，你都可以自由地穿行"这里"，从愚园路去往中山公园。在未来，当地下1层的下沉式广场通行后，你还可以走下楼梯进入广场，步行至地铁站（图8-65）。

来"这里"最好的时候，一是有太阳的大晴天。大玻璃的斜面屋顶、通透错落的空间布局，在室内也能沐浴自然阳光。二则是夜晚，当夜幕来临，隐藏在空间各处的灯带亮起，勾勒出好看的线形。

折线作为"这里"反复出现的元素，米域使用了非常多的线条灯和点状灯，结合天花板的三角形，与地面铺设呼应，形成点线面的关系。

"米域·这里"的理念：

想把人们从千篇一律的状态里拉出来。在步调飞快的城市里，有机

图8-64　大台阶

图8-65　城市步道

会用行走来丈量未知，抱着好奇心四处探索。然后，你会发现这个空间的魅力。

　　文艺青年在这里会看到小众情怀的"纪念碑谷"，像一个探索隐藏小路、发现视力错觉的游戏。

　　旅行达人在这里会感受到曼谷the Commons里一样舒适的大台阶，可以和朋友席地而坐，随意聊天。

　　元气少女在这里会看到一个冉冉升起的新晋网红打卡地，随手一拍，都是满满Instagram图片风格的美照。

　　摄影爱好者在这里会看到空间角度、几何线条、光影，堪称绝佳的摄影地。

12. MALL街融合的——代官山茑屋书店

　　位于代官山的这家茑屋书店是东京的旗舰店，一共三栋建筑，中间以天桥相连，成为一个整体，是一种创新的规划理念，以小型盒子围合成街区，分割出灵动的空间，

图8-66　茑屋书店

图8-67　magazine street

既有中日"庭院"的趣味,又有时尚的方便布置和展示的体块形态,具有良好的通透感。T字形的装饰字母遍布书店的整体外观,"T"是茑屋书店TSUTAYA的缩写,店名取自江户时代日本知名出版人茑屋重三郎。这是家全新生活理念的书店,有着自家的生活美学情趣,深受日本新一代年轻人喜爱(图8-66)。

茑屋的"magazine street"一直为人称道,拥有1300多种杂志和1000多种海外杂志,共计3万多册,几乎集合了全世界的最新信息(图8-67)。

整个书店如同森林中的图书馆一般,分为人文文学、艺术、建筑、汽车、料理和旅行六个领域。最特别的是"料理"和"旅行"区域,甚至会根据季节不同而进行调整。

在"料理"区域,除去书架上种类齐全的书籍以外,根据季节及主题,料理书籍区域的展台上会有一个非常综合的展示。

例如,意大利食物菜谱的展示台上,书中介绍的意面、酱料等食材是由实际商品陈列的,可以和书籍一起购买;又如关于稻米的主题展台上,你可以惊喜地发现十几种不同产地和种类的小包装大米可以直接购买;配合相关主题,甚至可以买到料理工具等。

茑屋书店集合了书籍、电影、音乐,更有着文具、咖啡和Lounge,同时有着众多服务和活动的区位。所有元素以"生活"为核心,在空间里被巧妙整合、展示,由书及物,由书到事件,为来店的读者打造了一个独一无二的空间。而且年终无休且每天经营到下半夜两点。

茑屋的室内设计和内容独特、精致,而且拥有阳光充足的大窗户,使得室内与室外的边界变得模糊,独处的恬静与开阔的心境在这里可以兼得(图8-68)。

根据来店客人关心的热点,他们会不断调整摆放,对原版书、收藏级别的书、专业书、时常被翻阅的书如漫画、绘本等均有不同的方法。书架上不是随便放的书籍,而是品位很高、专业知识非常丰富那一类人家里的书。目标是打造中产阶级的家庭书房。

书架之间增设了个人空间,给儿童提供了静心阅读的场所。书架的高度设计使得趴在草坪地摊上的儿童也能顺利取阅。

图8-68 书店室内设计

整个书店中的任何一本书，读者都可以拿至星巴克，坐下来边喝咖啡边阅读。即使不购买，只要阅读完归还至原处即可。在文具区域，100多种品牌的1000多支高级书写笔陈列了整整一面墙，绝大多数的种类都可以根据要求刻上名字。各种文具以及杂货，也是一应俱全（图8-69）。

围绕年轻人喜爱的生活布局全新业态，茑屋打造出了一系列有场景的电子产品、动漫、唱片、影视、维修主题店。

在音乐专区，除去和其他区域一样有专业人员提供咨询服务以外，所有的曲目都可以在如同自家客厅一般的舒适试听区视听，耳机可以选择不同品牌的来使用。店内还放有LG、CD和黑胶等多种播放设备，同一首曲子，你可以用不同器材播放试听，对于音乐发烧友来说，这简直可以说是天堂（图8-70）。

图8-69　文具区　　　　　　　　　　　　　图8-70　音乐区

在电影专区，店内的老电影种类可以说是应有尽有，许多我们甚至连封面、片名都未曾见过。电影专区的电影专业服务员，可以根据顾客的要求，准确推荐相关影片供租您借或者购买。

这里还提供如何方便使用苹果产品技巧的活动和讲习班，除了不出售iPhone合约机外，可以体验各种以苹果产品为核心的生活方式。并且这里还是由苹果官方授权的售后服务点。还有各种新潮机器人体验。

还拥有如宠物美容、照相机专门店、夜色餐厅等众多特色商户，甚至还开发出了各种极致生态的休憩区。

针对小顾客们的服务细节也是尽显心思。就连收银台设计，小朋友们也能感受到真实的购买体验。从会员卡到包装设计，始终贯穿着茑屋的简约风。

连茑屋的广告,都是试图以正在看书的人身上散发出的那种特殊的美来表现出对坚持自己人生信条的人们从心底发出的尊严,广告文案是"欢迎回到书的世界"。

13. 运用场景创意,打造女性商品集合店的Maison IÉNA[①]

在东京代官山,有一家以女性的16种生活场景为模式的"一站式女性商品集合店"——Maison IÉNA(图8-71)。

图8-71 Maison IÉNA

这家女性生活方式店,以成为优雅独立女性的16个方法展开。它把女性的生活场景分为16个,包括从早上起床、烘焙蛋糕、煮咖啡、白天交友、看电影、约会,一直到晚上沐浴更衣,把商品品类按照这16个场景去分配。

Maison IENA是一家为提供时尚和创意生活而创立的新概念商店,是一座占地面积约990平方米的3层建筑。

在自由丘周围的客户群是对衣服、对生活品质要求很高的高档社区消费者,品牌企业为对应这种需求开始在附近纷纷开店,这边的很多店铺能让人感受到安定感和优越感,以至于从其他的地方人也来享受这个区域的氛围。

这里不止卖货,更是兜售一种生活方式。

品牌的存在价值在于,其品牌在消费者的生活中是否会提供新的世界观(例如生活方式)。曾为白领提供的服饰"IENA"品牌的历史很长,其品牌的粉丝也逐渐结婚有了孩子,"IENA"感觉到永远只做OL衣服不仅增长受到限制,品牌形象也难于得到扩展,所以就开发了适合白领女性结婚后有了孩子还能继续成为粉丝的集合店。

"Maison IENA 16 METHODS"的店铺,以追求优质生活的女性特有的16个生活场景进行展开,服饰品牌"IENA"派生出来的这种世界观,实现了很大的成功,使这种新的商业模式店铺在其他地区中开展成为可能。

---

① 信息来源:商业与地产

不同于"MUJI"（无印良品）的泛生活方式模式，Maison IENA围绕"女性每日的实际生活场景"形成主题及产品体验，让生活方式的体验变得更加专注和日常。

这16种场景在一家店铺展开，改变了人们的生活方式与消费习惯的。

1F

一家首次登陆日本的面包店，是由法国著名的面包达人Christophe Vasseur研发的新品牌。作为面包专卖店，不仅有在日本限量销售的蜗牛面包，还有牛角面包、费列罗巧克力、小蛋挞和法式甜点。

侨居巴黎的日本花艺设计师滨村纯的花店。店里以白色和绿色为主色调，用削落的鲜花做装饰，给人以雕刻的感觉，同时还挑选了花瓶、古董等物件做摆设。

以"传递谢意"为主题的"木村硝子店"，主要经营高脚杯等餐具，不仅有JMO（约翰大师）、澳洲有机Grown Alchemist等化妆品品牌，还有香水、文具、刀具等琳琅满目的小礼品。

场景1　BAKERY

美好的一天从美味的烘焙早餐开始，早上的时间是宝贵的。清晨一顿营养丰盛的早餐，一杯"关心"，一碟"幸福"，一份平和。Maison IÉNA不愿做请你吃夜宵的人，只愿做一个用心给你做早餐的人。

场景2　BASIC WEAR

只穿想穿的衣服，能让你永恒爱的条件是：最简单的装束也能凸显属于自己的美。

场景3　FLOWER SHOP

花是女人的智慧，只要在身边的那一刻，心就会变得清爽舒适，觉醒了。那并不是什么特别的事情，是很自然的事情。

场景4　FRAGEANCE

香水让女人更有女人味，犹如一道看起来就美味的菜能刺激食欲，香味也能诱惑人的心。所以我，所到之处、所见之人、打扮、心情，都要趣味香投。我最需要的香味，就在Maison IÉNA。

2F

二楼主要经营基本款以及流行款式样的服装。

除了华奴天伦（RED VALENTINO）、凯伦-沃克（KAREN WALKER）、丽派

（Repetto）、BRANDMAIR等陈列的黑色小礼服以外，还有很多服饰类物品。还有李维斯、KORAL等一般从8月摆放到12月的牛仔品牌，以及SAINT JAMES、Le minor、WEAR THE PHILOSOPHY等整年摆放的边缘物品柜台。

另外还设有陈列所有大众品牌的窗口，以及艾迪斐斯（EDIFICE）和IENA共同在2015年春夏首次推出的，贴上日本制造新标签的爱乐（AILE）。

场景5　LITTLE BLACKDRESS

比可爱更妩媚，Little black dress 搭配随意的一个发型，不经意间的别致。我，有一张，能符合时宜做出各种各样可爱表情的脸，Maison IÉNA知道如何更加衬托你的方法。

场景6　TRAVEL

去旅行吧！眺望美丽的景色，在当地遇见不同的人，学习各种新的语言，在那片土地上，品味那土地的料理。旅途中，期待着少许的刺激与五官的喜悦。

场景7　BASQUE SHOP

爱大海，突然想到要去海边了。只在黄昏听听声音也好。那样的时候，自然地哼出的是Sylvie vartan的"你的俘虏（Irresistiblement）"。

场景8　POP-UP / NEWS

我，好奇心旺盛，对一切充满热情。相遇是最珍贵的。可以了解各种各样的人和事物，我的人生观不断扩大。天线时常张开着，高灵敏度地接收。

场景9　GIFT

传递谢意，和朋友或家人，偶尔相聚，虽然不是什么重要的日子，但是小小礼物代表心意。一声谢谢，在这一天里虽不是最重要的话语，却是感恩的一种互动。

场景10　STATIONARY

提高品位，在意的用词、一周时间要做的事情，想要知道意思的外语，对重要的人想说的话。把心头上的一切写在本子上，把新的价值观附在身上。再回顾这一切时，和成长的自己相遇。

3F

三楼主要经营以进口商品为主的居家服饰、适合散步的服饰、阿迪以及迪桑特（DESCENTE）等运动服，还有儿童服饰、旅行用品以及现有的店里没有陈列出来的新品。

特别引人注目的是baycrews也很配合地首次推出以"给孩子无条件的

爱"为主题的儿童柜台。

同时不仅有亲子游戏arch & line，还有像UnitA或SWAP MEET MARKET等二手市场的衣服以及aden+anais的棉抱被、口水巾、玩具等婴儿用品也多种多样。

更有意思的是，甚至还有只摆放阿迪和耐克的纯白色运动鞋的柜台。

在功能的多样化上，最顶层三楼还设有开放的露天阳台，可以一手拿着在一楼买的面包，一手拿着饮料，和家人在此轻松地休息。自由丘因为创造出了巴黎女郎提议的可以轻松地感受生活，并令人感到愉快的空间而再次受到关注。

场景11　SPORTS WEAR

今天试着走一站路，把高跟鞋换成运动鞋吧！今天开始走一站路。从健身房的步行机上看无聊景色，还不如去看美丽的街道。

场景12　BAG, SHOES ACCESSORY

小奢侈，不能缺，那是超越了流行的，优质，并且让我感受到历史的东西。因为自己的绝品，我想一生都能戴着它。

场景13　TRED WEAR

和自己约会，好好地抓住现在的心情，去享受约会的过程。重要的是，不要破坏自己的作风，善于去获得更多的灵感吧。

场景14　DEMIN BAR

绝不会在我的衣橱里消失，身体可以自由驾驭不分季节，无论什么样的上衣都好搭配，这就是永远的牛仔裤。那是，创造了我的风格。你也找到适合自己的牛仔裤吧。因为那是风格的代名词。

场景15　ROOMWEAR INTERIOR

做我想做的事，很晚起床的假日早上，看书的时候大脑从日常中开始脱逃，然后悠闲地泡在浴缸里，在喜欢的芳香的香味里放松放松。疲劳和压力无法留存，我一定要有做自己喜欢的事情的时间。

场景16　KIDS WEAR

对孩子无条件的爱，身边的爱与舍。对于重要的朋友，朋友的孩子，像自己的家庭一样，无条件地爱。我能做的，开心的事和高兴的心情，想和重要的人共享。

二、商业建筑相关的规划设计理念

商业建筑及其规划理念　　　表8-4

类型	规划理念	类型	规划理念
商办、居住	SOHO	零售、旅游	Outlets（奥特莱斯）
商务、居住	MOHO	郊外商业商务区	SBD
商业、居住	BLOCK	商办住旅停车	HOPSCA（城市综合体）
商业、办公	CBD	商业、工业、商务	Silicon valley（硅谷）
商业、休闲	RBD	商业街区、居住	Lifestyle Shopping Center
商务、旅游	TBD	中央生活区	CLD

1. SOHO

起源于美国，即Small Office Home Office，字面上看来意指家居办公，其与传统上班族最大的区别是，工作与生活不再分离，办公室与居家合二为一。SOHO注重商业、居住、办公功能的融合，运用个性化和特色业态营造生活一族和商业氛围。

图8-72

案例：北京建外SOHO

项目位于北京市朝阳区东三环中路39号（国贸中心对面），总规模70万平方米，以公寓为主，包括18栋商务公寓、2栋写字楼、4栋SOHO别墅、16条小街、300个店铺等多种建筑形式，是集办公、商业、居住于一体的、典型的开放式混合型都市综合社区，当时被媒体称为北京"最时尚的生活橱窗"。

2. MOHO

MOHO（Mobile Office Hotel House）是一种全新的物业形态，是"移动高档商务办公、酒店式商务公寓、星级酒店和商业配套"四大功能集一身的集成性商务复合地产项目。其商业的定位就有商务、旅行、生活消费、注重环境营造和消费品质。

案例：西溪天地

西溪天地位于98.9平方公里西溪科技岛规划核心区，汇集了办公、科研、教育、旅游、居住、服务等多种新型产业业态。项目定位为上流阶层的开放式精装LOFT街区，商业街区为西溪MOHO的开放式街区，业态定位为餐饮、休闲、娱乐等业态，为西溪MOHO街区及周边社区提供全方位的配套服务。

3. BLOCK

BLOCK街区设计理念是具有效思考的一种商业等房地产结合开发理念。BLOCK是5个单词的缩写：B-Business（商业）、L-Life fallow（休闲）、O-Open（开放）、C-Crowd（人群）、K-Kind（亲和）。是居住和商业的集中融合，街区既要提供居住，又要有丰富的商业配套和休闲配套。

BLOCK街区的规划意图是将街区与品质、居住、休闲、娱乐、商务等组合在一起，规划创造了一种全新的居住和生活模式。体现了居住与环境新的结合关系，把人们从传统的封闭围合式居家中引导出来，极大丰富了人们对新型居住的需要，提供了一个更适宜居住的标准与模式，而非通常意义的"小区""社区"概念。国际BLOCK街区体现的是新型居住模式，它本身向城市空间开放，具备一定的规模，能聚集一定数量的人口，又有亲切和谐的邻里关系。它既是具备商业特征的商居相融的生活方式，又是配套设施比较完善的生活之城，最大限度地使住宅居住功能便捷化。

案例：上海·大宁国际商业广场

大宁国际商业广场（简称"大宁国际"）位于上海市浦西中轴，交通主干线共和新路与大宁路交界，项目占地面积约55000平方米，总建筑面积约为250000平方米。大宁国际以现代建筑风格，重新塑造上海传统的商业街区，集聚商务酒店、办公楼、零售、餐饮、文化、娱乐、教育和城市生活配套设施8大功能。项目的主要内容包括：大宁国际商业广场建筑、15幢高3~19层错落有致的建筑、11个大小广场、2公里商业步行街、1500个机动停车位。整个项目旨在为上海的中高档消费群创造一个便利、舒适、时尚、新颖和物有所值的综合性城市生活街区（图8-73）。

与周边居住区相融为一体成为上海商业在普通社区中异军突起的成功典范，极大地提高了该区域的生活品质。

图8-73 上海·大宁国际商业广场

4. CBD

中央商务区（Central Business District，简称CBD）是指一个国家或大城市里主要商业活动进行的地区。其概念最早产生于1923年的美国，当时定义为"商业会聚之处"。一般而言，CBD高度集中了城市的经济、科技和文化力量，作为城市的核心，是城市经济、科技和文化的密集区，具备金融、贸易、服务、展览、咨询等多种功能，集中了大量的金融、商贸、文化、服务以及大量的商务办公和酒店、公寓等设施。具有最完善的交通、通信等现代化的基础设施和良好环境。世界上比较出名的城市CBD有纽约曼哈顿、伦敦金融城、东京新宿、香港中环、上海的静安区、陆家嘴等（图8-74）。

图8-74 典型CBD地区

案例：上海陆家嘴CBD

陆家嘴是中国最具影响力的金融中心之一，位于浦东新区的黄浦江畔，隔江面对外滩。作为中国长江经济带国家级战略两大金融极核区（江北嘴、陆家嘴）之一，陆家嘴是众多跨国银行的大中华区及东亚总部所在地。1990年，中国国务院宣布开发浦东，并在陆家嘴成立全中国首个国家级金融开发区；经营人民币业务的外资金融机构，必须在陆家嘴金融贸易区开设办事处，因此目前共有多家外资金融机构在陆家嘴设立办事处，当中经营人民币业务的外资银行包括汇丰银行、花旗银行、渣打银行、东亚银行等。其中较有名的商业项目有正大广场、国金中心、IFC、第一八佰伴等，形成了和高端商务氛围相融合的商业商务配套（图8-75）。

图8-75 上海陆家嘴CBD

5. RBD

RBD是英文Recreational Business District的缩写，直译为"游憩商业区"，也可译为"旅游商业区""休闲商务区"等。根据Stephen L. J. Smith（1990）[《游憩与闲暇研究的概念词典》（Dictionary of Concepts Recreation and Leisure Studies）]，RBD的定义为：建立在城镇与城市里，由各类纪念品商店、旅游吸引物、餐馆、小吃摊档等高度集中组成，吸引了大量旅游者的一个特定零售商业区。

案例：深圳华侨城

深圳华侨城，位于深圳华侨城杜鹃山，占地面积32万平方米。深圳华侨城充分运用现代休闲理念和高新娱乐科技手段，满足人们参与、体验的时尚旅游需求，营造清新、惊奇、刺激、有趣的旅游氛围，带给人们充满阳光气息和动感魅力的奇妙之旅。

这里有华侨城洲际大酒店、威尼斯皇冠假日酒店、海景奥思廷酒店、城市客栈等组成的酒店群，以及各大酒店经营的中外大菜大餐。有中国民俗文化村、世界之窗和欢乐谷等景区经营的中国各地方、各民族与世界各国的风味饮食，还有四条专门食街——锦绣中华食府、世界之窗国际街、欢乐谷商业街和步行街食街，几十种口味特色各异的餐饮，构成了华侨城的另一道文化风景线（图8-76）。

图8-76 深圳华侨城

6. TBD

城市游憩商业区（TBD）是从RBD（Recreational Business District，游憩商业区）的概念中延伸出来的。

TBD专指城市旅游。美国学者Getz于1993年首次提出TBD的概念，是指游客导向型吸引物和服务十分集中的区域。TBD具有以下三点内涵：

第一，TBD是以游客为导向。TBD的建设是以满足游客的休闲观光、旅游购物等为主要目的，区域内的设施与服务主要是为旅游者提供，因旅游者而建设，兼有服务本地居民的功能。

第二，在区位上，TBD位于城市市区，主要服务于涌入城市的旅游者。在城市以外如景区附近形成的区域可以称为RBD，但不是TBD。

第三，TBD内的主要商业业态为与旅游服务相关的行业，如餐饮、住宿、旅游商品购物、娱乐业等。

案例：成都太古里

成都远洋太古里位于春熙路地铁站，尽享优越交通和人流优势，比邻的千年古刹大慈寺更为其增添独特的历史和文化韵味。

成都远洋太古里项目别具一格，纵横交织的里弄、开阔的广场空间，为呈现不同的都市脉搏，同时引进快里和慢里概念，树立国际大都会的潮流典范。值得把玩的生活趣味、大都会的休闲品位、林立的精致餐厅、历史文化及商业交融的独特氛围，让人们在繁忙都市中心慢享美好时光（图8-77）。

图8-77 成都太古里

7. 奥特莱斯

奥特莱斯是时尚类商品的折扣购物中心，从建筑空间来看，主要有商场形态、街区形态以及两者结合的形态。

案例：Desert Hills Premium Outlets

洛杉矶棕榈泉Desert Hills Premium Outlets是风景最美的美国西部奥特莱斯Outlets。项目共有一百多家品牌店铺，是与Woodbury Premium Outlets齐名的美国最大规模的奥特莱斯Outlets，也是美国西南方最大的名牌大卖场。Burberry、Gucci、Giorgio Armani General Store、Prada、Dior、Dolce & Gabbana等世界一线品牌，在这里都可以找到（图8-78）。

案例：日本御殿场奥特莱斯

日本著名百货公司，距离东京市中心约有90分钟车程的御殿场Premium Outlets为全日本最大的特价购物中心。在可一览富士山全貌的购物中心，林立着约210多家销售Armani、Bottega Veneta、Bvlgari、Chloe、Gucci、Jil Sander、Jimmy Choo、Prada、Tod's、Valentino等国内外著名名牌商品的商店。在此顾客能感受到北美城市街道风情，并可尽情地体验购物乐趣。从中心内的摩天轮上遥望壮美的富士山也是一种享受。另外，富士山、箱根温泉、河口湖这些旅游名胜也近在咫尺（图8-79）。

图8-78 Desert Hills Premium Outlets

图8-79 日本御殿场奥特莱斯

案例：天津佛罗伦萨小镇

天津佛罗伦萨小镇—京津名品奥特莱斯是中国首座纯意大利风格的大型高端名品折扣中心和休闲文化中心，占地面积18万平方米，建筑面积6万平方米，可租用面积42000平方米，设有奢侈品、国际名品、运动和户外以及休闲四大特色购物主题体验区，项目共引进近200家意大利顶级奢侈品牌和世界时尚名牌，以满足各种消费者的多层次购物需求（图8-80）。

图8-80　天津佛罗伦萨小镇

8. SBD

SBD（Suburban Business District）即郊外商业商务中心，SBD的概念，源于20世纪50年代的美国。SBD的定义为：分布在大型城市或大型都市商业圈周边，甚至是其卫星城镇的一系列组团式的功能性商业区域；它们通常位于若干条主要交通线路的交汇处，依托有便捷的交通优势；区域内将根据自身的地理、经济、文化以及人口分布等特点，分布有特色商铺、购物中心、宾馆酒店、办公楼宇、高档住宅甚至体育中心、大型展馆、物流基地等设施，并以一定的辐射能力覆盖若干平方公里的范围，满足该区域内居民的商业和商务需求。

目前，世界上最成功的SBD模式包括美国郊外商业商务中心、英国伦敦城镇生活中心和东京都市圈商业商务中心3种。

在我国特色小镇建设和乡村振兴活动中可以借鉴一些SBD的理念。

1）美国郊外商业商务中心

美国SBD的建设体现的是功能模块化的布局，按照不同的服务功能和特点，区域内被主要划分为四大主要区域。

（1）商务区：主要包括个性化、面积不等、低密度和低高度的企业总部办公楼。

（2）商业服务区：主要集中了购物、餐饮、银行、保险、酒店、学校、医院、信息和会议等配套服务，法律、会计和咨询等中介服务。

（3）住宅区：主要为单体别墅、联排别墅和中高层等建筑形式，体现了低密度、低容积和高绿化等建设特点。

（4）休闲和体育区四大主要区域：以网球场、高尔夫球场为主的高档休闲设施与公共健身等一般设施相结合，露天主题体育公园和封闭式体育馆相结合，形成休闲和体育区。

案例：英国伦敦城镇生活中心

英国伦敦的SBD建设采用的是邻里结构模式。区域内主要规划有核心区、中心区和居住区。

其中，核心区内进行较高密度的开发；中心区土地混合使用，设置包括学校、医院和社区服务在内的设施；而居住区则集中布置在位于公共中心步行距离内。最终实现开敞空间的网络化。

2）日本东京都商业商务中心模式

日本东京的SBD模式较具有普遍性，即卫星城模式，这也是世界上许多大都市多采用的模式。

20世纪80年代以来，日本政府开始把东京都市中心的机能向外分散。东京周围有6个新城，包括5个卧城和1个筑波科技城。每个新城都承担一定的城市功能，共同分担东京的负担。

在SBD规划中，商业既为本地消费服务，又可以形成特色，如休闲、体验等，吸引中心城区的人口前来消费。

9. HOPSCA（城市综合体）

HOPSCA是指在城市中的居住、办公、商务、出行、购物、文化娱乐、社交、游憩等各类功能复合、相互作用、互为价值链的高度集约的街区建筑群体。HOPSCA为Hotel、Office、Park、Shopping Mall、Convention、Apartment构成。HOPSCA包含商务办公、居住、酒店、商业、休闲娱乐、交通及停车系统等各种城市功能；它具备完整的街区特点，是城市土地紧缺区域的对策，是土地价值提升的结果，也是建筑综合体向城市空间巨型化、城市价值复合化、城市功能集约化发展的成果；同时HOPSCA通过街区作用，实现了与外部城市空间的有机结合，交通系统的有效联系，成为城市功能混合使用中心，延展了城市的空间价值。

HOPSCA是整体布局完善、功能特色明显、分散化、多样化、多层次的现代服务集聚区，体现商业配套和生活服务双轨模式的与时俱进，是现代复合地产的新高地、新载体。HOPSCA对一个城市经济的发展和商业设施的完善将起到极大的推动作用。在HOPSCA中，交通、车位是关键因素，是决定规划成功的最重要的指标。

案例：法国巴黎拉德芳斯

拉德方斯位于巴黎市的西北部，巴黎城市主轴线的西端。目前已建成写字楼247万平方米其中商务区215万平方米、公园区32万平方米，法国最大的企业一半在这里；建成住宅区1.56万套，可容纳3.93万人；并建成了面积达10.5万平方米的欧洲最大的商业中心；内有欧洲最大的商业中心，亦是欧洲最大的公交换乘中心。建成67公顷的步行系统，集中管理的停车场设有2.6万个停车位，交通设施完善；建成占地25公顷的公园，种植有400余种植物，建成由60个现代雕塑作品组成的露天博物馆，环境的绿化系统良好。庞大的资源互相影响、互相作用，拉德方斯已具备小型城市的基本功能，它带给人们的不仅是商务、居住、办公等一站式的完备生活，更成为巴黎次中心区，享誉世界。

巴黎的拉德芳斯依照HOPSCA的规划理念划分为商务区、公园区和住宅区，并建造有欧洲最大的商业中心和公交换乘中心。集中的商务体系、大规模的居住面积、优良的绿化环境以及快速的交通地铁使它成为欧洲著名的现代城区规划代表，引领着巴黎新经济的发展（图8-81）。

图8-81 法国巴黎拉德芳斯

10. Silicon valley（硅谷）

硅谷是美国一个区域的名称，也是科技特色城区的代名词，它的产城融合和产业发展的模式对我国的城市化进展、区域商业化发展有很好的示范效应。

Silicon valley本来是美国重要的电子工业基地，也是世界最为知名的电子工业集中地。其特点是以附近一些具有雄厚科研力量的美国一流大学斯坦福大学、加州大学伯克利分校和加州理工学院等世界知名大学为依托，以高技术的中小公司群为基础，并拥有思科、英特尔、惠普、朗讯、苹果等大公司，融科学、技术、生产为一体。由于科技精英大量在硅谷聚集，形成一种创意、创业科技意味的商业。

高品质的科技人口导入带动区域生活品质提升，形成了良好的生活环境（图8-82）。

图8-82 硅谷

11. Lifestyle Shopping Center

Lifestyle Shopping Center（生活方式中心）一般位于密度较高的住宅区域，迎合本商圈中消费顾客对零售的需求及对休闲方式的追求。一般占地面积在1.4万~4.6万平方米，业态比较丰富，主要有高端的全国性连锁专卖店，也有以时装为主的百货主力店，但不一定具有传统意义上的主力店。以休闲为目的，包括餐饮、娱乐、书店、影院等设施。通过建筑及装饰的风格营造出休闲的环境。

一些要点特征：

1）接近有影响力的居住社区；

2）中高档以上的定位；

3）净营业面积在1.4万~4.6万平方米。

图8-83 Lifestyle Shopping Center

12. CLD

CLD（Central Living District）中央生活区，是指一个大型城市中，在政府总体规划的引导下，随着经济发展到一定阶段，人们的工作、生活等行为模式发生了功能分化，那些由若干居住区组成,可满足城市主流人群集中居住、消费、娱乐、教育需求,位于城市中心地带,并具有城市一流生活素质、高尚人文内涵和完美生态环境的居住区域。

在西方发达国家,CLD已经存在和发展了若干年,无论是纽约的曼哈顿中央花园,还是巴黎的香榭丽舍大道,都以优质的硬件配套和绝佳的地理优势锁定了富豪阶层与贵族群的目光。而在中国的北京、上海、深圳等地,CLD的存在已普遍为市场所认知,如北京亚运村,上海的"徐家汇——虹桥"沿线,深圳的香蜜湖、农科中心、福田新市区。

国际上著名的CLD主要有美国的洛克菲勒中心、日本东京的日比谷以及中国香港太古广场。

案例:生活方式中心——东京Midtown日比谷[①]

Midtown日比谷正式开业后,商场外人潮涌涌,排起了长队。商场内就连坐个自动扶梯,都要里三层外三层排队,不少店铺更是频频现排队长龙(图8-84)。我们从区位优势、设计亮点、特色品牌以及人性化服务等4个方面解构这个日本最受关注的新开业项目!

图8-84 东京Midtown日比谷

1)地段优势

东京Midtown日比谷地段优势明显,占据了黄金区位:日本中心——东京的中心。项目位于东京日比谷一带,靠近有乐町和银座商圈,一边坐拥三大商圈的繁华,一边处于政治经济商务中心。

此外,东京Midtown日比谷还是三条地铁线交汇的地铁上盖物业,项目的地下一楼与地铁日比谷线、千代田线、都营地铁三田线"日比谷"站直接相连,距离银座站和有乐町站也不远,可以经由地铁的地下通道步行5分钟

---

① 信息来源:赢商网

图8-85 地理位置

图8-86 地下相通

直接前往；同时，从地面步行至JR有乐町站也只需5分钟，交通位置十分优越（图8-85）。

另外，项目还邻近被誉为当代最好的剧场日生剧场、东京宝冢剧场以及HIBIYA CHANTER百货，后两者与项目地下1楼直接相通，形成一个超大的商业联合体，无形中增强了项目的人流聚集能力。地下1楼与车站直接相连，也可以直通东京宝冢剧场（图8-86）。

东京Midtown日比谷出自三井不动产之手，后者打造了东京最高的地标建筑——东京Midtown，项目属于第二座"东京Midtown"。

项目建于昭和时代初期（1930年左右）西洋风建筑的代表——三信大楼与日比谷三井大楼旧址之上。地上35层，地下4层，总面积约为19万平方米，是一个涵盖写字楼、购物商场192米高的综合体。

其中，地下1楼到地上7楼共8层为商场空间，约1.8万平方米，共有60个店铺，4楼和5楼为东宝电影院，6楼和7楼则为餐厅和屋顶花园，白天可眺望对面的日比谷公园风景，夜晚则可以观赏繁华的大银座地区夜景。

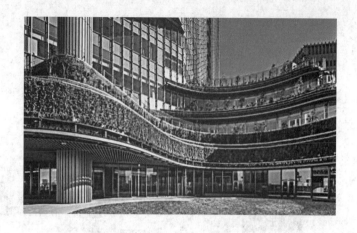
图8-87　建筑外观

2）高颜值商业综合体

项目的总体设计由英国五大顶级建筑事务所之一的霍普金斯建筑事务所操刀，设计关键词是"People in the Park"，力求将商业与公园融为一体，利用项目毗邻日比谷公园的优势，通过丰富的栽植、水景、绿意盎然的步行道以及屋顶花园，延伸借景，打造一个花园式商业综合体。同时，项目还导入防震、制震的建筑工法，当有重大灾害发生时，能发挥避难收容的功用，对于都市防灾是不可或缺的存在。

而在主设计上，以男人和女人翩翩起舞的形象作为设计的灵感，从打造新地标的角度，采用Art Deco样式，在建筑的外部的顶部和墙壁上融合了柔和的曲线。而这一设计样式，也呼应了1883—1940年在日比谷最重要的地标"鹿鸣馆"的建筑设计，设计师古今呼应的用意明显（图8-87）。

日比谷是日本的娱乐中心，周边剧院林立，而项目的商业部分则很好地借鉴和致敬了这一浓郁的影院文化氛围，以"影院航天城"为概念设计，崭新中带有古典的气息。

与项目柔软的整体观感一致，运用大量圆柱柔滑钢筋水泥的锐利感；内装善用大量曲线和充满和式意象的素材，打造高级、有质感的室内空间；3楼挑高的中庭，参照传统剧场空间打造，看起来庄重又不失气派。

项目无处不在散发着"优雅"的气息，从洗手间的设计细节就可见一斑。项目洗手间复古文艺的设计让人有种置身高级酒店的错觉。

男女洗手间里都自带"高大上"休息室，还细心地为男女休息室分别提供不同的服务：除了柔软的沙发和地毯外，女休息室提供化妆间，男休息室则有擦鞋机，让顾客能在逛街闲暇中体面又舒服地小憩，更有宾至如归的感觉。

3）集聚国内外当红品牌，22家以全新业态惊艳登场

商场的经营定位是"THE PREMIUM TIME HIBIYA"，意即提供日比

谷最优质的体验。项目瞄准追求生活品位的客层，因此精选了国内外60家时尚又不失小奢华的优质品牌，这60家品牌里还包含了多个"首次"。其中：

①日本首店品牌共6家；

②首次进入大型商业设施的品牌共15家；

③首次以全新业态出现的品牌共22家。

项目里品牌的营业时间与国内稍有不同，商店是11：00-21：00，餐厅则是11：00-23：00。

（1）精心挑选国内外当红品牌，而且必须是"首店"

①Buvette：日本首店，全球第三家门店

来自纽约的高人气餐厅，首次进入日本市场，日本这家门店是该品牌继巴黎之后开的第三家门店。它主打法式brunch，无论是店内装修还是食物都充满浓郁的欧式风情，深受当地年轻人的喜欢。

②"添好运"：中国香港米其林一星点心店，日本首店

说到"添好运"，熟悉中国香港的人可能会想到"香港老街的美味点心店"。作为"全世界最便宜的米其林一星店"，其主厨麦桂培所发明的原创菜谱与其前所未有的超高性价比让添好运在中国香港一夜爆红。开在日比谷的日本首家分店不仅食谱和菜品与中国香港总店完全相同，而且一盘点心500日元（约30元人民币）的亲民价格也十分具有吸引力。

③mastermind TOKYO：日本首家旗舰店

这间店铺在设计上充满强烈的mastermind风格，一进门便可看到由Brunswick特别定制的暗黑台球桌，品牌签名式的骷髅骨Logo更是随处可见，来自mastermind JAPAN及mastermind WORLD两个系列的最新单品则整齐排列在两侧。位于店铺正中央采用了类似于银行金库的混凝土小屋，事实上这是为VIP们特别打造的试衣间。

（2）把"集市"的概念搬进购物中心

①"怀旧市场"：HIBIYA CENTRAL MARKET（日比谷中央市场）

这是由日本老牌书店"有邻堂"与日本时尚创意教父南贵之携手打造的复合型店铺，他们希望能将HIBIYA CENTRAL MARKET打造成小巷内的集市一样。店内聚合了书店、服饰、生活杂货、餐饮、美发等9种业态，除了销售书籍、衣服之外，里面还包含了怀旧的居酒屋、理发店与复古眼镜店。多个业态叠加而成的店铺犹如一个"怀旧的中央市场"空间，既有趣又充满情怀。

②"美妆市场":"ISETAN MiRROR"化妆品牌集合店

"ISETAN MiRROR"是伊势丹推出的化妆品牌集合店,这家店铺是该品牌最大的店铺,里面有超过40家日本与国际彩妆品牌。除了彩妆之外,店里还可以体验最新款的人气美容仪器,并提供美发、美体、美甲的服务,完全满足了女性消费者爱美的需求。

③"美食市场":HIBIYA FOOD HALL(日比谷美食广场)

位于商场B1层的日比谷美食广场汇聚了不同国家与种类的人气美食餐厅,包括:

①西班牙欧陆料理:Bar&Tapas Celona;

②龙虾牡蛎海产餐厅:BOSTON OYSTER&CRAB;

③越南餐厅:VIETNAMESE CYCL;

④轻食:Susan's Meat Ball;

⑤美式餐厅:Brooklyn City Grill;

⑥农家野菜健康饮食:Mr.Farmer;

⑦咖啡厅:日比谷焙煎咖啡。

(3)全新业态出现的品牌,熟悉的品牌到新展现

①LEXUS MEETS…:雷克萨斯首个品牌体验店

这是丰田集团旗下的豪华汽车品牌LEXUS(雷克萨斯)在日本推出的首个品牌体验店,除了汽车展示之外,还结合了咖啡店、精品杂货。店内分成左右两个空间,右边贩售Lexus汽车相关物件,左边则是咖啡馆。另外,店内还提供试乘体验,只要提前在官网预约,就可以从11种车型中挑选想要的车款来试乘。

②Billboard Café & Dining:以全新的"音乐+餐厅"的模式进入商场

2007年Billboard Live以音乐展演空间之姿进军东京六本木与大阪西梅田,这次它以全新的"音乐+餐厅"的模式进入商场。位于3楼的Billboard Café & Dining是与美国告示榜(Billboard)携手合作的音乐美食餐厅,餐厅内到处充满着音乐的元素。室内空间分成吧台区、沙发区、座位区,还有4间小包厢以及室外座位区,正中间的DJ台是Billboard Café & Dining的灵魂所在。虽然音乐是核心,在餐饮部分也丝毫不马虎,午餐和下午茶时段以清爽的餐点为主,晚餐的菜色有许多融合和风与洋风的独家创意料理。

③REVIVE KITCHEN THREE:人气美妆护肤品牌THREE的"健康"餐厅

随着消费者对健康饮食的重视,健康、绿色正逐渐成为餐饮也发展一大趋势。而一向以出产天然植物油极地的美妆护肤品闻名的THREE也顺

势加入了餐饮的市场。这次它在东京MIDTOWN日比谷开了一家主打健康饮食的餐厅。餐厅里使用的都是日本产的有机食材，专供新鲜健康的餐饮与甜点，深受年轻女性的欢迎。

④TOHO电影院：复合式电影院

这家TOHO电影院是目前东京最大的电影院，也拥有11个放映厅的复合式电影院，最多可容纳2200人。在这里除了可以看电影之外，还可以买到电影的周边产品。

（4）人性化服务：你所需要的都在这里

日本的人性化服务一直以细致到"变态"称著，东京Midtown日比谷的商场服务虽然不至于让人惊艳，但是也十分完善，就像在你身边的一个"暖男"，把你在商场购物时可能遇到的各种意外状况都考虑到了。而且，操作难度不大，对国内项目尤其有借鉴意义，是一个成本不高的"小心机"加分项：

①免费WiFi、自行车停车位、送货上门、休息室、吸烟区；

②无障碍服务：设计有残疾人停车场以及提供轮椅出租服务，以及无障碍卫生间等；

③针对带小孩出行的顾客：提供婴儿车出租以及母婴休息室；

④信息查询：在商场1楼中庭处，可以查询商场内包括婴儿车/轮椅的借用情况，以及失物和找到物品的信息等；

⑤急救装置AED：商场1楼处设置了AED（自动体外除颤器），以应对在呼吸/脉搏停止等严重情况下的心脏病发作情况，为患者抢黄金救援时间；

⑥停车场：停车场位于地下室2层和3层，设有平面式停车场和机械式停车场，后者可大大增加停车位置；

⑦免税服务：在商场3楼服务柜台可为在商场店铺内购物的商品办理退税服务，并且提供四种语言——日文/英文/中文/韩文服务；

⑧行李寄存：这项服务是收费的，800日元（含税）/件，约48元人民币/件。

案例：香港太古广场

香港太古广场城市综合体位于中环东侧。在香港金钟地铁站上盖的太古广场，是商业、购物、娱乐、文化荟萃之地。整个项目包括楼高四层的大型购物商场、3座甲级写字楼、2座酒店式住宅、1所会议中心及3间五星级酒店，设施齐备，提供一站式豪华消费及娱乐。这里是体验香港人吃喝玩乐生活消费模式的极佳去处。广场拥有3家五星级饭店、高级办公楼、住宅以及200多家专卖店，云集了多种世界名牌。虽然这里的欧洲品牌没有置地广场和半岛酒店名店街那么多，但物品丰富，价格也比较合理，是许多香港人的购物首选（图8-88）。

图8-88　香港太古广场

13. 购物公园Shopping Park

购物公园即Shopping Park，又称第五代商业模式，它实际上就是集购物、休闲、美食、娱乐为一体的情景式体验购物中心。和以往以购物为目的不同的是，Shopping Park更注重体验，为了体验而购物，在体验中享受消费是它的核心理念。而"PARK"概念最早源于英国"RETAIL PARK"（零售公园），指由一群大型的仓储店、超级量贩店或超大型超市所组合而成的购物中心。这一新的模式，很快风靡全球，世界范围内很快出现了各种大型情境体验式商业中心，在欧洲，遍地开花的Shopping Park宣告了Shopping Mall时代的终结。近几年，在我国北京、上海、深圳、广州、天津、成都、重庆等一二线城市，均不同程度地引入了该概念，如上海吴中路的爱琴海购物公园。

图8-89　英国蓝水购物公园

案例：英国蓝水购物公园

在英国伦敦东南郊的科特郡，有一个久负盛名的蓝水购物村。开发和建造这样一个购物中心的宗旨，是让顾客可以在这样一个场所，如果愿意的话，可以花上一整天体验。整个购物中心拥有商店、餐馆、咖啡厅和酒吧以及一个有12个放映厅的电影院等，全面的商业体系吸引着来自世界各地顶级品牌的加入，Burberry、Louis Vuitton、CK等名品纷纷入驻。而其内街上下两层采用自动扶梯相连、三角形的室内步行街设计将商业动线闭合，使客流从任何一个入口进入都能完成商业动线洄游，保持人流的循环效应，这对于积聚客流有着巨大的帮助。蓝水的开业，给英国的购物消费带来的是一场空前的变革，事实证明了情景购物模式的巨大成功，更多人们更愿意来到这里享受购物（图8-89）。欧洲各国纷纷效仿，一座又一座的购物公园如雨后春笋，世界从此进入Shopping Park时代。

案例：爱琴海购物公园

上海爱琴海购物公园的定位是集艺术、购物、餐饮、娱乐、休闲、儿童、体验等业态于一体的生活体验式购物中心。目标为消费者提供优质的购物体验，为不同消费群体构筑一个全方位的休闲购物完美空间，辐射周边及上海百万高端居住人群。是一个集萃文化、情感、生态、摩登的高端商业中心。购物中心主体部分分为地上8层和地下3层。总建筑面积55万平方米，由24万平方米购物中心、10万平方米环球家居博览中心、9.5万平方米国际街区、5万平方米城市生态公园组成。共有1950个停车位，能够最大容量满足消费者停车需求（图8-90）。

图8-90 爱琴海购物公园

案例：新加坡怡丰城

商场总面积150万平方英尺，出租面积104万平方英尺，商店超过300家。3层楼面加上2个底层、7层停车场，期待成为21世纪具地标性、富有活力的现代化都会商场。当人人以为新加坡购物中心数目之多已进入饱和状态，怡丰城的出现，才令人明白什么是"最霸气"。本地很久没有这样的Mega Mall了，走也走不完。

怡丰城重量级租户有三个：一是本地规模最大院线嘉华怡丰城；二是第一次走出乌节路的"诗家董"（Tangs），二层楼面86000平方英尺以时装与精品店风格为主打，提供度假村式消费体验；三是霸型超级市场VIVOMART（10月14日营业），11万4000平方英尺提供"三合一"，即大人（Giant）霸级超市、冷藏公司（Cold Storage）的天然食品超市（本地最大规模有机食品市场），以及佳宁（Guardian）保健与美容店（图8-91）。

图8-91　新加坡怡丰城

14. 主题乐园式Mall

Mall产生于20世纪初，20世纪50、60年代在美国等发达国家盛行，掀起了商业经营方式的新浪潮，并逐渐以其集购物、餐饮、休闲、娱乐、旅游等于一体的综合性经营模式与完美的环境配套设施而风靡欧、美、日及东南亚国家。

乐园Mall是一种主题乐园式的体验商业，是将主题乐园与Mall相结合的经营方式。该经营方式把主题娱乐和购物消费结合在一起，以主题乐园为核心，带动其他商业、零售业、服务业的发展。

案例：韩国乐天世界

韩国乐天世界是已被载入吉尼斯世界纪录的世界最大室内主题公园，乐天世界不仅有主题公园，还有百货商店、饭店、免税店、大型折价商场、体育中心等场所，是一座名副其实的城中之城（图8-92）。

图8-92　韩国乐天世界

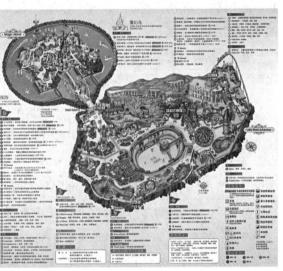

图8-93　建筑物介绍

　　它拥有室内"乐天世界探险"和室外的"魔术岛",还有四季皆宜的"乐天滑冰场"以及体验韩国文化和生活的"乐天世界民俗博物馆""乐天影院"等,是世界上最大的室内游乐场。

　　乐天世界的主要商业设施有综合性商店——乐天世界马格那,乐天世界购物中心和世界商店蚕室店。

　　乐天世界马格那是从物美价廉的新鲜食品到名牌时装应有尽有的综合性购物中心,在宽敞舒适的商场内可以享受百货商店水准的服务。

　　乐天世界购物中心内有先导流行的时装店、杂货店、国际市场街、餐厅街,汇聚了世界各国家具的家具街,还有五个剧场和大型书店、TGI Friday、

Marche等家庭餐馆等设施任由游客享受。

世界商店蚕室店以追求新的生活方式的顾客为服务主体,满足顾客文化、消遣和购物的多种需求,常年提供丰富的商品种类。

15. 汽车公园

目前,汽车公园是一种新型汽车经营模式,从发达城市及沿海一带逐渐向中国腹地蔓延,正在成为继4S店之后的又一道靓丽风景线。

随着中国汽车市场的快速增长,传统的汽车销售经营模式将逐渐被淘汰,在注重体验展示汽车文化的消费市场导向中,汽车公园隐藏着巨大商机。汽车公园作为一种新型的汽车商业业态,"一站体验式"消费是其核心价值,"一站体验式"模式将汽车关联产业、餐饮娱乐业以及休闲商业商务活动衔接在一起,将创造更多的潜在市场价值。并且,在促进本地区汽车市场发展的同时,更将带动周边环境价值升值,成为城市新名片。汽车公园改变了传统的品牌4S店分散经营、汽车市场服务单一、环境杂乱的现状,它不仅给汽车消费者提供了一个全方位的服务平台,更带给大家快乐的消费体验。

案例:法拉利汽车主题公园

于阿拉伯半岛东部北濒波斯湾的阿联酋是一个时常创造奇迹的国度:世界上唯一的七星级酒店Burj Al-Arab、耗资6.8亿美元的机场扩建计划……如今,汽车史上最为壮观的主题公园——"法拉利汽车主题公园"也诞生在阿联酋阿布扎比。

法拉利汽车世界(Ferrari World Abu Dhabi)是最大的室内主题公园,主题公园地处亚斯岛,紧邻F1阿联酋站赛道,占地面积超过8.6万平方米。公园的红色屋顶面积20万平方米,空中俯瞰,如同外星飞碟,屋顶上悬挂着世界最大的法拉利标志(图8-94)。

公园的整体造型采用利于布置的对称形式,就像规划图一样像极了扇贝。公园里共有20项游乐设施,最吸引人的是两台过山车。一台过山车模拟F1赛车设计,最快时速240公里,是世界上最快的过山车。乘客可以感受到"F1赛车贴地行驶"。

图8-94 法拉利汽车主题公园

三、商业建筑屋顶创意

在繁荣地段上的商业物业可以说是"寸土寸金",在盘活上层物业的提升活动中,屋顶利用是一个重要技术手段;商业建筑屋顶的成功利用至少有三个方面的好处:一是引导客流上升;二是增加商业面积;三是创造出"空中花园"的概念,为消费者提供花园式的休闲场景。

1. 上海怡丰城

上海怡丰城坐落于上海西南的闵行区中心,面积达120000平方米,是一座提供多样化购物体验的五层购物中心。包括购物、娱乐、餐饮、儿童教育及生活设施。

上海怡丰城将整个5层屋顶打造成缤纷好玩的露天空中花园Sky Park,在近1万平方米的空中花园中,设计成与自然亲密接触的探索乐园、生机盎然的天空农庄。同时还配备现代化露天剧场,可举办各种形式的艺术表演、时尚发布、演唱会、话剧及商业展示等。

2. 杭州城西银泰城

城西银泰城是杭州首个商业商务双核综合体,总建筑面积达到40万平方米。银泰城建筑形态是由高层现代建筑以及低层商业建筑、广场、空中休闲公园等组成。

早在2015年3月,杭州城西银泰城就已经尝试通过屋顶农业项目来助推商场体验经济,应该是国内最早做这方面尝试的商场之一,初见成效后,便引入哈泥天空农场专业品牌进行屋顶都市农业项目的开发和运营。

引入了有哈尼天空农场,在农场内既可以进行蔬菜、植物种植体验农耕乐趣,还可以给小动物喂食玩耍,除了常见的小鸡、小兔子等,还有矮种马、小香猪和动物界的"网红"羊驼。天空农场能让父母和孩子一起享受田园时光,达到亲子互动的目的,这样有趣的项目能够增加商场业态的多样性,帮助商场引流。

3. 长风·大悦城

大悦城在屋顶利用上有"创造新地标、往高层引流上"的策略,长风大悦城的屋顶规划则另有新意。

长风大悦城是一座地下2层、地上5层的非封闭式商业建筑,在2016年被大悦城收购,由于项目位于长风生态商务区商圈,自然环境优越,项目采用了"户外运动"的定位。

凌空跑道项目即将成为长风大悦城屋顶体育公园的一部分。按照初步规划,跑道会设计成架空的斜坡式,全长200米左右,采用钢结构和塑胶材质。这使得项目屋顶功能定位和环境融为一体,形成新的IP。

4. 七宝万科的屋顶利用策略

在七宝万科8000平方米的屋顶上,设计三块业态升级版"花鸟市场",分时出租,可用来烧烤、聚会和求婚的"私家花园",以及比室内更亲近自然的儿童乐园。

在天气条件良好时,有超过7000人来到七宝万科的这座屋顶花园。

5. 长沙IFS

长沙IFS屋顶采用艺术吸引人气的策略将项目七层的空中雕塑花园、艺术廊及各楼层室内以及室外的活动空间,将举办艺术展、文化交流活动、音乐节及啤酒节等四季不断、多姿多彩的国际化互动性活动,切合热情爱玩的湖南人性格,为长沙市民带来艺术文化与时尚碰撞的全新生活方式。

6. 静安·大悦城

这一独具匠心的空间营造,使得摩坊166一经推出便广受消费者及行业好评。摩天轮SKY RING和摩坊166构建了一道"生态"的"摩天轮经济圈",以吸睛方式改造的顶层空间,成为提升客流的新高地。借助屋顶开放空间优势,引入室内楼层无法展开的极具体验感的业态,成为大悦城最具活力的空间之一。其次,通过摩天轮和摩坊166对消费者的强势吸引力,将客流向传统的高层弱势空间拉动,向下形成喷淋式客流动线。

第九章

商业建筑空间设计重点

第九章 商业建筑空间设计重点

第一节 重要的规划技术和参数

一、总平面布置的逻辑

1. 内聚式的布置方法

这种方法的目的是聚集客流,适合具有"游逛"特点的商场或商业街区,也有多个内聚核心布置方法。

2. 开放式的布置方法

这种布置方法,适合客流密集的商业区,以最多的入口吸纳客流,或者是目标消费的市场、街区,可以使客流快速到达、快速疏散,以免造成拥堵。

1)开放式商业街区

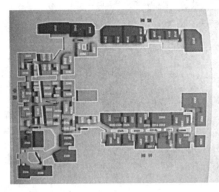

图9-1 成都太古里

2)开放式的专业市场

图9-2 开放式专业市场

3. 混合式的布置方法

既有内聚式的商场布置，又有开放街区布置的混合式布置方法，如万达金街和万达广场。

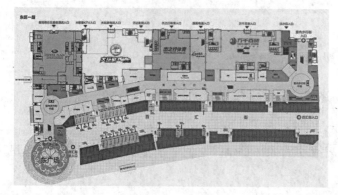

图9-3　某地万达广场

二、动线设计逻辑

1. 动线原理

动线，由客流途径和引导标识组成，是商业经营在客流引导、商店布局上的策略反映，所谓"刚性动线"，是采用设置"必需"的路径引导客流；而"相对"的"柔性"动线则是采用商店设置和情景引导等方法，诱导客流前往。

动线的长短又涉及可以分隔的店铺多少；动线的路径越长，商业界面越长，可以分隔的店铺越多。

动线过长也会因为消费者"游逛"的体力成本太大产生疲劳感而放弃。

2. 动线设计的基本方法

动线设计中有两种基本布置方法：一个是适合快速到达和疏散的"井"字动线；另外一个是具有购物休闲和游逛特点的"回"字动线（图9-4、图9-5）。

动线设计的实质是时间设计："井"字动线的入口多，道路距离短，目标性强，客流进出和疏散较快；"回"字动线则利用楼层的周长，能够有效地

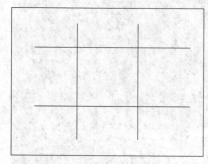

图9-4　"井"字动线

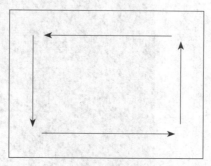

图9-5　"回"字动线

延长客流的逗留时间。所以"井"字动线适合目标消费和采购,"回"字动线适合休闲购物。

在大型商业建筑或建筑群中,可以采用多个"井"字动线组合,也可以采用多个"回"字动线组合;两个"回"字动线可以交合,称之为"8"字动线,三个"回"字动线交合称之为"三环动线",还可以采用不交叉交汇的多个"回"字动线。

3. 其他

注意商业内部的道路和外部的道路衔接,并且设计衔接的节点和到达的停车、落客处,设计导示系统和蓄客空间。

三、提高空间价值的方法和案例

由于楼层商业物业价值低,而首层的商业物业价值高,曾经有位商人说过一句精彩的有关商业物业话语:"把每一层商业物业经营成第一层(商业物业),这个(商业)项目就成功了。"改善楼层商业物业价值,正是设计师的一项十分重要而有意义的工作。同理,因为对改善商业建筑上部空间有许多探索和成功案例,笔者从中归纳出八种方法。

1. 规划创意法——香港朗豪坊

要点提示:该项目的亮点在规划理念创新,把步行街竖起来。高楼层商业物业步行不易到达,由下往上爬楼更是商业空间布置中的忌讳;但是该项目运用体验心理,采用跨层电梯将客流送至顶部,然后让客流不费力地下行,达到了高楼层商业物业有效利用的目的,而且有猎奇心理的体验效果。

2. "车位上置"——万象城、上海环球港、青岛佳世客

车位紧缺一直是中国大陆地区商业设施的不足之处,"车位上置"把停车位上移到商业楼层或商业建筑上部,不仅满足了商业设施的车位配套要求,而且具有把客流输运到高楼层商业物业的效果。沈阳万象城在多个楼层上布置停车位,把客流运到各个商业楼层。万象城、上海环球港和青岛佳世客把车位设置在屋顶,引导客流由上而下流动,与香港朗豪坊的规划创新具有相同的效果。

3. 主力店引导法

把电影院等吸引客流作用大的主力店设置在商业物业顶部,同样具有引导客流向上流动的效果。如上海淮海中路的环贸购物中心顶层的百丽宫影城,在吸引游客观看电影的同时带客流上行,达到提高上部商业物业价值的效果。

4. 设备法——跨层电梯(业界又称"天梯")

采用跨越多个楼层的超长自动扶梯,把客流直接运到顶层,让客流循层而上,以达

到提高上部商业空间价值的目的。香港朗豪坊、上海静安大悦城、万达天街、重庆星光天地和成都环球中心均采用这种方法。

成都环球中心：设有挑高65米的跨层电梯，直达顶层。

协信星光时代广场：拥有4部双向跨层扶梯，纵跨4层楼。

大悦城：扶梯分三段，首段从1楼到3楼，第二段从3楼至7楼，第三段从7楼至11楼，在3楼和7楼分别设置分流平台为顾客提供其他交通设施。

5．业态布置法

每一层楼层商业物业只布置一类商品，使经营者向业态规划设置的楼层集合，以达到商业上部空间产生价值的目的。

齐齐哈尔"百花红楼百货"就是这样的案例，业态分布为1层女装、2层包袋、3层男装等共5层。这个项目不仅仅利用了上部空间，而且达到了每一层同样租金价格的效果。这种方法适合于商业物业需求大于物业规模的项目。

6．坡道法

设置平缓坡道，让客流上行，这种方法分为车行和人行两种。

车行坡道：如成都红牌楼金宇车城，通过旋转上升的环形车行通道，引导客流上行。

人行坡道：如梧州宝石城，商城采用螺旋迂回无梯设计理念，通过坡道让客流缓慢上行至2层，使商城内的铺位处处是经营旺区。

7．挤压法

成都某广场位置上无优势，建筑条件也不好，商业面积分布在负2至7层的楼面，但能够达到招商实现率95%，租金7年里上升200%以上，其高层业态由于整栋大楼高利用率，入驻商户多，挤压上楼，形成较好的商业效应。

8．情景法——拉斯维加斯·威尼斯人·运河城

在刺激性极强的赌城上部空间似乎只可继续开设同类业态，因为该类业态刺激和兴奋程度高，其他的体验和乐趣会变得黯然失色，但是美国拉斯维加斯的"威尼斯人"2层的运河城购物中心却别开生面，繁荣程度比起1层的娱乐项目（赌场）毫不逊色——铺满鹅卵石的街道、唱着情歌的船夫和缤纷的威尼斯建筑景观，让许多人仿佛已置身于意大利的威尼斯，乘坐小船的特殊项目更吸引了大量客流前来游览。

中国澳门特别行政区也有同类项目。

四、商业经营环境规划控制

1．时间规划——经营时区控制

由于消费时间习惯、商业经营时间的差异，须对商业建筑进行时间调节

和控制,目的是造成聚集——促进商业繁荣或调节时间区域以降低运营和管理成本。

按照人们的消费习惯,一般人们消费时间习惯为:

1)早上11时前为满足生活所需的采购性消费;

2)中午~下午(12时至18时)为游逛性或体验性消费;

3)下午~夜间(19时至次日2时):

(1)19时~21时:仍有游逛性或体验式消费;

(2)19时~22时:聚会和娱乐性消费;

(3)21时~次日2时:娱乐性消费。

这些商业空间的时间性可以从商店的经营时间中获得。

商业空间时间规划分成:同时、分时和顺时三种规划方法。

1)商业空间同时间规划

即在该空间设置统一的经营时间,产生聚集效应,使商业展示最大化,让消费者充分选择,在消费者充分选择中,商业充满活力,达到品种多样、价格合理、服务周到的目的,如美食街、服饰城、酒吧街等均可采用商业空间同时间规划。

2)商业空间分时间规划

有时候,有的业种在同一空间、不一致时间中经营,不但不能产生良好的聚集效果,反而因为不一致时间导致商业空间中冷清景象,导致消费观感差,如儿童体验和成熟客流消费人群的咖啡馆设置在同一楼层空间中就较为不妥,需要分时区规划。

3)商业空间中时间连续性规划

消费有时间性特点,如果不关注这种消费的顺延规则,就进行商业空间中的时间规划,不仅流失了商业的消费资源,而且会使空间中的业态规划变得十分唐突。

一般在进行日常消费所需要的采购活动后,人们会直接回家,如果时间仓促,也会选择快餐或者小吃类等即食形式的餐食,这类同一商业空间中的连续性规划就比较自然和合理,如果在大型超市附近开设小吃比较合理,设置正餐饮就显得相对不妥。

按照商业空间中时间连续性规划要求,中国大陆家庭夫妻或女性会产生如此消费连续性行为:逛街—购物—小憩—逛街—回家或在外就餐。按照这样的消费时间特点,在商业空间中进行时间连续性规划,在时尚商业街或精品百货商场附近设置茶歇、饮品以及轻餐饮或时尚快餐,将有良好的时间连续效用。

2. 动静商业空间规划

商业空间环境设计中有"动区"和"静区"的规划要求。

"动区"的设置是为了让消费者兴奋，释放活力，产生消费的冲动；

"静区"的设置是为了让消费者慢慢品味或细心观赏商品。

通常情况下，动静区域应当通过规划手段进行分离，如运动品牌（经常会有运动示范）和珠宝首饰、茶艺和舞厅、瑜伽和歌厅、美容和电游等业种应当进行动静分离控制。

3. 商业空间中的声音规划

根据世界卫生组织的定义，一个正常听力的人能听到的最小声音在25分贝以下。美国环保署认定的人类能忍受（不产生听力损失、睡眠障碍、焦虑、学习障碍等）的最大噪声为70分贝；而当声响达到140分贝以上，即使声音时间很短，也会引起听力损伤。

通常情况下，在同一商业空间中，设计者不可以把会发出强烈声音的业态和需要安静体验、观察的商业布置在相邻或者同在一个狭小空间中；而会发出强烈声响的业种（如舞厅）应当控制声响在95分贝以下。

4. 商业空间中的温度、湿度和新风控制

1）温度：总体控制在冬天18℃以上，夏天28℃以下，如果有特殊业态的商业空间要进行内部区域温度设计的微规划。如滑冰场，温度不应高于零上3℃；在身体动作较大的区域（如舞厅，运动业态）温度应低于正常商业空间温度2℃以上；而在一些让人较长时间处于安静状态的区域，如书吧、咖啡馆及可能发生试衣行为的区域，温度设置需高于总体控制温度2~4℃。

2）湿度：在我国湿度较大区域需要配置吹风调节湿度，达到人体舒适的相对湿度为50%~60%，并考虑到商品防霉变的需要，商业空间中的湿度应当控制在60%以内。

3）空气质量：由于空气污染原因，我国大部分区域，有数天或数十天（尤其是商业繁荣区域）都有不同程度的雾霾情况。由于现代人70%~90%的时间处于室内，室内PM2.5污染对于人的影响更显著，人均室内暴露量和潜在剂量为室外的4倍，即指人在室内PM2.5吸入量是室外的4倍。以北京为例，其市内平均PM2.5浓度为82.6微克/平方米（单位同下），属于轻度污染，在发生雾霾的时间内，室内空气处于"污染"等级（即大于75，包括轻度污染）。在同等的外部条件下，楼层17层以上室内等级最优，8层以下室内等级最差（商业物业多为这个楼层段以下），而商业环境的室内等级略优于居住环境，这可能与商业楼层普遍采用中央空调有关。在室外PM2.5监测值低于75微克/平方米时，开窗通风有利于室内优质空气的维持；而在室外PM2.5监测值高于150微克/平方米时，开窗通风则成为室内空气质量的破坏因素。由于雾霾在短时间内较难清除，因此在中国大陆部分雾霾严重的区域，封闭式的商业空间中应该设置有过滤PM2.5功能的空气清新器。

5. 商业空间中的照明控制

商店建筑照明的照度标准值　　　表9-1

类别		参考平面及其高度	照度标准值（lx）		
			低	中	高
一般商店营业厅	一般式域	0.75m 水平面	75	100	150
	柜台	柜台面上	100	150	200
	货架	1.5m 垂直面	100	150	200
	陈列柜、橱窗	货物所处平面	200	300	500
室内菜市场营业厅		0.75m 水平面	50	75	100
自选商场营业厅		0.75m 水平面	150	200	300
试衣室		试衣位置1.5m 高处垂直面	150	200	300
收款处		收款台面	150	200	300
库房		0.75m 水平面	30	50	75

注：陈列柜和橱窗是指展出重点时新商品的展柜和橱窗。

商场照明的目的是为了提高顾客的购物欲望，照明设计要突出商场和商品。现行标准是在能源紧张时期修订的，所以在实际运用中，照度的标准高。

商场的照明要求一般色温在6000开尔文以上，照度要求在600勒克斯以上，并且分布均匀，显色性高。一般来说，在大卖场区域，当高度大于6米时，采用点光源；高度小于6米时，采用线光源（光带）。在肉制品/熟食区、面包房、水果、蔬菜区域，照度要求不低于1000勒克斯。商店建筑照明的照度标准值见表9-1。

1）一般照明

任何商场的营业场所均必须装设一般照明，广泛使用的LED照明光源，它除了为顾客买货追求足够照度外，还需求在整个场所出现亮堂的空间明度，使进入商场的顾客有一个恬静的感觉。营业场所的一版照明通常采取线光源规矩地布置在底蓬下或嵌入顶棚内，能够不放成带状，也可以组成放开、方格或其他图案。这种规矩的布置为场所降求平均的照度。对于贵重奢华商品加强照明使用点光源作均匀布置，更能显示商品的特点和华贵。

2）重点照明

重点照明的主要目标是为了树立展示商品的制型，表达展示品的结构、质地和颜色构成与四周环境更强烈的对照。良好的重点照明能使展品看起来很有光泽，产生一种闪闪发光的成效，使商品富有吸引力。动用定向的重点照明灯具，对铺品、古装模特正面以更高亮度，形成一定暗影，构成特有的制型。展示品暗影强弱，取决于其正面亮度与其附近环境或负景亮度之比，该比值越大，则阴影强烈，造型成效越好。一般而言，当亮度比至少应为2~3倍，以至达到20~30倍。注意，这里指的是亮度而不是照度之比。暗影造型适用于橱窗，商场内部由于负景不宜太暗，一般不做强烈的阴影造型。商场重点照明应该是局限在不大的范畴，主要是由商品的价格水平、豪华水平和其本身的特别质地决定的。富丽、贵重的商品，如珠宝、金银首饰、高等时装、贵重的工艺品等，需要运用重点照明，以显示其外表光泽和闪耀或精良的质地，形成艺术性效因。

6. 气味控制

食品烤制区域的味道控制，不至于飘散到零售区域，影响消费者对商品的关注度。如有商业项目引进烧烤、烘焙等食品专柜、现烤业态时，一定要注意气味的控制。宠物的异味也需要管控。

五、停车场规划原理

1. 基本理念

1）一个商业项目的动线或停车场设计的总体思考：把项目融入城市交通的微循环中去。

2）车位和商业关系：在停车场规划初始期，无论场地或在商业设施的位置是否确定，交通评价及主要出入口论证都很重要，满足商业的基本需求，基本的量，即每百平方米的1个车位数量，如能提高车位配置率，则对项目承载更多的有车消费有帮助，这就是上海静安寺商圈繁荣的重要原因。

2. 规划方法

停车场的大小和位置，用地性质和当地商业规模、交通系统、道路资源相关，明确汽车位的需求关系有利于停车场定量、定性。研究范围不仅仅要研究项目主体，还要研究商圈及车位供求，峰值与谷值以及价格和总体收入情况。方案应将计划中的开发内容（如一个商业项目必需配置的停车场视为一个不可或缺整体）。停车场规划由投资方、开发商、经营者、设计师共同参与，并由评价机构提出要求。

商业项目的主体（业态特征、盈利模式、客流状况）影响和停车场及出入道路设计思考可以按以下步骤进行：

1）观察项目周边道路总体特征和交通特征；

2）收集流量数据（包括本项目及周边商圈）；

3）确定由停车场所服务的商业设施产生的停车总量、频次、分时间数量以及峰值出现的时段；

4）确定方案对道路交通的流量负荷；

5）时段流量和极限或瞬间最大的交通流量；

6）分析周边交通、其他商业项目车流量和停车场配置；

7）核定本项目停车场开发容量，对比规划控制要求，停车场收益分析，确定开发总量；

8）商业总平面内部的交通流线；

9）商业规划总平面入口和出口；

10）设计用地内外的交通系统接驳。

3. 设计分析

具体设计中，研究商圈内道路系统中的出入口、交通节点、交叉口都要逐一分析通行时间和通行量。通过这些数据分析才可知道外部车辆出入本商场的顺畅、安全的程度。

研究商圈内各个路口的通行水平，通行在能力研究中，是了解道路和道路交叉口会车情况、指标和信号灯的效用。一旦认定交通不当，大型商业项目须向市政、交通管理部门提出改善交通的措施，来满足提高增量通行水平、收纳车辆、信号控制的需要。

改善需求包括：

1）对拥堵部分交叉口进行分向梳理，提高通行量；

2）去除影响畅通的因素，如非法停车、不合规设摊、行人不正确走路等；

3）在停车场效益差、缺少车位的地区，要强制配置车位，以往缺少车位的商业项目要求补充，满足要求，在停车效益好的区域，鼓励改变功能，增加车辆收纳量；

4）增加汽车通行路线；

5）增加汽车回转路线；

6）调置交通信号和交通控制系统；

7）增加缓和交通紧张的设施，比如环岛；

8）改善交通的运转情况，比如将单行道变为双行道；

9）禁止转弯；

10）限制路边停车；

11）限制货车在营业时间时进入区域；

12）增加信息和信号指示系统；

13）增加安全性；

14）增加步行、自行车道、天桥；

15）增加各商业项目、小区、办公楼宇入口管理设施；

16）规范地区的交通运转。

4．技术要点

由于商业建筑的交通容量和建筑对周边交通的影响，可能需要更多的高成本的改进措施，通向停车场的快速引道也可能缓解停车场安全高效运转的需求。所以应当考虑不同入口的位置以保证商业项目的高效率通行和疏散，如减少过窄道路、角度过大、陡坡、上下弯道、出入口照明。

1）合理车道设计：总平面的车道连接着停车场周边的道路和总平面内部的交通流线系统。交通影响和出入口研究应当考虑停车设施和规划时的建议，以保证出入口数量充足、位置安全。影响停车设施内交通流线的因素包括以下方面：

（1）每条停车道服务的车位量；

（2）每条停车道出入停车场的车流量；

（3）停车场内的车流（单向？多向？循环、交会点多少？）；

（4）内部的坡道系统及其运行；

（5）设施的控制方式，例如免费出入收费的智能系统控制。排除非购物车辆进入。

2）停车坡道、出入口坡道及其他形式的内部连接坡道影响着车辆的通行能力。其他与停车设施数量有关的因素包括以下方面：

（1）客车需求；

（2）货车需求；

（3）残障人士特殊停车要求；

（4）顾客从停车库去商场或商场来停车库的安全路径、手推车路径及缓动装置；

（5）综合性项目（如商住、商办、酒店等）综合利用（时差）停车场的方案。

5．车位计算公式

除了规划规定外，作为开发商、投资者，须认真计算车位以确定停车场的规划。在我国进入汽车时代后，商业竞争中有一项指标，就是停车场配质量和车位数量。由于我国各地经济、商业以及车位配置的情况差异很大，各地对商业设施车位配置要求不一样。

绝大部分地区都是按个/百平方米配置，也有区域规定得比较具体，如社区商业可按每百平方米0.5~0.8个配置，而城市中心、大型商业设施则要求按1.2~1.5配置（上海）。

附　上海市工程建设规范

建筑工程交通设计及停车库（场）设置标准

DG/TJ 08-7-2014 J10716-2014

5.1.6 建筑工程配建停车位指标的区域划分，应符合表5.1.6的规定。

表5.1.6 建筑工程配建停车位指标区域划分标准

区域类别	区域范围	备注
一类区域	内环线内区域（包含中央商务区、市级中心），市级副中心，世博会地区	根据《上海市城市总体规划（1999—2020）》，中央商务区、市级中心均位于内环线内，市级副中心（徐家汇、花木、江湾—五角场、真如）以及世博会地区（世博后续开发区）分布于内环线两侧
二类区域	内外环间区域（除一类区域外）、郊区新城、虹桥商务区、国际旅游度假区	郊区新城、虹桥商务区、国际旅游度假区均位于外环线外区域
三类区域	外环外区域（除一类和二类区域）	

注：市级副中心、世博会地区、郊区新城、虹桥商务区、国际旅游度假区的边界范围由相应总体规划或控制性详细规划确定。

5.1.7 公共建筑配建的机动车停车库（场），地面包括首层平面或上下客层平面，停车位不宜小于总停车数的5%。

5.1.8 位于轨道交通站点300m服务范围内、建设条件特别受限的公共建筑，其配建客车停车位指标可适当降低，降幅宜在20%以内。

5.2.3 办公楼停车位指标应符合表5.2.3的规定。

表5.2.3 办公楼停车位指标

单位	机动车				非机动车	
	一类区域		二类区域	三类区域	内部	外部
	下限	上限	下限	下限		
车位/每100m²建筑面积	0.6	0.7	0.8	1.0	1.0	0.75

5.2.4 商业场所停车位指标不应小于表5.2.4的规定。

表5.2.4 商业场所停车位指标

类别	单位	机动车			非机动车	
		一类区域	二类区域	三类区域	内部	外部
零售商场	车位/每100m²建筑面积	0.5	0.8	1.0	0.75	1.2
超级市场、批发市场	车位/每100m²建筑面积	0.8	1.2	1.5	0.75	1.2

注：1. 百货商场、零售型商店、便利店、单独设立的专卖店归为零售商场，总建筑面积小于500m²的小型商店、便利店可不配建停车位；
2. 大卖场、超市等大规模、集中型商品交易场所归为超级市场；
3. 对商业建筑面积无法标定的，按营业面积加30%计。

1）车位单元

单个车位面积是汽车进入道路合理间距、通用汽车投影面积的总和。

停车需求总是以每单位所需的车位计算的，该单位是一个关于建筑用途的量，通常用建筑面积。其他单位还包括居住面积、旅馆的房间数、座位数或人数，该单位应当是可计量的。总的说来，应当避免基于时刻变化的员工人数的停车率。

2）商业项目车位计算方法

总面积（GFA）：总建筑面积，包括所有墙的占地面积和结构的面积；

总营业面积（GLA）：可以用于出租营业的面积；

净面积（NFA）：总的地面面积，不包括建筑外墙；

净营业面积（NLA）：用于出租营业的面积，不包括建筑外墙。

这样，GFA计算建筑外墙的"外到外"，NFA计算的是建筑外墙的"内到内"。要计算停车需求，停车面积和被HVAC占据的面积、机械面积、电力面积、交通面积及安全设备的面积都应排除在NFA或GFA之外，因为这些面积与停车需求无关。以前的停车需求计算多使用NFA，但是现在的停车需求计算多用GFA。

3）设计余量

任何有关停车需求的讨论都要包含一个内容，就是停车行为的活跃程度是否以修正车位的规定。在商业项目中，用以确定车位数量的停车活跃水平通常被称为设计日。为平时的活跃水平所作的设计不应被理解为在一年的一半日子里都无法满足停车需求。相反，按照峰值考虑的设计是偏大的。而且通常的峰值只能维持1小时左右。商业地产项目不会因为车辆在百年一遇的时候因为他人停到了自己用地范围之内而放大车库容量，但他们可能不能容忍平时的车流也是过量的。停车共享方案及其昼夜交错都建议按照停车聚集量的85%设计停车需求。

4）有效供应

一个包括最大停车供给的停车系统在停车数量并未达到最大值的时候运转最为顺利，这个停车数量的范围大概是全部停车数量的85%~95%，系统的规模将起决定性作用。多余的空间使寻找停车系统的最后一个车位变得相对简单。

如果与车位联系的车道有良好的设计，车位的宽度应当能使车门方便地打开。因此，车位的宽度应当基于车门打开所需的宽度（即车辆之间的宽度）。开车门所需的空间在低周转率的停车场中应当为0.51米，高周转率的停车场中为0.61~0.69米。将这个结果加上设计车辆的宽度就得到了车位宽度的范围，大约为2.51~2.74米。

5）停车场车位基本尺寸

在实际设计中，垂直车位应该分为靠墙车位及背靠背车位两种情况，即，靠墙车位尺寸应为2400毫米×5300毫米，而背靠背车位尺寸应为2400毫米×5050毫米。

规范关于停车位的定义：汽车库中为停放汽车而划分的停车空间，它由车辆本身的尺寸加上四周必需的距离组成。

首先规范设定汽车外廓尺寸为1800毫米×4800毫米，即认为绝大多数的小型汽车外廓尺寸是在1800毫米×4800毫米以内，然后规定了车辆四周必需的距离，规定必需的距离，主要目的是为了满足停车后开启车门及打开后备厢的基本需要。

"垂直式、斜列式停车时汽车间纵向净距"的要求，微型汽车与小型汽车一栏要求的是0.5米，直接理解，当汽车纵向排列即背靠背停放时，汽车纵向间净距留足0.5米就满足规范要求了，而此时汽车停车位深度方向尺寸自然是4800+250=5050毫米就能满足规范要求了。此时这个0.5米的纵向净距其实是由相关的两个车位各自让出0.25米形成的，大家往往在此转不过来这个弯儿，规范是允许车辆四周的距离互相借用的，即开启车门及后备厢所需的空间允许相邻车位互相借用，但不考虑相邻的两个车位同时使用这个共同形成的空间，想想车位宽度方向2400毫米的规定是怎么来的就知道了。这就是背靠背垂直车位深度方向尺寸为5050毫米的由来。

"汽车与墙、护栏及其他构筑物间净距"的要求，微型汽车与小型汽车一栏要求纵向是0.5米，直接理解，当汽车纵向靠墙停放时，汽车与墙之间需留有0.5米宽的空间，此时，汽车停车位深度方向尺寸自然是4800+500=5300毫米才能满足规范的要求。它与背靠背车位的区别，就是这0.5米的空间需由这个车位自己让出来。

从另外一个角度看，背靠背车位深度方向5050毫米与靠墙车位深度方向5300毫米，两者的车位使用及舒适度是完全一样的。理解了规范有关车位尺寸的推导过程，这个问题自然就清楚了。

下边我们再来看规范给出的各种车型车位尺寸表：我们大多都是直接看到了表中垂直式车位标明的5.3米，却没有注意表格抬头关于各尺寸的表述是不同的，上表中关于"垂直通车道方向的最小停车带宽度"用的是"停车带宽度"，而"平行通车道方向的最小停车位宽度"用的才是"停车位"这个概念，这是有区别的，主要问题是"停车带"概念在规范中描述的不是十分清楚，简单讲它是指满足某个使用功能的一排车位的宽度，例如，满足一个停车及开启后备箱功能的停车带宽度，对于靠墙车位来说是指车辆长度4800毫米加上它自身让出的500毫米即为5300毫米，对于背靠背车位来说，则是指车辆长度4800毫米加上它自身让出的250毫米以及相邻车位让出的250毫米，空间借用之下，它也是5300毫米，所以，规范规定这个停车带的宽度为5300毫米，同样适用于靠墙车位及背靠背两种车位。

通过以上分析，我们不难得出以下结论：靠墙的垂直车位尺寸应为2400毫米×5300毫米，而背靠背的垂直车位尺寸应为2400毫米×5050毫米。大家在以后的设计中，千万别再用错了。

（上述内容根据国外有关经验资料和国内有关规定整理汇编）

六、商业配套要求

1. 配套决定业态选择

配套决定商业建筑的使用价值，配套设施同样反映商业建筑"通用性"和"专用性"的策略。商业建筑作为长期的或永久性的建筑物，从商业伦理和物业持续经营考虑，应当采用"通用性"的设计策略，即以配套设施考虑，满足商业建筑广泛性、多用途的物业资产经营需求。

2. 繁多的配套内容

商业建筑的配套设施内容繁多：包括电（强电、弱电、微电、网络）、水（包括进水、排水——生产污水、生活污水、雨水排放）、管道煤气、有线电视、广播、油烟气处理和排放、货品运输和储存、停车位、职工休息和办公区域等。

3. 配套设计原则

1）除了专业设计和策划外，笔者提出如下配套原则：

（1）有效性

能满足这个商业建筑的经营所需，使商业建筑产生效益。

（2）同步性

在所有商用设备、设施同时启用时，配套设施提供保证供应。

（3）分置性

部分业态确实不可能同时经营，应当分开计算容量，如KTV不可能与零售为主的商场同样开启电闸，所以不可能产生瞬间最大荷载的电流。

2）餐饮经营的需求

多增加一些餐饮功能的所需配套内容。由于电商冲击和中华民族对美食的偏好，餐饮物业需求大的特点，有商业建筑配套部分设计，应当有未来经营餐饮方向的考虑。相关内容有：

（1）烟气排放：厨房区房屋的烟道设置；聚餐处（考虑到现场烹饪或烧烤）烟道设置；油烟气排放的通道等。

（2）餐饮的污水排放：应具备厨房污水排放的隔油池位置等。

七、商业地产产品设计

产品是单元性的商业空间,也是商业地产营销策略和经营中的最小单位,同样是最基础的商业地产经营理念载体,项目所有的经营理念、营销思路的收益来源都需要从产品设计中体现;商业地产是收益性物业,不仅展现在物业规格和价格之间,而且要反映其投资和收益的特性。商业地产产品设计须达到开发、投资、经营三者之间的公允与和谐,产品设计时要关注商业地产产品的规格、价格、对象、通道、收资方式和收益率共6个要求以及相互之间的关系。

1. 产品

商业地产的产品基本形式是产品物业和商业经营的物业,其中包含如图9-6所示三层关系。

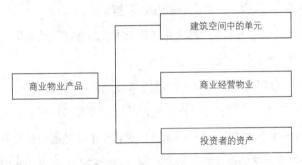

图9-6 商业物业产品三层内涵表述

这三者关系需要有空间合理性,包括对商业经营的适合和投资能力的适合,这种空间性的设计,包括了开发者、经营者和投资者三者之间的关系。产品设计,须平衡这三者之间关系,若一方不能满足,这种产品就有缺陷。

假设①:一个极小的商业物业产品由于"面积差"的存在,开发商乐意销售,可以获得溢价;而商业物业投资也愿意接受,因为产品规格越小,投资对象越多。而这种"产品"却不能满足商业实际经营所需,实际无法产生租金收益,对投资者而言,实际上投资了一个无效产品。笔者在哈尔滨曾见到销售中的一个平方米的商业地产产品。

假设②:产品规格大,定价低,投资者、经营者都乐意接受,而开发商的利益不能实现,这种产品也不可能实现。

假设③:产品规格及定价高,会出现经营者效益降低的情况,实际高定价也不可能实现。

所以在产品设计中须达到开发、投资、经营三方均能接受的产品方案，才是可行的产品设计，其中商业经营的适合是三者之间的关键要求。

2．产品设计的依据

一是业态依据商业经营对物业的需求；

二是市场效益依据，包括产品类型、去化速度和利润空间；

三是项目所在区域的"十个差比"的特性。

3．简化商业空间产品

商业建筑中的产品设计是一种极简的产品，比酒店住宅，甚至比办公产品都简单得多，目的是为了提供给商业以自由运用的空间。

产品设计要结合建筑要求，建筑要求要兼顾未来商业经营或产品的分割和产品交易。

4．几个重要的参数

商业建筑的主要参数是构成三维空间的要素和荷载。

1) 结构：从"为商业经营提供最大自由"出发，显然"框架+剪力墙"类型的建筑结构形式是不太适合用于商业建筑的。无柱或大跨度的结构形式由于建筑成本高，所以也不是建筑形式的主要选项。

综合经济型和适合性两个方向与商业经营诉求，商业建筑结构形式合理的选项为一般的框架结构形式。

2) 柱网控制：柱网的布置应平衡产品需求和空间布置的诉求，包括平面和竖向布置的诉求。笔者曾在《商业地产开发、经营与管理》一书中提出一般的商业建筑柱网模数：8.1~8.4米，这种柱网的模数既能满足商业经营空间分隔的需求，又能满足商业地产产品分隔的需求（隔出一间的每间门面宽度为约8米，隔出两间每间门面约4米，隔出三间每间门面宽度为2.7~2.8米）。

鉴于城市综合体项目增加以及旅游商业街增加，本书再行提出两种商业建筑柱网模数。

（1）上部有高层建筑形式超高层建筑的综合体项目的商业空间，因柱子增大，而需要增加柱距，建议调整为9米×9米或以上，以满足商业经营布置，产品分隔需要兼容地下空间（车位）的布置。

在全国旅游商业街（仿古街）设计中，若为古都商业街，且无地下停车要求，建议设计柱网为3.3米为基础，亦可以设为6.6米或10米。

这种传统建筑模式既反映中国人体和建筑合理的比例关系，又优化商业地产产品，有利于提高商业的"坪效"。

（2）内部宽度的控制

内部宽度既与商业经营要求有关，还和建筑中梁的高度有关，更直接的是与最终商业经营的单元（店铺）的规格大小有关。

商业街层高模数：

假设一般步行道宽度为6~8米，那么商业街首层高应为4.2~4.5米。

步行道宽度为8米±10%以上，建议层高设计为4.8米。

商场式的商业物业的内部高度，随着最大经营单元（商铺）规格变化而变动。

单位面积≥2000平方米，建议首层层高5米以上。

单位面积≥5000平方米，建议首层层高5.5米以上，并考虑设置中庭。

3）通道宽度设计建议

原则：品质高的商业物业通道较宽，价格特征业态的商业物业通道略窄。

一般步行商业街：6~8米；

一般车行商业街：12~14米；

特殊商业街：如上海南京东路每天平均客流约为100万人次，其宽度（无侧石，墙面-墙面）约40米。

但是，一般商业街无需达到这种宽度，如武汉的江汉路仅为14~20米。

4）商场内部通道设计建议

业态品质高尚的购物中心、百货商场类商业物业，内部主要通道建议不超过5.5米，次通道不超过3.3米。

业态品质略低的大型超市、市场类商业物业的一般主通道控制在4.2米以下，次通道在满足消防经营的前提下，控制在2.2~2.4米。

5）自动扶梯

流量设计：一般以30~50米一处双向自动扶梯为例。

各类业态应选择如表9-2所示。

各类电梯输送量　　　　　　　表9-2

类型	型号	人流输送量
手扶电梯	600型	4500人/小时
	800型	6750人/小时
	1000型	9000人/小时
垂直电梯	1M/S	

6)手扶电梯

购物中心的扶梯作为顾客客流的主要载体,其设置一定遵从于整个购物中心的动线设计逻辑,暨要做到便捷、易于识别寻找,又要使顾客的视线能触及到更多的店铺和商品,从而提高店铺的商业价值。

(1)购物中心扶梯、自动人行道(坡梯)的设置数量及位置

购物中心扶梯设置数量主要从购物中心单层建筑面积、单层动线长度、商业业态、所需运输人数等方面因素进行考虑。

如果按照单层建筑面积和单层动线长度考虑,一般来说一组扶梯的服务半径在25~50米。

如果按照商业业态和所需运输人数做为设置依据,则需计算每组扶梯的运输能力,从而确定扶梯数量。

扶梯的运输能力又分为理论运输能力和实际运输能力。其中理论运输能力的计算可依据公式:$ct=3600 \times k \times v/0.4$,其中,$ct$代表扶梯的每小时理论运输人数,$k$代表扶梯宽度系数,$v$代表扶梯运行速度。国内自动扶梯的规格按照梯级宽度一般有600毫米、800毫米、1000毫米3种规格,相对应地k取值为1、1.5、2。k的含义就是在600毫米梯级理论上可以站立1人,800毫米梯级上可以站立1.5人,1000毫米梯级上可以站立2人。国内自动扶梯额定速度一般有0.5米/秒、0.65米/秒、0.75米/秒3种,这样理论输送能力见表9-3(扶梯、自动人行道的输送能力是一致的)。

自动扶梯及自动人行道(坡梯)理论输送能力　　表9-3

梯级宽度/mm	运行速度0.50v/(m/s)	运行速度0.65v/(m/s)	运行速度0.75v/(m/s)
600	4500(人/h)	5850(人/h)	6750(人/h)
800	6750(人/h)	8775(人/h)	10125(人/h)
1000	9000(人/h)	11700(人/h)	13500(人/h)

而实际使用过程中,不可能保证扶梯每个梯级上都站满了理论人数,比如800毫米梯级宽度的电梯,理论上可以站立1.5个乘客,但实际上绝大多数情况都是站立1个乘客,另外扶梯运行过程中,也不能保证每个梯级上都能站有顾客,所以扶梯的实际运输能力与理论运输能力会有较大差距。据相关的研究统计,600毫米与1000毫米梯级宽度的自动扶梯实际输送能力约为理论输送能力的70%,而800毫米梯级宽度的自动扶梯实际输送能力约为理论输送能力的60%。我国的防火规范设定的人数为每平方米0.3~0.6人,如果取其高限,按照单层面积一万平方米的购物中心、采用梯级宽度800毫米、运行速度0.65米/秒的自动扶梯,根据其实际输送能力计算,一

组扶梯可以用1.17小时输送完全楼层的顾客。可以据此作为参考依据选择扶梯数量。

现代的购物中心一般从地下停车场到顶层都会设置扶梯，但并不一定成组设置在同一平面位置。有的购物中心地下有设置超市，则一般在超市层和停车层之间或超市层与首层之间设置为自动人行道（坡梯）。当超市区域跨越两层时，也应当在其区域内设置自动人行道（坡梯）。

当购物中心设有多组扶梯时，应有一定的设计规划，可以按设置位置、运输能力、装饰形式、扶梯宽度划分主次。

（2）购物中心设置扶梯和自动人行道的作用：

①提升店铺"可达性"，自动扶梯可以将顾客迅速地输送到各个楼层，使顾客在购物中心的效率提升，有效滞留时间加长。

②提升店铺"可见性"，顾客在位于运行中的自动扶梯上时，处于相对静止状态，可以有更多的精力、从不同的角度浏览周围的店铺。

③有的购物中心楼层数较多，为了提高高层数楼层的商业价值，会设置跨三层、四层甚至更多层的大型扶梯，将顾客更直接输送到商场的相对冷区，使其"升温"。

7）垂直电梯

通常商场内的电梯需要层层停靠，因此会采用速度为1米/秒的型号的低速电梯，如果按照速度为1米/秒，标准载客人数13人，假设项目的商场总层高为5层（25米左右），其标准人流输送量（按满载13人计算，此处不考虑各层进出人流变化数量、客梯各层的停留时间等因素）为：3600÷（25÷1）×13=1872人/小时。

特别建议：高尚会所、餐厅不建议采用自动扶梯，由于自动扶梯持续不断输送客流，没有间隙，接待员送客入内时会出现贵宾无人接待情况。

8）荷载

荷载是使结构或构件产生内力和变形的外力及其他因素。或习惯上指施加在工程结构上使工程结构或构件产生效应的各种直接作用。

商业建筑的荷载设计关系到建筑未来用途范围，所以设计策略中有"专用"和"通用"的设计策略。

专用性商业建筑的荷载规定：

超市类应不低于每平方米500千克；超市大卖场应不低于800~1000千克/平方米；大型仓储式超市应在1000~1500千克/平方米。

百货业建筑中营业区不低于350千克/平方米，仓库区不低于800千克/平方米，厨房区不低于450千克/平方米。

便利店的荷载不低于250千克/平方米，家电数码类型店建筑应确保建筑物的楼板使用恒荷载不低于500千克/平方米。

家居家纺市场中仓库荷载不低于1.5吨/平方米，经营区500千克/平方米，楼板2.5吨/平方米，收卸货区的楼板承载不低于5吨/平方米。

运动场所楼板承重不低于350千克/平方米。

餐饮店的楼板荷载为用餐区350千克/平方米，厨房区450千克/平方米。

影院的荷载不低于450千克/平方米，健身中心的楼板荷载为300~400千克/平方米。

通用性商业建筑：

一般不建议350千克/平方米以下荷载的建筑；

中等负载：荷载高于500千克/平方米的建筑；

高承重负荷：荷载高于1000千克/平方米的建筑。

5．一些设计中的技术

1）得房率：大型商业物业须大于60%，如果是高品质的商业项目可以放宽此条件。

大型商业物业有效使用面积低，以提高商业坪效计，必须提高商业有效使用面积。

正面案例：新加坡ION Orchard购物中心，商业有效使用面积约在55%以上。

2）上部有框架+剪力墙建筑的商业物业，须做好转换或退后加宽。

3）部分项目的中庭，可以采用"先开后闭"的办法，如上海某百货商场在规划中先将天花板打开，使得申报时可不计算建筑密度，而在进入运营后闭合中庭，增加利用效率。

4）台阶：原则上通过斜坡解决，无法解决时控制在45厘米以下。

5）绿化：树干或立柱对齐柱子，裸出树干应高于5.2米，以免影响视线和橱窗展示功能。

6．商业形象设计建议

建筑立面设计建议

（1）造型：减少"角"，以免遮挡视线，建议采用"平"或弧线。

（2）材质：不建议采用昂贵的大理石之类天然石材。一是成本高；二是设置店招或广告牌时，会裂开损坏；三是后期维护成本高。

（3）色彩：原则上与同地色彩及气候条件和谐，如热带区域不采用大红颜色（除民族区域外），而极寒区域不建议采用纯白色彩。在与同地色彩和谐的前提下，要有色彩个性，突出项目色彩主题。

（4）店招设置：商业建筑必须设计店招和橱窗，主要视角的店招或者广告位置应给有品牌的商业企业，店招设置应有美学规划控制。

重庆解放碑某大厦主要广告给了经济型酒店，便使整栋物业价值（租金）受影响。

小型商店店招设计做到"五个统一"：

位置统一、面积统一、突出尺寸统一、店招底板材质和色彩统一、小型商店店招的灯光及照度统一。做到这"五个统一"后，小店会显得整齐而有品质。

第二节 新商业载体的智慧运营管理体系的规划

商业地产的智慧管理系统有多家科技公司和行业专业机构在开发，如阿里、泛微、腾讯、三大电信运营商、大悦城、赢商网等都在研发，由于思维逻辑不同、入口不同以及追求效果不同，暂时很难评价优劣和高下。作者均为业内人士提出一些想法，供科技企业、行业机构参考。

一、基本思路

1）互联网思维：新零售背景下的"区域"思维，即重视"私域流量"；

2）商业逻辑：数据和流量，线上和线下的互通性；

3）经济效用：专注区域空间，更注重物联化的商圈；

4）特色：商业地理，有效数据，智能管控，虚拟会员，积分银行；

5）系统设计模型。

二、系统设计

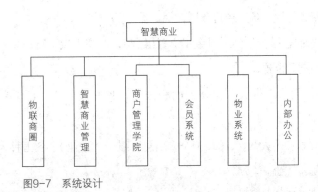

图9-7 系统设计

1. 智慧商圈

1）物联化商圈和客流商圈

（1）物联化商圈半径，从物流成本出发，成本越高，客户密度越低，有效覆盖半径3～5公里，乘以区域密度，得出影响人口数量、消费客群。

（2）通过数据合作，得到客户画像，包括：客流商圈半径，到达时间，交通方式，覆盖面积，服务人口，消费支出细分及汇总。

（3）动态商圈：1公里，2公里，3公里……25公里，人口数量、密度变化。

2）人口和居住区

（1）人口和居住区自然分布

（2）道路和方位人口分布

（3）人口详细分析：性别比，年龄分层，职业分类，收入分档，家庭人员构成，商品房价格，消费支出分配

3）交通流量

（1）分时流量

（2）交通工具类型流量

（3）客流量分析：年龄，性别，收入

4）商业地图

（1）商业物业分布地图

①交通，位置、规模

②业态类型

③辐射商圈、人口

（2）按业态分类

（3）按交通分类

（4）按规模分类

（5）经济指标（细分线上线下）

①商业指标：客流量，提袋率，营业额，商业流坪效，线上会员，点击率，交易规模，好评；各店经营数据；

②经营面积：总租金，分层租金（位置租金），业态租金，得房率，出租率，空置周期和位置；

③营业外收益：广告收入，公共面积出租，停车费收入，活动收入等；

④用工和成本：用人数量，（员工个人信息，限于本企业）、各工种人数，工薪及福利、考勤、奖励。

（6）城市租金地图

5）自然因素

（1）四季时间

（2）昼夜时间

（3）温度时间

（4）雨雪规律

（5）灾害天气

6）智慧城市分析和接驳

（1）市政规划

（2）社区动态

（3）当地民俗和重大节庆提示

7）行业动态

2. **智慧商业管理系统**

1）商业建筑系统

（1）空间分布

（2）面积分布（楼层、朝向、位置）

（3）通道面积

（4）公共面积

（5）业态和商品分布（楼层、位置、面积占比）

2）经济指标（同智慧商圈）

3）商品系统：楼层，业态，品牌考核，销售额，库存量，客源或会员消费、优惠及折扣

4）商业管理：巡查，商品调整，服务需求

5）财务结算

（1）营业额：年、月、日。楼层贡献，业态贡献，单店贡献，周期性分析，节假日分析，促销分析

（2）库存、应收，应付，资金周转，余额

（3）成本分析：人员、维护、促销、财务

（4）利润：收益，税收，净利，可分配利润，计提

（5）商户结算，押金

（6）POS系统

(7) 税务系统

3. 招商管理系统

 1) 商户储备数量，面积，品牌级次，时尚程度（周期）

 2) 业态分类占比

 3) 楼层分类比

 4) 开店、选址、物业时间要求

 5) 租金比较

 6) 品牌级次比较，时尚度比较

 7) 安全系数及退租日期提示

4. O2O交易系统

 1) B+C或B+B+C网站

 2) 微信圈

 3) APP

 4) QQ

 5) 会员系统（线上和线下）

 （1）办卡获得

 （2）WIFI获得

 （3）促销获得

 （4）活动获得

 （5）APP获得

 （6）信用卡交换

 （7）POS机交换

 （8）商户交换信息

 6) 积分系统

5. 物业管理智慧系统

 1) 物业技术资料信息

 2) 装修控制

 3) 管线系统报警

 4) 物业及设备检查提示系统（包括外墙保洁）

 5) 智慧停车系统

 6) 消防系统和疏散系统

 7) 导视和标识系统

 8) 广告系统

 9) 巡回、保洁完成报告系统

10）突发事件警报

6. 内部管理系统

1）用工考核系统

（1）人员编制及岗位职责

（2）薪酬绩效设定（权重，标准）

（3）工资总额控制

（4）员工福利（社保，补充保险，年金）

2）办公系统

（1）项目（计划）提出，审核修正，批准，跟踪，核销

（2）费用预算（审核，批准）及执行（报批，核定，批准，核销，总额控制）、调整（合理性、合规性）、监管

（3）事务性提报，审批，核销

三、疯购商业地产智慧管理系统生成情景

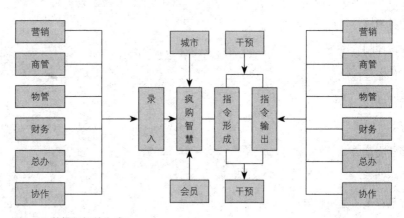

图9-8 数据和智慧生成

1. 外部数据

城市数据

行业动态数据

社区动态

商圈动态数据

人口变动信息

　　　　交通流量

　　　　主要竞争对手

　　　　规划变更

　　　　交通变更

2．内部数据

　　　　客流探针/各层客流

　　　　交换数据

　　　　财务数据

　　　　营收数据

　　　　租赁数据

　　　　客户交换数据

　　　　物业数据

　　　　巡查跟踪

　　　　物业工位

　　　　外部监控

　　　　停车系统接驳

3．数据合成分析

　　　　分析结论

　　　　经营分析提示

　　　　业务考核

　　　　现场控制

　　　　工作流程控制

　　　　经营动态

4．效用

　　　　经营决策

　　　　业态调整

　　　　商品存调（如有自营）

　　　　服务考核

　　　　安全控制

　　　　降低成本

　　　附　智慧化运营如何为实体商业赋能

　　　　如今，消费正在进入个性化时代，如何捕捉并使潜在的消费转化为最终的购买行为，几乎成为所有商家都在思考的问题。对于购物中心运营者来说，消费者行为的变化直接影响着项目的规划和发展策略。

传统的市场调研只能揭示以往规律而无法充分应对不断变化中的消费行为，而大数据科技的发展和应用，能够使购物中心管理者更早掌握消费行为成为可能甚至必然。

各大零售企业正试图创造一种智慧的经营模式，通过新技术的应用和用户体验的升级，对线下门店升级改造，打通线上、线下割裂的数据，以大数据为驱动，改造传统零售业态，创造一种全新的商业模式，提升业务营收。"智慧商业"成为众多传统零售企业数字化转型的新选择。

‖ 大悦城：大数据与O2O助力更快飞跃

大悦城已成为智慧商业、城市年轻生活新标志，给商业地产界带来了诸多的创新和颠覆。与其他的商业地产相比较，大悦城不仅仅是简单的打造"数字化大悦城"，更是在对商业和业务充分理解和创新的基础上，让信息技术成为商业变革的核心力量。

=1=

大数据掌控销售规律

朝阳大悦城的数据来源主要有三个，POS机系统、CRM系统及消费者调研。任何一笔收入都进入POS机系统，而CRM系统主要是与人关联，便于对客户进行研究。至于消费者调研，主要是海量的调研问卷及定期的小组座谈，深度访谈。

大悦城以人脸识别系统为基础，用来识别捕获不同年龄，性别消费者的行动路径以及购买行为。针对这个巨大的数据，进行了长达半年的研究后，求出了当消费者在购物中心里面临一个岔路口时的行走选择模式，以及任何两个品牌相邻时，销售的相互影响趋势。

这个课题的最大价值是开发了一个系统，对一个还没建设的新项目，可以通过在图纸上的调整能直接看到各个商户的销售变化，以及客流的变化，这样就可以知道哪个商户和哪个商户放在一起是双赢的，他们这样组合后客流会如何变化，哪里会出现客流空白，哪里客流密集。

大悦城有八大智慧系统：收银系统、CRM系统、MIS系统、租户管理、现场管理、消费者调研、客流统计、车流统计。客流统计目前已经可以做到购物中心每个时段男女比例、年龄范围等，准确率可达到90%；在八大系统下的支持下，大悦城主要进行数据挖掘工作。每个大悦城配备6～10名左右数据分析员,通过收集统计数据,分析店铺经营能力,租金升降等,这些都大大提高了决策的准确性与高效性。

=2=

线上推广策略

建立广泛的线上平台,完善基本配置。建立APP、微信端、官网等渠道,电子会员卡功能,完成平台的全覆盖。目前的线上平台资源成果是:大悦城打通了整个会员的平台,有84万人的会员,有200万微博和微信粉丝。(历史数据)

在线上的基础上,大悦城启动了名为"购物篮计划"的精准营销,将会员分为21个层级,为每一个层级推送完全不同但与之相应的信息。通过"综合云数据中心"为客户提供更加精准的个性化营销,管理层也能及时掌握每家商户的销售业绩以及市场状况。

会员从一开始办卡到使用,每月的消费额不同,购买商品差异,通过大数据可以分析出会员的行为习惯,从而在某一时间推送给会员某品牌的优惠券、O2O活动或者艺术沙龙等精准信息,从而实现大数据背后的精准化营销。

=3=

O2O战略

线上客流引导、线下商品体验;线下消费下单、在线支付体验,大悦城跟阿里巴巴合作的同时,也在跟中粮集团内部的我买网进行合作,把我买网的购物平台植入到大悦城中,通过流量导入、会员共享以及物流配送等方面资源的结合,实现合作互赢。餐饮行业O2O沟通,通过O2O模式的线上流量优势资源,增加线下餐饮的翻台率;通过线下的就餐体验,增强线上餐饮品牌的传播力度。

=4=

建立客户感知系统

客户感知系统主要通过339个WiFi布点和近3000个蓝牙热点适时定位用户。西单大悦城是一个城市级的购物中心,覆盖全北京城。在其客户感知系统,可以适时看到其覆盖全北京城地图的用户分布情况,适时查看大悦城附近所有用户的适时地理位置,看到大悦城里面现场的顾客都聚集在哪儿,是从哪个店铺出来,又到了哪个品牌。

目前,西单大悦城整个系统捕捉到的一年的客流量是5000万,记录了500亿条用户购物习惯。客户识别系统则通过13个内部数据结点和7个外部数据源，可以准确得知消费者是谁、来自哪儿、有没有车、有没有房、是不是有孩子、是不是刚成为妈妈的母亲等信息。不但可以认知每一个客户的消费偏好，还可以认知每一个客户现在所处的人生经历和人生阶段。

获取用户所有的信息后，大悦城的JOY-DATA系统会给用户打上292个标签，从这些标签里甄选出不同消费者的偏好，推送消费者喜欢的品牌和优惠券，留下存量客流。此外，JOY-DATA系统还通过超级APP联盟，与外部APP打通，吸引增量客流消费，最终形成近端和远端的闭环。在以上三个系统之上，西单大悦城的体验中心可以做到排号点餐、电子会员、智慧车场等等功能。

‖ 综保·云上方舟智慧购物中心

云上方舟项目位于贵阳观山湖区中天会展城与贵州金融城交汇地带，商业体量达6万平方米。是一个以大数据深度应用的智慧购物中心，该中心引进先进的智能设备和大数据技术。

在综保·云上方舟智慧运营体系中，客户每一次购买的产品、消费频次、消费金额、会员卡积分、优惠券使用等都将转化为客户的画像数据，并在系统中形成独一无二的个性标签，从而获得量身定做的商业服务，让购物者感受大数据的无穷魅力，并以此引领贵阳智慧商业发展。

除此之外，舒适于消费者而言，是视觉、听觉、味觉及体验的全面感受。云上方舟将通过对灯光、温度、场景的设计与把控，打造一个让消费者感觉舒适的环境；场内香氛也将根据天气、季节甚至氛围的不同使用不同的味道；卫生间配备了空调，实现场内零温差，梳子、橡皮筋、护手霜甚至应急丝袜等都成为其中常备的物品。

除此之外，智慧生活方式这个理念还体现在智能工具上，比如能与消费者语音沟通，帮助消费者了解商品信息，解决购物中遇到的疑惑的自主IP——"小云"机器人；车牌自动识别收费，帮助车主反向寻车，解决找车难问题的智能停车场管理系统；当消费者经过时，能够基于人脸识别主动问候、VIP客户识别、自助办理会员、积分兑换等服务于一身的智能交互大屏。

凯德：智慧停车提升购物体验

=1=
智能停车、自助停车

成都凯德新南店停车场管理系统升级为停车王智能停车管理系统，运营管理启用自助停车模式，大大降低人工收费人员成本，增加停车场维护及服务人员，提升收益的同时让前来停车的车主感受到凯德更用心的服务。

自助停车顾名思义，自助停车、自助缴费、自助获取发票，采用高清视频摄像头——智慧眼识别车牌号进车，使得入口通行率大大提升。自助缴费，停车王停车系统支持各种线上支付，微信、支付宝、银联、停车王APP钱包等，再也无需在出口处排队缴费出场，如果顾客在支付宝或银联上绑定车牌号，还可享受无感支付，自动扣费。

同时在停车场设立交费处，利用自助缴费机同样可以交费。自助获取发票，当在成都凯德新南店停车时，想开发票，那太容易了，停车王停车管理系统支持现场打印纸质发票同时还可累计获取电子发票，随时随地想打就打。

=2=
凯德星积分不浪费，随时抵车费

停车王智能停车管理系统通过与凯德积分系统互联互通，实现消费者可以通过积分兑换停车券，电子停车券在停车缴费时自动抵扣。这项功能在西安凯德取得良好的口碑，对凯德的引流起到了很大的作用。

同时商户也可以购买电子优惠券，向消费者发送，无需再用纸质优惠券，大大降低了成本，提高了停车场的智能感和科技感。同时停车场运营管理状况生成电子表格，定时推送至停车场管理者的邮箱，账单清晰一目了然，停车场管理者安心做"甩手掌柜"。

K11：艺术+科技

K11被美国财经杂志《快公司》FAST COMPANY选为2018年中国10家最具创新力公司之一，多年来一直在零售业中创新，加入大数据及人工智能技术，积极参与高科技项目投资，打造线上线下生态圈。K11首创的博物馆零售成功将艺术欣赏、人文体验、自然绿化及购物消费相互结合。

K11是一个走艺术路线的购物中心。国内外知名当代艺术家的17组作品，分布于商场各处，让消费者在休闲购物的同时邂逅一场"艺术漫步"之旅。还定期举办免费开放的艺术展览、工作坊与教育讲座等活动。

K11不仅在艺术方面吸引顾客，并且将人工智能加入K11体系。目前，通过"线下零售+AI=精准零售"赋能升级解决方案，已经逐步实现对"人·货·场"的精准理解，做到让信息找人，实现对商业经营数据进行有效预测以大幅提升效率，为顾客创造更优质的线下购物体验。

Aibee爱笔成立于2017年11月，是一家人工智能技术研发商，致力于根据行业痛点，将计算机视觉、图像识别、语音识别等多重技术进行全方位融合，为行业制定多点技术方案。此次双方合作，不仅有在2023年前扩展至9个城市28个K11项目的助力，更有旗下一脉相承的40多家百货公司，超过2300家分店的周大福珠宝集团、极致奢华的瑰丽酒店等输入资源，提升其在各个领域的技术拓展和升级。

创新科技是推动人类社会发展的重要动力，这也是K11一直所推崇的。K11创始人一直想把人工智能融入K11的体系，将K11打造成中国最智能、最注重用户体验的商城，也曾为此做过许多尝试。Aibee的商业模式、技术能力、执行效率令人印象深刻，仅成立月余便在周大福和K11进行了POC测试。K11相信AI赋能线下零售业所打造的新型业态将大有可为。

K11的线下零售场景不仅全面而且复杂，对AI解决方案的设计和研发是很大挑战。精准零售解决方案通过在这些场景下的不断迭代、完善，正逐步走向成熟。未来他们将一起努力把K11打造成线下零售+AI的标杆，也会和更多的线下零售企业合作，推动人工智能快速落地，让人工智能创新技术更好地服务于人。

‖ 最后

在物联网时代，通过购物中心的平台和物联网互联网等技术手段，不但可以把产品的功能特点等无限放大，实现对新品内部和外部的最佳结合，使得一沙一世界完全成为可能。

更重要的是，购物中心这个多年来冰冷的钢筋水泥建筑，在多元文化、不同智慧、各种人群的共同推进下，将从内到外发生质的飞越，一直以来被诟病千篇一律的购物中心将逐渐被替换，不同风格不同韵味的购物中心将遍布城市的各个角落。科技创新永无止境，人们的需求也在不断变化。而购物中心的前途和命运，就看是否能通过各种手段捕获消费者的心。

来源：商业设计周刊

第三节 设计介入和程序

一、设计理念

部分内容是设计者对项目背景的解读和用地的理解，作出的判断，提出设计思路和策略的主要内容。

1）设计背景：包括项目类型、市场条件、设计条件和要求、规划引导书、用地分析和设计师对项目理解的归纳等。

2）设计原则：提出设计限制的范围和一些不可违反的规则。

3）设计目标：在项目发展策略和限制条件明确后，提出项目的设计目标和任务。

4）设计理念的提出：实质是提出设计的思路、达到目标的对策和设计创意的表述。

5）案例列举：设计者可以借用一些成功商业地产项目案例，来表示设计者提出的设计理念的成功实践，由于商业地产的个性，一个成功案例很难说明，设计者的理念可以采用不超过三个的案例加以说明。案例列举既可以使用成功案例，也可以使用失败案例。案例使用可以使规划理念生动、具象，但一定要对设计项目有借鉴、比较以及提升的意义。

二、总体平面布置

这是项目发展策略、市场对策、用地对策以及设计者策划和创意的意向图说主要文件，也是执行用地规划要求适合性的表述。如果是单纯商业地产项目，应反映业态分布状况，反映业态的楼层面积分布状况，及业态配比的表格。

如果是综合性项目，通过功能布置，反映项目功能和市场、策略以及土地价值之间的价值关系。对其中的商业功能部分需要单独详细表述，包括楼层和业态分布、单独的出入口设置情况等。商业平面布置的"封闭式""开放式"（集聚和疏散）或"混合式"的逻辑要清晰。

1. 功能布置

1）功能布置需执行当地规划管理部门关于商业建筑的规划设计技

规划的要求：包括消防、交通组织、环境、规划控制的要求；满足楼层、退界、限高、建筑形态、色彩和灯光以及车位的要求。

2）各个功能之间的影响关系：包括时区、动静、业态互动和客流价值挖掘。

3）满足开发策略、市效原理运用、进行产品布置。在功能布置中：商业部分的比重、产品比重、物业各楼层分布状况，应当明确表述。其他功能的产品意向（包括规格、分布、特色、经营方式等）也应有所表述。

2．动线布置

动线，是商业物业的生命线，也是内部交通组织的内容所在，更是商业地产产品布置的价值线；在方案设计中，动线不仅仅是人们的行走道路，同时还记录了"人""车""物""料""景"五大要素：人行、车行、物流、货品、原料和废料、内部储存和搬运以及动线的景观性设计。

对于商业动线的设计，要考虑主动线和外部动线（道路——内部车库、道路——步行客流）的衔接，要研究外部城市交通设置、管理情况，以及内部不干扰消费客流动线。

内部主动线：既连接各功能，又可适当分隔各功能，包括动静分置，时区分置，内部环境分置，连接和分置方法有平面隔离和连接，竖向连接和分置。

商业内部动线设计：

按照项目开发类型布置动线；

按照项目基本功能要求设计动线；

为每一个单元（产品）设计出入路径；

明确内部每一条动线路径的性质，包括：客流、物流、消防、疏散、盲道等。

3．经济技术指标表示

1）执行和使用项目规划要求或控制指标情况，如容积率、跨度、柱距、层高、荷载、绿化率、车位配置以及限高、日照等情况。

2）功能性的分类表述

总体情况：总占地面积、总建筑面积（包括地上和地下面积）；

功能情况：各功能的分布、面积、产品（套数）。

3）商业物业经济状况：商业物业的总量、业态比重、面积分布（楼层、组团）、产品分布（销售和持有）。

4）商业物业的经济性分析

区位比：不同区位，不同价格；

楼层比：不同楼层，不同价格；

业态比：不同业态，不同价格；

可售比：可以售出的商业物业产品和回流资金的分析；

持有比：租金收益预测；

资金比：回流和沉淀资金的状况分析；

通过上述分析，还应当进行纳税和利润之间的平衡性分析，达到优化收益，平衡资金的要求。

5）项目总体经济性分析和测算。

经济测算示范表格如下：

财务指标分析　　　　　　表9-4

实际自筹资金	48504 万元
销售总收入	210166 元
投资回收期	3.4 个周期
内部收益率	32%
项目累计盈利	77892 万元
项目利润率	41%
净投资回报率	84%

第四节　新商业载体的方向

一、商业地产的进化

商业地产进步既和科技进步业态升级有关，也和建筑进步有关。在建筑界有"建筑进化与材料有关"的"材料说"，而在商业地产领域，笔者承袭"工具说"，即人类社会进步和使用工具有关，每一次新的工具诞生都会推动一轮新的工业革命，工业革命潮流同样带动商业和商业地产升级；商业发展仍从属于科技进步带动，作为商业载体的商业地产需要运用当下信息时代的科技成果推动进步和发展。

商业地产升级和工业革命关系　　　　表9-5

比较升级	工具进化特征	产业升级	商业地产进化
1.0	石器、青铜、铁器	手工业	街市（西汉长安九市公元前189年）
2.0	蒸汽机（1688年）、电机	工业	百货（法国第一个百货—乐蓬马歇百货公司1838年）、超市、早期购物中心（世界第一个个购物中心1907年，在美国）
3.0	半导体（1947年）、电子科技、电视、电话	电气	现代购物中心（二战之后）
4.0	网络（万维网1991年）	信息	"新商业载体"

根据信息社会，全球物联化趋势，时间消费以及新零售业态，作者提出"新商业载体"商业地产新模式。

二、物联化要求

制造业工作对象为没有知觉的工业产品，仅要求信息物理融合，而商业地产则更加复杂，要做到信息、物理、情感和行为融合，智慧化和情景化的要求更高，其要求反映如下：

1）业态对建筑的要求——满足商品展示和进存库调一体化的要求。我们处在商品过剩时期，从商品过剩时期的消费行为特点来看，人们因为商品购买容易，反而不急于采购商品，使得大量商品储存在商店中，不像在商品短缺时期，大量商品储存在家中。目前，家庭无或少备货的情况在冰箱变小的情形中得到印证。所以商品销售和售后配送都要快，未来商业对建筑提出"移动销售""可变化空间"的要求，即可以达到"提高销售效率"，提高商业物业有效利用的目的。

2）业态对信息化的要求，如"电子货架"思维的引进，以进步的商品信息系统精确统计消费需求，减少商品过期和物损，也有利于资金周期。

3）心理学参与更深：利用统计数据，强化对消费心理、消费趋势分析及干预，包括全新的消费心理分析（包括电商），以及心理美学、环境行为和实用心理学等学科的运用。

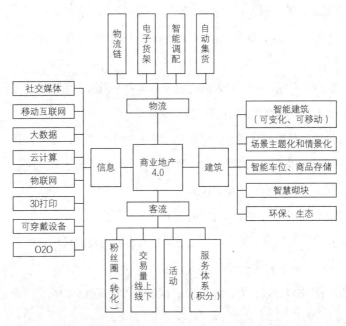

图9-9 新商业载体的意向图

4）业态对（内外）环境要求——主题化和情景化的要求。

5）新商业载体模型。

三、"工业4.0"和新商业载体

理念，旨在通过充分利用嵌入式控制系统，实现创新交互式生产技术的联网，相互通信，即信息物流融合系统，将制造业向智能化转型，并渗透到研发和营销两端。

1. 物联化

物联化是新商业载体的技术重要依据，其核心是依据消费需求，业态发展和物流提速的变化，变固定的商业建筑为虚实两个空间高度融合智能化商业销售平台；而情景化是满足时间消费和商业地产旅游化——扩大商圈的要求；而商业建筑生态和环保不仅仅是为了节能减排，更多的是契合环保理念和控制商业地产运营成本，从而提高效益；信息化则是商业地产升级的重点，把工业时代的销售机器变成智能商业平台。商业企业欲在未来长期保持竞争优势，有三项重要工作：（1）提高商业灵活性——极快实现销售；（2）扩大商圈——占有更大市场、提高销售率、实现低本高效；（3）缩短商品库存时间，并通过增加商品种类和扩大服务，满足个性化的销售需求。为实现高度灵活的规模化商业销售，对上下游链条环节进行渗透，在日益复杂的商业价值创造中进行高效资源优化，使需求、生产、流通形成更加紧密的连接。

2. 新商业载体——可以移动和固定商业平台

可移动的商业销售平台，其理念来自于演艺促销，通过活动策划，引起快速客流集聚，实现时间内的有效销售，于是产生移动商业载体，如马戏团一样在各个社区、重要集市进行商品销售和服务，并给人们送去了欢乐。

固定的大型商业建筑，在人们未来的生存环境中充满海量信息，与其单调刷屏，不如去商场体验真实的商品和场景。

现场有良好的商品展示功能，满足人们一站式购物的需求，配套有强度的快递配送和服务体系，而情景化的商业场景使得人们近悦远来，流连忘返，成为城市的客厅、展厅、体验中心。

3. 智慧商业建筑（信息技术在商业地产中运用）

数字虚拟化可以模拟出高精尖商用设备研发所需要的商业环境。用于数字化及虚拟空间，从而实现业态的全天候。

通过采用商业物业集成自动化与智能化，能够显著提高商业物业使用效率和节能降耗。

创新软件与高性能硬件、虚拟网络与现实商业环境交错，这种以信息技术为基础，整合软硬件的系统又称嵌入式商业系统。该系统的应用，使得生产与商业、物流之间纵向一体化程度加深；另一方面，在从预订到交货的横向一体化中，各个环节也被紧密地联系起来了。

4．信息开发、利用

图9-10说明了，信息资源的深度、循环利用，虚拟商业生态形成，商业信息朝综合、多角发掘的方向发展。

图9-10　物联的过程

除了目前商业关注的物联网、O2O、B2C、微信营销、跨境商品交易、海淘中转站之外，今后商业建筑信息管理方面还会集成为智慧商业平台——结合跨境电商、跨境购物，以全新的智慧时代开启"跨境购物、实体商城、网上商城、O2O、二维码、视频购物、微信圈以及商场大数据、云计算"的商业模式。可为客商提供包括市场运营、商品营销、消费服务、金融服务、外贸服务、品牌推广、人才培训、智能化仓储物流等服务。

5．其他科学技术的运用

1）智慧商用设备

虚拟家庭收藏室——为家庭建立虚拟的收藏室，平日可以选购优惠的商品，随后储存到虚拟收藏室，待有需要时马上进行配送。

电子商品柜——有开柜语音介绍，实时交易，实时结算等功能。加快商品交易速度，具有大数据、智能化配货、储存和展示等特色。

智能购物篮——购物篮带有扫描系统，在将货品放入篮中后，自动为顾客统计所购货品价格，并显示货品信息，加快结账速度。

仿真机器人接待员——用预编程的脚本，可以实现做手势、眨眼、嘴唇开合、做出面部表情以及其他在说话时会有的肢体动作，还可以依据用户提出其购物需求与偏好，利用云平台上的大量知识和信息资源，包括购物中心内各家商铺的商品和服务信息，为用户提供有针对性的购物咨询及引导服务。

商场街景/商场布置导向——在网上商场内部打造街景显示系统，让顾客在家中就能直观的看到商场内部的布置，方便找到自己需要购物的区域，同时通过收集顾客查找的热门区域，布置商业业态，大大提升商场的业态合理性。

可穿戴设备——顾客佩戴商场提供的可穿戴设备，实施查询需要商品的位置，货物的价格，同时设备可为商场收集顾客的需求数据。

商品3D打印中心——提供个性商品的DIY服务或数据直达制造商。

2）快速支付和消费金融

快速结算（包括移动支付）——通过手机客户端，实现在线支付、刷脸支付、声音支付、指纹支付。

消费金融——利用会员信息大数据即时办理消费金融以及保险。

个人及家庭消费积分银行——个人及家庭消费积分可通用，将所有消费积分纳入国际性的个人或家庭积分银行账户，使得会员可以享受"免费"消费和积分通用兑换。

3）物流和商品快递

限时送达箱：与快递公司信息共享，按照不同送货时间要求和送货费用实现商品限时送达。

无人机送货——使用最先进的无人机技术配送货品，安全高效，准时，适合人口密度极低的国家或区域。

4）智慧商场管理

自动门禁系统、自动控制消防分、区，偷盗自动报警；

智能停车场——过车牌号的识别和进入，可以靶向停车，顾客凭借停车卡，可以在商场停车终端直接给车辆做定位，方便顾客找到车辆离开商场。

手机自动结算停车资费的系统

5）智能建筑

智能砖——是未来智慧商业建筑的基础材料，自带软件以及各个智慧砌块的管线连接，在智慧砖的叠砌铺装同时，完成了建筑管线铺设、连接。建筑空间按照经营需求变化体积和容量。

自动控制温度、含氧量、湿度以及控光、控声、变换背景。

6）环保和生态

自带发电机——利用风能、太阳能、身体动能等实现自身供电；为无外线建筑。

利用屋顶花园产生的芬芳调节室内气味，利用地下空间调节室温。

雨水利用等。

第十章

商业地产经营——交易、营销、租赁

第一节　商业地产交易

对商业地产而言，广义上的"交易"包括商业地产的大型物业整体交易、分散转让或销售、物业交易、租赁交易以及一切以商业物业为标的的交易行为。

本节所指商业地产交易是指大型商业物业的整体交易行为。

1．交易标的物

1）交易标的物的多种属性

商业地产由于带有商业经营、房地产、资产等多种属性，导致交易行为的多样性，既可为商业经营而收购、投资，也可以作为资产进行置业、持有投资。

由于交易的目的不一样，其交易方式、交易中介和交易过程也不一样，交易的成本也会有差异。

2）交易主体

由出让方和需求方组成，出让方须是业主或业主授权的代理人，交易行为是业主意志的真实反映，需求方也是如此。由于交易标的物价值重大，出让方可以要求需求方出具交易能力证明。

3）交易合同

我国法律规定，**房地产交易是要式法律行为，须订立书面合同。**

交易合同的法律特征包括：

（1）财产所有权由出卖人转移给买受人，这是买卖合同法的主要法律特征，也是买卖合同法的主要法律后果，故买卖合同是民事主体取得财产所有权的重要手段。

（2）买卖合同是有偿的商务合同，买受人以支付一定价款的义务，取得买卖标的物的所有权；出卖人也因为有收受相对应价款的权利，而失去了其出卖财产的所有权。买卖合同属诺诚合同。除法律或合同法另有规定之外，买卖双方意思表示达成协议时，无须交付实物，买卖合同即告成立。在买卖合同中，出卖人的主要义务是：将标的物及其财产所有权转移给买受人；保证标的物的质量符合标准。买受人的主要义务是：按规定数额及期限支付价款。

2．交易分类

1）按物业形成过程分类

不同形成过程中的物业形态，有不同的交易成本和交易价格。

人们投资商业物业的目的有两类：一类是为了商业经营取得商业利润，另一类是为了持有物业（资产）取得物业经营收益。

从交易角度来看，物业形成过程的分类有未建、在建、建成和运营中这四种。价值规律是：物业形成初期，挖掘潜力机会多，但未来收益有更多不确定性；随着物业形成进程推进，价值不断显现，而挖掘价值的机遇不断减少。

（1）未建物业：又分已规划和未规划项目。已规划项目要研究规划报批深度，研究未来物业价值；规划未报批项目，要研究规划对项目的要求，研究这个项目的价值空间。

（2）在建物业：视工程形象进度和物业重新定位的差距重点研究。

改变物业建设要求的规划许可可行性；改变物业建筑的成本；包括变更的弃用部分工程的成本和增加工程的造价，以及变更周期税务成本。

（3）建成物业：是指建成而未运营的物业，须研究原来的定位意图和市场条件、招商和销售情况，须研究：有没有改变现有物业状况及改变成本及改变可行性；有没有已订立招商和销售合同，可能由此产生的费用；物业是否通过验收；是否发生抵押或他项权利。

（4）运营中的物业：除要研究建成物业所有要求外，还要进行财务分析，包括收益和成本、经营趋势、债权和债务。

调整成本：包括建筑和业态，重新招商的成本，员工安置和劳动合同解除的成本。

2）物业形态和业态分类

按照商业地产"十个差比"的区域市场特点对物业类型和适合业态进行分类，有利于测算未来物业经营收益。

（1）街铺物业：有利点是可以分析销售，可以获得大面积物业转变成小面积物业的"面积差"形成差价；由于这种差价特点明显，操作容易，往往这种类型的物业报价较高；若除去交易成本（包括土地增值税等），投资收益很低，甚至无法获得利润。

（2）商场物业：有利点是可以利用"大店（名店）效应""聚集效应"及"业态差"等手段提高收益，所以国际上商业地产交易绝大部分交易的标的物都是产权完整的商场式物业，如购物中心。这种类型物业对后期运营要求高，在中国商业地产过剩的背景下，交易价格偏低。

3）按物业权益进行分类

（1）物业产权交易：是指交易的标的物是房地产性质的商业物业，这种交易不涉及交易双方的企业股权变动，是纯粹的房地产交易行为。优点是权属清晰，缺点是交易成本高，主要是房地产的税收高。

（2）部分产权交易：按份共有和共同共有，后者权益复杂。

（3）权益交易：权益交易分为租赁权益和商业经营权益的交易，这是商业物业和住宅物业的根本性区别。商业物业是可以以部分权能，如收益权、经营权进行交易，所产生的收益归投资者合法所有。

3．商业物业交易方法

通过各种交易方法，进行商业物业交易，使投资方获益，交易基本方法为物业产权、股权交易。

1）房地产权利交易

也可称为"物业交易"，指合同买方（投资者或物业使用方）向卖方（物业拥有者）签订交易协议，并进行物业有偿对价交易的行为。交易内容可以是整个物业全部，或部分物业，这种交易会使物业业主更名，属于房地产交易范围，所产生的税收义务属于房地产纳税范围。

2）股权收购

是以物业为主要收购目的股权收购行为。是指以目标公司股东全部或部分股权为收购标的的收购。股权收购通过购买目标公司股东的股份，或者收购目标公司发行在外的股份。或向目标公司的股东发行收购方的股份。换取其持有的目标公司股份（又称吸收合并）有两种方式；前一种方式的收购使资金流入目标公司的股东账户；而后一种方式的收购不产生现金流。当收购方购买目标公司一定比例的股权，从而获得经营权，称之为接受该企业。收购完成后，控股超过50%或相对控制该公司股权，若收购目的是为了获得商业物业的控制权、使用权、收益权，而投资的目的则可能是看准了此项投资未来有较高的回报率，控制公司的同时也实际控制了该公司名下的商业物业。

3）其他交易方法

（1）资产收购：是指一家公司以有偿对价取得另外一家公司的全部或者部分资产的民事法律行为。资产收购是公司寻求其他公司优质资产、调整公司经营规模、推行公司发展战略的重要措施。资产收购可以房地产交易或股权交易方式进行。

（2）资产重组：是指企业资产的拥有者、控制者与企业外部的经济主体进行的，对企业资产的分布状态进行重新组合、调整、配置的过程，或对设在企业资产上的权利进行重新配置的过程。商业物业的增减有时也会影响公司的市场价值表现。

4）物业产权交易和股权交易的税项（表10-1）

相关税项　　　　　　　　表 10-1

涉及税费	股权转让		房地产转让	
	计税依据	税率	计税依据	房地产税率
营业税	免		见（1）	5%
土地增值税	见（2）		增值额	四级超额累进
契税	不涉及		产权转移价格	3%
企业所得税（3）	转让所得	25%	转让所得	25%

（1）市场价值或者以全部收入减去不动产或土地使用权的购置或受让原价后的余额为营业额。

（2）《财政部、国家税务总局关于土地增值税一些具体问题规定的通知》（财税〔1995〕48号）规定："三、关于企业兼并转让房地产的征免税问题：在企业兼并中，对被兼并企业将房地产转让到兼并企业中的，暂免征收土地增值税。"

（3）若股权转让股东是自然人，应按"财产转让所得"项目依20%的税率计算缴纳个人所得税，不缴纳企业所得税。

（4）其他税项两者情况相同，分别为：

城建税：营业税的1%或5%或7%（在市区的，税率为7%；在县城、镇的，税率为5%；所在地不在市区、县城或镇的，税率为1%；外籍和港澳台人员不征）；

教育费附加：营业税的3%（外籍和港澳台人员不征）；

地方教育附加：营业税的1%；

印花税：产权转移价格的0.05%。

4. 尽职调查

尽职调查是就资产（房地产）交易过程中一项十分重要的工作，"无尽职，不交易"（图10-1）。

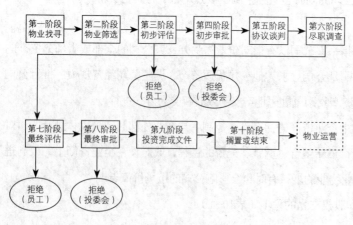

图10-1　尽职调查

第一阶段（物业找寻），通过市场调查和研究，寻找合适的潜在交易标的物；

第二阶段（物业筛选），将潜在物业或项目和筛选标准进行对比，最终确认哪些物业或项目最符合预先设定的一系列合作评判标准；

第三阶段（初步评估），通过对物业或项目区位、产权、市效和现金流等方面进行分析，然后将其与合作标准表进行比对，完成合作项目物业的初步评估；

第四阶段（初步审批），由决策委员会将对目标投资物业或项目进行商讨和研究，最终进行介入决策的制定；

第五阶段（协议谈判），出资方与业主方就收购交易事宜进行商业谈判；

第六阶段（尽职调查），出资方组建团队对现在业主方进行尽职调查评估，以决定是否继续完成投资行为；

第七阶段（最终评估），出资方在决定最终投资行为前，需要结合尽职调查结果、最终现金流分析、最终风险评估等报告对借款项目物业进行最终评估；

第八阶段（最终审批），根据最终融资评估结果，由出资人制定最终的出资决策；

第九阶段（借款完成文件），一旦出资人批准合作并且项目、业主方同意合作，一系列法律文件将定稿，如融资备忘录、出资者备忘录、合作决策报告等；

第十阶段（搁置或结束），根据审批结果，决定该阶段是否介入该项目或物业还是弃权；

第十一阶段（变现），投资方决定进行投资的物业，则需要对其开展运营和管理工作；对部分物业实行销售或其他方式回流资金，并获取服务利润，协助投资方落实完善运营体系后退出项目。

附　交易案例

案例1. 价值提升方法——摩根士丹利的"内部增长"模式

摩根士丹利是世界著名的专门投资机构，于2005年8月投资8.46亿元港元收购位于上海淮海中路的上海广场，该项目商场部分6层，面积约为40000平方米。项目最早由"香港菱电""信兴集团"下属的中国投资有限公司和上海永业房地产股份有限公司组建项目开发的"上海永菱房地产发展有限公司"。2001年"中国海外"收购"上海广场"，一直经营得不尽人意，后来多次易手后被"摩根士丹利"相中，掷巨资收购，在而后的一连串动作，可以找出国际资本的"内部增长"的经营运作手法。

第一步：租户清退——腾笼换鸟——更换客户

对原有的租赁客户进行"腾笼换鸟"方式的更换，保留经营能力强、偿租能力强，有经营特色的"麦当劳""恒生银行"和一家迪斯科舞厅，其他商业就不再续签租约。

第二步：业态更新——重新定位

原来商业定位不清晰，多次易手过程中，使业态定位变得十分含糊，后业态定位于时尚商品的主题商业。并且放弃原来的商场名称不用，另外给商场重新起名。

第三步：商场改造——里外翻新

投资8000万人民币对商场进行重新改造。

第四步：强化管理——聘请专业团队

聘请专门的团队负责商场项目的规划改造和运营。

第五步：重新定价——提高租金

重新开业后的"上海广场"商场租金是原来租金水平的三倍，用"收益法"重新评估资产估值增长接近三倍。

通过上述五步，可以看出国际投资基金投资商业物业的选向、经营、动作的策略。

案例2. 商业地产升级改造项目案例：上海"三林城"改造策略

上海三林印象城位于浦东新区永泰路1058弄（东明路永泰路），靠近地铁11号线三林东站。2018年10月26日开始试营业的上海三林印象城，由存量升级改造而来，它对原有项目"改变观众感观"、给存量资产改造升级物业增值提出一些思路。

三林印象城从硬件改造、服务创新、业态创新方面进行改造升级。定位：打造三林"城市客厅"，确定以"亲近感、品质感的美好生活乐园"为核心定位，以"Home+"为服务理念定制Share×Care（简称SC）服务体系，通过品牌业态创新、服务体验创新以及空间场景更新，融合温情、精致的生活方式，来打造这一项目。

项目前身为"三林城市商业广场"，在2010年开业，但因经营不善、业态调整等多方面原因，经营效果并不理想，2017年被印力集团和信城不动产收购，并决定在此打造上海首个印象城项目——三林印象城。

三林印象城先天条件上佳，坐落在浦东三林核心地段，近邻"上海第二个陆家嘴"前滩及张江国家科学城板块之间；周边3公里范围内常住人口近40万，拥有四纵、四横、三线、两桥、三隧道的全方位立体交通优势；位置特点为三林印象城目标成为浦东三林地区的重要商业项目的先天优势,从建筑条件来看,拥有约10万m²的商业总面积,有6个商业楼层。

三林印象城则是在结合项目定位的基础上,联手国际设计团队HASSELL,仅用了一年多时间,对原来"三林城市商业广场"项目硬件方面进行了多个维度的改造和升级:基于项目原有形态重新打造连贯开放的公共空间,改善动线以及可达节点,营造更加宾至如归的氛围;商场外部,将建筑及景观设计无缝结合,开放空间可全天候举行各类表演及文娱活动;商场内部,在建筑入口区及中庭部分,打破竖向及横向空间,使空间流动感更强,动线更顺畅;新设一个连接街道与地下区域的下沉式广场,打造一个地标性的入口。

在商业理念的创新方面,三林印象城结合硬件改造升级的同时,商业理念方面同样进行了多维度创新升级。它为家而建的美好理念,回归商业服务本质,以"Home+,Home的家次方"为服务宗旨,打造Family Room、共享厨房、特殊关怀、智能服务四大特色服务空间及优质体验。其中三林印象城特有的Share×Care,即希望通过打造最贴心的服务IP,全方位完善美好生活方式,从而为消费者带来具有"亲近感"的服务体验,使其爱上这座"美好生活乐园"。

Share

温情有爱的Family Room、共享厨房、开放亲子母婴室、美颜化妆间、亲子休闲区、公共厨房等服务空间,提供直达消费者内心深处渴望的服务体验,享受动手制作美味的过程。

在商场B1层,印象城更是打造了一个"美食社交体验新空间",美味会说话的"物语市集"、分享爱与美好的社交型"共享厨房"、新鲜零售、创意活动、文艺小空间等精彩活动未来都将在此举办。

Care

特殊关怀服务,可提供让家人安心的逛街防丢器、让带娃的家庭及残障人士告别停车困扰的关爱车位、让外卖工作人员短暂休憩的跑跑驿站;智能服务模块,支持无感积分、无感停车等智能化服务,支付零触感、体验超畅快。

在了解了它的服务内涵后,相信也会让消费者大大提升对它的好感度。

在空间优化完善、商业理念创新的背景下,项目对业态进行了升级。

三林印象城在商业经营"包罗万象、鲜活潮流、都市活力、品质体验"的理念下,欲通过丰富业态组合、升级品牌调性、提升品牌新鲜感等策略,带来区域商业消费升级。

三林印象城共引进了近200家品牌商户,许多是首进商圈的首店品牌。

如盒马鲜生为三林地区首店,约座、GT、U-Young等为全国首店品牌;CGV影城、星聚会KTV、凑凑火锅(全场唯一24H营业)、暗恋桃花源七代店、BIBI BEAR、上井、石物恋、NOME旗舰店、洪员外、纽斯特为浦东首店。

旧商业地产项目的升级改造,不是"为改而改",而是要按照消费、商业经营以及资产价值再造和成本、目标收益而进行的有针对性的进阶。

案例3. 商业地产股权交易案例——凯德商用完成收购上海两处龙之梦余下股权

凯德商用产业4月10日宣布,公司完成收购上海闵行广场及虹口广场各自余下的50%股权,Full Grace及Ever Bliss成为凯德商用的联营公司。

凯德商用透过其子公司分别拥有Full Grace及Ever Bliss的已发行股本中的65%及72.5%实际权益;凯德商用集团及其联系人共同拥有Full Grace及Ever Bliss的100%权益,而Full Grace及Ever Bliss则分别间接拥有闵行广场及虹口广场的100%权益。

凯德商用表示,完成收购事项预期不会对公司截至2012年12月31日止财政年度的有形资产净值或每股盈利产生任何重大影响。

早在2011年11月,凯德商用以42亿元增持上海虹口、闵行龙之梦两处商用物业的50%股份。而此前,凯德商用旗下的中国入息基金和中国孵化基金已分别持有上述两项目各50%的权益。凯德商用增持后,持股量由原先的50%上升至100%,完成完全持有上述股权,形成全持有物业的实际权利。

凯德龙之梦虹口广场紧邻轨道交通3号线、8号线的虹口体育场站,总建筑面积约为28万平方米,包含了17万平方米的大型购物空间和近6万平方米的办公空间,是虹口一个全新的标志性建筑。目前,该购物中心已有家乐福、国美电器、Hola特力屋以及SFG打造的海上国际影院等商家入驻。

凯德龙之梦闵行广场紧邻公交枢纽,毗邻轨道交通1号线莘庄站,由一座多层的综合性购物广场及一栋32层高的办公楼组成,总建筑面积约19.65万平方米。其购物中心包括地上4层及地下4层，其中地下3~4层为停车场，拥有1300个停车位。I.T.旗下的b+ab、5cm、izzue、时尚女装bread n butter等均已入驻一楼；地下一层及地下二层则以超市卖场和生活便利设施为主，永乐、好乐迪KTV、乐购等卖场也已签约。

通过股权收购形成实际产权转移，是商业地产收购活动中常用的手法，其最大优点是交易的成本低，不利之处是项目债权债务的清理难度比较大。如有不慎会产生很大的后遗症。

第二节　商业地产营销

一、对商业地产营销的认识

有一种观点认为，商业地产不可销售，理由是由于分散销售后，产权管理困难而致使部分项目无法开展正常经营活动。这种观点，未必正确，一是部分项目本身不具备经营条件，即使不分散销售也可能无法经营；另外一部分可能是产权分散后，难以集中管理，而导致无法投入商业经营。对于开发企业而言，在法律许可的条件下展开商业物业销售具有合法性，而且在"自身造血"式的内部融资——以销售实现企业、项目资金平衡，可以使得企业迅速发展，如"万达""宝龙"为代表的部分商业地产公司。

合法的销售如何使之有效实行呢？

1．市场有投资需求

1）商业经营的需求：商业经营者（包括商业企业、服务机构和个人）有购置商业物业的需求，用于商业经营。

2）投资理财的需求：主要是个人以及部分企业或机构投资商业物业，达到货币保值或增值的目的。

2．开发企业有销售的需求

1）销售是开发企业实现利润的渠道之一，开发企业通过商业物业销售，完成回笼资金，实现利润的目标。

2）销售是项目融资途径之一，我国实行商品房预售制度，即在商品房未完成建设之前，只要符合国家规定的预售条件，即可进行预售，开发企业获得的预售款项，可视为无息的融资，用于补充项目后期建设所需的资金，或投入其他项目。在高息时代，这种预售性的融资十分重要，万达通过商业综合体中的"金街"等物业的预售，产生了良好的现金流，使企业快速地发展壮大。

3）正确认识商业地产销售

正确的商业地产销售的理念是"转让资产"而非"销售房产"；销售房产是指把完成实物形态的物业销售给投资者，而转让资产是指把现在或未来有收益、有实物形态的商业物业转让给投资者。两者之间的区别在有无收益上。

由于分散销售形成的产权的分散而不能像集中式物业一样运营管理，即项目开发产品定位时就必须满足销售型（产品性）开发的要求，如物业相对独立、合理定价、可以自主经营、开发企业协助整体推广、提供物业服务等，使销售类型的商业物业可以经营并有收益。

二、商业地产产品

商业地产产品属于是商业投资和收益类型，是商业资产和物业资产合为一体的物业类型，在产品确定时需要平衡各种利益关系，所以产品设计难度大，首先是经营者、投资者、制造者（开发商，包括代理商）相互之间的影响关系，其次是市场、产品、效益关系，还有产品现时价格、未来价格，开发企业利润和资产收益需求的关系，然后所有这一切都必须在产品设计中体现：

1. 产品属性确定

商业地产最终的属性定义是资产。资产和普通房产（住宅）的区别在于它的收益，而这种收益的普遍表现形式为租金；租金存在于一切用于经营取得收益的物业的经营活动中，租金是开发、投资商业物业的基础性回报，没有租金回报，商业地产（物业）的资产价值可售程度就比较低。

租金隐藏在商业经营活动商业收益中；商业经营者应当向业主分配利润，这部分利润就是租金，在我国"物业税"没有出台之前，这部分"租金"可以转化成商业利润。

租金在商业地产开发使用过程中，直接表现房地产收益，须承担国家关于房地产租赁经营的税赋。租金在金融资产经营活动中，表现为金融资产的收益，还要承担金融方面的税赋。当住宅产生租金了，那么这个住宅也是广义上的商业地产——收益性物业。

2. 产品影响因素

1）产品规格和空间特点：产品设计受到区域性的"十个差比"（路段、物业、位置、楼层、面积大小等）影响。

2）业态盈利：不同业态的选择不同的市场价格。

3）市场供求关系：商业地产受供求关系影响小，受商圈、空间位置、业态的价值影响更大。

4）收益行情：由于商业地产的根本属性为资产，收益比设计就十分重要，在银行及其他金融机构的融资成本增加而商业物业受零售业的线上业态冲击，总量过大，商业竞争激烈等不景气状况的影响，盈利不佳，租金滞涨的背景下，收益和财务成本之间的差额过小，甚至没有，那么商业物业的投资就会失去魅力。

如何制造商业物业投资魅力，在于业态创新、环境优化、场景策划、营销出彩来增加商业盈利性、提高向投资者分配利润的水平（租金）。

5）商业物业定价：商业物业定价有市场比较、收益还原、价值趋势三种方法；市场比较法可能会产生很大的失误，市场背景不一样，开发商的品牌认可度和运营能力不一样，仅用传统的市场比较法进行定价投资观感和投资因素分析不一样，可能会造成定价失误。

正确的方法是运用"收益法"定价，借助于"趋势法"进行修正并适当"溢价"，可以达到科学、理性的定价目标。

作者在2006年商业地产开始进入滞销时，提出"良心商铺"的概念，本质就是开发、投资、经营三者利益分配均衡，达到三者关系的和谐。

定价的依据是收益，收益的依据是区域性的房地产租金、调整偏差的业态租金，我国现时投资商业物业的正常收益要求均在每年6%~8%，这种收益率的认可是贷款利息和少量收益及税收决定的，特别是**优质物业收益率偏低，约为每年投资额的2%~5%左右，收益不稳定的物业收益率较常见的是8%以及以上。**

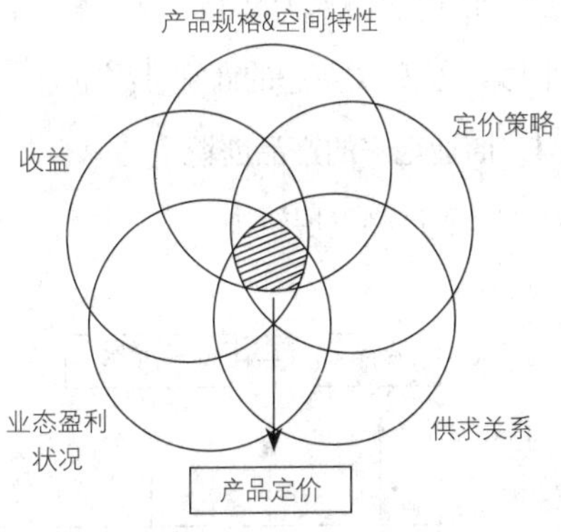

3．产品设计

1）产品设计原则

（1）和投资能力相适应：适合当地投资者的投资能力，让投资者买得起。

（2）满足商业经营要求：未来可以真正用于商业经营，产生租金，偿付投资贷款。

（3）规格最小化：尽管会产生很多权证文件，但是可以满足最多的投资需求——**小规格产品可以组合使用，大规格产品不容易销售。**

（4）收益设计本地化：各地财富积累、投资倾向和收益要求略有差异，如有年化收益率，一定要为当地投资者接受。

图10-2 影响产品定价的五大因素

（5）适合建筑条件：产品设计最后须落实到建筑空间上，商场式商业物业分隔产品的自由度大，而街铺物业受到间数、柱网影响，我国现有商业建筑柱网的模数，除非规建筑外，大致有3.3米、8.1~8.4米以及9~10米，产品设计要结合建筑条件、柱网的实际。

2）分隔的方法介绍

商业地产产品是以空间单元进行交易或销售，为了设计好可以直接交易的单元，有必要对商业地产项目进行分割，并在规划期间就必须进行面积分配、设计单元，以便形成产品。产品分割应遵循适合商业实际需求和符合建筑条件，一般是以柱网为分割出发点的原则来进行。

（1）"田"字形分割法

田字形分隔法适合于商业地产产品性的分割，将商业物业分割成"田"字形的小平面和空间，这种方法便于商业企业和投资者根据经营和投资需求，自由选择和组合，既可用于水平分割，也可以用与垂直分割。在这个面积范围之内，各种商业投资需求都可以得到满足。

（2）沿动线分隔法

在商场物业分隔时，可按照人流的动线规则进行物业空间的分割，按照当地投资需求和业态对商业物业的要求进行分割，一般产品规格在面宽4米以上，30~50平方米及70~100平方米的最为畅销。

各个单元具体面积大小，要结合实际使用和投资两种的要求来进行设计，以商业需求为基准，对产品面积进行分割。特殊情况，如建材市里的门类、瓷砖类业态的商铺进深可放大到14~18米。

4．商业地产的产品创新

1）产品发展轨迹

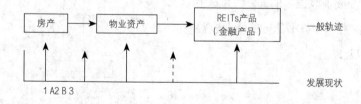

图10-3　产品发展轨迹

由于中国大陆政策和法律限制，在1999年之前，商业地产这个品种或类型的房地产并不存在；随着1999年的政策放开，到2007年《物权法》的颁布，商业地产开始为公众所了解。

中国大陆大部分的开发商和投资者都是通过房地产接触和了解商业地产，产品研发还处在于如图10-3中A、B在的第一阶段：人们对商业地产产品的设计还停留在房地产的物理空间（即注重其空间规格、价格）的认识上。

在第二阶段：人们不仅仅设计商业地产的空间、规格、价格，还开始注重投资和收益的关系。由于投资者的关注的焦点切换成收益，商业地产开始转变成有房地产特性的资产。

在第三阶段：商业地产的空间形态和规格的产品被资产形态的REITs所替代，而投资收益回报被更加关注，商业地产产品更接近其产品本质，从房地产彻底变化成金融投资产品。

2）商业地产产品的金融化态势

由于货币为非实物商品，所以互联网金融具有天然的优势：目前互联网金融（产品）已全面开花，如"第三方支付"、众筹、网络银行、网络证券、网络保险、在线理财等。笔者认为"众筹""网络证券""在线理财"等创新金融产品适合商业地产产品的创新，但须经过金融监管机构批准。

众筹：众筹是指以感谢、实物、作品、股权等为回报形式，通过互联网平台向公众或特定的公众募集项目资金的新兴融资方式。

网络证券：是电子商务条件下的证券业务的创新，网上证券服务是证券业以因特网等信息网络为媒介，为客户提供的一种全新商业服务。

在线理财：是指理财者根据自身经济情况，通过网络平台自主选择适合自己的理财方式进行理财，只要身边有网络，理财者就可以随时随地在网上寻找他们感兴趣的理财项目，享受足不出户的全新理财模式。

在中国商业地产产品由房产开始向资产转化，物业资产进行证券化试点之时，金融产品受到互联网的影响，本身也产生着深刻的变化，根据中国大陆REITs条件不成熟、互联网金融过于虚拟化的现实，笔者尝试提出两种商业地产产品创新的类型：

（1）资产股份制：运用众筹方法，把物业按投资比重进行股份制化。业主或最大投资者（不少于50%价值的物业），将其余小于50%的物业以股份形式转让给投资者。如市场前景看好，产品可以溢价，而产品前景不明朗也可以折价。物业由持有物业价值不小于50%的业主或开发商运营，并定期向一般投资者分配收益。

（2）在线理财：在线理财产品物业可以不进入资产包，但须以物业资产估值担保以预期收益分配投资者，让投资者按投资份额取得差额回报，产品发行量不可超过物业资产总值，发行人以物业资产总值担保产品基础价值，产品可以在线交易。

三、客户

对应商业地产营销，客户就是商业地产物业产品的投资者，这类投资主体有稳健投资的心理特征，追求物业升值和租金收益稳定性，和其他房地产客户有着很大的差异，一般住宅投资主要看行情波动进行投资，而商业地产则有收益率作为价值判断。

1. 商业物业投资类型

1）投资数额巨大：从目前商业物业产品的交易现状和销售条件看，具有投资额巨大的特点，小则几十万元，大则几千万元、数亿元，对一般投资者而言，相对投资数额巨大。

2）交易成本高：商业物业产品买卖属于房地产交易范畴，每次交易的成本巨大，这些成本包括交易和中介费用、税收（特别是土地增值税、契税、所得税）等。

3）投资回收周期长：如果不计算的贷款成本（利息），商业物业的投资回收周期长达十年以上；如果计算贷款成本，按商业物业净收益计算，则投资回收周期更长。

由于商业物业投资数额巨大、交易成本高、投资回收周期长等投资特点，以及"周期越长，风险越大"的投资原理。而商业物业投资对象心理具有受市场波动影响小、追求物业价值稳定、接受长期增值趋势以及得到法律保障的要素，那么商业地产的投资者一定是有投资能力、接受长期投资规则的投资人，这种类型投资者属于市场敏感度低、稳健性的长期投资者类型。

2. 投资心理分析

投资心理受到投资市场信誉背书和投资收益比较的影响，并直接与投资者的资金来源、数量和投资体验、经历有关。笔者于2002年发表的"一铺养三代"，在当时的市场条件下，既说明产品特点，也反映投资心理之势，即商业物业长期投资、渐进性的增值以及不易交易和变现的投资特点。从投资心理看，商业物业投资有如下心理特征：

1）资产实物性：商业地产产品投资心理者同样受人文心理影响——中国及东亚文化圈受农业文明影响，都有实物资产拥有的欲望，商业物业投资者绝大部分就是偏重于实物资产特性。

2）不接受高风险高增长的投资产品类型，愿意接受收益略低、周期长的商业物业投资类型，具有"理财"型的投资特征。

3）"变通"的潜意识：在商业地产投资心理中有变通意识，变通意识产生于商业物业多重属性，投资者认为商业物业既可以用于自己商业经营，也可出租取租，享受物业增值后的收益，通过交易取得增值收益。

4）物业资产安全性：看重物业不可移动性、不易毁坏等特点，可以长期拥有，传代。

5）可以作为融资的担保物，在物业升值或有收益同时可以进行融资活动。

3．客户分类

商业地产的主要客户可以分成机构投资者和个人投资者，从投资动机看，机构投资者和个人投资没有差异，或为了商业经营，或为了物业资产经营，或取得差价，从客户总体分类看，有其差异性。

1）机构投资者

机构投资者的资金实力大于个人投资者，投资策略的思维空间更丰富，因而价格空间和物业规格需求更大（表10-2）。

不同投资类型的考核指标　　　　表 10-2

投资类型＼考核指标	考察方向	评价依据	操作意向	投资取向	价格敏感度
商业投资	商业选址	门店规划	自己	商业效益	高
物业投资	区域物业价格趋势	投资组合	自己	收益稳定增长	一般
物业投机	行情趋势	供求关系	自己	物业差价	低

商业机构投资者：包括零售业态的商业企业，还有需要门市经营的银行、证券机构、旅行社以及政府办事窗口。

物业资产机构投资者（投机者）：包括有商业物业投资倾向的资产管理、投资、置业公司及行业利润丰厚的其他产业资本机构。

2）个人投资者

从销售经历和统计来看，商业地产个人投资者主要来自于以下6类人群：（个人）商业经营者，商业物业投资者，进行资产理财组合的退休或将退休工薪者，技术精英及白领、中小企业业主和高收入公务员以及为家庭置业者。

和机构投资者相比，个人投资者的投资能力小，对资产安全要求和价格的敏感度高（表10-3）。

不同个人投资者的考核指标　　　　表 10-3

投资类型＼考核指标	考察方向	评价依据	操作意向	投资取向	价格敏感度
商业	商业选址	适合开店	自己	商业效益	高
物业投资	区域物业价格趋势	投资规模	委托	收益稳定增长	高

续表

投资类型＼考核指标	考察方向	评价依据	操作意向	投资取向	价格敏感度
年长者理财	运营能力	投资规模	委托	安全、租金收益	高
白领、中小企业、公务员	运营能力	投资规模	委托	安全、租金收益	高
家庭置业	物业价值	适合开店、出租	委托	商业效益、收益	一般

3）产品和客户的敏感度分析

产品的规格、价格、收益率和聚集客户有反向关系。一般而言，产品规格越大，总价越高，并可能产生规格越大、坪效越低的情形。

鉴于价格和收益存在着"喇叭口"效应，在市场租金相对稳定的条件下，产品溢价偏离收益法估价范围越多，意味着收益率越低，造成投资者对产品不产生投资意向而失去客户。

按照如图10-4所示"投资规格—产品—客户"模型可发现：A类客户主要为机构投资和少量有极强投资能力的个人、商业经营和家庭置业者；B类客户为中等投资能力的个人投资者、白领、小企业主、公务员；C类投资者投资能力最弱，如退休人员由于未来收入减少，投资安全要求高，投资者规格小，交易困难。客户价值的高低自A向C排列。

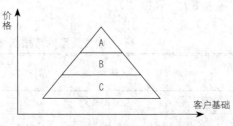

图10-4 "投资规格—产品—客户"模型

4．客户管理

1）客户价值：客户是完成销售任务的最基础要素，没有客户的营销是彻底失败的营销活动，客户是产品性开发项目的目标，客户接受产品意味着项目成功地开始，客户为项目提供了资金回流、利润实现的可能性。

2）客户培养：产品和客户之间契合来自于共同价值；商业地产投资价值和开发目标具有天然的一致性，即投资者希望通过投资运营和收益优异的物业资产，而开发商同样具有这样的开发愿景。有了良好的共同基础，就可以进行培育客户，具体的办法是"共同学习，共同成长"，商业地产投资在中国大陆还属于较新的投资方式，各个项目的定位、开发策略不同，招商、营销策略也不同，以学习的方法引导客户产生一种有效的亲近客户的方法，如有些企业组织客户共同学习，共同成长，就十分被市场认同。

共同学习加上经常性的客户联谊活动，可以有把市场的"旁观者"变成实实在在客户的效果。

3）与客户利益共享：目前我国商业物业营销活动中，往往借助普通营销活动中的"活动酬谢""分发礼品"等极其常规的促销方式吸引客户，这类手段对有社会阅历的客户是没有效果的；从利益共享原则出发，开发企业不要追求过高溢价，通过收益测算，制订"良心售价"的营销定价策略，给予投资者合理的投资收益，这样会迅速实现客户转化，把意向客户变化为交易客户。

与客户利益共享的方法在商业地产总量过剩、市场疲软的背景下，格外有现实意义。

4）"利益共享"意识可以创造良好客户关系，促进客户组织发展：建立客户组织不仅仅是营销部门的职责，更是产品型开发项目的市场平台，主要领导必须以专家、朋友的身份介入其中，达到稳定客户资源的作用。客户组织可以"投资者俱乐部"形式成立，除了正常营销活动之外，还要让客户参与联谊活动、公益活动、节庆酬谢活动以及成功的招商签约活动，促进大客户明确投资意向、下定金、签约，通过上述活动，促进客户关系，增强客户信心，产生良好的"聚客—荐客"效果，达成销售目标。

5）客户档案：客户档案贵在完整、严谨；每个营销组织都会为项目建立客户销售档案和数据库，销售人员往往会注重销售现场的效果，而不是很重视客户档案信息的载录，客户信息不完整，描述不准确，主观臆想式言语多，而数据记录少。

在现代营销活动中，数据库建立重比经验判断和主观观感重要得多，数据才能准确反映客户动向真实，为科学理性制定客户策略和营销方案提供可信的根据，客户档案应包括以下信息：

（1）客户信息：年龄、性别、职业、学历、爱好、收入、家庭住址、家庭成员、参与项目成员的身份角色、作用评价；

（2）客户来源：传媒影响、朋友介绍……

（3）来访事因：了解进度，了解价格……

（4）现场表现：关注内容和信息、提出问题、互动情况、对哪位接待者有好感；

（5）来访记录：访问次数、来电次数、微信圈的相关发言、提问次数、问题库—问题序号，话题测定反应；

（6）交易形象进程：初访、跟踪、口头意向、意向书和意向金支付、签约和定金支付；

（7）客户分类：待签客户/待定客户/意向客户/研究思考/初次来场；

（8）下次跟进建议。

四、推广

商业地产营销推广的任务主要有三个方面：一是扩大市场影响力；二是树立品牌；三是最重要的召徕、聚集客户，推动销售。在市场供不应求时，推广成本很低，2002年在商业地产供不应求的年代里，笔者在协助上海某项目推广时，一篇分析广告，一次项目推介会，就已经全部售罄。而在商业地产存量时代，商业楼盘销售的难度大大增加，广告费占整个销售额的2%属于优秀企划，而推广费用占整个销售额3%～5%的也不在少数。业内许多人士因房地产营销的惯性思维，在思考加强营销攻势时，必定会采用广告攻势；加大广告投入，扩大影响力，推动销售，这种思维方式对商业地产营销收效不大，有时甚至是有害的，假设一个推广人员总是纠缠你唠唠叨叨的，人会产生厌烦情绪和"广告无好货"的思想。如何进行商业地产营销推广？

换位思考法——什么样的推广才会吸引我？

改变推广思维，从"我要推广"到"他在关注什么"的改变。

1）货币的长期贬值趋势的思考：由于各国通行货币长期趋势推动投资的消费，这可以美元—黄金长期的价格变化中看出，而个人或家庭由于这种货币贬值趋势造成财富缩水，人们总是在思考通过何种方式进行理财或者投资，使财富增长或保值，以此切入，可以争取到未来客户的关注。

2）盈利机遇：需要符合逻辑的推导和演绎，才具有说服力，如果故弄玄虚或强调气势，效果适得其反。

3）找到合适的耦合点——设置良好而自然的广告推广点，让人们顺理成章去关注这种推广，如女性化妆品在韩剧中插播，运动品牌和重大赛场结合一样，商业地产营销推广和商业活动、财经类访谈融合就是最佳的耦合点。

4）商业地产营销推广策略阶段任务

根据销售目标、招商和工程进度，有序、有节奏地开展推广活动，才能达到"扩大市场影响，树立项目品牌，促进产品销售"的目的。

（1）推广的过程，也是客户聚集和成熟的过程。一般情况下，把推广过程分为三个阶段：

前期：强调传播，有"找客"作用，传播渗透力越强，"找客"的寻找客户作用、客户基础越大。

中期："稳客"，强调项目进展，类似成功案例演绎。

后期：促进交易。直击人心的是有效推进项目成功的措施和"惠客"政策，促进客户支付定金，形成签约。

（2）推广策略：商业地产营销推广既要引起关注，又要庄重；由于商业地产投资金额巨大，人们会变得十分慎重。

笔者提出"三个学习"的推广方式借鉴：

向金融机构学推广——让人们放心投资；

向保险机构学推广——个性化推广；

向成功商业企业学推广——通过文化、礼仪、公益活动，使人们自我塑造，以"我"为友。

运用高科技手段进行推广：在信息时代，运用网络技术进行推广具有事半功倍的效果。手机客户端产生价值远远超过传统媒体，运用抖音、微信、朋友圈、O2O、APP等手段进行推广有针对性强、标示清晰、速度快的效果，同时加强线上服务和转化，实现线上催熟的效果。

（3）推广时机

除静态推广载体发布商业地产推广信息之外，推广活动策划应选择节假日和双休日，商业地产投资对于一般个人投资者而言，不属于刚性需求，投资冲动不强，所以在工作日推广效果较差。

反之对机构投资者或个人商业经营，商业物业专门投资者而言，推广活动可选择工作日，可以不影响他们休息或节假日商业经营活动。

五、商业地产营销难点、痛点和对策

商业地产营销困难，除了总量过剩、定位和规划失误之外，还有一个重要的原因，是营销体系对商业地产了解不够、专业水平不高、技术不定向造成的。

1．现有商业地产营销类型缺陷

中国商业地产营销明显带着一般房地产（住宅）产品营销的痕迹，往往借助于炒作"主题""概念""路段"以及开发商的开发经历和品牌，采用"包租"等手段进行强行销售，这种方式在住宅产品销售时可以使用，因为住宅使用功能直观，而商业地产是投资品，具有不直观的未来收益要求，这往往是商业地产营销所忽视或刻意回避的。

2．开发流程中的业务缺陷

在产品性商业地产项目开发流程中，招商经常被忽略；由于招商困难和招商人才缺乏，部分开发企业在商业地产开发活动中，没有招商功能，或者招商功能虚置，并没有招商行动；房地产开发为实，商业资源开发为虚，导致开发流程中的运营业务缺陷，给人商业后期运营生死未卜的印象。

3. 营销方案的缺陷

普通商品的营销方案有四个要素（4P），即产品、价格、对象、手段。而商业地产产品属于投资产品，它的营销不仅仅具有普通产品的4P，还有收益方式和收益的预期；所以正确的商业地产营销方案至少有六个要素，即产品、价格、对象、收益方式、收益率、手段。

因为商业地产产品是投资产品，未来的收益才是投资者最关注的，如果连这6个关键要素都不体现，这个商业地产的营销方案一定会失败的。

营销推广不具新意，目前在商业地产营销推广活动中，和十多年前相比几乎没有进步，强推所谓概念，渲染主力店（或品牌店），建立市场信心，仍采用"包租"（政府明令禁止）手段。

由于商业地产在我国已有二十多年的历史，投资者已经开始了解商业地产的原理了，而营销推广仍在沿用2005年前的推广手法，市场反应冷清就在情理之中。

由于开发商和投资者都不成熟，在2002—2005年之间中国大陆已经有许多项目实现了全部或部分销售，由于没有招商和运营能力，部分投资者无法得到预期收益，并酿成一些事态，对市场造成了深度不良影响，在总量过剩的市场背景下使得商业地产的营销困难雪上加霜。

4. 商业地产分散销售的弱点

产权分开：商业地产分散销售以后，产权分散在各个大大小小的业主手中，分散销售以后，再进行集中经营就十分困难，后果是业态不能规划控制，租金无法控制，集中运营无法实施，使分散销售的项目陷于无序的瘫痪状态。

5. 过度透支未来收益——溢价过多

商业地产产品作为一般房地产（住宅）产品销售，计价单位主要是面积，而非收益，导致炒作或供求关系的原因而溢价很多，另外由于商业地产收益"前低后高"的规律，造成部分投资者在商业地产开业前期无收益或收益低下，无法支付货款及利息，而不愿出租或降低租金。

6. 前期规划缺陷

无论国际还是国内设计机构，设计的项目有很大部分比例都是在不知道商业地产开发和运作的设计原理背景下设计使用的，导致无法投入使用。

7. 运营能力不强

中国大陆目前商业地产人才缺少，导致项目多而人才少，部分项目，尤其是中国大陆三四线以下的城市很难从外部落实商业地产的运营机构，包括招商、运营和商业物业管理机构。

8. 对策

1）分散销售商业物业项目的治理：中国由于商业地产项目REITs上市困难，以及商业地产作为房地产管理并许可预售，所以商业地产的销售是合法的存在，但是分散销售又存在先天不足，导致分散型销售（除少量商业街、街铺和业主配合程度高）项目运营困难。笔者提出历史问题和存量商业物业的三个解决方案：

方案一：业主自治模式

项目或业主委员会，共同进行物业经营和项目商业决策，经营结果和成果按物业投资金额分享。

方案二：公司管理模式

购置该项目商业物业者视为股东，按投资数额决定持股比例，实行公司股权管理模式，重大决策由股东会投票决定。

方案三：基金组合模式

开发商或持有大部分价值物业的业主为GP（一般合伙人），其他物业业主为LP（有限合伙人），物业委托第三方营运，以净收益按物业价值分配。

上述三套方案设计原理均是资产经营原理，淡化物业空间性，强化物业资产特性，推动项目整体运营使之产生收益，在中国商业地产REITs全面放开时，可以进行整体基础资产收购，不同资产价值的业主均可以从中受益。

2）健全运营机制——提倡"组合营销"。随着市场和投资者的成熟，商业地产营销已经进入正轨，过去的房地产营销方式已经不适合这个存量时代的总量过剩、供大于求、竞争激烈的市场，所以商业地产营销必须按照商业地产的逻辑进行，为此，笔者提出"组合营销"的商业地产营销机制，所谓"组合营销"其实质是"招商推动销售，运营保障收益"。

组合营销的形式是商业地产营销与招商、运营融合进行。运用主力店、品牌店的选址的示范效应，引导投资。建立完整运营体系，成立有力的可信赖的运营机构，给予投资者信心。

商业地产营销的本质就是金融活动。销售是为了融资，融资要求支付利息或分红。分红的收益比银行略高，比民间借贷低。为何低于民间借贷？主要是有物业保障，就是房地产的担保作用。实际上，如果招商、运营做不起来，这个物业没有收益，担保物实际上没有大的作用。

为什么要介入招商、运营？对于成熟的投资者，尤其是懂商业经营的投资者会考虑这个问题。一旦运营没有坚定信心，销售就很难展开了。我们为了销售必须做招商和运营的准备，通过主力店、品牌商家提升产品的市场价值，包括溢价和去化。

3）控制溢价冲动：投资开发商业地产，追逐超额利润是大部分企业开发商业地产项目的初衷，追求超额投资回报和开发利润本身无可厚非，但是从市场背景、一般投资利益以及商业物业收益"前低后高"的规律来看，商业地产销售必须控制溢价冲动，提高产品的收益比（性价比），促进去化，让利于一般投资者，否则过高溢价，导致一般投资收益低，投资回报周期变长，同时也因去化慢而出现投资或开发企业自身的财务成本上升，所以控制溢价，甚至折价让利一般投资者，让一般投资者能承担支付贷款利息和本金，这才是营销和开发企业要理性思考的重要因素。

六、营销思路创新

在商业地产存量时代，在商业地产平均去化率不到20%的营销困难时期，营销也必须创新，以实现商业地产的去化，帮助企业、投资主体回流资金。

1. 整盘合作

在西南两大城市——成都、昆明都发生过诸如采用此类营销策略，实现项目销售的案例，和服装行业协会合作，由协会出面聚集客户，非租即售，实行整盘项目启动。优点是出货量大，招商、运营压力小。缺点是整体价格低，但对缺少资金的企业而言，是销售不出货时可以解决资金困难，解决销售困难一个可以的选择。

2. 以招代售，以销代招——全员营销

通过招商，实现销售，或者通过销售，实现招商。一般企业会分成招商、销售两条线工作，在实际操作过程中，客户往往同时具有两种意愿，既愿意进场经营，也有购置物业的意愿。尤其是在主力商户（主力店，品牌店）意向明确后，对自用型的投资客户可以重点引导。

这种方法的优点是增加了营销覆盖面和增加找到目标客户的机遇点，提高销售率。

3. 提高收益率

贷款放开后，按揭成本可能发生变化而造成收益下降。原来市场普遍接受的每年投资收益率6%～8%的比例就可能显得不太合适了，这种情况同样影响商业地产销售。按照银行利率的调整幅度，相应地调整商业地产收益

率，缩短投资回收期是有必要的。按照现行利润调整幅度计算，定价或接手委托管理时，适合高出其他项目1%～2%是可以执行并有效的。过高的年化收益率方法不可取，一是运营企业的压力陡增，二是支付投资者收益的成本大大增加，三是市场信心受到负面影响。

4．接受委托管理

针对理财型的投资者，采用接受委托管理，并给予相对稳定的收益经营（足以支付按揭），上浮部分与接受委托方分成的方法进行销售，也可以推动销售。这种方法的特点是实现了投资者理财的愿望，但接受委托方的经营、运营项目的压力较大。

5．招商推动

招商推动营销是商业地产营销最有效、最传统的方法。2004年，万达以招入沃尔玛的方式，推动销售，为万达模式行程和推动销售是十分有效的。这个方法在今天仍有意义。和过去不同的是要把这类主力店、品牌店、特色店的"带动效应"成功案例找出来，达到以理服人、增强投资者信心的作用。这种方法在上海、广东等地均有良好效果。

6．带租约销售

又称"卖实心房"，这种方法可以使得投资者十分放心地投资购买物业，带租约销售的一般规律是租期长，可以收益率略低于行情，投资原理是安全性越高，收益率越低，另外，一般合约都带有递增率条款，意味着物业的未来增值性，所以销售可以适当提高售价、降低收益率，但不可以低于银行按揭利率。这种方法在国外、国内中均有成功案例。

7．理财说明会推动销售

由于货币长期贬值的趋势，理财产品银行不托底，部分存款寻找出路，和银行合作举办理财说明会也是合适的营销对策。如果和银行合作愉快，还可以获得优质的客户。

8．长租短收

"包租"属于国家严厉打击的行为。按照租赁行为的限制，20年租期是管理许可的行为范畴。二十年或者若干年租约、租金，租金一次性付讫，也是实现回笼资金的一个良好的渠道。这种方法比较适合优质的商业物业，上海服装市场商圈曾有采用此法的成功案例。

9．众筹

受互联网思维影响，"众筹"方法也适合商业地产。通过网络、社群等手段聚集投资对象，然后成立投资经营机构，对物业进行投资，以商业机构方法经营物业，然后委托专业人士或机构进行招商和运营，这种方法的优点是可以聚集商业投资者，但要进行客户培训，提供增值服务，对于投资者而言，众筹以后可以获得较低的价格，但要掌握投资、估值、定位、经营和税务等相关知识，还要协调共同关系，把自己变成真正的商业地产投资人。

七、商业地产营销方案编制

按照"组合营销"的思路进行营销方案编制，具有引导客户影响力强，客户有信心的特点，在健全招商和运营体系后，营销要为开发企业实现利润和平衡资金需求作贡献。

1. 编制营销方案的前期研究工作

在编制商业地产营销方案前，须对项目的"市场背景""客户群""物业条件""业态特点""产品特点""十个差比"等要素进行调查，除了这些因素外，还要了解：

1）当地商业物业的投资倾向：包括物业类型，产品规格，购后自营还是委托等。在商业地产地理分界线以北的区域，街铺未必受市场欢迎。

2）各个城市商业物业投资收益率要求的差异性：目前中国大陆对商业物业投资收益率要求已经逐渐趋同化，一般在每年6%~8%，但在少数城市仍有差异，在资金紧缺的区域或城市略高1%~2%，而在经济不发达投资渠道少的城市，则可能略低1%~2%。真实数据必须在所在区域（城市）取得。

3）当地预（销）售的条件：如预售要求——结构到顶还是投资比例的规定，上海市对商场式物业销售进行限制；苏州对销售比重进行限制；而部分城市对物业建成后的销售时间限制，如建成后若干年内不可销售进行限制。

4）大部分城市对售后"包租"进行限制。

5）贷款：部分城市由于商业地产总量过剩，项目滞销，对销售货款（按揭）进行控制。由于商业银行贷款利率放开，部分城市对商业物业的贷款利息已经进行调整。

6）市场对销售楼盘的口碑和评价，包括传播广度、美誉和差评。

7）竞争项目的营销策略，销售进度，去化率，招商情况，市场正向和负向评价。

8）当地商业地产营销的黑色事件：如开发商跑路、委托商卷款等以及在这些事件中运用的各种手段和方法，营销执行人只有对项目所有因素了解透彻后，才可能编制出切合项目实际、具有操作性的营销方案。

2. 营销策略制订

1）营销动机：善意营销；把商业地产营销定义为分销一个盈利工具给其他投资者——让投资者参与分享"这个项目"的投资收益分配；

2）招商和运营推动销售：建立投资者信心；

3）合理定价：投资者有合理的收益；开发企业有利润，能平衡资金的需求；

4）优化产品：包括规格、价格和收益率。

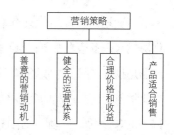

图10-5　营销策略的基础

理性的营销策略是建立在上述四个基础之上的（图10-5）。

3. 营销方案关键指标

1）影响营销目标的六个指标

在商业物业总面积，总价值量确定之后，下列指标影响营销目标实现：

（1）可售比：即可以销售面积的比重，如部分城市限制商场式商业物业入市，即这类物业不可销售，应当在销售面积减去；

（2）业态比：不同业态不同价格，所以不同业态比重也是分类计算物业价格的依据；

（3）空间比：按照"十个差比"原理中楼层价格、位置价格差异比例，确定不同楼层，不同位置、不同价格系数；

（4）规格比：按照"十个差比"中产品规格差异比例，确定不同规格产品，不同价格，不同去化速度的依据；

（5）价格比：产品价格是经过不同位置、不同面积、不同业态的各个价格调整系数调整后的结果，形成不同价格特点的产品的价格比例；

（6）回款比：通过上述分析后，可以得到不同阶段时期回笼资金的比例。

2）营销时的考核的指标

（1）时间目标：销售总周期及各个阶段的销售目标控制；

（2）回笼资金目标：总金额、阶段回笼资金的目标的控制；

（3）面积目标：销售总面积和各个阶段的销售面积的控制；

（4）价格目标：其实也是利润目标，但要进行税务分析，有时售价高，纳税更多，利润反而下降；

（5）签约率和缴付率目标：实际可考核的业绩；

（6）售后无争议目标：包括合约中止、退款以及其他纠纷。

依据上述六个目标编制的营销方案具有开发后续资金保障、利润实现、投资者权益保障的目标实现的作用。

3）营销成本控制目标

营销成本包括推广费用、用工费用、案场布置费用、合作机构和渠道商的费用等，营销成本控制经常被忽视，在营销成本结算和营业业绩考核时才会被提出，作为营销考核依据，应在编制营销方案时充分考虑。

4）定价策略

商业地产产品定价具有策略性和严谨性，一旦定价，就不可因为去化快或客户多擅自变更；也不能因为滞销而轻率打折，这是因为商业地产产品是投资产品，由收益率维系价格，如果价格上调，必将影响收益率的变化；商业地产产品的收益率，属于预期收益，是信心产品，如果价格下调，也会影响客户信心，制订产品价格有如下五个方面思考：

（1）项目建设后续资金需求：定价过高，造成产品去化速度降低，营销回流资金少，可能会导致项目资金链断裂；

（2）市场接受程度：受到租金行情、投资收益率和投资资金规模制约；

（3）开发企业的利润水平；

（4）营销机构（部分）的利润分配和业绩考核；

（5）和区域内其他商业楼盘的竞争考虑。

在上述五个因素中，第二因素是最关键的因素，在定价困惑时，可以采用市场询价、拍卖、价格说明等方法取得客户的心理接受价格范围，再次进行精确定价。

5）商业地产销售控制

商业地产销售控制也会影响未来项目运营走向；在客户资源少，而商业地产产品多，项目规模大，把有限的客户资源在少数的功能、区位、业态上，使局部成功转化为整体，"积小胜为大胜"，所以销控也是商业地产项目运作中的关键内容之一，商业地产销售控制主要有如下内容：

（1）区位销售控制：把客户集中到某个区位中，造成内部份区域的商业物业可以运营起来，局部繁荣，带动项目整体发展，其余部分应当严格封盘；

（2）楼层销售控制：原理同上，在销售情况良好时，可以从高楼层"出货"，如销售状况不佳时，可以在低楼层"出货"，以保证回流资金；

（3）业态销售控制：主要在"市场"物业销售时采用，把客户集中到容易成功的商品或业态上，推动商业繁荣，促进项目成功；

（4）控制部分重要节点，限制商业建筑形象面上的物业出售，以保证分散销售型的项目整体形象完整。

上述销售控制需要组合运用，业态、形象控制最后需要落实到空间上。

6）加强现场观感和人员训练

营销方案的实施是由现场直接销售人员决定，其销售能力、技术以及销售氛围和场景也十分关键。

销售现场设计原则：按照"商业推动商业地产销售，运营创造投资信心"的原则进行设计；主要体现重要商业企业和运营机构的成功项目及服务体系。

编写使人动心，又符合商业地产保值、增值逻辑的销售讲义：部分销售主要管理人员自身对商业地产理解不深刻，对商业地产客户的投资诉求了解不多，所以在撰写销售讲义，培训投资顾问（销售人员）专业度不高、方法不多，因此建议项目外聘专业人员代写和讲解，在对市场、客户、项目、产品、商业地产原理充分了解后，编写的销售讲义才会生动，在此基础上采用出题互考、客户模拟、（成功项目）案场体验、典型客户深度分析等手段，提高投资顾问的推介水平和成交率。

设立激励机制，对销售人员进行激励。

7）营销方案重要提示

在对市场、项目、物业业态和招商运营、客户、产品开发目的，充分了解后编制方案。

（1）营销周期：总周期、各阶段工作任务；

（2）营销目标和任务：销售面积、价格、回笼资金目标；

（3）销售计划：总周期和总任务实现率，阶段目标和阶段销售实现率；

（4）销售策略：包括销售模式（裸卖、托管的年限）、定价策略、推广和客户聚集策略、开盘策略（认筹、通知、签约、付款）、促销手段、活动和事件策划等；

（5）项目包装："三点"（优点、亮点、卖点）提炼，项目主题形象策划、推广主题和口号、案名创意等；"三点"提炼要注意竞争性，即针对竞争项目、产品进行挖掘项目的营销竞争优势；

（6）形象要素控制：案场设计方案，工地和围挡设计；

（7）考察路线设计：安全和优势呈现；

（8）物料准备；

（9）人员配置及人员培训计划；

（10）营销成本：推广费用、引导、路牌等，用人成本，办公费用，案场布置费用，美陈和道具，配合机构（银行推荐、培训）等费用，以及客户服务费用数额和计划；

（11）营销需要配合的要求：货款—银行、工程进度—施工单位、招商和运营的形象显现、法律文件编制、销售许可—预售证落实。

八、营销业务流程设计

商业地产营销是从前期取地开始的，全过程包括了市场调查、定位、策划和规划及销售活动展开、结案、客户移交等内容。按照工作阶段性的特点，营销工作大致可分为三个阶段：在第一阶段要完成市场产品和目标客户定位，在第二阶段要做好销售筹备，在第三阶段实现销售，完成客户移交（图10-6）。

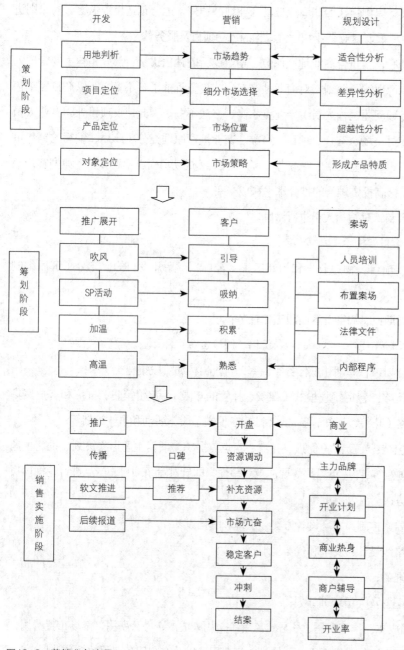

图10-6 营销业务流程

在第一阶段：工作重点是市场研究，产品研发，客户聚集，确定销售目标

在第二阶段：推广进一步聚集客户，建立市场信心，同时进行营销团队建设和激励方法的确定。

在第三阶段：为实现销售目标而发动销售活动，完成客户交接以及后期协助完成物业移交，协助订立委托协议或合作协议等。

附 某项目营销案例

1）基本情况

城市核心区位；

占地面积：47765平方米；

建筑面积：80000平方米，商业面积分布在地面一层、地下一和二层；

业态定位：集步行街、时尚精品、品牌旗舰店、大型餐饮、运动健身、娱乐中心、休闲漫步广场等多业态组合；

市场特点：不相信外来人，银座都站不住脚。

2）营销策略

"以招代销法""以大代小"，通过本地招商实现销售，引进"主力店"、当地消费者认可的"品牌商户"促进销售。

3）目标设定

60%以上自营者，其他面积为代理管理，投资者不进场经营。

4）营销方法

"以理服人""前景煽情"——带意向投资者代表前往相似的成功项目区考察，以建立市场信心，并且取得了成功。

5）后期服务

业主培训和管理。

6）价值维护

不降租金贴广告。

由于上述六招，该项目成为国内少数几个卖散又做好商业地产成功案例。

资本市场对宝龙营销的分析（历史数据）

宝龙是实现部分商业物业销售的企业，通过物业销售，使得企业发展提速，并被市场认可，以下摘取部分业绩发布会的内容：

2018年8月23日宝龙地产控股有限公司（HK.1238）在香港召开2018年中期业绩发布会，宣布截至2018年6月30日止的六个月综合业绩：宝龙地产合约销售额约人民币163.41亿元，较2017年同期上升约80.3%；收入约人民币92.84亿元，较2017年同期上升21.7%；租金及物业管理服务收入约人民币10.6亿元，较2017年同期上升约24.6%；毛利率37.8%，保持行业领先水平；核心盈利约人民币12.27亿元，较2017年同期上升约26.2%。

销售额大幅增长超八成，产品品质持续提升

截至2018年6月30日，宝龙地产实现合约销售额约人民币163.41亿元，较2017年同期上升约80.3%；合约销售面积约为1159970平方米，较2017年同期增加约76.2%。从销售业绩结构来看，长三角区域的业绩贡献率达61%，这也与其"新五年规划"所坚持的"深耕长三角"的战略布局相吻合。

据悉，销售规模的大幅增长一方面是公司货量充足供应市场；另一方面是产品特性明显，市场竞争力较强，开盘去化率普遍较高。公司商业综合体产品线分为宝龙一城、宝龙城、宝龙广场、宝龙天地，住宅产品线为院/墅、府、邸、家。较强的产品打造能力、户型标准化、"三点一线"等高品质呈现均加强了产品的市场竞争力。上海青浦宝龙广场地铁金铺首次开盘，1小时即创下劲销3.3亿元的佳绩；宁波新长岛花园、宁波宝龙世家、杭州临安宝龙广场、绍兴宝龙世家获得合约销售约30亿元。其中，绍兴宝龙世家开盘5分钟劲销逾9成，销售额超12亿元。

重塑商业运营新模式 收入及客流大幅增长

2018上半年，宝龙地产租金及物业管理服务收入约人民币10.6亿元，较2017年同期上升约24.6%，同时商场总收入及客流总量同比增长也超20%。经营效率的持续提升带动租费收入增长，预期五年（2016—2020年）租费收入CAGR将超25%。商场经营效率提升，持续的稳定性收入，为公司提供稳健的现金流，对利息覆盖持续超过1倍。租金收入和规模高速增长的背后，体现的是公司商业运营能力持续领先市场的竞争优势。

宝龙表示在地产发展的新时期，更需要找准自己的特色定位，差异化竞争，对宝龙已有的商业板块持续加强。宝龙商业战略提出的目标是："在市场规模方面，计划至2025年在营商场100个，其中超过65个布局长三角。"

2018年下半年,厦门宝龙一城、上海青浦宝龙广场、江油宝龙广场都将陆续开业,其中厦门宝龙一城将于9月30日开业,项目商业面积12万平方米,为宝龙产品线中首个轻奢定位的超高端产品。即将入驻PHILIPP PLEIN、LARDINI、POLO RALPH LAUREN、ESCADA SPORT、SEE BY CHLOE、PINKO等30余个轻奢品牌,为厦门岛内东部打造高端一站式休闲娱乐购物中心。

财务稳健,盈利水平保持行业领先

2018上半年,公司盈利能力继续高位攀升,实现营收与利润双增长,其中营业收入人民币92.84亿元,较2017年同期上升21.7%,毛利率37.8%,核心利润12.27亿元,较2017年同期上升约26.2%,中期宣派股息每股6.8分港币,较2017同期上升25.9%。持续增长的利润和派息给予投资者稳定的回报,显示出公司领先行业的盈利优势。

企业借助境内外双融资平台、多融资渠道,在资金收紧的环境下,上半年加权平均融资成本维持在5.95%的较低水平,财务结构稳健合理。2018年以来,花旗银行、西南证券等均上调宝龙地产(HK.1238)目标价,国泰君安重申宝龙地产(HK.1238)"买入"评级,格隆汇、东吴证券等专业投资平台或机构密集发布关于宝龙地产的相关分析报告,看好宝龙未来几年投资前景。

东吴证券房地产小组日前发布专题研究,称深耕商业地产多年的宝龙地产(HK.1238)周转正在提速,推动销售规模快速增长。未来3年商场开业迎来高峰期,叠加经营效率提升带动租费预期持续向好,预计宝龙地产2018—2020年EPS分别为1.05、1.34、1.60元人民币,对应PE分别为3.6、2.8、2.3倍,首次覆盖给予"增持"评级。

投资要点

加速推盘节奏,销售迎来高增长:2018年公司提出打造"369体系",即3个月完成方案,6个月开始预售,9个月实现资金回笼。通过高周转方式不断提升公司销售规模,2017年公司实现销售金额208.8亿元,同比增加18.4%,区域布局看,长三角、环渤海、海西、中西部分别占比72%、10%、12%、6%。公司充分认识到规模的重要性,加速推盘节奏,2018年公司预计全年可售货值680亿元,销售规模目标达350亿元,同比增长67.6%。

土地储备充足，拿地积极，重点布局环杭州湾大湾区：2017年公司土地储备建筑面积达1409.1万平方米，同比增长31.7%。公司土地储备十分优质，七成以上土地储备布局在一、二线核心城市。公司成本端优势明显，2017年总土地平均成本2131元/平方米，仅占同期销售均价的15.9%，优质土储匹配低廉成本，保障了公司盈利能力持续高位。公司拿地积极，坚持"1+6+N"多元化战略布局，2017年公司新增拿地总建筑面积达386万平方米，拿地面积/销售面积达247%。

未来3年商场开业迎来高峰期，叠加经营效率提升带动租费预期持续向好：2017年末公司自有运营商场34家、委托运营商场2家，可租赁面积269.3万平方米，同比增长6.3%。公司具备覆盖高中端、大众市场的三大产品线，2017年实现租金及物业管理服务收入18亿元，同比增长29.7%。公司拟在2018—2020年分别开业3家、9家、4家商场，累计新开业面积达119.2万平方米，预计2016—2020年租金复合增速超25%。

投资建议

宝龙地产周转正在提速，推动销售规模快速增长。公司土地储备成本优势显著，近年来拿地愈发积极。公司目前已经运营36个购物广场、17家酒店，同时公司计划未来3年新开16家购物广场，物业出租将给公司带来稳定的租金收益及现金流支持。我们预计宝龙地产2018—2020年EPS分别为1.05、1.34、1.60元人民币，对应PE分别为3.6、2.8、2.3倍，首次覆盖给予"增持"评级。

1. 宝龙地产：专注商业地产开发，致力于打造"商业+住宅+酒店"综合生态

宝龙集团于1990年在澳门成立。宝龙地产是宝龙集团旗下子

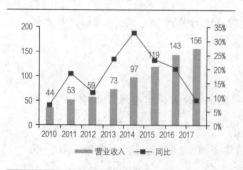

数据来源：公司公告，东吴证券研究所

图10-7 2010年以来公司营收及同比增速（亿元、%）

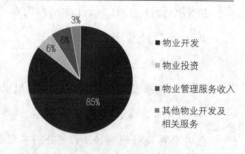

数据来源：公司公告，东吴证券研究所

图10-8 2017年宝龙地产各业务营收占比

公司，2003年开始专注开发运营综合性商业地产项目。2009年10月宝龙地产在香港主板上市，2010年2月总部移至上海，目前公司主要业务涵盖物业开发、物业投资及管理、酒店及其他三大类。截至2017年末，公司拥有及经营84个处于不同发展阶段的物业开发项目，2017年公司实现营业收入155.93亿元，同比增长9.07%。公司曾获得"中国房地产百强企业"第34位、"2017中国商业地产优秀企业"、"2017中国房地产上市公司商业运营优秀企业"等荣誉。

2. 坚持"1+6+N"战略，高周转实现快速增长

公司坚持打造"369体系"，3个月完成方案，6个月开始预售，9个月实现资金回笼。通过高周转方式不断提升公司销售规模提升，2017年公司实现销售金额208.8亿元，同比增加18.4%，目标完成率为104.4%；按区域划分，公司长三角、环渤海、海西、中西部分别占比72%、10%、12%、6%；按产品结构划分，公司商业、住宅分别占比36%、64%。公司产品具备较强的品牌溢价效应，2017年销售货值结构有所调整，长三角区域销售占比提升16个百分点，推动公司销售均价不断提升。2017年公司销售均价13369元/平方米，同比增长11%。

3. 高中端商业携手并进，持续放量创造可观收益

除了住宅外，宝龙地产同时还重点布局综合性商业地产，截至2017年公司自持商场运营达34家，并且委托运营义乌宝龙广场、重庆涪陵宝龙广场2家轻资产商场，可租赁面积（不包含委托面积）269.3万平方米，同比增长6.3%。2017年公司实现租金及物业管理服务收入18亿元，同比增长29.7%，2013—2017年复合增速达26.7%。从区域来看，公司在长三角、环渤海运营的自营商场面积占比为50.1%、25.5%。

未来3年商场开业迎来高峰期，叠加经营效率提升带动租费预期持续向好。公司拟在2018年、2019年、2020年分别开业3家、9家、4家商场，累计新开业面积达119.2万平方米，整体来看，公司租费收入将保持稳定提升。据公司公告，预计2016—2020年租金复合增速可以超25%。

三大产品线覆盖高中端、大众市场产品，品质与口碑实现双赢。宝龙广场具备三大产品系列——宝龙一城、宝龙城、宝龙广场，分别对应为超高端产品系列、中高端产品系列、中端产品系列，全方位满足不同消费层级客户的需求。

以杭州滨江宝龙城为例，2017年杭州滨江宝龙城实现租费收入达1.51亿

元,总销售额11.4亿元,全年客流量2000万,开业率95%,预计2018年租费收入提升26%,开业率提升至97%。商场业态呈现多样化,MUJI中国、UR、NITORI家居、Z-PARIS童装等知名品牌入驻,商场具备着地理位置、人群质量、人口密度、高端企业等核心优势,通过打造独特、优质的商业品牌,从而不断提升公司影响力和知名度。

4. 酒店载体、文艺前行,在酒店遇见艺术

公司酒店板块以国际品牌酒店及自创品牌连锁酒店为核心,坚持以"在酒店遇见艺术、让艺术融入生活"为使命,开展文化艺术活动,形成以酒店为中心的"青年文化艺术消费圈"。2017年公司新开5家酒店,截至2017年年末公司旗下拥有9家国际品牌酒店、8家自创品牌连锁酒店,目前公司17家酒店合计房间数量为3739间,主要布局在长三角和环渤海区域。2017年公司实现酒店收入约4.87亿元,同比增长29.9%。未来3年公司会继续积极拓展酒店规模,2016—2020年公司酒店业务预期收入的复合增速有望超40%。

5. 盈利预测与估值

1）核心假设

我们对宝龙地产未来的盈利预测基于以下假设：

2018—2020年房地产市场销售整体稳定,销售规模不会大幅下降。2017年12月25日全国住房城乡建设工作会议召开,会上提出"针对各类需求实行差别化调控政策,满足首套刚需、支持改善需求、遏制投机炒房"。我们预计2018—2020年房地产市场销售规模将呈现整体稳定、小幅波动的走势,销售规模不会大幅下降。

我们预计公司2018年能够达到人民币350亿元销售规模。公司土地储备充足,项目集中于一、二线城市,深耕长三角及环渤海区域。

公司在售及在建项目能够顺利竣工交付。一般房地产行业从预售到竣工入伙,周期在1.5~2.5年,宝龙地产2015—2017年总预售额分别为143亿元、176亿元、209亿元,这些销售的产品将陆续在2017—2020年陆续结算。

2）盈利预测

我们预计2018—2020年EPS分别为1.05元、1.34元、1.60元,对应PE分别为3.6倍、2.8倍、2.3倍。

3）估值

我们预计2018—2020年EPS分别为1.05元、1.34元、1.60元，对应PE分别为3.6倍、2.8倍、2.3倍。2018年4月，Wind房地产板块（沪深）PE为13.2倍，Wind房地产板块（港股）PE为8.4倍，即使与港股的主流地产公司相比，公司PE估值仍然处于较低水平。

需要注意的是，公司持有较多用于出租的投资性房地产，使用公允价值入账，每年会因为物业重估带来一些公允价值变动损益，这就使得公司的归母净利润高于公司剔除公允价值变动损益后的核心利润。若以归属于母公司股东的核心利润为口径，公司2017年PE值为6.6倍，对应2018—2020年PE估值为5.0倍、3.9倍、3.3倍。

4）投资建议

宝龙地产周转正在提速，推动销售规模快速增长。公司土地储备成本优势显著，近年来拿地愈发积极。公司目前已经运营36个购物广场、17家酒店，同时公司计划未来3年新开16家购物广场，物业出租将给公司带来稳定的租金收益及现金流支持。我们预计宝龙地产2018—2020年EPS分别为1.05元、1.34元、1.60元人民币，对应PE分别为3.6倍、2.8倍、2.3倍，首次覆盖给予"增持"评级。

第三节　商业地产租赁经营

一、租赁和租金

租赁是一种以一定费用取得他人物权时间或空间使用和收益的经济行为，出租人将自己所拥有的商业物业交与承租人使用，承租人由此获得在一段时期内使用该物业的权利，但物业的所有权仍属于出租人。承租人为其所获得的使用权需向出租人支付一定的费用（租金）；租金即租赁业务中出租人向承租人收取的转让资产使用权益的补偿。在出租人表现为租金收入，在承租人表现为租金费用。租金通常是在出租人和承租人之间商洽中形成约定，出租人根据资产的投资收益行情，按时间计算的收益。

商业地产租赁是导致商业地产价值发生变动的最初基本因素，由此产生的收益更接近商业物业现实价值的真实，商业物业的交易、证券化均可以此为依据；从另外一方面看，商业物业资产定价来自于现实收益，而溢价来自于商业经营前景预判。

租赁是商业地产最常见的经营行为，发生在出租方和承租方之间关于租赁标的物的商议和协议，最后的书面约定的要式法律行为确定双方租约关系，业主（通常是出租方）通过这类约定得到预期收益。这时，这类物业也被视为另类"资产"，可用于交易和融资。

1. 租赁活动中的商业地产

交易的权利要素

租赁是商业物业一种具体的交易方式，业主以一定期限内，把物业的实际使用和在此经营商业的收益权利（用益权）以出租形式得到相对固定的租金收益；从承租方角度理解，通过向业主交付一定数额的租金，而取得有期限的商业物业的使用权利及派生的使用收益权利，包括商业经营以及商业经营所产生的收益的权利。

1）时间要素

由于租赁性质，所以必须有时间上的约定和限制，我国商业用地的使用年限为40年，而《中华人民共和国合同法》又规定租赁年限不得超过20年，而出租方根据自己的物业经营意图，给出租赁年限，而承租方则根据经营所需，提出希望租用时间，所租赁标的物交易的是有时间限制的权利。

2）空间要素

租赁标的物也受到空间的限制，业主把自己所合法拥有的物业空间，全部或部分出租给承租人，这个空间要素受三个方面制约：

（1）租赁物业的权利制约，即权利范围内的面积容量（层高），即商业物业的租赁双方不可超过这个租赁物业的空间容量（面积×内部高度）。

（2）租赁物业的公共或其他设施限制：商业物业必定是和这个物业相关的公共或其他设施发生关系。

公共设施和财产关系包括：**物业在地的展示影响、公共道路、通道、绿化、公共照明以及租赁标的的商业物业对公共设施、物业的影响性，如广告和店招、声响、气味、停车和来到该商业物业的客流**，这是我国物权法所缺少规定的，即私有财产对公众或公共设施的影响性，尽管没有法律明确规定，但部分城市对此以法规形式进行了规定，如浙江省关于居民住宅楼（规划作为饮食服务用房的除外）、未设立配套专用烟道的商住楼等场所禁止新建产生油烟污染的餐饮场所的规定。

（3）附属设施：对于物业而言，要投入正常的商业经营使用还必须有可供物业用于商业的公共配置设施，包括水、电、煤气、排污、通信和网络等，至于物业拥有的，如商用设备电梯、空调、新风、消防（烟雾警报），则可由租赁双方约定是否提供。

2. 网络资产的租赁

由于科技的发展，网络技术的普及和运用，对于商业地产而言，会产生一些依附在房地产实物上（如指明地址）的虚拟资产，包括公众号、微信、网络等，这些资产又确确实实能够给租用者带来收益，我们可以把它称之为附属于特定商业物业的网络资产。在租赁活动中，如何出租、使用这种网络资产，有待于国际、中国司法的实践进行探索和建立相关的法条，作为从事商业地产研究和实践的笔者认为，今后在商业物业租赁活动中，应依据现有的中华人民共和国关于知识产权的相关法律，对网络资产进行约定。部分可以作为法律依据的内容如下：

网络资产属于公民财产，应得到保护：网络资产并不是自然产生的，无偿提供的，而是拥有者进行经营、推广、维护的结果，按网络商业逻辑，它是由拥有方投资、注册、运营、提供服务和商品拥有的关注者（所谓"粉丝"，潜在客户），而在使用者进行推广、营销、服务时，发生销售，并随之产生收益，这种由网络上营销发生的收益，可视作网络资产收益。而网络上的营销平台、工具就有了资产的价值，尽管这种"资产"在目前阶段进行评估有难度，但仍应受到法律的保护。相关的部分法律依据有：

1)《商标法》中的相关法律依据

第八条 任何能够将自然人、法人或者其他组织的商品与他人的商品区别开的标志，包括文字、图形、字母、数字、三维标志、颜色组合和声音等，以及上述要素的组合，均可以作为商标申请注册。

第四十二条 转让注册商标的，转让人和受让人应当签订转让协议，并共同向商标局提出申请。受让人应当保证使用该注册商标的商品质量……

第四十三条 商标注册人可以通过签订商标使用许可合同，许可他人使用其注册商标。许可人应当监督被许可人使用其注册商标的商品质量。被许可人应当保证使用该注册商标的商品质量……

第四十八条 本法所称商标的使用，是指将商标用于商品、商品包装或者容器以及商品交易文书上，或者将商标用于广告宣传、展览以及其他商业活动中，用于识别商品来源的行为。

2)《专利法》中的相关法律依据

第二条 本法所称的发明创造是指发明、实用新型和外观设计……

实用新型，是指对产品的形状、构造或者其结合所提出的适于实用的新的技术方案……

第十条 专利申请权和专利权可以转让……

转让专利申请权或者专利权的，当事人应当订立书面合同，并向国务院专利行政部门登记，由国务院专利行政部门予以公告。专利申请权或者专利权的转让自登记之日起生效。

第二十二条　授予专利权的发明和实用新型，应当具备新颖性、创造性和实用性……

创造性，是指与现有技术相比，该发明具有突出的实质性特点和显著的进步，该实用新型具有实质性特点和进步。

实用性，是指该发明或者实用新型能够制造或者使用，并且能够产生积极效果……

3)《著作权法》中的相关法律依据

第三条　本法中所称作品，包括以下形式创作的文学、艺术和自然科学、社会科学、工程技术等作品……

（八）计算机软件……

第十条　著作权包括发言权（即决定作品是否公之于众的权利）、署名权（即表明作者身份，在作品上署名的权利）、出租权（即有偿许可他人临时使用电影作品和以类似摄制电影的方法创作的作品、计算机软件的权利，计算机软件不是出租的主要的除外）、信息网络传播权（即以有线或者无线方式向公众提供作品，使公众可以在其个人选定的时间和地点获得作品的权利）等。

根据上述法律条文的精神，租赁附属于商业物业之上的网络资产得到法律保护，有转让、使用法律依据，所以可以视作租赁商业物业的一部分，但可以不使用；如需使用，则使用的费用、损失的赔偿、维护责任等内容则由双方约定，按照司法有法律可依时从法律，没有法律以约定的精神，对法律未及的内容须明确表述。

二、商业地产租赁经营策略

1. 如何进行租金定价

1）商业物业租金定价是一门专业技术，是房地产估价体系中的一门具体运用技术，但它不是一门艺术，不是简单的市场价格模拟，也不是估价活动的数学推算，它的基础数据来自于市场，技术来自于估价，但是（定价）决策却来自经验和全局的战略上的思考，这种定价的方法没有想象中科学和精确，但是更实用、更适合市场实际。

第一步，设置合理的差比

包括楼层差、面积差、业态差、位置差，这种差比多是在项目（经营物业）当地市场通过大量调查获得，通常在确定这种差比之后，再分析空间利用手段的作用（八种提升空间价值的方法）对出租物业各具体的部位进行定价。为了理性定价，可以设计评价工具对各类物业进行综合评分，然后提出价格意见。

第二步，定价示范

"市场比较法"是商业物业估价中经常采用的办法，采用标准样本的办法可以使物业定价具有可比性，样本选择越多，准确性越高。

（1）首先采用标准样本法找到参考价格，一般来讲，标准样本以"间"为单位，如面积设置在50~80平方米，位置选择首层沿街物业，这样同类的物业之间才具有可比性；

（2）其次分析样本的市场行情及出租率；

（3）然后比照项目进行数据修正。

①第一次修正的依据

修正的各个因素如下：

楼层系数；

位置系数（结合动线因素）；

面积系数；

可布置程度系数；

商业适合性系数；

业态系数；

空间的改善系数；

场景优化因素；

品牌影响因素；

线上平台支付系数。

②第二次价格修正系数——技术修正

前期优惠折让的因素；

平均收益调整的因素；

诱商措施的因素；

商业租金水平的因素。

③第三次修正价格的系数——策略性修正

竞争的因素；

融资的因素；

业绩的要求；

税收方面的考虑等。

（4）最后得到根据"市场比较法"得出的租金价格。

表10-4为市场比较法中用到的定价示范表和内部比较示范表。

定价示范表　　　　表 10-4

名称＼比较项目	位置修正系数	业态修正系数	商场牌誉修正系数	客户优惠修正系数	租金水平	修正分值
A商场						
B商场						
C商场						
D商场						
E商场						
F商场						
本商场						

通过以上比较：本商场标准样本租金为每天每平方米××元。得到样本以后，本商场其他出租单元与之比较，得出各单元的价格（表10-5）。

内部比较示范表　　　　表 10-5

名称＼比较项目	标准单元	比较单元
楼层修正系数		
面积修正系数		
位置修正系数		
业态修正系数		
价格差异	标准租金	比较租金范围
空间优化修正系数		
场景优化品牌影响力修正系数		
线上平台支持修正系数		

2）定价策略

商业物业的租金定价策略是"低开高走"，这种策略是符合商业发展和繁荣的规律，同样也符合商场前期优惠入驻商业企业和品牌经营商的诱商、育商的规则，也是商业物业租金提升的规则。

（1）制定价格策略的考虑因素

具体应用价格策略时，还要考虑到以下因素。

①租期：优惠期的租期不宜太长，不利于今后调价，在招商时就要考虑未来的调价余地和调价频率设置。

②定价策略和销售关系：按照收益法，租金定价要支持房价，成为销

售定价的依据。

③收益目标：策略性地达到一定年限的收益总目标，如某项目的年收益要求为1000万元，在商业物业前期，可能收益达不到这个要求。我们通过平均收益的办法达到目标收益，如

原来目标为每年1000万元×3年=3000万元，

我们采用差额调整，同样达到这个收益要求，

第一年：800万元；第二年1000万元；第三年1200万元；

800万元+1000万元+1200万元=3000万元。

（2）价格策略的种类

租金不是平均、机械地分摊在每个空间的楼板面积上，而是有区别、有差异、有作用、有目的地制订价格策略，价格策略有以下几种：

①总的价格策略：前低后高，逐步推价。这符合商业物业价值增长的规律，也符合商业发展的特点。前期向市场让利，培养商业；在商业繁荣后，实施"末位淘汰制、优秀能续约"的办法，有节制、有节奏地提升租金，逐步达到租金目标、收益目标。曾经有项目采用租金价格"一步到位"或"零租金"的办法效果都很不好。

②差别化的租价：业态不同、承租面积规模不同，要实现差别化的租价，对于个别特别重要的品牌经营商可以尝试扣率，或象征性收取租金（如试营业）的办法，一般这类企业进场了以后，不会轻易退场的，因为他们投资了装修。

③租价控制：对特别区位，如包口、商场主要形象面、商场内部的外圈、电梯口等特殊位置采用高定价，以限制经营能力弱、企业规模小、形象一般的商业企业进入这些"节点"位置。

3）如何制定租金收取、押金递增率的策略

法律没有规定租金支付办法，是由租赁双方自行约定的合同标的。押金多少表示出租方对租赁合同的履约保证安全系数的设定。递增率则是双方对未来租金上升趋势判断的妥协和约定。在这三个方面还是有招商策略在其中的。

（1）租金收取

有按月支付、按季支付、半年支付、一年支付、一年以上的支付方式，在首期支付的租金中，有折现的因素在其中，那么会影响租价、按月、季、半年度支付都属于常规支付，一般情况下，租金先付，租期在后。

如果是一年以上的支付方式，在首期付款时肯定有折现因素在其中，所以要适当折让价格，折让系数由出租方理性判断，这部分的折让相当于融资成本。

（2）押金

是双方租赁关系维护的保证，由于出租方已经把物业交由承租方使用，那么押金肯定是承租方向出租方支付，押金收取办法，一般在相当于一个月租金到半年租金等量数额，对于可能违约的承租人须多收一些押金，有些明确是过渡性的租赁客户，则少收或不收押金，以减少退租时产生的损失。

（3）递增

递增是商业物业收益增长的源头之一，也是租赁双方对于未来租金增长预期所设置增幅的比例事先约定。递增又分为固定递增和环比递增两种：固定递增是基数不变，每一个周期做"加法"；环比递增是"利滚利"，每一个周期做乘法，即（1+递增率）×本期租金。递增率常规从平均每年递增1%~8%不等，只有极好的物业才能达到8%以上。具体递增率的确定同租金定价一样，需要通过市场调查获得，有必要自我算一下是否合理。也有人把递增率和上年度政府公布的CPI指数挂钩或银行N年期利息挂钩的办法，在选用递增比例时，一定要对物业的供求关系作明确的判断，有利则高，不利则低。

上述三个方面的具体内容，不能在推广期间公开，视招商聚客的情况而定。

2．提高租金收益的方法

1）调整业态、商户的方法

根据"不同业态，不同租金"的原理进行调整业态，业态调整得当，措施到位，新业态可能给商业物业带来租金收益增收的效果。

2）商业企业调整

在商业企业调整门店过程中，在和商业企业新建立的租赁合约关系时，业主有调整租金的机遇。

3）递增率调整

在与商业企业续签或新签租赁合约时，通过递增率的调整或设定，可以使未来收益增加。

3．商业物业增加收益技巧

1）空间使用率提高

内部空间使用率提高是指：增加商业经营面积的密度，以此提高出租或商业经营面积，新加坡乌节路上的ION在这方面有成功的经验。通过提高商业（商品、商业企业）的密度以增加出租面积来提高租金收入。

利用外部空间：由于商业繁荣，而商业物业供不应求，也可以利用外部空间，增加临时或固定的商业面积在商业物业外部场地或空间，增加经营面积，以增加"营业外收入"。

2）延长经营时间

从理论上讲延长商业经营时间，只有相对租赁时间增加的效用，同时也可以增加租金的收入，这种技巧有两种手段：

一是时间分租，不同时段不同经营内容，如一个小型餐厅，早上可以出租给早餐经营者，中午和晚上可以经营正餐。

二是延长经营时间，这种技巧往往在商业经营过程使用，达到"绝对租金分摊到相对延长的空间使用时间中"的效果。如上海"环贸"iAPM就是采用这种理念设计的购物中心。

4．商业地产租赁方式

商业物业的租赁，既可以是房地产+商业，也可以房地产+房地产+商业，也可以商业+商业、商业+房地产+商业的租赁形式出现，法律没有限制商业物业转租次数，所以在商业物业租赁活动中，有多种、繁复的交叉租赁行为。

1）商业物业直接租赁

商业物业租赁是指商业企业租用商业物业进行商品销售，以取得商业利润的行为。在市场经济条件下，商业物业使用是有偿的，即商业企业在使用他人所拥有的商业物业时，必须以租金为代价方能取得商业物业使用、商业物业收益等权能。商业物业租赁体现了货币价值与商业物业的使用价值的交换。

商业企业投资商业物业租赁，主要侧重于商业物业的商业价值的高低，而不是侧重于租用商业物业的房地产价值升值程度。

商业物业的总价值高低与权利人的出租收益率有关，而且物业价值和商业企业经营水平有关。

2）商业物业间接租赁

商业物业转租是商业物业价值得以重新认识、重新挖掘的过程，即商业物业潜在价值是转租投资的投资价值。与住宅不同，商业物业房地产权利人一般商业意识较强，在其拥有直接客户时，不会借助于转租者的第二次开发，以避免租金收益较少或租金被其他人长期分享。但在商业物业过剩时期，转租的情形变多了。

（1）转租前提

从法律角度来看，转租者须获得业主或有权转租者许可，方能实施转租或再租行为。

（2）转租动机

转租动机主要可以从两个方面来加以解释：一是以谋取房地产租金利润为目的的积极转租；二是以降低经营成本、减轻负担为目的的消极转租。前者表现为商业物业租赁投资者。

（3）转租形式

①全部转租：包括全部时间和空间的转租，再租人与转租者并非同属于一个经济主体。

②空间转租：以部分商业物业面积转租他人。

③时间转租：以部分租期转让第三人。

④时间、空间兼有转租：租期中，转租部分面积。

（4）转租投资及利润

转租者以转移租金交付责任、商业物业价值发现和对商业物业进行"包装"，招租作为投入，分享商业物业业主的租金利润，承担挖掘价值成败的风险后，享受转租产生的利润。

3）合作经营

合作经营从法理讲，是一种商业企业和商业企业之间的合作经营关系，商业物业在合作活动中，被视为"合作场地"，而双方按照各自投入和经营取得各自的利润分配。

商业利润分配是国内有物业的商业企业采用较多的一种商业物业租赁收益分配的办法，商业物业权利人以预期可以得到的租金收益作为投入，取得分配商业利润的资格，在国内商界又被称之为"扣率"，这种方法多在"引厂进店"活动中实施。在实际操作中，商业利润分配又分成"保底分成"与"无底分成"两种不同的方法。

采用"无底分成"的商业利润分成方法，其优点是密切商业物业租赁双方的关系，即由出租人与承租人共同承担经营风险。在商业业态、商业企业、商品经营的选择活动中，出租人运用自己的知识和经验，对合作者（求租者）进行筛选后，把商业物业给合作方（承租人）经营，以期获取更大的收益。商业利润分配是一种动态的租金收益方法，出租方只按约定的营业额比例获得收益分配（租金）。假如租赁双方约定"扣率"为25%，商业经营者的营业额为100元每天每平方米（以下同），商业物业权利人每天的租金收益则为25元。但是，当该商业物业按市场行情出租，每天的收益可达到30元时，显然商业物业出租人的经营策略是错误的；而当承租人每天的营业额为200元时，则出租人的每天收益可达到50元，超过租赁的市场行情价格，说明出租人经营商业物业策略正确，选择了经营能力强、合适的商业业态，使商业物业权利人获得超额的收益。但是，这是一种风险与收益并存的商业利润分配办法，有的承租人以转移收入（飞单），逃避向出租人分配收益的责任。在实践中，部分商业物业出租人针对这种分利办法的风险，设计或采用了"保底分成"的分配办法，即在确保稳定收入的基础上，还经常可以得到超额收入——只有那些路段上佳的商业街市上的商业物业权利人，才能享受既有高比例的分配权利又不承担风险义务的"保底分成"办法。

如上海南京东路某些商场的出租柜台采用的"保底分成"办法，是以市场租赁行情为营业额保底数、增收分配不封顶的分成办法来实施商业利润分配的。其出租面积为70平方米，辅助面积分摊70平方米，实际面积为140平方米。

市场行情为60元/（平方米·天），该柜台市场行情收益可达420元每天，该商场规定扣率为25%。

为了保证收入，商场规定承租人每天营业额不得低于33600元，这个数额被称之为"保底数"。每天保底数以月份天数计算，作为承租人的每月经营指标的下限。在商业销售淡季营业额无法完成时，有的承租人采用自购商品自付款的方法，以保证营业额"保底数"的完成，来保住该柜台，否则会被商场（出租人）淘汰出局。

三、商业地产的租赁收益

对于商业物业收益而言，以租金形式收入的是房地产收益，如是商业利润形式出现在财务账面上的，可视作为商业收益，在利用房地产收益进行商业物业证券化，发行金融产品（如REITs）时，均可视为资产收益。

就资产考核而言，又有"净收益"和"毛收益"之分，净收益（RDE）越高，则资产价值越高，融资能力越强。

1. 商业物业租赁的毛收益

商业物业的出租租金并不可以视作为净收益，笔者认为商业物业租金净收益是租金收益减去租赁成本之间的差额，租赁成本应当包括：

商业物业的土地费用（40年）的同时期分摊；

商业物业建筑折旧和维修费用；

财产保险费用；

物业管理费用（有时租赁双方约定，进入商业经营者的成本）；

分工负责本物业租赁经营专业人士的劳动用工费用（包括工资、福利、奖金）；

促成租赁成交的中介服务费用以及税务部门认定可以进入成本的财务成本等；

租金在扣除上述费用和税收之外，才可以称之为"商业物业租赁经营"的净收益（RDE）。

2. 商业物业租赁的净收益，是商业物业资产税后利润

净收益越高，投资收益越高，物业价值越高。商业物业资产净收益率可以采用"全面摊薄净资产收益率""加权平均净资产收益率"的方法计算和考核。在研究提高商业物业净收益率时，可以采用两种思考方法：

1）降低成本：由于土地和建筑成本摊入，税收属于不可变更的成本，其他方面，如合理投保，注意建筑和设备的维护保养，延长使用寿命，以及用工成本控制等方面；

2）加强商业运营：在商业运营成本不变的前提下，提高商业营业收入，增加租金收入，提高商业物业价值，是商业地产收益提高的最基本的方法；

3）合理利用商业物业空间：具体方法和技巧已在本节中表述。

3. 净收益和资产价格

按照房地产估价方法中的"收益法"原理，商业物业资产的价格，最终是净收益决定的，净收益和物业资产的价格关系表现如下：

净资产收益=净收益/物业资产

投资者在决定收购或处置商业物业资产时，评价的依据就是净收益率，其决策往往是对其他资产的收益，持有物业资产成本，收益趋势判断后作出的，在没有特殊原因前提下，双方差异表现如表10-6所示。

投资者与出让方的比较　　　　　　表10-6

分析 主体	现时价值	其他资产收益	持有物业成本	运营能力	物业潜值
投资者	判断趋同	判断趋同	差异	差异	高
出让方	判断趋同	判断趋同	差异	差异	低

通过表10-6可以看出：出让方和投资方主要分歧在于对物业资产的收益前景和潜在价值的判断是交易的前提和基础，没有这种收益差异，交易则可能不成立。

四、商业物业租赁合约要点

合同订立的法律依据是《中华人民共和国民法典》《中华人民共和国经济合同法》《中华人民共和国物权法》《中华人民共和国房地产法》以及物业租赁管理、商业经营管理、知识产权法律等法律法规。商业物业租赁合约的订立，在依照上述法律法规的精神签订，才能得到法律保护，成为双方（多方）履约的依据。

1. 签约主体

   1) 须有完全民事行为能力。

   2) 作为物业的业主有权利出租物业；作为承租方有经营能力和偿付租金的能力。

   3) 双方（多方）均有合法住所，也可以通过各种通信方式，如电话、信件、电子邮件等方式取得联系。

2. 签约标的

   1) 地理信息清晰：包括城市、道路、门牌号码。

   2) 空间位置清晰：租赁物业所在，包括楼层、位置，必要时以图标形式注明。

   3) 物业容量清晰：包括长度、宽度、高度、各层面积。

   4) 相邻关系清晰：如业态控制规划。

   5) 配套设施：如上水、下水、用电、燃气、空调、电、网络、车位等，包括使用方法和费用承担。

   6) 经营约定：租赁物业未来的商业用途，以及业态、品牌、品种的约定；如有必要，可以对商品种类价格特征进行约定。

   7) 装修的方案确定。

3. 物业交付条件

   1) 交付状况：有毛坯、半装修、全装修状态，必要时进行拍摄图像或视频、图说、列表进行说明。

   2) 交付时间约定；交房和进场装修时间。

   3) 物业退还时的状况；如须拆除、须保留或双方可以自行处理的物业的附着物。

4. 开业约定

   双方确定开业时间和开业要求。

5. 管理制度（一般另附）

6. 费用清算及支付方法、递增率

   1) 租金押金及支付方法。

2）设施费用（水、电、煤气、电信、网络等）支付方、支付方法。

3）管理费用：商场管理、物业管理、推广费用分摊（如有商场员工培训费用也需列出）。

4）装饰补助费用（如有）及装饰标准、要求。

5）保险费用、说明、物业、商品的财产费用以及用人保险费用、劳动保护、工作伤害的费用承担。

7．双方责任

1）物业提供方责任。

2）物业承担方责任。

3）转租约定；应注明同意的，特定条件下的许可及许可程序和许可文件签订。

4）不同意转租的约定。

8．违约责任

1）出租房违约情形，责任的约定。

2）承租方违约情形，责任的约定。

9．合约制定

1）要式法律行为、以书面记载为准，口头约定视为无效。

2）有效合约的要素。

3）订立的前提条件，包括签约人、时间、其他约定合同生效的前置条件。

4）合同解除约定。

10．对未及事宜的约定

包括协商原则、方法、补充条件的法律效应。

建议：大型商业物业业主加入如下内容：如双方发生争执，承租方同意放弃（对物业的）财产保全要求。以免因局部争议影响整个物业的经营和收益。

11．其他

必要时对国家法律相关法律要素进行载明，如优先受让权利、财产灭失、不可抗力等。

12．参考合约文本（详见《招商我在行——商业地产招商实用教程》中国建筑工业出版社2018年出版，作者蒋珺、姜新国）

后记

三个人和这套丛书

（1）1995年为了给员工培训，我把自己在商业地产领域中的实践和经验汇编成一部内部培训资料（就是《招商我在行》的原始初稿），写完以后，我请行业知名培训老师苏继光指导和审稿，苏先生看稿后很认真地对我说：这是好东西，你要好好积累、好好写，我们行业缺少这方面的教材……苏先生是我敬重的老师，在20世纪90年代初我刚入行时就给予我许多业务指导，他的话我记住了。

（2）2006年，我想到国际上去出书，试图提高著作的学术价值和业界认可的覆盖度，接触了一位美国学者，这位学者很直率，他认为：哪有发展中国家（的人）给发达国家（的人）传授经验和知识的？我却不以为然，告诉对方说：各国的经济发展水平、人文背景、商业环境、金融制度都不一样，所以商业地产的投资理念、运作方法、退出路径也不一样，关注中国商业地产的机构、人士肯定需要这样一本书。我的表达得到了对方的认可，我却改变了想法——不到国外去出书了，我的书的主要受众在国内，在中国出版更有作用和价值，可以为行业发展、投资决策、职业培训提供参考和借鉴。我热爱户外活动，我更知道途中标识的作用。

（3）2008年，和中国建筑工业出版社封毅老师交流了想为行业编写一套商业地产丛书的想法，得到封毅老师的积极响应，她认为：为了中国房地产的健康发展和技术水平提高，应该支持这样的想法，这也是中国建筑工业出版社一直为国家建设和行业发展所承担的职责和贡献。正是由于有了中国建筑工业出版社的大力支持，才有了读者面前的这套丛书。

从初心到成书有20多年，在这过程中，作者得到了各个方面的朋友的热忱关注和支持，在此谨向本套丛书各专著的主要作者蒋珺、郭向东、赵磊（编写中的商业建筑设计的主要作者）致以我真心的谢意！

在本套丛书出版之际，谨向一直关注商业地产、支持作者的顾云昌、吴思岩、张永岳、陈晟、戴亦一、杨青云等行业领导、专家、学者、合作单位领导表示衷心的感谢！

感谢清华大学、北京大学、中国人民大学、上海交通大学、复旦大学、同济大学、浙江大学、武汉大学、厦门大学、中山大学等院校（排名不分先后）为我们传播商业地产知识、知识体系形成提供的支持。

在本书写作及长期的知识积累过程中，商业地产超级董事会的朋友以及付岩、李嘉辉、申腾娇也有贡献和帮助，在此一并表示感激！

在写完本书后,深知本套丛书尚有许多不足之处,敬请行业朋友、各院校专业老师、读者拨冗不吝赐教!中国商业地产的知识体系的建立是个漫长的积累过程,本套丛书仅仅是这个知识体系大厦基础里的一块砖,如果对这座"大厦"的建成有些许作用,那将是我们的无上光荣。

姜新国

2021年4月26日

"商业地产理论与实务丛书"信息

已出版图书

《商业地产运营管理》

郭向东　姜新国　张志东　编著

ISBN：978-7-112-20055-9

定价：75.00元

本分册系统阐述了商业地产及运营的基本原理、筹备期商业运营管理的方法、运营期商业运营管理的方法、商业运营管理活动中的全面市场营销和营销推广、商业运营所面临的挑战和变革。具有很强的理论性、系统性和工具性，既可用于商业运营管理企业及经营管理者对于商业运营管理活动和过程展开全面指导和控制，也可用于商业运营管理专业人员商业运营管理活动的实务。

《招商我在行——商业地产招商实用教程》

蒋　珺　姜新国　编著

ISBN：978-7-112-21567-6

定价：58.00元

招商是商业地产开发、运营的关键，也是资产管理的重要内容，在商业地产运作的"投、融、管、退"过程中，是启动商业地产项目运营的钥匙。但是，在实际操作中，学习资料少，运营、招商人员缺乏专业有效的指导。本书从招商条件分析，顺延招商策略、方案、组织、实施的逻辑，细致写来，环环入扣，具有很强的实战性。并顺应商业地产生态环境发生巨变的时代，给出了商业地产智能化、业态扩容、商业空间异化成共享空间的趋势。

《存量时代的商业地产资产管理》

郭向东　姜新国　著

ISBN：978-7-112-25861-1

定价：75.00元

这是一本有关科学阐述商业地产领域"长期主义"思想、理论和方法的书。

不可否认，中国房地产已经不可逆转地进入存量时代。在存量时代，房地产高周转、高杠杆的商业模式已经成为昨日黄花。这本书告诉读者的是，我们为实现商业地产的资产价值所做的一切努力，不仅是为了获得收益，而且是使资产实现再生产，并因此能够形成持续有效并生生不息的商业模式。

《商业地产——新基建·新载体·新零售》

姜新国 著

ISBN：978-7-112-25780-5

定价：88.00元

商业地产为商业服务是存量时代商业地产投资、开发、运营的最基本的法则。商业地产必须按照行业的发展、业态升级、科技进步、新的估值体系的要求完成进阶，成为"新商业载体"。

本书立足于商业地产这一房地产的细分板块，从概述、价值法则及应用、发展策略和企业发展策略抉择、项目开发方案和业务流程控制、商业用地价值、项目定位、项目策划、商业建筑策划和设计重点等多个角度，全方位地阐述商业地产的发展规律和实践经验。

即将出版图书

《新商业地产设计》

一本基于最新的商业建筑开发模式和商业建筑发展趋势，来重新定义商业建筑设计的专业性书籍。

从新商业建筑设计的基本概念入手，分析了商业主体（需求）的变化促使商业建筑设计发展的必然性以及新商业建筑设计的趋势，提出了新商业建筑的价值体系及与设计的有机关系。从商业建筑设计的前期工作、设计策略、设计诉求和商业设计各个阶段的工作任务等诸多方面进行了研究、梳理；对商业规划设计、商业建筑设计、商业室内设计、商业景观设计、商业照明设计、商业展陈设计、商业标识设计、商业机电设计、商业消防设计等商业建筑建设全设计链、各个方面的关键内容做出了相当详实的阐述；并总结了设计与招商运营的密切关系、商业升级改造的评估和难点要点。